Startklar!

Wirtschaft · Arbeit · Technik

Erarbeitet von
Benjamin Apelojg, Safyah Hassan-Yavuz, Ulf Holzendorf,
Bernd Meier, Dieter Mette

Oldenbourg Schulbuchverlag, München

Wirtschaft · Arbeit · Technik

Auftakt
Die Auftaktseite eröffnet ein Kapitel.
Alle Kapitelthemen stammen aus dem Lehrplan.
Das Kapitelthema wird auf den Inhaltsseiten rechts oben wiederholt.

Merkkasten
Auf den Inhaltsseiten befinden sich an verschiedenen Stellen Merkkästen. Sie enthalten wichtige Aussagen zu den Themen der Doppelseiten.

Recht am eigenen Werk und Bild

Rechte und Pflichten der Verbraucher

M1 Streaming

Das Recht am eigenen Werk

Wie leicht es doch ist, einen Text aus dem Internet zu kopieren und für eigene Zwecke zu benutzen. Machst du dir darüber Gedanken, wer diesen Text geschrieben und veröffentlicht hat?

Die eigene Lieblingsmusik möglichst kostenlos zu hören und vielleicht noch zu tauschen, ist technisch leicht möglich – aber erlaubt ist es nicht.

Zu den sogenannten „geistigen Werken" zählen: literarische * und wissenschaftliche Texte, musikalische Kompositionen *, Tonaufnahmen, Gemälde, Fotografien, Filme, Rundfunksendungen und Theateraufführungen.

Ohne Zustimmung des Urhebers * dürfen diese Werke nicht für eigene oder gewerbliche Zwecke verwendet werden. Sie sind durch das Urheberrechtsgesetz geschützt.

Grundsätzlich gilt: Was man selbst erstellt hat, kann man nutzen, wie man es möchte – solange man damit nicht die Persönlichkeitsrechte anderer verletzt.

Ein eigener Song kann problemlos ins Internet gestellt werden, um ihn anderen Menschen zur Kenntnis zu bringen. So mancher Star ist schon auf diese Weise „geboren" worden, wenn man die Klicks zählt, die verschiedene Songs haben. Möchte man aber (fremde) Materialien benutzen, die schon veröffentlicht sind, muss man dies kenntlich machen.

Das Urheberrecht ist das Recht am eigenen geistigen Werk, das zu schützen und zu respektieren ist.

Kopierschutz und Privatbereich

Einen aktuellen Musiktitel oder ein neues Video von Mitschülern mal eben schnell zu posten, kann durchaus zu ernsthaften Problemen führen. Meist sind nämlich auch diese Inhalte urheberrechtlich geschützt oder es könnten Persönlichkeitsrechte verletzt werden.

Wird von dir beispielsweise eine Musik-CD aus Radiosendungen erstellt, die du deinem Vater zum Geburtstag schenkst, hast du nicht gegen das Urheberrecht verstoßen. Wichtig ist für eine Kopie, dass kein Kopierschutz umgangen wurde. Keinesfalls erlaubt ist es aber, diese CD online zu stellen. Damit würde der private Kreis der Familie überschritten. Die CD würde damit öffentlich und jedem zugänglich.

* **literarisch** zur Literatur gehörend (als Buch gedruckt)

* **Komposition** Zusammensetzung aus Einzelteilen (z. B. eine Melodie aus einzelnen Tönen)

* **Urheber** jemand, der sich etwas ausgedacht hat

76

M2 Selfie

M3 London am Abend

Das Recht am eigenen Bild

Das Recht am eigenen Bild gehört zum allgemeinen Persönlichkeitsrecht.

Grundsätzlich kann jeder Mensch selbst darüber bestimmen, ob und in welchem Zusammenhang ein Foto (Bild) von ihm veröffentlicht werden darf.

Bevor also Fotos, die Personen zeigen, veröffentlicht werden dürfen, muss eine Genehmigung eingeholt werden. Ausnahmen bilden u. a. Prominente * und/oder („hoch gestellte") Politiker. Sie werden als „Personen der Zeitgeschichte" bezeichnet und müssen es erdulden, dass Fotos von ihnen auch ohne eine jeweilige ausdrückliche Zustimmung verbreitet werden.

M4 Ein Fallbeispiel zur Frage der Rechtslage

Eine Gruppe von vier Jugendlichen hat sich verabredet und verbringt gemeinsam einen vergnüglichen Nachmittag. Die gute Laune bringt es mit sich, dass viel gelacht und fotografiert wird. Auch werden zahlreiche Selfies gemacht, auf denen alle gut zu erkennen sind. Ein Mädchen aus der Gruppe stellt wenig später diese Selfies in einem sozialen Netzwerk ein.

1 Erkläre den Begriff „geistiges Werk" und dessen rechtlichen Schutz (Text).
2 Welche Möglichkeiten habt ihr, um eure persönlichen Daten zu schützen? Arbeitet in Kleingruppen und erstellt Präsentationen.
3 Erläutere, was das „Recht am eigenen Bild" bedeutet (Text, Webcode).
4 Stell dir vor, du wärest Kandidat/-in bei einem TV-Talentwettbewerb. Darf dich dann jede/-r fotografieren und die Fotos von dir uneingeschränkt verwenden? Begründe.
5 Bewerte das Fallbeispiel M4. Welche rechtlichen Fragen sind hier zu beachten?
6 Vergleiche die Fotos M2 und M3 miteinander. Welche Gemeinsamkeiten und welche Unterschiede bestehen in rechtlicher Hinsicht?
7 Stelle ein Info-Plakat zum Thema „Streaming" für euren Klassenraum her.

* **Prominente** Personen, die einer breiten Öffentlichkeit (vielen) bekannt sind

Webcode WAT019607-077

77

Begriffserklärungen
Hier werden Wörter erklärt, die ihr wahrscheinlich noch nicht kennt. Im Text sind sie mit einem Sternchen * markiert.

Webcode
Über den Webcode könnt ihr im Internet unter **www.cornelsen.de/webcode** weitere Informationen zum Thema einer Doppelseite abrufen. Auf dieser Web-Site findet ihr rechts oben ein Feld, in das ihr die Buchstaben-Zahlen-Kombination eingebt, die ihr auf der jeweiligen Inhaltsseite als „Webcode" findet – zum Beispiel: WAT019607-077 (alles ohne Leeranschläge).

Aufgaben
Aufgaben stehen immer auf einer rechten Seite unten. Lösungshilfen findet ihr auf den Seiten 249 und 250.

Das kann ich ...

Am Ende eines Kapitels könnt ihr euer Wissen überprüfen. Mit den Aufgaben auf dieser Doppelseite (Check-up) könnt ihr feststellen, ob ihr über die im Kapitel geforderten Fähigkeiten (Kompetenzen) verfügt.

Projekt

Die Projekt-Doppelseiten zeigen euch Beispiele, wie bestimmte Projekte durchgeführt werden könnten. Die dunkelgrünen Kästchen an den beiden Rändern zeigen an, welche größeren Themen damit in Verbindung stehen (Basiskonzepte).

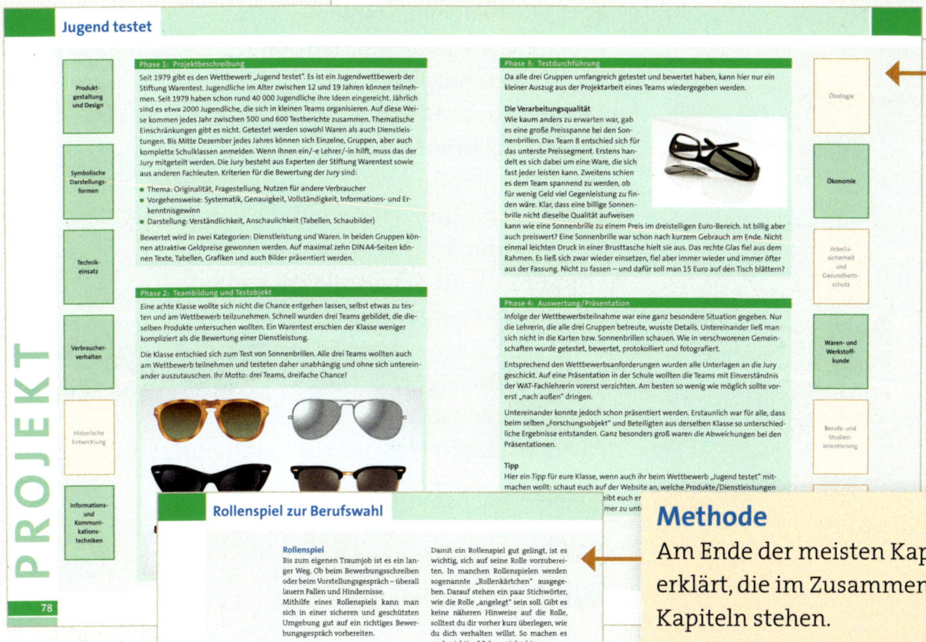

Methode

Am Ende der meisten Kapitel werden Methoden erklärt, die im Zusammenhang mit den jeweiligen Kapiteln stehen.

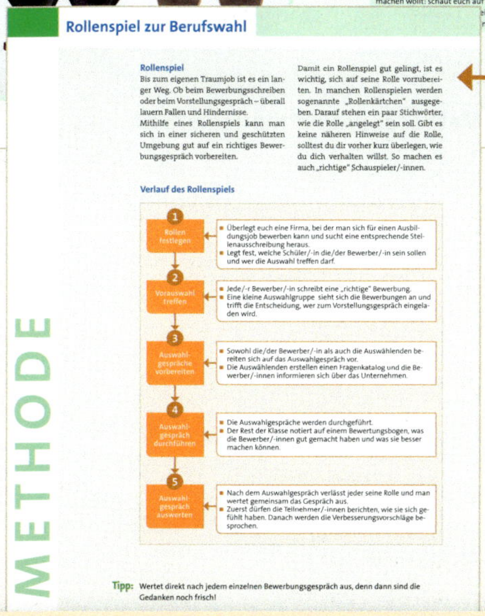

Anhang

Der Anhang beginnt auf der Seite 249 mit Aufgabenlösungen. Hier könnt ihr euch informieren, was bei verschiedenen Aufgabenstellungen von euch erwartet wird. Auf den Seiten 251 bis 253 befindet sich ein Stichwortregister, in dem alle Sternchenbegriffe gekennzeichnet sind (so könnt ihr schnell die Worterklärungen finden).

Die Kapitel 1 bis 6 beziehen sich auf die Jahrgangsstufen 7/8, die Kapitel 7 bis 11 beziehen sich auf die Jahrgangsstufen 9/10.

INHALT

Kapitel 1–6: Jahrgangsstufen 7/8

Kapitel 1

Kapitel 2

Markt, Wirtschaftskreisläufe und politische Rahmenbedingungen

Kapitel 3

Rechte und Pflichten der Verbraucher

Kapitel 4

Entwicklung, Planung, Fertigung und Bewertung mehrteiliger Produkte

Kapitel 5

Technische Kommunikation

Kapitel 6

Berufs- und Lebensplanung: Einstimmen und Erkunden

Kapitel 7 – 11: Jahrgangsstufen 9/10

Kapitel 7

Berufs- und Lebensplanung: erkunden, entscheiden und realisieren

Kapitel 8

Ernährung und Konsum aus regionaler und globaler Sicht

Kapitel 9

Unternehmerisches Handeln 187

Kapitel 10

Technikentwicklung und technische Innovation 223

Kapitel 11

Bewertung technischer Innovationen 233

Anhang 249

Ernährung, Gesundheit und Konsum

M1 Brotbacken in früherer Zeit

M2 Bei Oma in der Küche

In Haushalten leben

Der private Haushalt stellt das Versorgungssystem für die Personen dar, die in ihm leben. Oft leben heute in einem privaten Haushalt Eltern und Kinder. In diesem Fall spricht man von einem „Familienhaushalt".

In einem solchen Haushalt gibt es unterschiedliche Aufgaben, die jeden Tag zu bewältigen sind. Wesentliche Aufgabe sind dabei die Versorgung mit Lebensmitteln und die Zubereitung von abwechslungsreichen Mahlzeiten. Lebensmittel müssen ausgewählt und gekauft werden. Dazu benötigt man Geld, das man erarbeiten muss. Nicht jeder kann sich alles leisten, was er gern möchte.

Vielleicht hast du dich gefragt, ob das schon immer so war. Auch unsere Vorfahren lebten in Haushalten, die eine Versorgungsfunktion hatten. Aber sie hatten bei Weitem nicht die Auswahl an Lebensmitteln und anderen Gütern, wie wir es heute kennen. Wir gehen in den Super- oder Biomarkt und finden ein breites Produktangebot, wofür wir uns entscheiden müssen. Konsumieren ist heute viel einfacher geworden, als man es von früher kennt.

Haushalte sind Versorgungssysteme für die in ihnen lebenden Menschen.

Großeltern, Eltern und auch die Kinder mussten zu Hause arbeiten, um den Lebensunterhalt der Familie zu sichern. Deshalb lebten zumeist viele Kinder in den Haushalten.

Viele Menschen arbeiteten auf Feldern und lebten von den Lebensmitteln, die sie selbst produziert hatten. Tiere versorgten die Familien mit Milch und Fleisch. Wenn etwas übrig blieb, dann wurde es auf dem Markt getauscht oder verkauft.

Obwohl die Menschen ihre Lebensmittel nicht weit transportieren mussten und diese in einer sehr natürlichen Umwelt wuchsen, gab es nicht immer ausreichend Lebensmittel, um alle Familienmitglieder satt zu bekommen. Missernten sowie Schädlinge minderten die Ernteerfolge.

Besonders problematisch war die Versorgung der Stadtbevölkerung. Menschen in den Städten waren auf die Produkte angewiesen, die von den Bauern erzeugt wurden.

M 3 Abgepackt für einen kleinen Haushalt

Die Entwicklung von Haushaltsstrukturen

Waren es früher Großfamilien in Selbstversorgerhaushalten, gibt es heute ganz andere Modelle des Zusammenlebens. Beispielsweise leben ledige Erwachsene oft allein in einem Single-Haushalt, alleinerziehende Mütter oder Väter gemeinsam mit den Kindern. Auch Patchworkfamilien sind keine Seltenheit mehr. Zeit, um eigene Produkte anzubauen, haben nur die Wenigsten. Deshalb haben wir heute die Möglichkeit, in verschiedenen Einkaufsstätten die benötigten Waren zu erwerben. Wer darauf achtet, dass das frische Obst und Gemüse nur geringe Transportwege hinter sich hat, nutzt den Wochenmarkt oder den Obstbauern nebenan. Die Supermärkte bieten eine große Anzahl von Produkten. Alle diese Einkaufsstätten haben sich auf die veränderten Haushalte eingestellt.
Im Supermarkt gibt es z.B. kleine abgepackte Essenportionen, die sich am Einpersonenhaushalt orientieren.

Haushaltstypen sind z. B.:
Einpersonenhaushalte,
Zweipersonenhaushalte und
Mehrpersonenhaushalte.

Heute sind Kinder und Jugendliche insbesondere in den Mehrpersonenhaushalten die Meinungsbildner bei Kaufentscheidungen. Auch wenn technische Neuerungen angeschafft werden sollen, haben sie oft ein großes Mitspracherecht. Vielleicht kennst du selbst die Situation, wenn deine Eltern durch dich beeinflusst werden, etwas Neues (meist technische Geräte oder Kleidung) anzuschaffen. Ein höheres Einkommen ermöglicht es, verschiedene Produkte kaufen zu können.

M 4 Versorgung auf dem Wochenmarkt

1 Nenne die Haushaltstypen, die im Text beschrieben sind, und erkläre sie.
2 Betrachte die Abbildungen **M 1** und **M 2** und vergleiche sie mit der „modernen Zeit".
3 Beschreibe den Haushaltstyp, für den in der Abbildung **M 3** abgepackt wurde.
4 Führe ein kleines Interview mit deinen Großeltern durch und bringe in Erfahrung, welche Aufgaben sie im Haushalt zu erledigen hatten. Schreibe diese Aufgaben auf und vergleiche mit deinen Aufgaben.
5 Erläutere, warum und wie sich Einkaufsstätten auf verschiedene Haushalte einstellen müssen.

Ein Haushalt hat viele Aufgaben

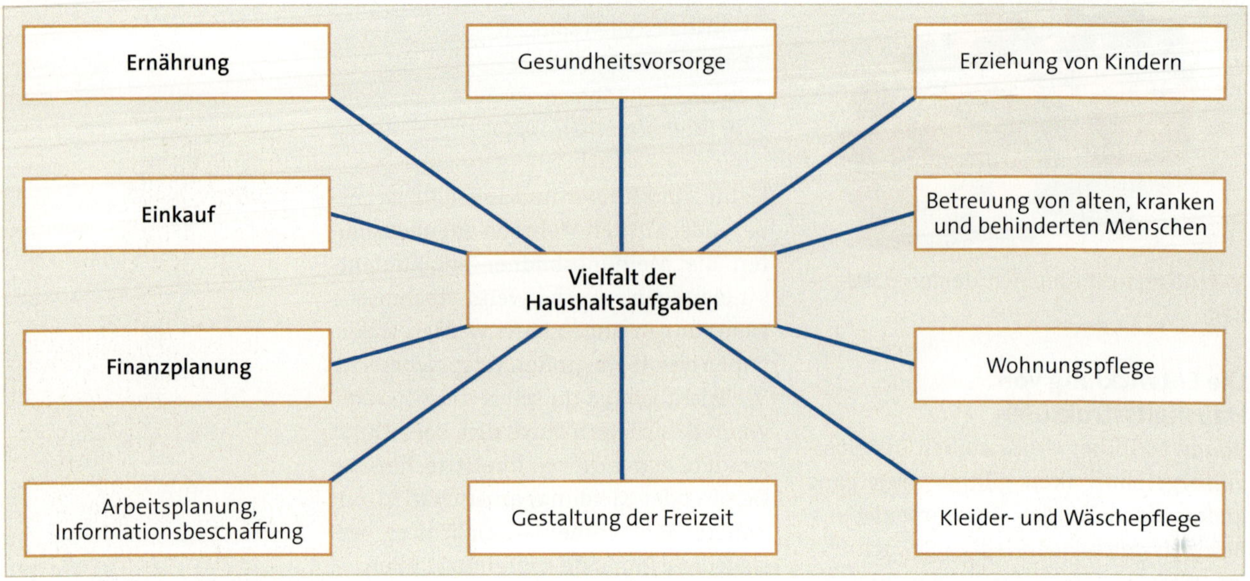

M1 Alles unter einem Dach

Der private Haushalt in der Gesellschaft

Die privaten Haushalte sind fester Bestandteil der gesellschaftlichen und wirtschaftlichen Entwicklung eines Landes. Sie verändern sich, so wie sich auch die Gesellschaft verändert. Immer wiederkehrende, aber auch neue Aufgaben müssen die Haushaltsmitglieder erledigen. Einkauf, Nahrungszubereitung, die Finanzplanung wie auch die Gesundheitsvorsorge zählen zu den grundsätzlichen Aufgaben. Diese Aufgaben mussten schon unsere Großeltern bewältigen. Heute haben sich die Mittel und Möglichkeiten verändert.

Technische Neuerungen wie die Entwicklung von Haushaltsgeräten können von schwerer körperlicher Arbeit entlasten. Die Waschmaschine, ein Staubsauger oder auch ein Geschirrspüler gehören heute zu den technischen Geräten, die die Arbeit erleichtern und in den meisten Haushalten vorhanden sind.

M2 Buntwäsche

Leben im privaten Haushalt

Jeder lebt in einem Haushalt, die meisten von uns leben in einem Familienhaushalt. Sie gehören in die Gruppe der privaten Haushalte.

> Private Haushalte sind wirtschaftliche und soziale Gemeinschaften, in denen Haushaltsaufgaben geplant und gestaltet werden.

In den Haushalten werden unsere Wünsche so weit wie möglich erfüllt. Das können zum Beispiel die Bedürfnisse in Bezug auf schmackhafte Nahrung, ansprechende Mode, eine gemütliche Wohnung oder auf neue technische Geräte sein.

M3 Gemeinsames Essen in der Großfamilie

Kein Haushalt gleicht dem anderen

Im Laufe des Lebens verändern sich die Ansprüche an den Haushalt. Die Familiensituation verändert sich und damit verändern sich auch die zu lösenden Aufgaben im privaten Haushalt. Neue Situationen ergeben sich durch die Geburt eines Kindes oder wenn Kinder den Haushalt der Eltern verlassen. Aber auch Krankheit, Arbeitslosigkeit oder der Tod eines Elternteils stellen die Haushaltsmitglieder vor neue Herausforderungen und vor neu zu lösende Aufgaben. Auch die gesellschaftliche Entwicklung, eine veränderte Technik oder eine veränderte Wirtschaftslage beeinflussen die Tätigkeiten, die täglich zu bewältigen sind. Einige Grundaufgaben bleiben erhalten, neue Aufgaben kommen hinzu oder können auch entfallen.

Das Ziel eines gut geführten Haushaltes sind zufriedene Haushaltsmitglieder.

Damit kommt es zur Umverteilung oder auch zur Neuverteilung von Aufgaben, die manchmal auch neu erlernt werden müssen.

M4 Wohnungspflege

1 Diskutiert in Gruppen, welche Kenntnisse, Fähigkeiten und Fertigkeiten man benötigt, um verschiedene Haushaltsaufgaben erledigen zu können.

2 Ordne den Haushaltsaufgaben in M1 verschiedene Altersgruppen bzw. Personen zu.

3 Berichte über Tätigkeiten, die du selbst ausführst, um die Haushaltsaufgaben in der Familie zu unterstützen.

4 Informiere dich über gesetzlich berechtigte Tätigkeiten für Kinder und Jugendliche im privaten Haushalt. Nutze verschiedene Medien.

5 Argumentiert zu der Aussage: „Auch Menschen, die auf der Straße leben, haben einen eigenen Haushalt“.

Das Haushaltsmanagement

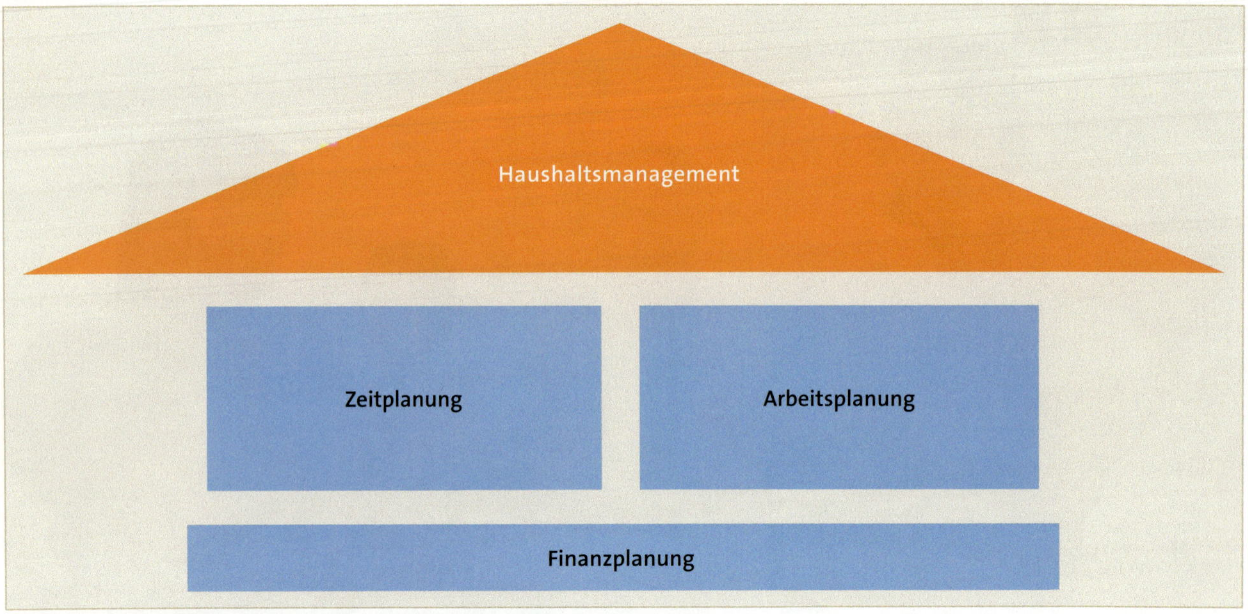

M1 Das Haushaltsmanagement

M2 Verschuldung und Überschuldung

Verschuldung
Wer einen Kredit aufnimmt, ihn jedoch ohne Verzögerung und Probleme zurückzahlen kann, hat zwar Schulden, ist aber nicht überschuldet.

Überschuldung
Überschuldet ist jemand, wenn er die vereinbarten Raten nicht mehr zurückbezahlen kann.

Haushaltsführung

Ein anderes Wort für „Haushaltsmanagement" ist die „Haushaltsführung". Da auf die Familien heute mehr Aufgaben entfallen als früher, wird heute vom „Management" gesprochen.

Einen modernen Haushalt zu führen, erfordert ein hohes Maß an Wissen und Können in den Bereichen der Zeitplanung, der Arbeitsplanung und vor allem des Finanzmanagements. Um im Alltag langfristig nicht zu scheitern, sollte man sich diese Kenntnisse möglichst früh aneignen.

Die Finanzplanung – Grundlage des Konsums

Die solide Basis oder das Fundament zur Befriedigung der Bedürfnisse aller Haushaltsmitglieder ist die Finanzplanung. Die Welt ist bunt und schön und täglich werden wir zum Kauf interessanter Angebote angeregt oder vielleicht sogar verführt. Schnell ist das hart verdiente Geld wieder ausgegeben. Um alle finanziellen Anforderungen und Probleme zu meistern, ist eine solide Finanzplanung für den privaten Haushalt absolut notwendig. Nur zu schnell verfällt man den Angeboten des Marktes, denn seit der Mensch Waren handelt, werden auch Schulden gemacht. Geldinstitute verleihen Geld, um diese Wünsche zu erfüllen. Wichtig ist, dass man die vereinbarten Rückzahlungsraten auch bewältigen kann. Dann ist man verschuldet. Der Weg in eine Schuldenfalle ist jedoch nicht auszuschließen, wenn man keine gute Finanzplanung durchführt.

Vielleicht hast du dir auch schon Geld bei deinen Eltern geliehen, um dir einen Wunsch zu erfüllen. Das ist oft nicht leicht, da man das Geld zurückzahlen muss.

Wer seine Kreditraten nicht mehr zurückzahlen kann, gilt als überschuldet.

Damit man sich nicht überschuldet, ist eine Finanzplanung unerlässlich.

Mit Geld umgehen

Das Finanzmanagement im Kleinunternehmen Haushalt ist von vielfältigen Bedingungen geprägt. Das können u.a. die Erhöhung der Miete, plötzlich anfallende Reparaturkosten von Geräten oder eine Krankheit sein.

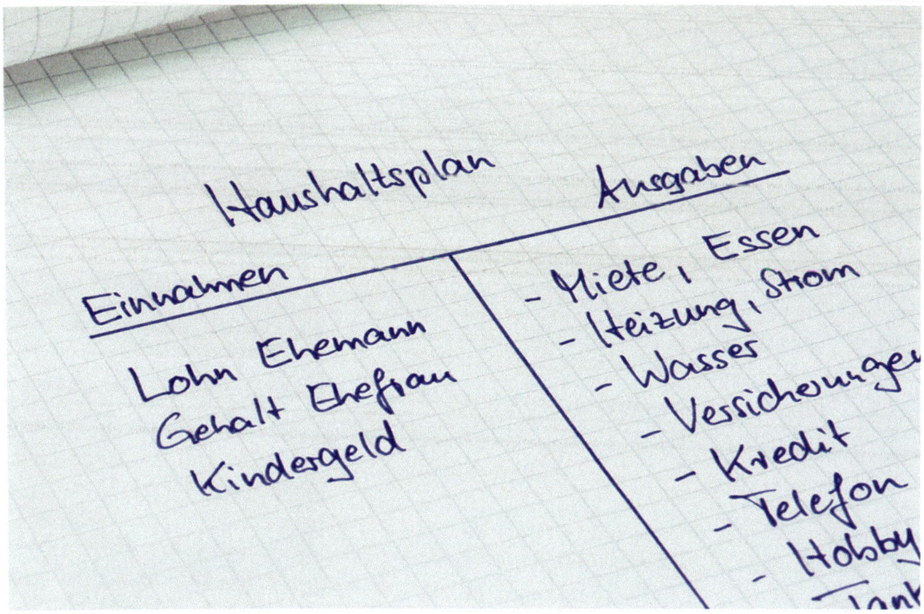

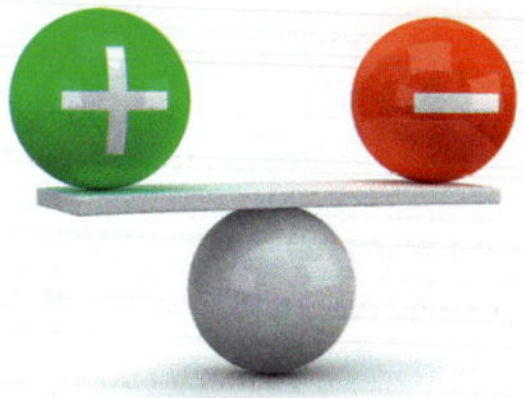

M3 Mit einem Haushaltsplan behält man den Überblick

Die Grundlage für einen guten finanziellen Überblick bildet der Haushaltsplan. In ihm werden alle Einnahmen, die zur Verfügung stehen, und alle Ausgaben genau erfasst.

Die Planungsgrundlage für den Haushalt stellen alle Einnahmen dar.

Kann das Ziel der Übereinstimmung von Einnahmen und Ausgaben nicht erreicht werden, sind folgende Möglichkeiten zu prüfen:
- Die bisherige Lebensführung muss eingeschränkt werden
- ein höheres Einkommen kann Abhilfe schaffen
- es kann auf mögliche Ersparnisse zurückgegriffen werden.

M4 Eine Finanzierungslücke

1 Erläutere die Abbildung **M1**.

2 Erkläre die Bedeutung der Begriffe „Verschuldung" und „Überschuldung" (**M2**). Nenne auch Beispiele.

3 Erschließe aus **M2**, warum ein Haushaltsplan die Grundlage für die Finanzplanung ist.

4 In **M4** ist eine Finanzierungslücke festgestellt worden. Mache Vorschläge, wie diese Lücke geschlossen werden könnte.

5 Recherchiere im Internet drei Anbieter für elektronische Haushaltsbücher und bewerte die Leistung der Software nach eigenen Kriterien.

Arbeitsorganisation im Haushalt

Rangliste der Hausarbeit		
	notwendig	wünschenswert
täglich		
wöchentlich		
monatlich		
selten/bei Bedarf		

Tagesablaufplan

Uhrzeit	Mutter	Vater	Antonia	Ferenc
6 Uhr	wecken			
7				
8		Erwerbs-arbeit		
9			Unterricht	Unterricht
10				
11				
12				
...				
...	Erwerbs-arbeit		Einkauf	
...				

M1 Gut geplant ist halb getan

Planungsaufgaben im Haushalt

Den Haushalt wirklich im Griff zu haben, ist schwerer, als man denkt. Vieles hört sich so leicht an, aber wenn man selbst alles managen muss, sieht es schon etwas anders aus. Ist der Haushalt geführt, fühlen sich auch alle Personen wohl. Sie finden die Möglichkeit, sich zu erholen oder ihren Hobbys nachzugehen.

Sich im Haushalt erholen zu können, nennt man die „Regenerationsfunktion" des privaten Haushalts.

Aber auch andere Arbeiten müssen erledigt werden, die vielleicht nicht immer Spaß machen.

Um diesen vielfältigen Aufgaben gerecht zu werden, bedarf es einer Reihe von Fähigkeiten, die einem Manager eines Kleinunternehmens gleich kommen. Solche Fähigkeiten nennt man „Haushaltsführungskompetenzen".

Dazu gehören:

- Festlegung, Planung und Verteilung der anfallenden Arbeiten auf alle Familienangehörigen,
- Fertigkeiten zur Nahrungszubereitung,
- Organisation der Wohnungspflege,
- Ausführung von kleinen Reparaturen,
- sinnvoller und gerechter Umgang mit Geld,
- die Auswahl sinnvoller und bedarfsgerechter Versicherungen,
- Beschaffung und Bewertung von Informationen.

Clever planen und Zeit gewinnen

Eigentlich weiß es jeder: Zeitmanagement steht und fällt mit der richtigen Planung. Dennoch halten viele nichts davon, ihren Tag, ihre Woche oder den Monat im Voraus zu planen, weil sie denken, dass sich der Aufwand nicht lohnt.

Damit alles im Haushalt klappt, müssen die unterschiedlich anfallenden Tätigkei-

M 2 Organisation einer Geburtstagsfeier (Fristenplan)

Lfd. Nr.	Vorgang	Dauer (in Std.)	Juli																			
			1	2	3	4	5	6	7	8	9	10	11	12	13	14	15	16	17	18	19	20
1	Einladungen gestalten	4	x	x	x																	
2	Speisen auswählen	1					x															
3	Getränke besorgen	2					x															
4	Einladungen übergeben	0,5						x														
5	Dekoration vorbereiten	3												x								
6	Tische und Zelt aufbauen	3													x							
7	Geburtstagsfeier															X						
8	Aufräumen	3															X					

ten zeitlich aufeinander abgestimmt werden. Zeitpläne helfen uns dabei.

Nicht nur was zu erledigen ist, sondern auch wann und durch wen diese Aufgaben zu erledigen sind, können in Tages- oder Wochenplänen festgeschrieben werden.

Zunächst ist abzuklären, welche Bedeutung bestimmte Aufgaben für das Familienleben haben.

> Planen ist die sinnvolle Verteilung von Arbeit und Zeit.

M 3 Geburtstagsdeko

1 Lies den Text und nenne verschiedene Haushaltsführungskompetenzen mit Beispielen.
2 Schreibe weitere Tätigkeiten auf, die man im Haushalt beherrschen sollte.
3 Übertrage die Tabelle **M 1** in dein Heft. Ergänze diese mit Tätigkeiten, die geplant werden können.
4 Stelle einen eigenen Tagesplan nach dem Muster in **M 1** auf.
5 Erläutere die Organisation einer Geburtstagsfeier anhand von **M 2**.
6 Entwirf ein Konzept zur gerechten Verteilung von Aufgaben in deinem Haushalt.
7 Erarbeite einen Fristenplan zur Vorbereitung einer Klassenfahrt.

Der Arbeitsplatz in der Küche

M1 Arbeitsbereiche in Küchen

Bereich	Wozu?	Beispiel
Vorratsbereich	Aufbewahrung von haltbaren Lebensmitteln und Konserven	Vorratsschrank
Kühlbereich	Kühlschrank oder Tiefkühlschrank	gefrorene Lebensmittel
Vorbereitungsbereich	Lebensmittel schneiden, reiben, rühren	Arbeitsfläche
Koch- und Backbereich	Lebensmittel durch Hitze garen	Herd, Backofen, Mikrowelle, Dampfgarer
Reinigungsbereich	Obst und Gemüse waschen, Geschirr und Geräte spülen	Spüle mit Abtropffläche, Spülmaschine
Aufbewahrungsbereich	Aufbewahren von Geschirr, Besteck und Arbeitsgeräten	Geschirrschrank, Besteckschublade Topfschrank
Entsorgungsbereich	Müll trennen und entsorgen	Restmülleimer, „gelber Sack", Biomüll

Arbeiten in der Küche

In wohl jeder Wohnung gibt es eine Küche. Du hast dort vielleicht schon oft mitgeholfen oder sogar allein einige Lebensmittel für deine Familie oder dich zubereitet. Nicht jede Küche ist gleich und man muss sich erst einmal zurechtfinden. Aber ein paar typische Arbeitsbereiche findest du in jeder Küche wieder. Der Lebensmittelvorrat und das Geschirr werden in Schränken aufbewahrt. Zum Vorbereiten und Putzen benötigst du einen gesonderten Arbeitsplatz. Die Gefahr der Verwechslung ist viel zu groß und so muss man Lebensmittel von Putzmitteln unbedingt trennen. Gegart wird am Herd, im Backofen oder in der Mikrowelle. Nach dem Essen müssen Geschirr und Töpfe gereinigt werden.

In jeder Küche gibt es Arbeitsbereiche wie den Vorbereitungs-, Koch- und Backbereich, den Aufbewahrungs- und Entsorgungsbereich.

Lebensmittel, die nicht gekühlt werden müssen, haben ihren Platz im Schrank oder im Regal. Die elektrischen Küchengeräte, die Messer, die Schüsseln und alle anderen Küchenwerkzeuge haben ihren vorgesehenen Platz, der auch nach der Benutzung wieder verwendet werden soll. Damit weiß jeder, der in der Küche arbeitet, wohin er greifen muss, um seine Werkzeuge und Materialien zu finden.

Überlegte Küchenplanung

Rationelles* und sicheres Arbeiten in der Küche ist nur möglich, wenn die Arbeitsbereiche richtig geplant und zugeordnet sind. Damit die Arbeit leicht und mühelos von der Hand geht, sollten neben der Einrichtung selbstverständlich auch die Arbeitsabläufe richtig geplant werden.

Eine zweckmäßig eingerichtete Küche erspart Arbeitskraft, Wege und Zeit.

* **rationell**
(ratio = Vernunft – aus der lateinischen Sprache) vernünftig, zweckmäßig, sparsam

M2 Moderne Küche

Die Wegestudie

Um Arbeitsabläufe und Entfernungen zu erfassen, werden mithilfe eines Fadenmodells alle Wege dargestellt, die zur Anfertigung eines Produktes, in unserem Fall eines Obstsalates, zurückgelegt werden. Möchte man noch mehr Daten ermitteln, wird die Zeit erfasst, die benötigt wird, um die Wege zurückzulegen. In der Regel werden dazu mindestens drei Personen benötigt. Eine Person, die die Arbeitsabläufe durchführt, eine Person, die im Grundriss die Fäden zieht, die die Arbeitswege beschreiben und eine Person, die die Zeit stoppt und die Reihenfolge der Arbeitsschritte notiert.

In einer Wegestudie wird untersucht, welche Wege z. B. bei der Zubereitung einer Mahlzeit zurücklegt werden.

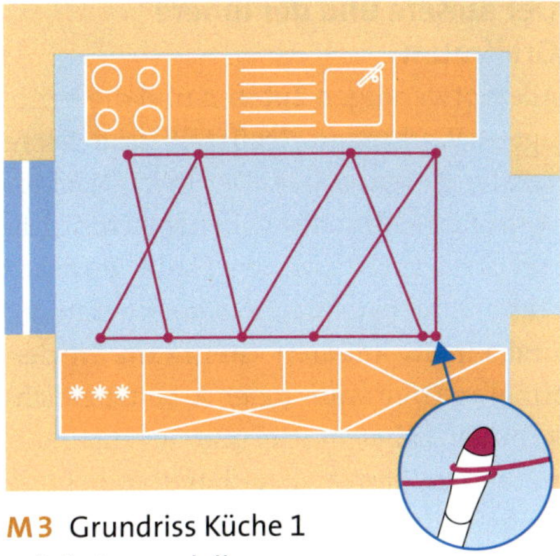

M 3 Grundriss Küche 1 mit Fadenmodell

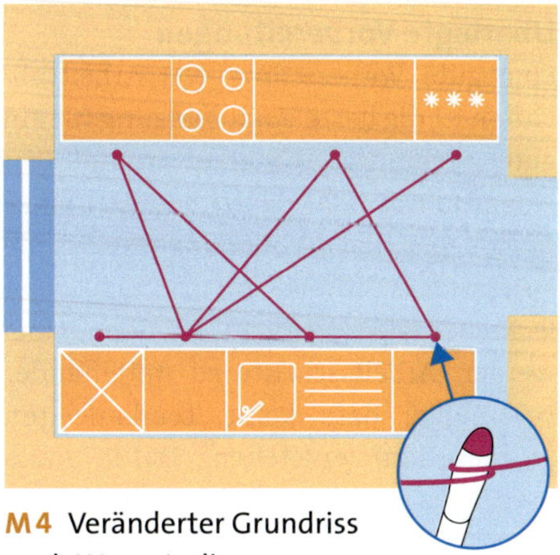

M 4 Veränderter Grundriss nach Wegestudie

Meist stellt man im Rückblick fest, dass die Arbeitsorganisation verbessert werden kann.

Nach Aufnahme der Arbeitsabläufe wird der Faden, der um gesteckte Nadeln gewickelt wurde, abgewickelt. Da der Grundriss meist im Maßstab 1:20 gezeichnet wurde, kann nun die Fadenlänge ausgemessen werden. Durch ein Umrechnen kann der wahre Weg ermittelt und mit der Zeit verglichen werden. Meist kommt man zu dem Ergebnis, dass durch eine veränderte Planung Zeit und Wege eingespart werden können.

Zur Aufnahme einer Wegestudie in einer Küche benötigt man einen Grundriss, einen langen Faden, Nadeln, eine Uhr und mindestens drei Personen.

M 5 Eine Wegestudie erstellen

Tine liest das Rezept für einen Obstsalat und beginnt sofort mit der Arbeit. Als sie fertig ist, hat Robert 180 Zentimeter Fadenlänge gemessen. Das scheint sehr viel zu sein. Cem hat eine Zeit von 21 Minuten gestoppt.

Ob Rasmus besser planen kann? Er liest erst einmal sehr aufmerksam das Rezept und überlegt, bevor er mit der Arbeit beginnt. Sein Versuch hat gezeigt, dass jetzt nur 125 Zentimeter Fadenlänge gemessen wurden. Für die Herstellung der gleichen Menge Obstsalat hat er nur zwölf Minuten benötigt.

1. Vergleiche die Arbeitsbereiche in **M 1** mit der Darstellung in **M 2** und überprüfe, ob diese in **M 2** vorhanden sind. Stelle dein Ergebnis vor.
2. Vergleiche die beiden Grundrisse in **M 3** und **M 4** und diskutiere mit deinem Sitznachbarn die unterschiedlichen Wegstrecken. Stellt euer Ergebnis den anderen Mitschülern begründet vor.
3. Berechne die Wegstrecke in **M 5**. Schreibe den Rechenweg und das Ergebnis in eine Tabelle und stelle die Wegstrecken einander gegenüber.
4. Begründe, warum Rasmus ein anderes Ergebnis als Tine erzielt hat. Schreibe deine Schlussfolgerungen auf.

Überlegte Vorbereitungen

Eine gute Vorbereitung von Arbeitsabläufen ist die beste Voraussetzung für ein gutes Ergebnis – egal ob es um den Bau eines Hauses oder das Zubereiten eines Menüs geht. Bei der Planung müssen die einzelnen Arbeitsschritte in eine sinnvolle Reihenfolge gebracht werden. Dabei werden Arbeitsschritte so miteinander verbunden, dass keine Leerlaufzeiten (Wartezeiten) entstehen. Dafür muss man wissen, was mit welchem Verfahren hergestellt werden soll und welche Arbeitsschritte dafür notwendig sind. Schließlich ist die Frage zu klären, mit welchen Arbeitsmitteln gearbeitet und zu welchem Zeitpunkt die Arbeit vollendet werden muss.

Bevor zum Beispiel mit der Zubereitung einer Speise begonnen wird, muss erst einmal das Rezept gründlich und aufmerksam gelesen werden. Daraus kann meist entnommen werden, welche Arbeitsgeräte, Zutaten und Hilfsmittel benötigt werden. Die Aufgaben in einem Team werden gleichmäßig verteilt. Jeder muss seine Aufgabe genau kennen, damit alles reibungslos läuft.

* **Profi**
Abkürzung für eine Person, die etwas beruflich und/oder vorbildlich (professionell) macht

M1 Küchenchaos

M2 Alles griffbereit und ordentlich

Der äußere und der innere Greifraum

Alle notwendigen Zutaten und die benötigten Werkzeuge, Schüsseln und Töpfe werden bereitgestellt. Der Profi* spricht vom „Einrichten des Arbeitsplatzes“. Damit alles leicht von der Hand geht, besteht der Arbeitsplatz aus einem inneren und einem äußeren Greifraum. In den inneren Greifraum (oder Arbeitsbereich) kommen Lebensmittel und Gegenstände, mit denen unmittelbar (kurzfristig) gearbeitet werden muss.

Das Arbeiten im inneren Greifraum soll schnellen Ermüdungen vorbeugen.

Die Arme liegen locker auf, damit man gut schneiden, putzen oder kneten kann. Im äußeren Greifraum stehen Zutaten und Arbeitsmittel, die nicht so häufig benutzt werden.

> Zutaten und Arbeitsgeräte werden so angeordnet, dass keine überflüssigen oder zu großen Bewegungen oder Laufwege nötig sind.

M 3 Arbeiten nach Arbeitsplan

Zeit in Minuten	Arbeitsschritte/Teilaufgaben	Arbeitsmittel
5 min	Arbeitsplatz einrichten	
10 min	Suppengrün putzen, grob würfeln, in der Küchenmaschine zerkleinern	Schneidebrett, Messer, Schüssel, Abfallbehälter, Küchenmaschine
15 min	Tomaten häuten und würfeln	Topf, Löffel, Schneidebrett, Messer, Abfallbehälter, Schüssel
8 min	Zwiebeln schälen, fein würfeln und zudecken	Schneidebrett, Messer, Abfallbehälter, Schüssel
10 min	Fleischsauce zubereiten	Topf, Pfannenwender, Ablage
7 min	Soße andicken	Topf, Schneebesen, Ablage
10 min	Obst waschen, Zitrone auspressen und in Schüssel geben, Äpfel schälen und würfeln, Kiwis schälen und würfeln, Trauben entkernen und halbieren; Backofen vorwärmen	Schneidebrett, Messer, Abfallbehälter, Schüssel
12 min	Johannisbeeren von den Stielen befreien, Honigmelone schälen und würfeln, Zucker zugeben; Erdbeeren putzen, halbieren und zudecken	Schneidebrett, Messer, Abfallbehälter, Schüssel
15 min	Form einfetten, Lasagne einschichten, saure Sahne verteilen, Käse darüber geben und 30 min backen	eine Auflaufform, Pinsel, zwei Schöpfkellen
13 min	Salat mit Lollo rosso und Kirschtomaten sowie Balsamico-Dressing zubereiten	Durchschlag, Schneidebrett, Messer, Abfallbehälter, Schüssel, Rührschüssel, Schneebesen
12 min	Tisch eindecken	Tischdecke, Servietten, Essteller, Wassergläser, Messer, Gabeln, Teelöffel, Dessertteller und Glasschälchen (jeweils vier)
15 min	Aufräumen, abspülen, Backofen für die Lasagne ausstellen, anrichten	Spülbecken, Schwamm, Spülmittel, Geschirrtücher

Zubereitung eines Mittagessens (Lasagne, Salat und zum Nachtisch ein Obstsalat); serviert wird die Mahlzeit um 13 Uhr.

Arbeitsabläufe gestalten

Unsere Arbeit können wir in vier Schritte oder Phasen einteilen:
- Vorbereitungsarbeiten (Bereitstellen der Geräte und Zutaten)
- Zubereitungsarbeiten (Putzen, Waschen, Zerkleinern, Garen)
- Anrichtarbeiten (auf Tellern, Platten, Schüsseln)
- Aufräumarbeiten (Spülen und Aufräumen der Arbeitsmaterialien und des Geschirrs)

1 Beschreibe das Chaos in **M 1**.

2 Begründe die sinnvolle Anordnung der Arbeitsmittel bei der Zubereitung einer Speise (Text, **M 2**).

3 Begründe, warum eine planvolle Arbeitsvorbereitung zur Sicherheit und Zeitersparnis beiträgt. Notiere Stichpunkte und trage sie mündlich vor.

4 Berechne aus der Tabelle **M 3**, wann mit der Arbeit begonnen werden muss, damit um 13 Uhr serviert werden kann.

5 Bereitet im Team das Gericht nach **M 3** zu.

6 Fertige eine Skizze zum Thema „Greifraum“ an. Nutze, wenn du möchtest, dafür auch den Webcode.

M1 Saubere Schürze tragen

M2 Gründlich Hände waschen

M3 Mangelhaft

Gesundheitsschutz bei der Lebensmittelbearbeitung

Damit wir unbekümmerte Freude am Essen haben können, ist es wichtig, dass wir uns an die Hygieneregeln halten. Deshalb ist Nahrungszubereitung auch Vertrauenssache und gilt für alle Bereiche der Nahrungszubereitung.

> Unter „Hygiene" versteht man die Einhaltung aller Maßnahmen zur Verhütung von Krankheiten und Gesundheitsschäden.

Jeder, der für andere Speisen zubereitet, trägt eine hohe Verantwortung. Durch verunreinigte Lebensmittel können Bakterien übertragen werden, die Krankheiten auslösen.
Immer wieder kommt es vor, dass Menschen schwer erkranken, weil wichtige Hygieneregeln nicht beachtet wurden. Meist sind Übelkeit und Durchfall die unangenehmen Folgen. In seltenen Fällen kann es zu schweren Erkrankungen kommen. Deshalb achten wir in der Schulküche und auch zu Hause auf die Hygiene.
Am Anfang des Unterrichts informiert dich deine Lehrkraft über die wichtigsten Regeln. Hygiene funktioniert nur im Team und wenn alle den gleichen Informationsstand haben. Deshalb ist es auch wichtig, dass viele Regeln immer wiederholt werden.

Bevor damit begonnen wird, die Lebensmittel zu bearbeiten, müssen einige wichtige Regeln beachtet werden, wenn man sicher und verantwortungsbewusst arbeiten möchte.

Acht wichtige Regeln der persönlichen Hygiene

1. Vor Arbeitsbeginn und nach jedem Toilettengang die Hände gründlich waschen und abtrocknen.
2. Fingernägel kurz und sauber halten.
3. Ohne Nagellack an den Fingernägeln arbeiten.
4. Fingerringe und Uhren ablegen.
5. Lange Haare zurückbinden.
6. Saubere Schürze tragen.
7. Wunden mit wasserdichtem Pflaster abdecken und Gummihandschuhe überziehen.
8. Nicht auf Lebensmittel husten oder niesen.

M4 Mikroorganismen wachsen schnell

In der Küche Ordnung halten

Gegenstände, die nicht zur Arbeitsaufgabe gehören, sollten vom Arbeitsplatz entfernt werden. Dazu gehören beispielsweise Verpackungen von Obst und Gemüse, leere Konservendosen, nicht mehr benötigte Lebensmittel wie Mehl oder Zucker. Unerwünschte Mikroorganismen* können sich auf schmutzigen Arbeitsplätzen und auf Arbeitsmitteln vermehren. Deshalb achten wir bei der Arbeit auf die Einhaltung folgender Regeln:

- Trennung der Arbeitsplätze zwischen Vorbereitungsarbeiten (unreiner Bereich) und Garbereich (reiner Bereich)
- Arbeitsflächen bei der Arbeit sauber halten (insbesondere nach Geflügel-, Fisch-, Fleisch- und Eierverarbeitung)
- Küchentücher und Lappen häufig wechseln
- Arbeitsgeräte mit heißem Wasser säubern
- Müll nach der Nahrungszubereitung aus der Küche sachgerecht und sofort entsorgen
- Kühlschrank regelmäßig reinigen.

Lebensmittelhygiene

Lebensmittel sind ein guter Nährboden für Krankheitserreger. Temperatur, Einwirkzeit und Feuchtigkeit beeinflussen die Wachstumsbedingungen. Deshalb sind besondere Vorsichtsmaßnahmen unbedingt einzuhalten:

- leicht verderbliche Lebensmittel kühl aufbewahren
- warme Lebensmittel in kleinere Schüsseln füllen
- Lebensmittel schnell verarbeiten
- Lebensmittel immer abdecken
- Auftauflüssigkeit von Fisch, Fleisch und Geflügel auffangen und weggießen
- Speisen ausreichend erhitzen (über 65 °C).

* **Mikroorganismen**
Kleinstlebewesen, die nur unter einem Mikroskop betrachtet werden können

M5 Kleinstlebewesen unter dem Mikroskop

1 M1 zeigt das Tragen einer Schürze: Begründe, warum in der Schulküche eine Schürze zu tragen ist.

2 M2 zeigt dir das Händewaschen. Beschreibe weitere Maßnahmen, die bei der Einhaltung der persönlichen Hygiene erforderlich sind.

3 Erkläre mithilfe von M3 die Zeitabhängigkeit des Wachstums von Mikroorganismen.

4 Begründe, warum Hygiene nur im Team funktioniert.

5 Entwirf ein Plakat für die Schulküche, das zur Beachtung von Hygieneregeln anregt. Es darf auch witzig sein (Webcode).

Sachgerechter Umgang mit Küchengeräten

M1 Das richtige Schneidewerkzeug schnell zur Hand

M2 Der Krallengriff

Das richtige Werkzeug auswählen

Mit der richtigen Auswahl der Werkzeuge beginnt der Weg zum Erfolg und zum unfallfreien Arbeiten. Messer gehören zu den häufig verwendeten Arbeitsmitteln, um damit zu schälen und zu zerkleinern. Für kleine Portionen lohnen sich oft keine Maschinen.

Das Gemüsemesser putzt und zerkleinert Obst, Gemüse und Pilze. Es kann eine gerade oder gebogene Klinge haben. Das Kochmesser kann überall eingesetzt werden, wo geschnitten wird. Es ist ein Allzweckgerät für Profi- und Hobbyköche. Es schneidet Fleisch, großes Gemüse oder Zwiebeln. Häufig findet man Ersatzangebote, die ein schnelleres Arbeiten versprechen. Bei einem ungeübten Arbeiten können jedoch leicht Unfälle passieren. Insbesondere Reiben oder Allesschneider sind in ihrer Handhabung oft gefährlich.

Eine dem Zweck entsprechende Auswahl der Arbeitsmittel und eine sichere Handhabung ermöglichen gute Arbeitsergebnisse.

Kochmesser sollten per Hand in warmem Spülwasser mit einem feuchten Tuch gereinigt werden.

Das Messer richtig nutzen

Mit der richtigen Schneidetechnik erzielst du gute Arbeitsergebnisse und vermeidest Verletzungen. Dazu gehört, dass du den Daumen der Hand, die das Lebensmittel greift, sicherst (Krallengriff). Schneide vom Körper weg und benutze eine feste Unterlage.

Wichtige Tipps zum Umgang mit Messern

- Messer nicht mit fettigen oder nassen Handschuhen benutzen
- Messer nicht im Schneidabfall liegen lassen, nicht nachgreifen, wenn es herunter fällt
- Messer nicht in das Spülbecken legen und liegen lassen
- nicht mit dem Messer in der Hand umherlaufen.

M 3 Kombinierter Gas- und Elektroherd

Geräte zum Garen

Ein altes Sprichwort sagt: „Eigener Herd ist Goldes wert". Zu der Zeit, in der es entstand, war der Herd noch eine offene Feuerstelle in der Küche. Darüber befand sich ein Abzug für den Rauch. Um diesen Herd versammelten sich die Familienmitglieder, um sich zu wärmen und zu erzählen. Die Küche wurde zu einem Zentrum des Zusammenlebens. Vom Herd gingen aber auch Gefahren aus. Hatte man nicht aufgepasst, brannte das Haus ganz schnell ab. Die vielen Brände in den Städten berichten davon.

Erst im Lauf des 19. Jahrhunderts wurde das Holz- oder Kohlefeuer durch den Brennstoff Gas ersetzt. Die offene Flamme brachte schnell die Wärme an die Töpfe und man konnte sie auch kurz unbeobachtet brennen lassen. Mit der zunehmenden Versorgung der Haushalte mit Elektroenergie zu Beginn des 20. Jahrhunderts wurde diese Energie auch in der Küche in Form des Elektroherdes genutzt. Die Kochstellen moderner Elektroherde unterteilt man nach Bauart und Material in Kochplatten und Kochzonen. Technische Neuerungen machen es möglich, dass heute nach einem ganz anderen Prinzip die Kochstelle erwärmt wird. Induktionsherde erwärmen das Gargut im Topf.

1 Benenne die im Text genannten Messer und ihre Einsatzmöglichkeiten.
2 Beschreibe mögliche Gefahren, die von Reiben und Allesschneidern ausgehen können.
3 Berichte, wie du dich vor Unfällen mit einem Messer schützen kannst (Webcode).
4 In M 3 ist ein kombinierter Herd zu sehen. Halte einen Kurzvortrag zum Kochen mit Gas und mit elektrischem Strom.
5 Erarbeite eine Präsentation, in der du Unterschiede und Gemeinsamkeiten eines Cerankochfeldes und eines Induktionskochfeldes gegenüberstellst (Webcode).

M1 Gut, aber möglichst kurz waschen!

M2 Ein Sparschäler im Einsatz

M3 Braune Stellen

Putzen, Waschen, Schälen

Bevor Lebensmittel verzehrt oder gegart werden, sind vorbereitende Arbeiten erforderlich. Putzen, Waschen und Schälen sind die Grundtechniken der Zubereitung. Je nach Herkunft der Lebensmittel sollte man abwägen, ob sie nur abgewaschen oder gewaschen und geschält werden. Gemüse zu „putzen" bedeutet, dass ungenießbare und schadhafte Teile entfernt werden. Bei Petersilie und Salat sind das beispielsweise braune bzw. verwelkte Stellen. Bei Kartoffeln müssen Keime, grüne Stellen und Augen entfernt werden. Sie enthalten nämlich einen gesundheitsgefährdenden Stoff (Solanin).

Um wertvolle Stoffe möglichst lange zu erhalten, sollten Obst und Gemüse nur kurz und nicht zerkleinert gewaschen werden.

Beim Schälen ist darauf zu achten, dass möglichst dünn geschnitten wird. Sparschäler sind hierfür eine gute Hilfe.

Vor dem Verzehr werden Obst und Gemüse geputzt, gewaschen oder geschält. Sparschäler verursachen möglichst wenig Abfall.

Zerkleinern

Es gibt viele verschiedene Arten, Lebensmittel zu zerkleinern. Häufig wird dafür ein Messer verwendet, mit dem geschnitten wird – beispielsweise in Scheiben, in Ringe oder in Würfel.

Eine andere Art der Zerkleinerung sind: Hobeln, Raspeln, Reiben und Stampfen. Hierfür gibt es entsprechende Küchenwerkzeuge. Beim Hobeln entstehen dünne Scheiben, beim Raspeln und Reiben kleine Fäden oder kleine Stückchen.

Möchte man etwas besonders stark zerkleinern, wird es püriert. Dafür eignet sich ein Pürierstab. Das ist ein techni-

M4 Gemüseraspel

M5 Gurkenscheiben

M6 Zerkleinern mit einem Pürierstab

sches Gerät mit zwei sehr scharfen Schneiden (Klingen), die sich in hoher Geschwindigkeit drehen (rotieren).
Das Wort „stampfen“ findet sich auch in Speisen wie „Kartoffelstampf“ (Kartoffelbrei, Kartoffelpüree, Quetschkartoffeln). Hierfür werden die gekochten Kartoffeln mit einer Reibe oder einem Stampfer zerquetscht.

Je nach weiterem Verwendungszweck werden Lebensmittel zerkleinert. Sie werden gehobelt, geraspelt, gerieben oder gestampft.

Beim Zerkleinern vergrößert sich die Oberfläche der Lebensmittel, sodass Luft und Wasser die Nährstoffe leichter herauslösen können.

Rühren, Schlagen, Mixen

Um Lebensmittel zu mischen, gibt es drei Möglichkeiten: Rühren, Schlagen und Mixen. Diese Tätigkeiten können „von Hand“ oder mit einem Küchengerät durchgeführt werden.

1 Fertige eine Tabelle für die Tätigkeiten „Putzen“, „Waschen“ und „Schälen“ an (Text). Beschreibe stichwortartig die Tätigkeiten und nenne jeweils zwei Beispiele.
2 Gib Empfehlungen für die Person, die auf dem Foto **M2** Kartoffeln schält. Wie sollen die Kartoffeln bearbeitet werden (Text)? Ist die Ablage des Messers eine gute Idee?
3 Das Gemüse in **M3** müsste bearbeitet werden. Entscheide dich für eine Zubereitungsform und begründe sie.
4 Halte einen mündlichen Vortrag zum Thema „Zerkleinern“ (Text, **M4**, **M5** und **M6**).
5 Nenne jeweils drei Beispiele dafür, was in Scheiben, was in Ringe und was in Würfel geschnitten wird (bzw. werden kann).
6 Beurteile, ob die Gurkenscheiben in **M5** durch Zerkleinern mit einem Messer oder unter Zuhilfenahme eines anderen Küchengerätes entstanden sind. Begründe deine Aussage.
7 Rühren, Schlagen, Mixen: Nenne Lebensmittel und Küchengeräte, die verwendet werden.
8 Gib Empfehlungen für die Person, die auf dem Foto **M4** tätig ist.

M1 Immer heiß auf den Tisch

Heiße Sache(n)

Einige Lebensmittel werden vor ihrem Verzehr gekocht. Die Lebensmittel werden dabei in siedendes Wasser (100 Grad Celsius) gegeben. Kartoffeln gibt man zunächst in einen Topf mit kaltem bzw. lauwarmem Wasser. Das Wasser wird anschließend mit den Kartoffeln erhitzt. Nach etwa 20 Minuten sind die Kartoffeln so weich gekocht (gegart), dass sie gegessen oder weiterverarbeitet werden können.

Die Zufuhr von Energie zu Speisen, um sie genussfähig zu machen, nennt man „Garen". Außer dem Kochen zählen noch andere Tätigkeiten zu den Garverfahren.

„Garen" ist eine Energiezufuhr zu Speisen, um sie genussfähig zu machen.

M2 Pelmeni

Garziehen

Beim Garziehen ist die Wassertemperatur (bzw. die Temperatur einer anderen Flüssigkeit) etwas geringer als beim Kochen (ca. 85–90 °C). Das Garziehen erfolgt bei offenem Topf (ohne Deckel). Hierfür eignen sich Klöße, Knödel, Pelmeni und ähnliche Speisen.

Backen

Backen ist ein Garverfahren bei hohen Temperaturen. Aufläufe, Torten, Kuchen und auch die Pizza eignen sich dafür. Backen in einem Gasherd unterscheidet sich stark vom Backen in einem Elektroherd, weil mit dem Gas auch Feuchtigkeit in den Backofen gelangt.

Braten

Zum Braten verwendet man üblicherweise eine Pfanne. Beim Braten in einer Pfanne kann es sich um Garen in heißem Fett handeln. Das Fett wird dann so lange erhitzt, bis es Schlieren bildet. Vorsichtig gibt man das Bratgut hinein und ist darauf gefasst, dass das heiße Fett spritzen kann.

Sollte einmal das Fett in Brand geraten, gibt es eine wichtige Regel: keine Löschversuche mit Wasser!

M3 Feuerwehrübung – Wasser in brennendes Öl

M4 Angrillen

Brennendes Fett (Öl) niemals mit Wasser bekämpfen. Dadurch wird der Brand nur noch schlimmer.

Um das Feuer zu ersticken, sollte mit einer feuerfesten Decke oder mit einem Deckel gearbeitet werden. Besser ist es in jedem Fall, eine Flammenbildung zu vermeiden.

Frittieren

„Pommes frites" – ein Wort, bei dem manchem das Wasser im Munde zusammenläuft. „Pommes" ist ein Begriff aus der französischen Sprache, der „Äpfel" bedeutet. Gemeint sind jedoch die frittierten „Erdäpfel" (pommes de terre). Die Kartoffeln werden beim Frittieren üblicherweise in heißem Fett auf 150 bis 180 Grad Celsius erhitzt.

Bei der Entsorgung des nicht mehr benötigten Frittierfettes ist darauf zu achten, dass es nicht etwa in die Toilette gegossen werden darf. Dieser unsachgemäße Umgang hat schon oft Verstopfungen in Abwasserrohren mit sich gebracht. Generell sollten keine Lebensmittel über die Toilette entsorgt werden, weil sich davon die im Abwassersystem lebenden Ratten ernähren.

M5 Frisch frittiert

1. Unterscheide die Tätigkeiten „Kochen", „Garziehen", „Backen", „Braten" und „Frittieren" voneinander. Halte dazu einen kurzen mündlichen Vortrag (Text, **M2**, **M5**, Webcode).
2. Erkläre, wie ein Fett- bzw. Ölbrand gelöscht/erstickt werden sollte (Text, **M3**, Webcode).
3. Vergleiche das Kochen/Backen in einem Gasherd mit dem Kochen/Backen in einem Elektroherd.
4. Erläutere, warum eine Einleitung von Speiseöl/Fett in das Abwassersystem (Toilette) üble Folgen hat.
5. Nenne mindestens drei Lebensmittel, die gebacken werden können.
6. Schreibe einen eigenen kurzen Text zum Thema „Grillen" (**M4**).
7. Nenne mindestens drei Lebensmittel, die frittiert werden können.
8. Stelle Vermutungen an, warum im Restaurant M1 immer heiß serviert wird. Wie schafft es der dortige Chefkoch?

Das Rezept – der Schlüssel zum Erfolg

M 1 Spreewälder Fischtopf (zwei Personen)

Geräte
Küchenmesser, Schneidebrett
1 kleiner Kochtopf, 1 großer 2-Liter-Kochtopf
Schaumlöffel, Edelstahlsieb, kleine Kelle, Schälmesser, kleine Schüssel, Gabel, kleine Küchenreibe, Teelöffel, Suppentassen und Suppenlöffel

Zutaten	Zubereitung
200 ml Leitungswasser	Wasser in einem kleinen Topf aufkochen.
4 mittelgroße Tomaten	Mit dem Schaumlöffel in das kochende Wasser geben, bis die Schale platzt. Danach herausnehmen, in das Sieb geben und mit kaltem Wasser abspülen. Die Haut mit einem Schälmesser vorsichtig von oben nach unten abziehen, danach halbieren und grüne Ansätze wegschneiden.
2 mittelgroße Zwiebeln 1 Knoblauchzehe *(1 Stück aus der Knolle)*	Schälen und auf einem Küchenbrett in kleine Würfel schneiden. Durch die Knoblauchpresse in eine kleine Schüssel pressen.
1 Prise Salz *(so viel, wie zwischen Daumen und Zeigefinger passt)*	Über den Knoblauch streuen und mit einer Gabel verrühren.
Schale einer Bio-Zitrone	Vorsichtig mit einer kleinen Küchenreibe abreiben, bis ein Teelöffel gefüllt ist *(nur kurz an einer Stelle reiben, bis die weiße Schicht darunter zu sehen ist).*
125 ml Gemüsebrühe	In einen großen Topf geben, zusammen mit den Tomaten-, Zwiebel- und Knoblauchstücken und dem Zitronenabrieb, ca. 1–2 Minuten im Topf bei höchster Stufe des Herdes aufkochen.
2 Lorbeerblätter ¼* TL Majoran 4 ungemahlene schwarze Pfefferkörner	Jetzt die Zutaten hinzugeben und ca. 10 Minuten bei geringer Hitze *(kleinste Stufe auf dem Herd)* weitergaren.
4 frische Seelachsfilets	Auf dem Schneidebrett in 1 cm große Stücke schneiden und in die köchelnde Flüssigkeit geben.
	Alles noch ca. 15 Minuten ziehen lassen, bis der Fisch eine weiße Färbung angenommen hat.
4 Scheiben frisches Landbrot	Fischtopf in Suppentassenfüllen und mit Landbrot servieren.

* **TL**
Abkürzung für: „Teelöffel"

Rezepte

Ein Rezept gibt auf möglichst einfache Weise an, wie man vorgehen muss, um ein bestimmtes Zubereitungsergebnis zu erzielen. Das Rezept gibt an, welche Zutaten, in welcher Menge benötigt werden, wie diese verarbeitet werden und welche Zeit benötigt wird.

Als Kochbücher und Internet-Rezepte noch nicht so verbreitet waren, wurden Rezepte meist mündlich in der Familie weitergegeben. Eltern oder Großeltern zeigten dem Nachwuchs, wie ein Gericht zubereitet wurde. Schriftliche Aufzeichnungen waren selten und enthielten meist nur die Zutaten und ihre Zubereitung. Mengenangaben fehlten, da es keine einheitlichen Maßsysteme gab. Ebenso fehlten Temperatur und Zeitangaben. Man musste schon viel Erfahrung haben, wollte man nur anhand dieser Angaben ein Gericht herstellen. Deshalb war man auf zusätzliche Informationen erfahrener Köchinnen und Köche angewiesen. Manche haben ihre Rezepte aber auch für sich behalten. Bei Mengenangaben hat man aus praktischen Gründen auf einfache Maße zurückgegriffen. Noch heute kennt man in Rezepten diese Angaben:

- Tasse
- Esslöffel/EL
- Teelöffel/TL
- Prise

Arbeiten mit Rezepten

Seit es Kochbücher gibt, kann man neue Rezepte leichter entdecken und nachko-

M 2 Obstsalat (2 Personen)

Geräte: Abfallschüssel, Sieb, Schüssel, Zitronenpresse, Sparschäler, Messer, Schneidebrett, Esslöffel

Zutaten	Zubereitung
1 Zitrone	Auspressen, Saft in eine große Glasschüssel geben
1 Mandarine	Schälen, zerteilen, Spalten zerschneiden
1 Apfel	Waschen, schälen, vierteln, Kernhaus entfernen, in Stücke schneiden,
1 Banane	Schälen, längs halbieren, in Scheiben schneiden
	das zerkleinerte Obst in eine große Schüssel geben
1 EL* Honig	mit dem Obstsalat vermischen

* **EL**
Abkürzung für: „Esslöffel“

chen. Das Internet bietet verschiedene Möglichkeiten, Rezepte sogar themenbezogen zu entdecken. Einige Adressen zeigen dir im Videoclip, wie man herangehen sollte.

Für alle Rezepte, die du dir erschließt, gilt: „Erst lesen – dann arbeiten!“

Erst einmal fällt der Blick auf die Anzahl der Personen, die im Rezept angegeben sind, damit es später nicht zu knapp mit den Zutaten wird. Genügend Geld muss auch vorhanden sein, denn für zwei oder für acht Personen einzukaufen, macht schon einen Unterschied. Auch die Vorbereitungszeit wird sich verändern. So einfach wie es im Rezept steht, ist es oft nicht. Man braucht schon ein wenig Erfahrung – und nicht nur das ausgedruckte Papier.

Eine übersichtliche Zusammenstellung der Zutaten erleichtert das Auswählen, das Einkaufen und Vorbereiten der Lebensmittel.

M 3 Zubereiten mit dem Internet

1 Suche in deiner Schulküche die Geräte heraus, die zur Herstellung des Fischtopfes in **M 1** notwendig sind.

2 Berechne die Mengen für den Fischtopf für vier Personen (**M 1**, Webcode).

3 Schlage vor, inwieweit du vom Rezept **M 1** abweichen könntest. Begründe deinen Vorschlag.

4 Stelle das Rezept in **M 2** mit deiner Schülergruppe her. Berechne dazu die Zutatenmenge für deine Schülergruppe (Webcode).

5 Finde im Internet gelungene Rezept-Plattformen und stelle sie der Klasse vor.

M1 Möglichst ausgewogen essen

M2 Wer die Wahl hat ...

★ **Caterer**
Bewirtungsservice

Lebensmittelauswahl

Insbesondere in Deutschland besteht ein reichhaltiges Angebot an Lebensmitteln. Oft fällt die Auswahl schwer. Die Werbung verspricht viele Vorteile für den Körper bei der Entscheidung für ein bestimmtes Produkt. Manchmal hört man auch die Begriffe „gesunde" oder „ungesunde" Lebensmittel. Gibt es sie überhaupt oder ist es die Menge, die man von einem bestimmten Produkt verzehrt?

In anderen Ländern gibt es ganz andere Probleme. Hoch im Norden wachsen beispielsweise kein Obst und kein Gemüse. Die Menschen ernähren sich von anderen Lebensmitteln, die wichtige Inhaltsstoffe besitzen.

Auch Hunger und Armut gibt es noch vielfältig auf dieser Welt. Eine unzureichende Versorgung mit Lebensmitteln führt zu Unterernährung. Es können nicht alle Nährstoffe für den Körper zur Verfügung gestellt werden. In allen Lebensmitteln, die selbst erzeugt, auf dem Wochenmarkt oder im Supermarkt angeboten werden, stecken die wertvollen Inhaltsstoffe, die für unser Leben notwendig sind. Dazu gehören die energieliefernden Nährstoffe wie Kohlenhydrate, Fette und Eiweiße und die Zusatzstoffe wie Mineralstoffe und Vitamine. Bei der Planung unserer Mahlzeiten, die über einen Tag oder sogar eine Woche gehen kann, entscheiden wir über die Auswahl unserer Lebensmittel und damit über die wertvollen Inhaltsstoffe. Der Caterer★ für die Schulspeisung, die Mensa in der Uni oder die Kantine im Betrieb planen weit im Voraus, da sie die Lebensmittel auswählen und bestellen müssen, die dann frisch zur Verarbeitung angeliefert werden. Im Speiseplan kann man das Angebot verfolgen. Auch im privaten Haushalt wird entschieden, ob abwechslungsreiche Lebensmittel, viel Gemüse und Obst angeboten werden oder ob es eher eintönige Speisen gibt.

Ein reichhaltiges und abwechslungsreiches Angebot an Lebensmitteln sichert eine mit Nährstoffen ausgewogene Ernährung.

M3 Das Auge isst mit ...

M4 Inhaltsstoffe unserer Nahrung und ihre Aufgaben

Kohlenhydrate	Fette	Eiweiß	Wasser
Getreide, Getreideprodukte, Kartoffeln, Nudeln, Reis, Obst, Gemüse, Zucker, Honig	Butter, Schmalz, Margarine, Pflanzenöle	Milch, Milchprodukte, Fisch, Eier, Fleisch, Hülsenfrüchte	Getränke wie Mineralwasser, Tee, Säfte
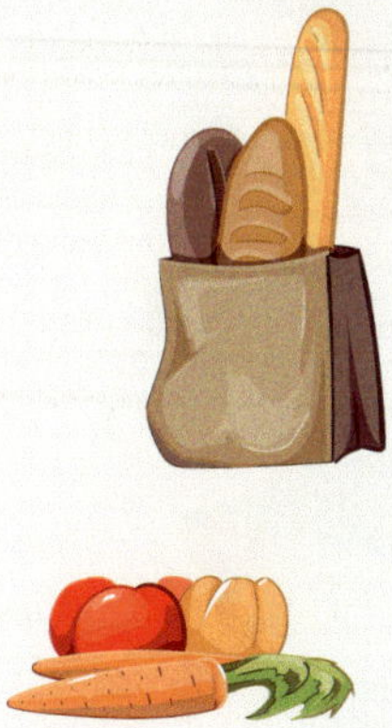			
Aufgaben im Körper **Brennstoffe zur Energiegewinnung** Erzeugung von Kraft und Körperwärme DGE-Empfehlung*: 5–7 g je kg Körpergewicht	 0,8 g je kg Körpergewicht	Aufgaben im Körper **Baustoffe für die Körperzellen** z. B. für die Organe, Blut, Muskeln, Haut, Haare, Fingernägel und die Knochen; Eiweiß ist zusätzlich Energielieferant. DGE-Empfehlung: 0,8 g je kg Körpergewicht	

* **DGE**
Deutsche Gesellschaft für Ernährung

Inhaltsstoffe für den Körper

Unser Körper stellt hohe Ansprüche, wenn er gesund, leistungsfähig und fit bleiben soll. Um uns vollwertig zu ernähren, sollten täglich alle Inhaltsstoffe in ausreichender Menge zugeführt werden. Damit das gelingt, ist es wichtig, dass täglich die verschiedensten Lebensmittel verzehrt werden. Kein Lebensmittel alleine erfüllt alle Ansprüche, denn jedes liefert in den meisten Fällen nur einen Teil der lebensnotwendigen Nährstoffe. Deshalb sollte auf eine geschickte und vielfältige Kombination der Lebensmittel geachtet werden.

Lebensmittel sind die „Mittel zum Leben", denn sie enthalten alle lebenswichtigen Nährstoffe, die der Körper zur Aufrechterhaltung seiner Leistungsfähigkeit benötigt.

1 Berichte über deine Ernährungsgewohnheiten (**M 1**, **M 2**).
2 Mache Vorschläge für eine Woche warmes Essen – möglichst abwechslungsreich und ausgewogen.
3 Ergänze deine Vorschläge aus der Aufgabe 2, indem du Zubereitungsarten nennst (z. B.: gekocht, gedünstet, gegrillt, roh).
4 Berechne die Mengen der Inhaltsstoffe in **M 4** für dein Körpergewicht.
5 Beschreibe das Foto **M 3**. Welche Lebensmittel kannst du erkennen?
6 Bringe zur nächsten WAT-Unterrichtsstunde ein Foto einer „attraktiven Stulle für Kinder" mit, die du zubereitet hast.
7 Diskutiert darüber: „Gibt es gesunde und ungesunde Lebensmittel – oder hängt es von den Mengen ab?"

Vollwertig essen – (k)ein Problem

Der DGE-Ernährungskreis unterscheidet sieben Gruppen:

1. Getreide, Getreideprodukte, Kartoffeln
2. Gemüse, Salat
3. Obst
4. Milch und Milchprodukte
5. Fleisch, Wurst, Fisch und Eier
6. Öle und Fette
7. Getränke

M1 Sieben Gruppen

10 Regeln zur vollwertigen Ernährung

1. vielseitig essen
2. reichlich Getreideprodukte – und Kartoffeln
3. Gemüse und Obst – „Nimm 5 am Tag“
4. täglich Milch und Milchprodukte, ein- bis zweimal in der Woche Fisch, Fleisch, Wurstwaren sowie Eier in Maßen
5. wenig Fett und fettreiche Lebensmittel
6. Zucker und Salz in Maßen
7. reichlich Flüssigkeit
8. schmackhaft und schonend zubereiten
9. sich Zeit nehmen zum Genießen
10. auf das Gewicht achten und in Bewegung bleiben

M2 Der DGE-Ernährungskreis

Ernährungsmodelle geben Hilfe

Der Ernährungskreis und die Ernährungspyramiden sind Modelle, die als Orientierungshilfen bei der Auswahl von Lebensmitteln dienen. Die richtige Wahl ist wichtig, denn nur so erhält der Körper eine abwechslungsreiche Kost. Sie ist die Grundlage für eine vollwertige Ernährung und damit die Basis für Wohlbefinden sowie Leistungsfähigkeit.

Bei einer vollwertigen Ernährung sind die Lebensmittel entsprechend den Empfehlungen der DGE bedarfsgerecht zusammengesetzt.

Der DGE-Ernährungskreis

Der zentrale Innenkreis symbolisiert die Flüssigkeiten bzw. Getränke, die die Grundlage der Ernährung darstellen. Der ihn umgebende Kreisring ist in sechs verschiedene Segmente* eingeteilt, die für die verschiedenen Lebensmittelangebote stehen. Die Segmentgröße symbolisiert die Bedeutung der einzelnen Lebensmittelgruppen für eine vollwertige Ernährung. Lebensmittel in den großen Feldern sollen häufiger verzehrt werden. Auf den ersten Blick wird klar, dass pflanzliche Kost gegenüber tierischen Lebensmitteln eindeutig zu bevorzugen ist.

* **Segment**
Teilstück

Die Ernährungspyramide

Eine Ernährungspyramide ist eine andere Darstellungsform für Ernährungsempfehlungen. Ebenso wie beim Ernährungskreis werden Verzehrmengen vorgeschlagen. Dabei ist nichts verboten, allein die Menge ist entscheidend. Die breite Basis der Pyramide lässt auf einen Blick erkennen, welche Lebensmittel die Grundlage unserer Ernährung bilden und deshalb reichlich verzehrt werden können. Je kleiner ein Feld ist, desto niedriger sollte der Anteil dieser Lebensmittel am täglichen Speiseplan sein. Ferner wird das wünschenswerte Verhältnis der Lebensmittelgruppen untereinander deutlich. Getränke, vor allem Wasser, sind das Fundament einer gesunden Ernährung. Getreide und Getreideprodukte werden besonders hervorgehoben. Sie liefern die wertvollen Kohlenhydrate und Ballaststoffe. Fette und Süßigkeiten stehen ganz oben. Deren Anteil sollte geringfügig auf dem Speiseteller vorhanden sein.

TIPP: Benutze die Modelle als Checkliste für den Tag.

Mithilfe einer einfachen und übersichtlichen Darstellung sollen die Verbraucher auf leicht verständliche Weise dabei unterstützt werden, ein gesundes Essverhalten zu entwickeln.

M 3 Eine Ernährungspyramide im Querschnitt

Damit wird das Konzept einer bedarfsgerechten und gesundheitsfördernden Ernährung leicht verständlich.

Eine vollwertige Ernährung wird dann erreicht, wenn die Nährstoffe bedarfsgerecht in der täglichen Ernährung vorkommen, ausreichend Flüssigkeit getrunken und eine ausgeglichene Energiebilanz erreicht wird.

1 Analysiere deine Mittagsmahlzeiten mithilfe von **M 1** sowie **M 2** und ordne die Lebensmittel dem Ernährungskreis der DGE zu.

2 Zeichne eine Lebensmittelpyramide wie die in **M 3** in dein Heft.

3 Trage alle Lebensmittel ein, die du über einen ganzen Tag gegessen hast und ordne diese den Gruppen zu.

4 Bewerte die Lebensmittel deines Ernährungsprotokolls (Aufgabe 3) und erarbeite mögliche zusätzliche Vorschläge. Stelle diese in der Klasse vor. Gehe dabei von deiner persönlichen Situation aus.

5 Entwirf mithilfe der Modelle einen Tagesspeiseplan und stelle diesen begründet vor (Webcode).

M1 Unsere Nahrung

Nahrungsmittelbestandteile

Täglich nehmen wir verschiedene Nahrungsmittelbestandteile auf. Diese sind in unterschiedlicher Konzentration und Zusammensetzung in den Lebensmitteln enthalten.
Die Energielieferanten sind Kohlenhydrate, Eiweiße und Fette. Um unseren Körper gesund und leistungsfähig zu erhalten, sind außerdem Ergänzungsstoffe notwendig. Dies sind Vitamine, Mineralstoffe und Wasser. In den pflanzlichen Nahrungsmitteln sind auch Ballaststoffe enthalten. Ballaststoffe haben ihre Bedeutung in der Erhaltung der Gesundheit und der Funktionsfähigkeit der Verdauungsorgane.

Kohlenhydrate

Kohlenhydrate kommen überwiegend in pflanzlichen Nahrungsmitteln vor. Die Grundbausteine der Kohlenhydrate sind Einfachzucker (Monosaccharide). Lagern sich viele Einfachzucker aneinander, entstehen lange Ketten, die zu Vielfachzuckern (Polysaccharide) wachsen. Beispiele dafür sind die im Mehl vorkommende Stärke oder das in der Leber gespeicherte Glykogen (tierische Stärke). Einen besonders günstigen Einfluss auf die Ernährung haben Vollkornprodukte, Hülsenfrüchte und Gemüse.

> Kohlenhydrate sind die Energielieferanten unserer täglichen Ernährung.

Eiweiß

Eiweiße sind verantwortlich für das Wachstum der Zellen (z.B. der Haut und der Muskeln). Sie kommen in Fleisch und in Milchprodukten, aber auch in vielen pflanzlichen Lebensmitteln vor.

Fette

Fette sind der energiereichste Nährstoff. Fette kommen in pflanzlichen und tierischen Lebensmitteln vor.

> Fette (und Öle) sind die energiereichsten Nährstoffe unserer Lebensmittel.

Fette haben neben der Energieversorgung vielfältige Aufgaben im Körper. Deshalb ist auf diesen Nährstoff auch nicht zu verzichten. Im Körper wirken Fette als Schutzpolster vor Druck und Stoß (z.B. bei Nieren und Augen). Nicht zuletzt ist eine angemessene Fettschicht die natürliche Isolierschicht gegen Winterkälte. Auch für die Aufnahme der fettlöslichen Vitamine (A, D, E und K) ist Fett unverzichtbar.
Nicht alle Fettsäuren kann der Körper selbst aufbauen. Deshalb müssen diese Fettsäuren mit der Nahrung aufgenommen werden.
Die gesunden mehrfach oder einfach ungesättigten Fettsäuren findet man bevorzugt in pflanzlichen Fetten und Ölen. Tierische Fette, meist gesättigte Fettsäuren, kommen beispielsweise in Butter, Wurst und Fleisch vor.

Die Nährstoffe Kohlenhydrate, Eiweiße und Fette sind organische Bestandteile unserer Nahrung. Der Organismus nutzt sie als Baustoffe und als Energielieferanten.

Vitamine sind lebenswichtige organische Ergänzungsstoffe. Sie müssen ständig – am besten täglich – mit der Nahrung aufgenommen werden. Benötigt werden nur geringe Mengen, die man zu Hause gar nicht abwiegen kann. Der Mensch kann Vitamine nicht selbst oder manchmal nur aus ihren Vorstufen aufbauen. Eine Ausnahme bildet das Vitamin D. Hier ist Sonnenlicht notwendig, damit es der Körper selbst bilden kann. Vitamine sind keine Energieträger und keine Baustoffe. Sie sind jedoch wichtige Schutz- und Regelungsstoffe. Ohne sie lassen sich zahlreiche Stoffwechselvorgänge nicht anstoßen. Sie sind beispielsweise beteiligt an der Blutgerinnung. Vitamine halten uns fit und gesund.

Mineralstoffe

Mineralstoffe sind nicht organische Bestandteile unserer Nahrung und für verschiedene Körperfunktionen unerlässlich. Der Körper kann sie nicht selbst herstellen. Sie müssen mit der Nahrung zugeführt werden. Mineralstoffe werden unterteilt in Mengen- und Spurenelemente – je nach ihrem Vorkommen im menschlichen Körper. Das Kalzium ist ein Baustoff, der wichtig zum Knochenaufbau und wichtig für die Zähne ist. Der Körper benötigt relativ viel davon, darum gehört es zu den Mengenelementen. Natrium und Kalium regeln den Flüssigkeitshaushalt. In geringen Mengen wird das Eisen zur Blutbildung benötigt. Bei Obst und Gemüse finden sich die wichtigsten Nährstoffe oft unter der Schale: Daher empfiehlt es sich, einige Gemüsesorten nur gründlich zu reinigen und anschließend mit Schale zu essen und Kartoffeln ungeschält zu kochen.

Die Ergänzungsstoffe Vitamine und Mineralstoffe sind an vielen Stoffwechselvorgängen beteiligt.

Wasser

Wasser ist notwendig für alle Stoffwechselprozesse. Es dient bevorzugt als Löse-, Quell- und Transportmittel. Zugleich ist es aber auch für die Regulierung der Körpertemperatur notwendig. Sehr deutlich merkt man den Wasserverlust durch das Schwitzen. Deshalb muss durch regelmäßiges Trinken der Flüssigkeitsverlust ausgeglichen werden. Neben Leitungswasser wird dafür auch ungesüßter Tee empfohlen. Nicht so günstig sind alle zuckerhaltigen Getränke.

Ballaststoffe

Ballaststoffe sind keineswegs unnütz. Sie kommen meist als nicht energieliefernde Stoffe in Pflanzenfasern vor und fördern die Verdauung. Ballaststoffe bringen den Stoffwechsel in Schwung und fördern die Gesundheit.

1 Nenne fünf Lebensmittel, die gute Energielieferanten sind.
2 Im **M1** sind verschiedene Lebensmittel abgebildet. Suche dir fünf heraus und bewerte deren Bedeutung in der täglichen Ernährung. Stelle eine Rangliste auf.
3 Die Hauptnährstoffe reichen für eine vollwertige Ernährung nicht aus. Nenne weitere Bestandteile einer gesunden Ernährung.
4 Finde heraus, welche Maßeinheiten für die Spuren- und Mengenelemente bei den Mineralstoffen verwendet werden. Berichte darüber vor der Klasse.
5 Informiere dich über die Bedeutung von drei Spurenelementen und drei Mengenelementen in der menschlichen Ernährung. Trage dein Ergebnis mündlich vor.
6 Erörtere, warum Milch nicht als Durstlöscher zu empfehlen ist.

Eiweiß – der Baustoff des Lebens

M1 Eiweißreiche Lebensmittel

Aufbau von Eiweiß

Eiweiß ist ein unersetzbarer Bestandteil unserer Nahrung. Es kommt in tierischen und in pflanzlichen Lebensmitteln vor. Pflanzliche Eiweißlieferanten sind z.B. Linsen, Erbsen, Haferflocken und Vollkornbrot sowie alle Sojaprodukte.

Bausteine aller Eiweiße, in der Fachsprache „Proteine" genannt, sind Aminosäuren. Diese Aminosäuren verbinden sich zu langen Ketten, die verschiedene Formen annehmen können. Man nennt sie „Polypeptidketten". Aminosäuren lassen sich danach einteilen, ob sie von einem Organismus selbst hergestellt werden können oder nicht. Aminosäuren, die vom Körper nicht selbst hergestellt werden können, werden als „essentiell" bezeichnet.

Aufgaben der Eiweiße

Der menschliche Körper besteht aus 30 000 bis 70 000 verschiedenen Eiweißkonstruktionen. Alle haben unterschiedliche Aufgaben. Sie unterstützen die Muskelbewegung, wirken als Stützsubstanzen für die Knochen, Nägel, Haare oder die Haut. Bei Verletzungen helfen sie, die Wunden wieder zu schließen. Darüber hinaus sind sie für unsere Abwehrkraft verantwortlich. Als Transport- und Speicherstoffe haben sie im Körper ebenfalls eine wichtige Aufgabe.

Wie bei einem Puzzle baut unser Körper aus 20 unterschiedlichen Aminosäuren seine individuell benötigte Eiweißkombination auf. Dafür ist es wichtig, dass täglich Eiweiße und damit die neun essentiellen Aminosäuren über die Lebensmittel zugeführt werden. Aus diesen essentiellen Eiweißen und aus den im Körper noch vorhandenen Eiweißen werden z.B. neue Körperzellen aufgebaut.

Verzehrempfehlung

Täglich werden etwa 300 Gramm bis 500 Gramm Körpereiweiß neu gebildet. Deshalb wird empfohlen, dass täglich 0,8 Gramm Eiweiß je Kilogramm Körpergewicht über die Nahrung zugeführt werden. Dabei ist es wichtig, dass das Eiweiß zu zwei Dritteln aus pflanzlichen und zu einem Drittel aus tierischen Lebensmitteln zugeführt wird. Rund zehn Prozent des Gesamtenergieanteils der Nahrung sollten über Eiweiß gedeckt werden.

Eiweiße (Aminosäuren) sind die Bausteine des Körpers. Sie sind wichtig für den Aufbau der Organe und sie haben steuernde Funktionen für das Leben.

Obwohl es weltweit genug Lebensmittel gibt, haben nicht alle Menschen genügend davon. Insbesondere Eiweißmangel führt zu einer gefährlichen Unterernährung der Weltbevölkerung.

Die biologische Wertigkeit

Nicht das gesamte Lebensmittel – auch wenn es Fleisch ist – liefert dem Körper Eiweiß. Die biologische Wertigkeit ist ein Wegweiser in Sachen Eiweißzufuhr und Vielfältigkeit der Aminosäuren.

Die biologische Wertigkeit gibt an, wie viel Gramm körpereigenes Eiweiß aus 100 Gramm eines Lebensmittels aufgebaut werden können.

M2 Eiweißpulver

Je ähnlicher das Aminosäuremuster eines Lebensmittels dem des menschlichen Körpers ist, desto höher ist seine biologische Wertigkeit. An der biologischen Wertigkeit des Hühnereis von 100 orientieren sich die Angaben zu anderen Lebensmitteln. Thunfisch oder Rindfleisch haben eine biologische Wertigkeit von etwa 92 Prozent. Bohnen oder Mais liegen bei ungefähr 72 Prozent.

M3 Biologische Wertigkeit

Lebensmittel	biologische Wertigkeit
Käsemilch (Molke)	104–110
Vollei	100
Rindfleisch	92
Thunfisch	92
Kuhmilch	88
Edamer Käse	85
Soja	84–86
Quinoa	83
Reis	81
Kartoffeln	76
Roggenmehl	76–83
Bohnen	72
Mais	72
Hafer	60
Weizenmehl	56–59

Kombinationsbeispiele

Lebensmittel-Kombination	biologische Wertigkeit
65 % Kartoffel und 35 % Vollei	137
75 % Milch und 25 % Weizenmehl	123
60 % Hühnerei und 40 % Soja	122
71 % Hühnerei und 29 % Milch	122
68 % Hühnerei und 32 % Weizen	118
77 % Rindfleisch und 23 % Kartoffeln	114
75 % Milch und 25 % Weizen	105
52 % Bohnen und 48 % Mais	101

1 Betrachte M1 und benenne die dort abgebildeten Lebensmittel. Ordne sie anschließend nach tierischen und pflanzlichen Eiweißen.
2 Erkläre, warum eine tägliche Eiweißzufuhr für eine vollwertige Ernährung bedeutsam ist (Text).
3 Berechne deinen persönlichen Eiweißbedarf und schlage vor, mit welchen Lebensmitteln du deinen Bedarf decken kannst (Text).
4 Erarbeite einen mündlichen Kurzvortrag zum Thema „Proteine“.
5 Skizziere, wie ein Informationsfilm zum Thema „biologische Wertigkeit“ aussehen könnte (Text, M3).
6 Eiweißpulver werden vielfältig angeboten (M2). Was meinst du – werden sie für die tägliche Ernährung benötigt? Erarbeite eine Argumentation.

M1 „Haltung bewahren, Kolleginnen!"

Wer die Wahl hat, hat die Qualität?

Es ist nicht immer leicht, bei der Auswahl von Lebensmitteln die richtige Entscheidung zu treffen. Entscheidungen können sich aufgrund unterschiedlicher Erfahrungen und Lebenseinstellungen verändern.

Qualitätsmerkmale sind (auch) subjektiv. Für den Einen sind es vorrangig gesundheitliche und ökologische Gesichtspunkte, für den Anderen sind es ökonomische Aspekte.

> Unter „Qualität von Lebensmitteln" ist die Summe ihrer sämtlichen bewertbaren Eigenschaften zu verstehen.

Beim Kauf von Nahrungsmitteln lassen sich Verbraucher oft von verschiedenen Kriterien wie Qualität, Preis, Größe, Farbe, Herstellungsart oder Nährwert leiten.

Produktion von Hühnereiern

Betrachten wir hier einmal die Kaufentscheidung für Eier. Sowohl auf der Verpackung als auch auf dem Ei selbst finden die Verbraucher verschiedene Informationen, die bei einer Kaufentscheidung helfen können.

Eier werden in verschiedenen Formen erzeugt: Boden-, Freiland- oder Biohaltung (ökologische Erzeugung). Die Käfighaltung ist seit 2010 in der EU verboten.

Bodenhaltung

Bodenhaltung von Hühnern erfolgt ausschließlich im Stall. Dabei können alle Tiere miteinander in Kontakt treten.

Über die Einstreu mit Stroh oder anderen Materialien können die Tiere jederzeit mit Kot in Berührung kommen.

Wie bei jeder Haltung in großen Gruppen kann es zu Verletzungen durch Rangordnungskämpfe und Federpicken kommen. Dadurch kann das Sozialgefüge einer Herde maßgeblich beeinflusst werden.

Der Verzicht auf Auslauf spart allerdings Kosten – und das spürt auch der Kunde im Supermarkt.

Freilandhaltung

Freilandhaltung erfolgt auf Flächen, die überwiegend Bewuchs aus Gräsern bieten und tagsüber für die Hühner zur Verfügung stehen.

Der Auslauf ermöglicht den Hühnern, einen größeren Abstand voneinander zu halten. Doch oft wird der Auslauf nur von einem kleinen Teil der Hennen und nur in Stallnähe genutzt – besonders wenn Lebensgefahr durch Greifvögel besteht, weil der schnell erreichbare Stall dann als Zufluchtsstätte dienen kann. Je mehr Auslauffläche, desto mehr Land geht dem Betrieb für eine anderweitige Nutzung verloren. Damit erhöhen sich die Produktionskosten.

Bio-Haltung

Bei der ökologischen Erzeugung von Eiern gelten ähnliche Bedingungen wie für die Freilandhaltung. Die BIO-Verbände haben allerdings noch zusätzliche Vorschriften erlassen. So muss das Hühnerfutter ebenfalls aus biologischem Anbau stammen.

Eigene Entscheidungen gefragt

Jede Haltungsform hat Vor- und Nachteile für das Tier und das erzeugte Ei. Ob es

Unterschiede hinsichtlich Geschmack und Geruch gibt, ist nicht eindeutig bewiesen.

Tierschutz, Produktsicherheit und Preis konkurrieren also miteinander um die Gunst des Verbrauchers.

Bei der Beurteilung der Qualität eines Lebensmittels können aber auch andere Informationen Einfluss auf den Entscheidungsprozess haben.

Siegel – ein Hinweis für Qualität

Spezielle Siegel helfen bei einer bewussten Auswahl von umwelt- und sozialverträglichen Produkten. Sie geben einen Hinweis darauf, dass die Waren ökologisch verantwortlich und nachhaltig produziert wurden. So werden Qualitätsmerkmale für den Verbraucher schnell sichtbar.

> Siegel sind grafische Zeichen, die Aussagen über die Qualität bzw. über die besondere Beschaffenheit eines Produktes treffen.

Vertrauenswürdig sind vor allem Zeichen und Siegel, die von unabhängigen Stellen vergeben und regelmäßig kontrolliert werden.

Dazu gehören das EU-Bio-Logo, das deutsche Bio-Siegel oder die Siegel verschiedener Anbauverbände wie das Demeter-Siegel.

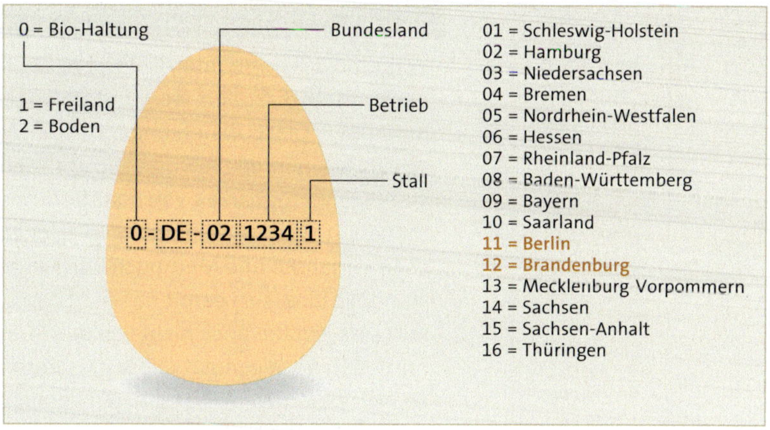

M2 Was steht auf dem Ei?

Was steht auf dem Ei?

Seit 2004 gelten für Hühnereier innerhalb der Europäischen Union Kennzeichnungsregeln. Sortierte Eier, die der Erzeuger direkt an den Endverbraucher verkauft, müssen seit 2005 gekennzeichnet werden. Für unverpackte und unsortierte Eier, die direkt an der Produktionsstätte oder an der Haustür verkauft werden, gelten Kennzeichnungserleichterungen.

M3 Industrielle Eierverarbeitung

1 Benenne unterschiedliche Qualitätsmerkmale von Lebensmitteln.
2 Stelle deine Qualitätsansprüche an Lebensmittel dar und begründe diese.
3 Erläutere die Kennzeichnung von Eiern (Text, **M2**).
4 Erkläre, welche Art der Hühnerhaltung in **M1** zu sehen ist. Begründe.
5 Probiert es selbst einmal: Kocht und bratet je ein Ei aus Boden-, Freiland- und Bio-Haltung. Vergleicht nach Aussehen, nach Geruch und Geschmack.
6 Begründe, warum der Einkauf von Bio-Lebensmitteln die Umwelt schont.
7 Finde heraus, welche Anbauverbände in Deutschland eigene Siegel haben. Dokumentiere deren Qualitätsanforderungen (Webcode).
8 Informiere dich über den Verbrauch an Hühnereiern in Deutschland. Berichte darüber vor der Klasse und begründe, warum es immer noch verschiedene Haltungsarten gibt.
9 Finde heraus, in welchen Lebensmitteln Eier verarbeitet werden (**M3**). Kann man als Verbraucher/-in erkennen, welche Qualität die Eier haben?

Lebensmittel haltbar machen

Produkt-
gestaltung
und Design

Symbolische
Darstellungs-
formen

**Technik-
einsatz**

**Verbraucher-
verhalten**

**Historische
Entwicklung**

Informations-
und
Kommuni-
kations-
techniken

PROJEKT

Phase 1: Ziele klären

Während des WAT-Unterrichts ist in der Klasse 7 b die ständige Verfügbarkeit von Lebensmitteln diskutiert worden. Die langen Regalreihen mit Konservendosen, Trockenprodukten, Gläsern, Tiefkühlprodukten, Marmeladen und vielen anderen Erzeugnissen waren in ihrem Bewusstsein. Den Schülerinnen und Schülern war klar, dass die ständige Verfügbarkeit von qualitativ hochwertigen und sicheren Lebensmitteln unter heutigen Lebensbedingungen zu einem Grundbedürfnis geworden ist. Mit welchen Verfahren und Methoden haltbar gemacht wird, war aber nicht klar. Daraus entstand die Idee, sich damit näher zu beschäftigen. Die frischen Beeren, die gerade gereift sind, sollten auch nicht von den Sträuchern fallen und für die Zeit nach den Sommerferien noch genutzt werden. Es entstand die Idee, die Konservierungsverfahren kennen zu lernen und diejenigen herauszufinden, die die Beeren zur weiteren Verwendung retten.

Phase 2: Arbeitsaufgaben bestimmen

Nachdem klar war, was die 7 b wollte, und erste Informationen gesammelt wurden, konnten drei Gruppen gebildet werden. Teamsprecher für die Gruppen thermische Verfahren, Trockenprodukte und chemische Verfahren wurden festgelegt. In den Gruppen wurden weitere Aufgaben abgesprochen und verteilt.

Aufgabeninhalte und Fragen: Seit wann gibt es das Haltbarmachen von Lebensmitteln? Wie haben die Großeltern ihre Lebensmittel haltbar gemacht? Beobachtung im Supermarkt: Werden trotz des saisonalen Angebots konservierte Beeren gekauft? Wie sehen industrielle Haltbarmachungsverfahren aus (Gefrieren, Pasteurisieren, Konservieren in Gläsern und Dosen, Räuchern ...)? Was hat es mit Konservierungsstoffen auf sich?

Ergebnis nach der Gruppenbildung: Da die Ferien nahten, musste ein konkreter Zeitplan festgelegt werden, denn es sollten nicht nur die theoretischen Ergebnisse präsentiert werden, sondern die Beeren sollten auch fachgerecht verarbeitet werden.

Obstplantagen prägen das Brandenburger Land. Ob in der Lausitz, in der Uckermark oder in der Mittelmark – viele Bewohner besinnen sich auf alte Traditionen. Das Obst darf nicht dem Verfall preisgegeben werden. Es ist nicht nur schade, sondern weder ökologisch noch ökonomisch sinnvoll.

Erdbeer-Rhabarber-Marmelade

Zutaten:
500 g Erdbeeren,
500 g Rhabarber,
eine unbehandelte Zitrone,
500 g Gelierzucker

Vorbereitung: Erdbeeren waschen, putzen, fein schneiden und 500 g abwiegen. Rhabarber waschen, putzen (nicht abziehen), in sehr kleine Stücke schneiden und 500 g abwiegen. Zitrone heiß waschen, trocken reiben, *dünn* schälen und die Schale in sehr feine Streifen schneiden oder abreiben. Zitrone auspressen.

Zubereitung: Früchte, Zitronensaft und -schale in einem Kochtopf mit Extra-Gelierzucker gut verrühren. Alles unter Rühren bei starker Hitze zum Kochen bringen und unter ständigem Rühren mind. 3 Min. sprudelnd kochen. Kochgut vom Herd nehmen, evtl. abschäumen und sofort randvoll in vorbereitete Gläser füllen.

Mit Schraubdeckeln verschließen und etwa 5 Min. auf den Deckeln stehen lassen.

Phase 3: Projektumsetzung

Lina hatte sich mit dem Einkochen von Obst und Gemüse beschäftigt. Da kam ihr die Idee, aus den geernteten Beeren Marmelade einzukochen, um diese am Ende des Schuljahres in der Schule zu verkaufen. Über die angefertigten Poster konnten sich alle Mitschüler/-innen über die Haltbarmachungsverfahren von Lebensmitteln informieren. Die Teamleiter haben ständig den Terminplan überprüft. Es entstanden verschiedene Dokumentationen zu den verschiedenen Fragestellungen. Die Teamleiter haben den Verlauf des Projektes kontrolliert.

Phase 4: Ergebnispräsentation

Die 7 b stellt ihre Ergebnisse während des Schulfestes vor. Selbst erarbeitete Poster werden am Stand präsentiert. Lina und ihr Team verkaufen verschiedene Marmeladen, die sie selbst hergestellt haben.

Schüler und Eltern konnten sich über die verschiedenen Konservierungsmöglichkeiten von Früchten informieren und die eingekochte Marmelade für 2,50 Euro erwerben.

Lina weiß jetzt, warum gute Marmelade auch ihren Preis hat.

Das kann ich ...

Wichtige Begriffe

- Küchenarbeitsbereiche
- Hygiene
- Ernährungskreis
- Ernährungspyramide
- Kohlenhydrate
- Eiweiße
- Fette
- Vitalstoffe
- Lebensmittelqualität
- Schadstoffe

A Rezepte lesen, Lebensmittel und Arbeitsgeräte bereitstellen

Zander aus dem Ofen für vier Personen

Die vier gesäuberten Zanderfilets abtrocknen und mit etwas Zitronensaft beträufeln. Diesen etwa 10 Minuten einziehen lassen. Danach mit Salz und Pfeffer bestreuen und mit 4 EL Senf bestreichen. Den Backofen auf 200 °C vorheizen. Jeweils ½ Bund Dill und Petersilie waschen, trocken schütteln und fein hacken. Die Filets mit je einem Lorbeerblatt sowie mit den gehackten Kräutern belegen und zusammenrollen. Mit einem Zahnstocher zusammenhalten. Eine feuerfeste Auflaufform mit einem Löffel Margarine einfetten und die Zanderfilets hineinlegen. 250 ml Sahne darüber gießen und im Ofen etwa 15 Minuten backen. Mit Kartoffeln servieren.

B Garverfahren richtig einsetzen

Verfahren	Definition	Verfahren	Definition
Kochen	Garen in reichlich Flüssigkeit bei 100 °C	Druckgaren	Garen durch Wasserdampf und Druck bei Temperaturen von 105 bis 120 °C
Dünsten	Garen im eigenen Saft mit wenig Fett und Flüssigkeit bei ca. 100 °C	Schmoren	Kräftiges Anbräunen in heißem Fett bei ca. 160 °C und anschließendem Weitergaren bei ca. 100 °C
Braten (Pfanne)	Garen in der Pfanne in heißem Fett bei ca. 120 –180 °C	Grillen	Garen im Ofen oder auf dem Grill unter Bräunung durch Strahlungswärme bei ca. 250 – 300 °C
Braten (Ofen)	Garen im Backofen in heißer Luft und heißem Fett bei ca. 200 – 220 °C	Frittieren	Garen im schwimmenden heißen Fett bei 160 – 220 °C

C Garverfahren auswählen

Welches Gericht wird in der Pfanne gebraten: Hackbraten, Schnitzel, Nudeln, Kuchen?

Welche Gerichte werden im Backofen gegart: Nudelsuppe, Schnitzel, Rollbraten, Auflauf, Apfelkuchen?

Wähle das passende Garverfahren zur Zubereitung von Gulasch: Dünsten, Kochen, Druckgaren, Grillen, Braten im Ofen.

D Die vollwertige Ernährung

Die DGE empfiehlt die vollwertige Ernährung zur Aufrechterhaltung des Wohlbefindens des menschlichen Körpers. Dazu definiert sie:

„Die Vollwertige Ernährung nach der DGE enthält alle notwendigen Nährstoffe im richtigen Verhältnis, in ausreichender Menge und gewährleistet die optimale Versorgung des menschlichen Organismus."

E Lebensmittel auswählen

Elenas Freundin, Aylin und ihre Eltern wählen ihre Lebensmittel. Sie kauft kein Schweinefleisch. Rind und Schaf stehen bei ihr auf dem Einkaufszettel. Aylins Eltern gehen nur auf dem Wochenmarkt oder auf einem Frischmarkt einkaufen, um ihr Obst und Gemüse zu erwerben. Meistens finden sie dort auch noch andere leckere Sachen, die zu ihrem Speiseplan passen.

Wissen und erklären

1 Erklärt euch gegenseitig die wichtigen Begriffe.
2 Lies das unter A aufgeführte Rezept und schreibe alle Zutaten sowie notwendigen Arbeitsgeräte heraus. Richte danach einen Arbeitsplatz ein.
3 Benenne die Hygieneregeln, die bei der Zubereitung des Zanderfilets zu beachten sind.
4 Beschreibe das Garverfahren, das bei der Zubereitung des Zanderfilets eingesetzt wird.
5 Beschreibe die Garverfahren unter B und bewerte die Aussagen unter C. Begründe deine Entscheidungen.

Informationen beschaffen und auswerten

6 Beschaffe dir Informationen über die Inhaltsstoffe des Zanderfilets und stelle das gesamte Gericht symbolisch in der Ernährungspyramide dar.

Beurteilen, entscheiden und handeln

7 Lies den Text unter D und erarbeite einen Kurzvortrag zur Frage: Mithilfe welcher Modelle ist es möglich, sein Essverhalten den Empfehlungen der DGE anzugleichen?
8 Unter E findest du ein ganz anderes Einkaufsverhalten, als du es vielleicht kennst. Erörtere, warum die Auswahl von Lebensmitteln kulturell bedingt ist.
9 Beurteile die Aussage: Ernährungsbiografien verändern das Einkaufsverhalten und die Auswahl von Lebensmitteln.

Projekt

Ein Projekt ist ein Vorhaben, das durch die Einmaligkeit seiner Bedingungen in ihrer Gesamtheit gekennzeichnet ist, wie
- die Zielvorgabe (Qualität, Kosten, Termin)
- die Begrenzung (zeitlich, finanziell und personell)
- die Abgrenzung gegenüber anderen Vorhaben (komplexe Aufgabenstellung)
- die projektspezifische Organisation (projektspezifische Rollen).

Projektverlauf

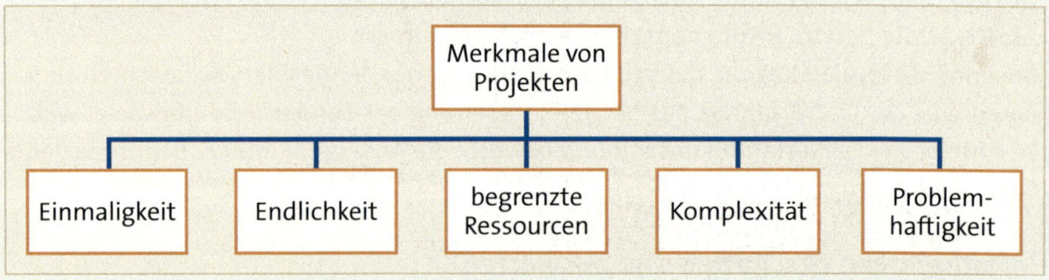

1 Einmaligkeit bedeutet: Die Aufgabenstellung ist keine Routineangelegenheit, die sich schnell wiederholt.

2 Endlichkeit bedeutet: Es liegt eine zeitliche Befristung vor, d. h., es gibt einen fixen Start- und Endtermin.

3 Ressourcen: Die Möglichkeiten sind zeitlich, personell und finanziell begrenzt.

4 Komplexität: Die Aufgabe weist einen erhöhten Schwierigkeitsgrad auf und ist nur interdisziplinär zu lösen.

5 Problemhaftigkeit: Die Art der Aufgabenlösung ist nicht eindeutig vorgezeichnet.

Markt, Wirtschaftskreisläufe und politische Rahmenbedingungen

Rahmenbedingungen für die Volkswirtschaft

M1 Grundgesetz

Das Grundgesetz (GG) ist die rechtliche und politische Grundordnung der Bundesrepublik Deutschland (BRD). Es beinhaltet die Grundrechte der Bürger/-innen und die Aufgaben des Staates.

M2 Artikel 20 (GG)

1) Die Bundesrepublik Deutschland ist ein demokratischer und sozialer Bundesstaat.

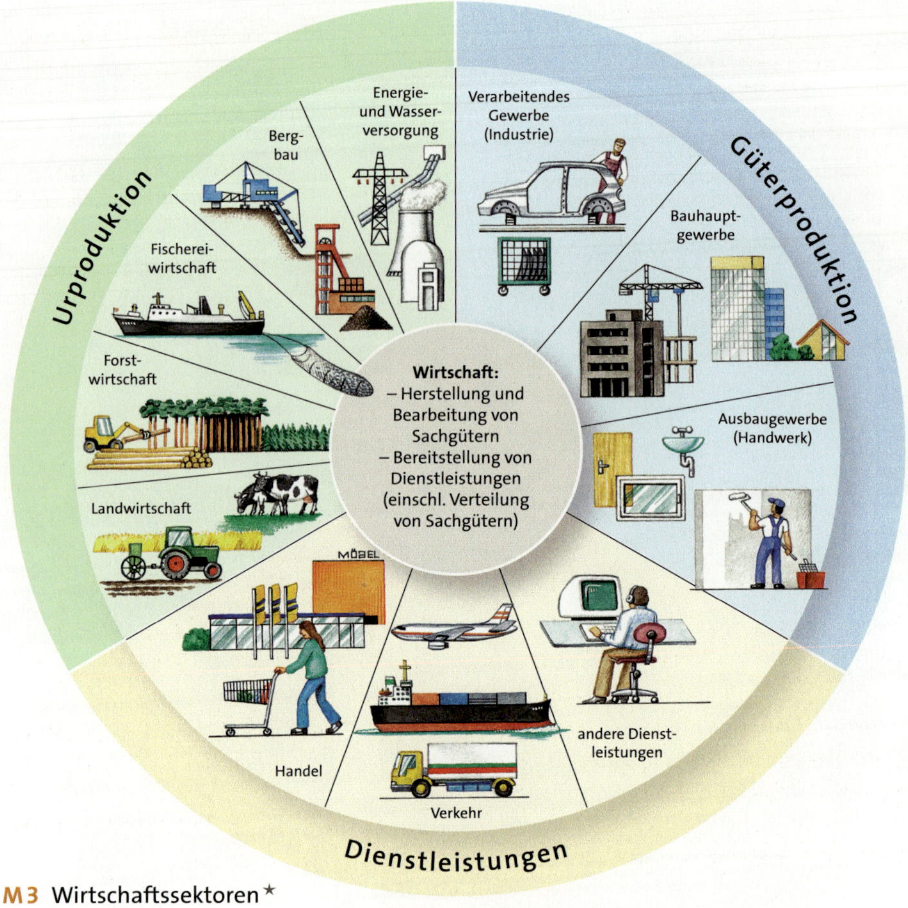

M3 Wirtschaftssektoren*

* **Wirtschaftssektoren** fassen große Wirtschaftseinheiten (Wirtschaftssubjekte) nach den ökonomischen (wirtschaftlich) Aktivitäten zusammen

* **Demographie** (aus der griechischen Sprache = Volksbeschreibung)
Daten über den gegenwärtigen Zustand der Bevölkerung (Größe, Altersaufbau, Geburtenhäufigkeit, Zuwanderung usw.); dese Daten sind auch für die Zukunftsplanungen der Wirtschaft sehr wichtig.

* **Infrastruktur**
alle langlebigen Einrichtungen einer Volkswirtschaft, welche die Grundlage des (gesellschaftlichen) Zusammenlebens ermöglichen (Verkehrsnetz, Gebäude, Institutionen usw.)

Einflüsse

Zu den Rahmenbedingungen zählen alle Einflussfaktoren, die auf Märkte gleichermaßen von außen einwirken und die von den einzelnen Wirtschaftssubjekten nicht beeinflusst werden können. Solche Rahmenbedingungen sind insbesondere

- die politische Ordnung
- geographische Gegebenheiten
- demographische* Entwicklungen.

Politische Ordnung

Die Rechtsgrundlage für das gesellschaftliche Zusammenleben ist das Grundgesetz der Bundesrepublik Deutschland vom 23.05.1949.

Aus dem Grundgesetz lassen sich gesellschafts- und wirtschaftspolitische Ziele ableiten:

- freie Entfaltung der Persönlichkeit nach eigenem Willen
- wirtschaftlicher Wohlstand der Gesellschaft und aller Bürger.

Die Wirtschaft bildet die Grundlage eines Landes und sichert die materielle Versorgung. Dem Staat kommt dabei eine besondere Verantwortung zu.

Geographische Gegebenheiten

Auch die geographischen Bedingungen beeinflussen das Wirtschaftsleben eines Landes.

Natürliche Voraussetzungen wie die geographische Lage, Klima, Boden (Bodenschätze), Wasser und gesellschaftliche Bedingungen, wie Bevölkerungsstruktur, Bildungsniveau, Infrastruktur* und politische Ordnung, kennzeichnen eine Volkswirtschaft.

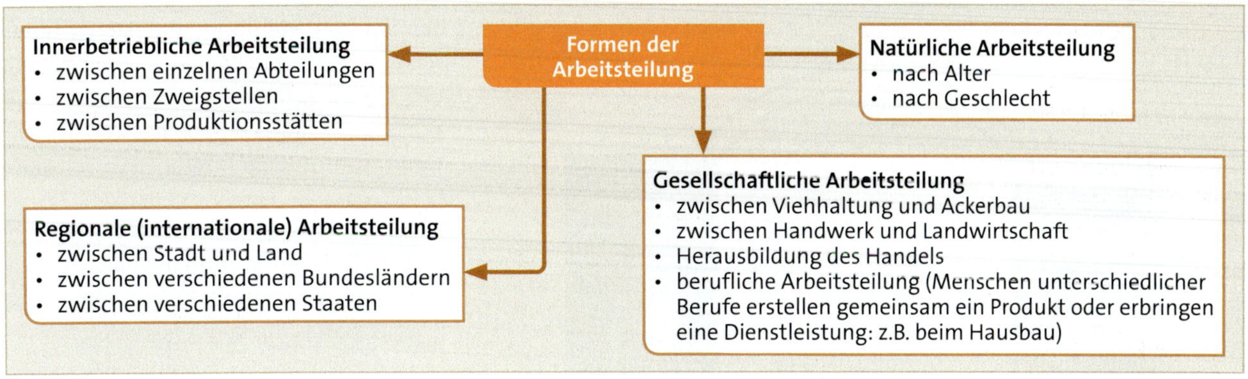

M 4 Arbeitsteilung

Demographische Entwicklungen

Demographische Entwicklungen üben einen wesentlichen Einfluss auf die Wirtschaft aus. Die Altersstruktur der Bevölkerung bestimmt die Anzahl der Erwerbspersonen in einer Volkswirtschaft. Sie beeinflusst auch die berufliche und räumliche Mobilität (Beweglichkeit) der Arbeitnehmer/-innen. Außerdem hat sie einen großen Einfluss auf die private sowie soziale Vorsorge.

Merkmale und Kennzeichen der Wirtschaftsordnung

Wirtschaftsordnungen sind modellhafte Beschreibungen. Merkmale einer funktionierenden Wirtschaftsordnung sind:

- eine (hochgradige) Arbeitsteilung zwischen den Wirtschaftssubjekten im In- und Ausland
- ein gutes Informations- und Koordinationssystem über den Markt (welche Güter und Dienstleistungen werden benötigt, welche nicht?)
- ein ausgereiftes Verteilungssystem, sodass alle Menschen versorgt werden können
- ein sicheres Kontrollsystem, das die praktische Durchsetzung der Rechte und Pflichten garantiert.

Die Wirtschaftsordnung eines Landes umfasst die Gesamtheit der für die Organisation einer Volkswirtschaft geltenden Regelungen und zuständigen Institutionen. Die Wirtschaftsordnung setzt den Rahmen für den Wirtschaftsprozess, in dem die Unternehmen, der Staat und die privaten Haushalte arbeitsteilig zusammenwirken.

Wirtschaftsordnung der Bundesrepublik Deutschland

Die Wirtschaftsordnung der Bundesrepublik Deutschland wird als „soziale Marktwirtschaft" bezeichnet.

Die soziale Marktwirtschaft ist eine Wirtschaftsordnung, deren Funktionsfähigkeit durch einen staatlichen Ordnungsrahmen sowie durch soziale Gesetze gewährleistet wird.

Ziel dieser Wirtschaftsordnung ist die soziale Grundabsicherung aller Mitglieder der Gesellschaft.

1 Erkläre den für die Bundesrepublik Deutschland zutreffenden Begriff „soziale Marktwirtschaft" (**M 1**, **M 2**, Text).

2 Erläutere, inwieweit geographische und demographische Gegebenheiten mit der Volkswirtschaft in Beziehung stehen (Text).

3 Berichte über die Einteilung der Wirtschaft in drei Sektoren (**M 3**).

4 Gib mit deinen Worten wieder, was unter einer „Wirtschaftsordnung" verstanden wird (Text).

5 Nenne Beispiele für Formen der Arbeitsteilung (**M 4**).

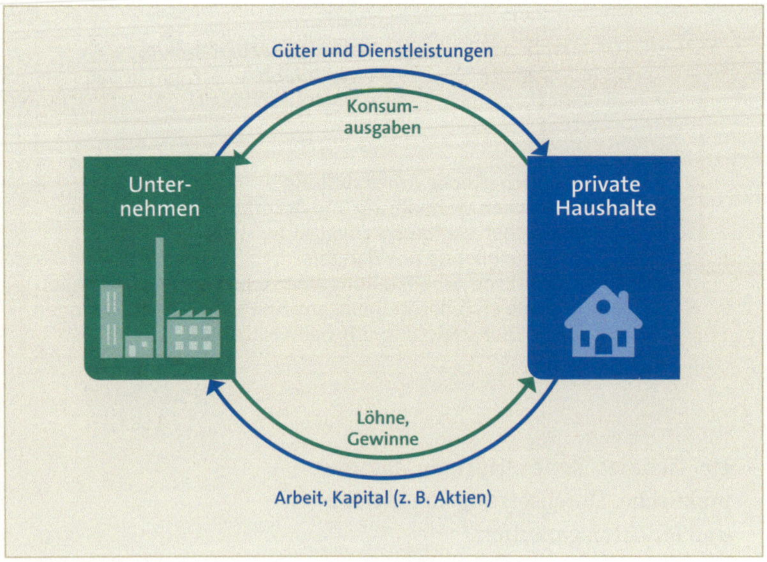

M1 Der einfache geschlossene Wirtschaftskreislauf

Ein Modell entsteht – durch Vereinfachungen

Emil fährt mit dem Bus zur Schule. Auf dem Rückweg kauft er beim Bäcker etwas ein. Am späten Nachmittag will er mit Freunden zum Fußballtraining. Er ist damit Wirtschaftssubjekt wie der Bäcker oder der Fußballverein. Schließlich ist er Kunde, muss die Brötchen bezahlen und Beiträge für den Verein entrichten. Das ist bei Weitem nicht alles. Die Beziehungen der Wirtschaftssubjekte untereinander sind so vielfältig und kaum überschaubar, dass ein Modell notwendig ist, um sie zu erfassen. Dabei werden die Wirtschaftssubjekte zu Wirtschaftssektoren zusammengefasst.

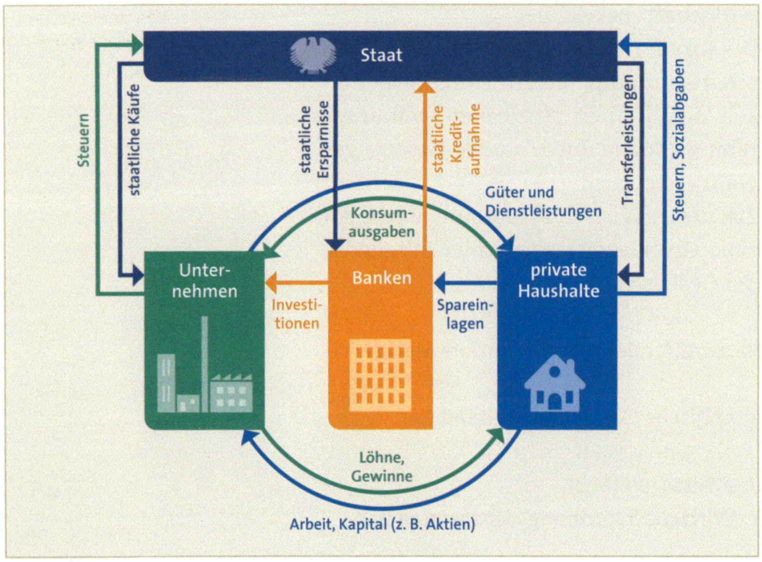

M2 Der erweiterte geschlossene Wirtschaftskreislauf

> Ein Wirtschaftsmodell ist eine Vereinfachung (meist in Form bildhafter Darstellungen) von Beziehungen von Wirtschaftssubjekten.

Der einfache geschlossene Wirtschaftskreislauf

Die privaten Haushalte stellen den Unternehmen ihre Arbeitskraft zur Verfügung und erhalten dafür ein Entgelt (Lohn, Gehalt usw.). Die Unternehmen verkaufen Güter und Dienstleistungen. Es entsteht ein einfacher geschlossener Wirtschaftskreislauf. Eine wesentliche Vereinfachung besteht in der Annahme, dass die Haushalte nicht sparen. In unserem Modell geben sie ihr gesamtes Einkommen, das sie von den Unternehmen erhalten, auch wieder für Güter und Dienstleistungen aus. Geld- und Güterströme sind gleichwertig.

> Beim einfachen geschlossenen Wirtschaftskreislauf laufen Geld- und Güterströme in gleicher Stärke in entgegengesetzte Richtung. Es wird alles konsumiert und nichts gespart.

Der erweiterte geschlossene Wirtschaftskreislauf

Wenn wir berücksichtigen, dass Haushalte auch sparen, müssen wir den Kreislauf um die Banken erweitern. Die Banken zahlen auf Spareinlagen Zinsen. Unternehmen und Haushalte erhalten aus den Spareinlagen Kredite.

Wenn private Haushalte wenig konsumieren, ist es aus ihrer Sicht sinnvoll und verständlich. Volkswirtschaftlich gesehen ist es aber eher schädlich. Die Unternehmen verkaufen dann weniger Waren und Dienstleistungen, schränken ihre

Produktion ein entlassen schlimmstenfalls Mitarbeiter/-innen. Um hier gegenzusteuern, greift unser Staat in das Wirtschaftsgeschehen ein.

Der Staat im erweiterten geschlossenen Wirtschaftskreislauf

Die Wirtschaftsordnung der Bundesrepublik ist die soziale Marktwirtschaft. Das Grundgesetz garantiert die Freiheiten, auf denen die Marktwirtschaft beruht (z.B. Recht auf Privateigentum, Preisbildung durch Angebot und Nachfrage, freie Arbeitsplatzwahl). Um die Wirtschaftsordnung zu erhalten und Ungerechtigkeiten zu vermeiden, greift der Staat in das Wirtschaftsgeschehen ein: Er sichert z.B. den freien Wettbewerb, sorgt für Chancengleichheit und schützt die Verbraucher. Ferner stellt der Staat Güter und Dienstleistungen für alle Bürger bereit.

In der sozialen Marktwirtschaft greift der Staat in das Wirtschaftsgeschehen ein.

Der vollständig geschlossene Wirtschaftskreislauf

Noch näher an der Realität ist das Modell des vollständig geschlossenen Wirtschaftskreislaufs. Denn hier ist das Ausland ein weiterer Bestandteil. Wer möchte schon auf Kaffee, Kakao oder Südfrüchte verzichten (Importe)? Andererseits verkaufen wir auch Güter, die im Ausland gebraucht werden (Exporte). Der Welthandel bringt Vorteile für alle Länder, zwischen denen Wirtschaftsbeziehungen bestehen.

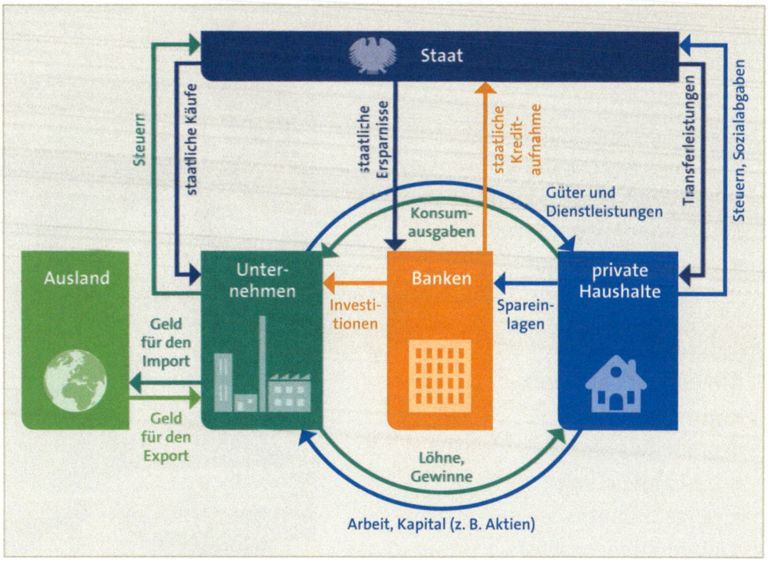

M3 Der vollständige geschlossene Wirtschaftskreislauf

M4 Die wirtschaftliche Bedeutung des Staates

- Wirtschaftssteuerung
- Wirtschaftsförderung (z. B. Steuersenkungen, Subventionen*)
- Sicherung des Marktes
- Geldordnung
- Sozialpolitik (z. B. Kindergeld, Wohngeld)
- Rechtsgrundlagen für Wirtschaft und Arbeit
- Öffentliche Güter (z. B. Parks, Schulen)
- Infrastruktur (z. B. Kanalisation, Straßen)

* **Subvention** zweckgebundene (finanzielle) Unterstützung aus öffentlichen Mitteln (Staatshaushalt)

1 Nenne Vor- und Nachteile von Modellen (Text).
2 Beschreibe den einfachen geschlossenen Wirtschaftskreislauf (**M1**, Text).
3 Vergleiche **M1** und **M2**. Erläutere die Modellerweiterung.
4 Erkläre die Rolle des Staates im Modell des erweiterten geschlossenen Wirtschaftskreislaufs (Text, **M2** und **M4**).
5 Erläutere das Modell des vollständigen geschlossenen Wirtschaftskreislaufs (**M3**).

Interessen des Verkäufers (Anbieters)

- hoher Verkaufspreis
- hoher Gewinn
- guter Absatz
- geringe Aufwendungen für Gewährleistung* und Kundendienst
- zufriedene Mitarbeiter
- zufriedene Kunden

Interessen des Käufers (Nachfragers)

- niedriger Kaufspreis
- gute Qualität
- große Auswahl
- Gewährleistung*
- lange Garantie
- guter Kundendienst
- Zufriedenheit mit dem Kauf

M1 Unterschiedliche Interessen

* **Gewährleistung**
das Einstehenmüssen für eine mangelhafte Leistung

* **Anbieter**
die Interessengruppe, die Güter oder Dienstleistungen auf den Markt bringt

* **Nachfrager**
die Interessengruppe, die bestimmte Bedürfnisse hat und dafür bezahlen kann

* **Markt**
Auf dem Markt (Kaufhaus, Branchenbuch, Zeitung u. a.) treffen zwei Interessengruppen aufeinander, die versuchen, einen für sie vorteilhaften Tausch vorzunehmen: Anbieter und Nachfrager.

Interessensgegensätze

Anbieter* und Nachfrager* verfolgen unterschiedliche Interessen auf dem Markt*. Der Markt kann jedoch für diese beiden Seiten vorteilhaft sein, wenn der Verkauf mit einem angemessenen Gewinn erfolgt und der Käufer die Güter zu seiner vollsten Zufriedenheit erwirbt.

Anbieter bringen Waren auf den Markt und bieten sie zum Verkauf an. Nachfrager haben einen bestimmten Bedarf und sind bereit, dafür zu bezahlen.

M2 In einer Marktordnung aus dem Jahre 1256 heißt es:

[...] 10) Wir verordnen, dass kein Kauf außerhalb des öffentlichen Marktes stattfindet. Dies gilt für Leute, die Waren in die Stadt bringen. [...] Wer sich nicht an die Vorschrift hält, muss der Stadt 6 Schilling und dem Richter 60 Pfennig bezahlen. Wenn einer kein Geld besitzt, wird ihm die Hand abgeschlagen werden.
11) Wir verordnen, dass zwei gute Würste, die die vorgeschriebene Größe besitzen, für einen Pfennig verkauft werden, sie dürfen aber nur aus reinem Schweinefleisch gemacht sein. Zuwiderhandelnde müssen 1 Pfund (= 240 Pfennig) zahlen und werden ein Jahr lang von ihrem Handwerk ausgeschlossen. [...]

Vielfältige Märkte

Nicht erst seit der Zeit des Internets ist es möglich, dass Anbieter und Nachfrager sich nicht persönlich an einem bestimmten Ort treffen. Ein Markt existiert nämlich auch, wenn du etwas per Katalog bestellst oder jemand bei einer Bank das Telebanking nutzt. Auch das Internet wird mehr und mehr als Markt genutzt. So können Anbieter und Nachfrager über Ländergrenzen hinweg schnell und ohne größeren Aufwand Geschäfte machen.

Der Markt ist nicht an einen Ort gebunden.

Versuchen wir, verschiedene Märkte zu untersuchen, so denken wir vermutlich zuerst an einen Wochenmarkt. Er ist ein lebendiges Beispiel eines Marktes, der trotz Einkaufszentren und Supermärkten noch erhalten geblieben ist.
Darüber hinaus gibt es Börsen, Messen, Ausstellungen, auf die unsere Erläuterung des Begriffs „Markt" zutrifft. Denn auch hier treffen Angebot und Nachfrage aufeinander.
Aber Anbieter und Nachfrager treten nicht nur in Bezug auf herkömmliche Gü-

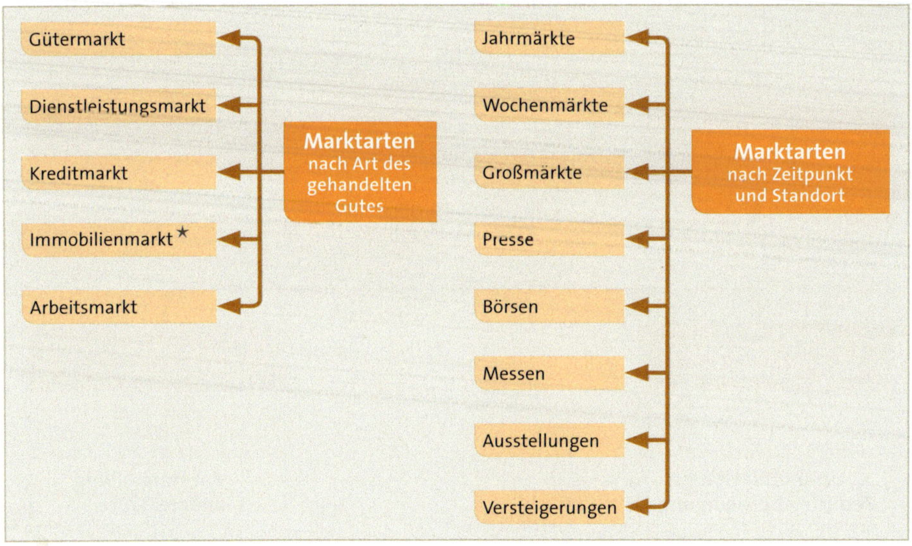

M3 Marktarten

M4 Nach einem Immobilienkauf

* **Immobilie**
unbeweglicher Besitz/Eigentum (z. B. Grundstücke und Gebäude)

ter, wie Lebensmittel, Kleidung, Spielzeug oder Heimelektronik, in ein Tauschverhältnis ein.

Auf dem Arbeitsmarkt wird die Arbeitskraft zur Ware. Die/der Arbeitnehmer/-in bietet ihre/seine Arbeitskraft dem Arbeitgeber an. Treten beide in ein Tauschverhältnis (in diesem Falle ein Arbeitsverhältnis), so erhält die/der Arbeitnehmer/-in für ihre/seine Arbeit Geld. Mit dem erworbenen Geld kann sie/er wiederum andere Waren auf den verschiedensten Märkten kaufen.
Ähnliche Prozesse vollziehen sich auf dem Dienstleistungsmarkt – beispielsweise bei Aufträgen an Handwerker, Transportunternehmen und Versicherungen.
Angebot und Nachfrage treffen auch bei der Vermittlung von Geld bzw. Kapital durch Banken und Sparkassen auf dem Kreditmarkt sowie beim Handel mit Grundstücken und Gebäuden durch Makler oder die Zeitung auf dem Immobilienmarkt zusammen.

Kaufst du beispielsweise Brot, Milch und Butter, so musst du den Gütermarkt nutzen. Diese Güter wiederum kannst du auf dem Wochenmarkt, im Supermarkt oder im „Tante-Emma-Laden" erwerben.
Will deine Familie eine Eigentumswohnung kaufen, so muss sie sich auf dem Immobilienmarkt umsehen. Dazu könnte sie Zeitungsanzeigen studieren, also die Presse als Markt nutzen.
Die meisten Interessenten für Immobilien werden sich allerdings mithilfe des Internets informieren.

Wir ordnen die Märkte einerseits nach Zeit und Ort des Zusammentreffens der Interessengruppen, andererseits nach der Art des gehandelten Gutes.

1 Beschreibe die unterschiedlichen Rollen der Anbieter und Nachfrager auf einem Markt (Text, **M1**).
2 Fasse die Marktordnung von 1256 mit deinen Worten zusammen (**M2**).
3 Erläutere die Marktarten und ihre Merkmale anhand von Beispielen (**M3** und **M4**).
4 Gestaltet ein Rollenspiel zu einem Verkaufsgespräch auf dem Wochenmarkt. Versucht dabei die unterschiedlichen Interessen von Anbietern und Nachfragern durchzusetzen.

Freie Güter und wirtschaftliche Güter

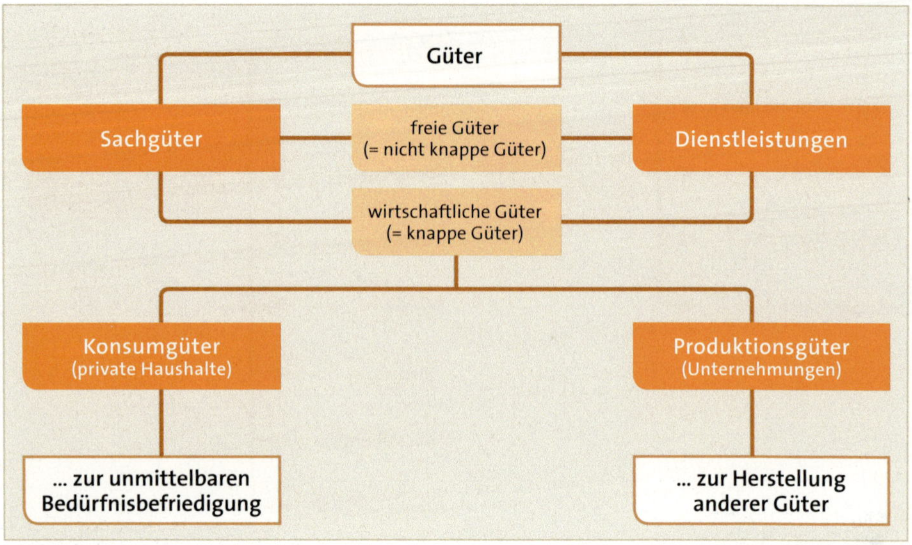

M1 Güter – eine Übersicht

Zwischen Überfluss und Mangel

Es gibt nur wenige Güter*, die für jedermann frei verfügbar sind. Hierzu zählen: Wind, Sonnenlicht oder Meerwasser. Weil freie Güter fast unbegrenzt vorhanden sind, kosten sie kein Geld. Viele Güter jedoch sind knapp und müssen daher erwirtschaftet werden. Diese begrenzten und seltenen Güter werden deshalb auch als „wirtschaftliche Güter“ bezeichnet. Bei den wirtschaftlichen Gütern unterscheiden wir zwischen Sachgütern und Dienstleistungen.

* **Güter**
Güter dienen der Bedürfnisbefriedigung und werden gekauft, um ein Mangelempfinden zu stillen (z. B. Hunger, Durst, aber auch Kinobesuch ...).

M2 Windkraftanlage

Güter werden in Sachgüter und Dienstleistungen unterschieden.

Dienstleistungen sind solche Wirtschaftsgüter, bei denen eine Leistung erbracht wird – z. B. bei einem Frisör, bei einer Ärztin oder in einer Sparkasse.
Sachgüter sind gegenständliche (materielle) Dinge. Sie werden unterschieden in Güter für den unmittelbaren Verbrauch (Konsumgüter) und in Güter zur Produktion weiterer Güter (Produktionsgüter).

Sachgüter werden in Konsumgüter und Produktionsgüter unterschieden.

Sowohl Konsumgüter als auch Produktionsgüter lassen sich noch weiter unterscheiden in Verbrauchsgüter und Gebrauchsgüter.

Konsumgüter und Produktionsgüter werden unterschieden in Güter und für den Verbrauch und den Gebrauch.

Verbrauchsgüter dienen einer einmaligen Nutzung – sie werden verbraucht. Gebrauchsgüter hingegen werden über einen längeren Zeitraum benutzt oder eingesetzt.

M3 Sachgüter und Dienstleistungen

Freie Güter – tatsächlich für jede/-n?

Freie Güter gehören theoretisch jedem Menschen. Sie sind so umfangreich vorhanden, dass sie nicht eingeteilt oder zugeteilt werden müssten.

Problematisch ist die Grenzziehung zwischen einem freien und einem wirtschaftlichen Gut. Nimmt man das Beispiel „Wind", ist leicht nachvollziehbar, dass es keinen Eigentümer dafür gibt. Bei der Nutzung der Windkraft sieht es jedoch schon anders aus. Mit Windkraft lässt sich elektrische Energie gewinnen – und vermarkten. Aber nicht jeder hat das Kapital, eine solche Windenergieanlage zu errichten. Bevor ein Windkraftwerk in Betrieb genommen werden kann, müssen zahlreiche Vorschriften beachtet werden. In Deutschland (und nicht nur hier) ist genau geregelt, wo Windkraftwerke erbaut werden dürfen und wo nicht. Der Betrieb von Windkraftwerken wiederum bringt auch Probleme mit sich. Manche Anwohner fühlen sich durch die Geräusche und den Schattenschlag gestört. Ebenso hört man nicht selten, dass Windkraftwerke die Landschaft verschandeln würden. Andererseits ist die Windenergie eine saubere Sache, weil sie keine Abgase erzeugt. Jedoch geraten jedes Jahr auch tausende Vögel in die Rotoren und werden von ihnen getötet.

1 Beschreibe und erkläre die Grafik **M1**. Finde für die verschiedenen Güter Beispiele.

2 Erläutere die Begriffe „Verbrauchsgüter" und „Gebrauchsgüter" anhand von Beispielen (Text).

3 Ordne die Fotos in **M3** den verschiedenen Feldern in **M1** sinnvoll (richtig) zu.

4 Fasse mündlich zusammen, inwieweit Wind ein freies Gut ist.

5 Ordne eine Windkraftanlage (**M2**) in die Grafik **M1** ein. In welchen Feldern könnte sie „platziert" werden?

6 Finde weitere Beispiele für eine schwierige Grenzziehung zwischen einem freien Gut und einem wirtschaftlichen Gut.

7 Diskutiert darüber, ob Erdöl ein freies Gut ist.

Die Preismechanismen am Markt

M1 Erdbeeren aus Beelitz

Erdbeeren aus Beelitz

Auf dem Wochenmarkt in Beelitz werden Erdbeeren aus der Region angeboten. Wegen des schlechten Wetters war die Ernte nicht sehr gut. Die Händler verlangen pro Kilo einen hohen Preis von sechs Euro. Zu diesem Preis sind nur weniger Nachfrager bereit, zu kaufen. Wollten die Händler viele Erdbeeren verkaufen, so müssten sie den Preis senken. Bei einem Preis von beispielsweise drei Euro wäre die Nachfrage vermutlich so groß, dass die vorhandene Menge nicht ausreichen würde. Der Marktpreis würde sich bei etwa 4,50 Euro einpendeln. Hier wäre die Anzahl der Nachfrager, die diesen Preis bezahlen wollen, ebenso groß, wie die Anzahl der Anbieter, die zu diesem Preis verkaufen würden.

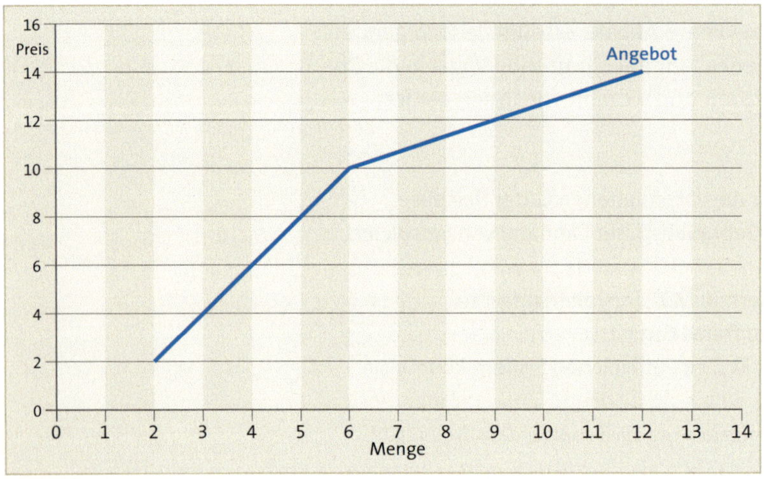

M2 Preisbildung aus Sicht des Angebots

M3 Verkäufermarkt

- Nachfrage größer als Angebot (Nachfrageüberhang)
- knappes Warenangebot: Mangelwirtschaft
- Ware wird vom Handel verteilt und zugeteilt
- große Konkurrenz der Nachfrager
- Ware steht im Mittelpunkt
- Werbung ist überflüssig

Der Preis ist der Tauschwert einer Ware. In einer Marktwirtschaft richtet sich der Preis nach Angebot und Nachfrage.

Wenn eine große Menge gleicher Produkte auf dem Markt angeboten wird, dann ist das Angebot groß. Ein großes Angebot drückt den Preis. Bei einem niedrigen Preis sind die Anbieter jedoch kaum bereit, große Mengen dieses Produktes auf den Markt zu bringen. Wird aber das Angebot bei gleich bleibender Nachfrage kleiner, so steigt der Preis.

Der Gleichgewichtspreis

Der Preis einer Ware am Markt richtet sich theoretisch in einem Gleichgewicht zwischen Angebot und Nachfrage ein.

Beim Gleichgewichtspreis sind die angebotene und die nachgefragte Menge einer Ware gleich groß.

Der Gleichgewichtspreis gilt für Märkte, auf denen viele Anbieter vielen Nachfragern gegenüberstehen.

Der Verkäufermarkt

Ist die Nachfrage größer als das Angebot, so befinden sich die Anbieter im Vorteil und können höhere Preise verlangen. Wir sprechen dann von einem „Verkäu-

M 4 Käufermarkt
- Angebot größer als Nachfrage (Angebotsüberhang)
- reichhaltiges Warenangebot: Überflussgesellschaft
- Ware wird angeboten und beworben
- große Konkurrenz der Anbieter
- Kunde steht im Mittelpunkt
- Werbung ist notwendig

fermarkt". Das wäre der Fall, wenn die Erdbeerernte schlecht ausfällt, oder auch, wenn viele Menschen unbedingt Erdbeeren essen möchten – egal was sie kosten.

Der Käufermarkt

Ist das Angebot größer als die Nachfrage, so müssen die Anbieter die Preise senken und so um die wenigen Nachfrager konkurrieren. Das ist ein Vorteil für die Nachfrager. Es handelt sich hier um einen „Käufermarkt".
So reguliert der Markt über das Angebot und die Nachfrage den Preis. Der Preis ist die wichtigste Grundlage für den Austausch von Gütern zwischen Anbietern und Nachfragern.

Auf Märkten
- bestimmen Angebot und Nachfrage den Preis,
- herrscht Wettbewerb, da mehrere Anbieter um Käufer konkurrieren.

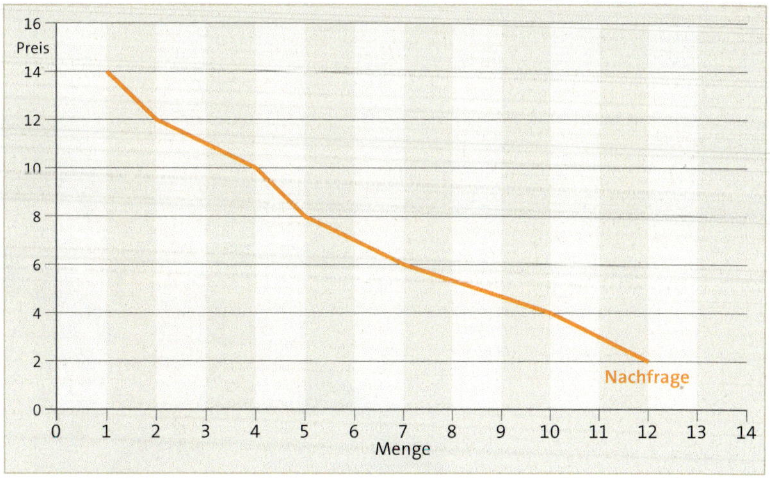

M 5 Preisbildung aus Sicht der Nachfrage

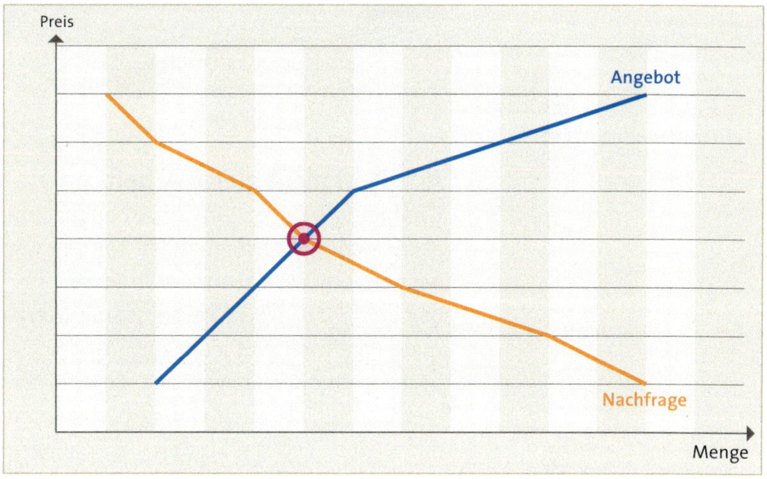

M 6 Der Gleichgewichtspreis

1 Beschreibe die Grafiken **M 2** und **M 5** mithilfe des Textes.

2 Erläutere, woraus bzw. wie sich der Gleichgewichtspreis ergibt (**M 6**, Text).

3 Beobachte den Preis für Benzin über einen längeren Zeitraum und berichte darüber vor der Klasse. Kannst du Angaben über die Hintergründe der Preisentwicklung machen? Was, wenn der Preis stabil bleibt?

4 Stell dir vor, du wolltet etwas auf einem Flohmarkt anbieten. Handelt es sich hier um einen Verkäufermarkt oder einen Käufermarkt? Begründe deine Aussage.

5 Denke dir eine Strategie aus, wie du als Erdbeerhändler/-in in Beelitz am meisten Umsatz machst. Stell deine Idee(n) den Mitschülerinnen und Mitschülern vor.

M1 Arbeitsort Haushalt

Arbeit ist nicht gleich Arbeit

Unabhängig davon, ob der Arbeitsort ein Betrieb oder der Haushalt ist, können wir bei genauer Betrachtung von Erwerbsarbeit und Hausarbeit gemeinsame Merkmale erkennen. Mit jeder Arbeit wird ein bestimmter Zweck verfolgt. Sowohl Erwerbsarbeit als auch Hausarbeit dienen dazu, den Lebensstandard zu sichern oder zu steigern.

Wenn du zum Beispiel statt Obst zu kaufen im Garten selbst Obst anbaust, die Wohnung renovierst oder das Fahrrad reparierst, kannst du dir selbst eine Freude bereiten und hast auch noch Geld gespart. Dadurch kannst du dir vielleicht andere Wünsche erfüllen.

> Arbeit ist immer auf einen Zweck und ein Ziel gerichtet. Sie dient dazu, die Bedürfnisse der Menschen über einen längeren Zeitraum hinweg zu befriedigen.

Auch wenn es dir nicht immer bewusst wird, arbeitest du, oft vorher geplant, nach deinen Empfindungen, Vorstellungen und Überlegungen.

Aber nicht nur der Einzelne, sondern auch die gesamte Gesellschaft und der Staat benötigen die Arbeit der Menschen.

Gibt es gerechten Lohn?

Was ist gerecht? Die Diskussion darüber in der Klasse ist im vollen Gange. Viele Menschen halten das Geld der Profi-Fußballspieler für ungerechtfertigt hoch. Leistet jemand, der 50 Stunden in der Woche arbeitet, mehr als ein Fußballprofi, der in 90 Minuten alles aus sich herausholt?

Die Schüler/-innen liefern weitere Argumente: Wenn wir über eine Reihenfolge der Einkommenshöhe – zum Beispiel bei Managern, Ärzten, Piloten, Universitätsprofessoren, Facharbeitern – entscheiden müssten, würden wir zu keinem richtigen Ergebnis kommen. Sollte eine Herzspezialistin doppelt bis dreimal so viel, vielleicht zehnmal so viel verdienen wie eine Sekretärin?

Die Leistung eines Menschen lässt sich durchaus bewerten, und zwar: über Märkte.

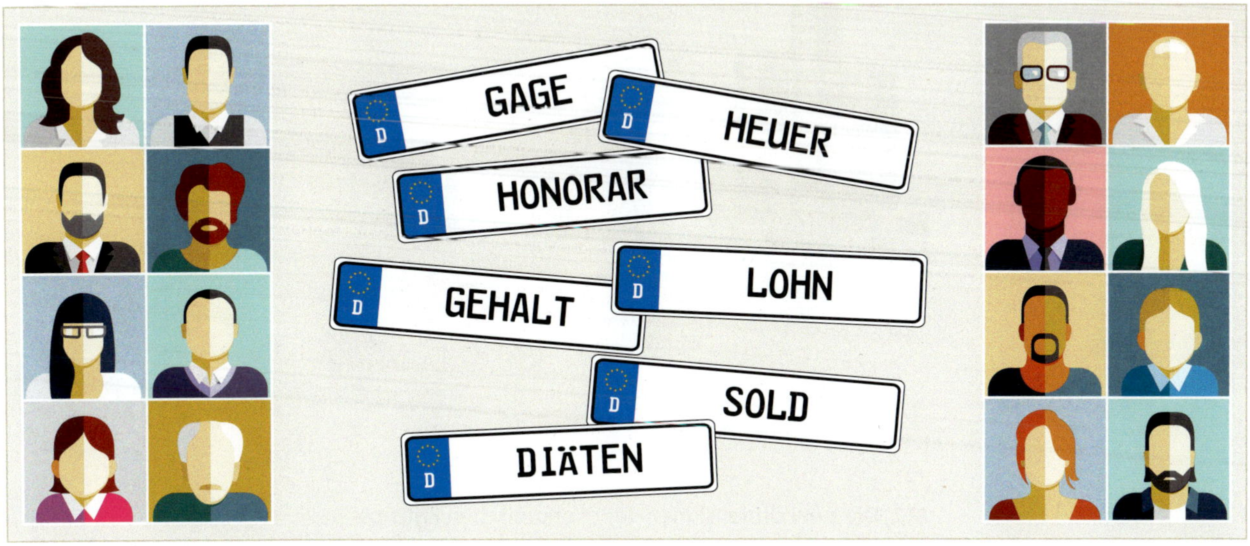

M2 Arten des Arbeitseinkommens

Die Arbeitsleistung eines Menschen wird danach bewertet oder entlohnt, wie knapp sie ist. Die Knappheit orientiert sich hier an der Nachfrage.

Sind hochbegabte Sekretärinnen stärker gefragt und damit knapper als ein Arzt, wird der Markt ihre Arbeitsleistung höher bewerten.

Verschiedene Einkommensarten

Mit den Einkommen der Familie werden die finanziellen Grundlagen geschaffen, um die persönlichen Bedürfnisse aller Mitglieder eines Haushalts zu befriedigen. Wir unterscheiden Einkommensarten wie Gehalt, Lohn, Gewinn, Diäten, Gage und Honorar. Hierbei handelt es sich um Arbeitseinkommen. Die Beispiele zeigen, dass ein Arbeitseinkommen nur erhalten kann, wer durch seine Arbeitskraft eine Gegenleistung erbringt.
Sozialleistungen wie Kindergeld oder Wohngeld werden meistens vom Staat finanziert. Für eine solche Zahlung muss keine Leistung erbracht werden. Hier spricht man von „Transfereinkommen“.
Mieteinnahmen gehören zur Gruppe der Kapitaleinkommen. Weitere Kapitaleinkommen sind beispielsweise Zinsen für das Sparbuch, Gewinne durch Aktien oder die Auszahlung einer Lebensversicherung.

Die Einkommen aus Arbeits-, Transfer- und Kapitaleinkommen stehen dem Haushalt für seine Ausgaben zur Verfügung.

1 Beschreibe die Unterschiede zwischen dem Arbeitsort Haushalt und dem Arbeitsort Betrieb (Text, M1).

2 „Die gesamte Gesellschaft und der Staat benötigen die Arbeit der Menschen.“ Nimm Stellung zu dieser Aussage.

3 Ordne den verschiedenen Arten des Arbeitseinkommens in M2 die richtigen Personengruppen/Tätigkeiten zu.

4 Sind Hausarbeit und Erwerbsarbeit wirklich gleichwertig? Führt dazu eine Pro-und-Kontra-Diskussion.

5 Fertige eine eigene Grafik an, die alle auf dieser Doppelseite genannten Einkommensarten enthält.

Bedürfnisse und wirtschaftliches Handeln

M1 Die zwei Dimensionen des ökonomischen Prinzips

★ **Existenz-/Primärbedürfnis**
ein Bedürfnis, das zuerst (primär) befriedigt werden muss

★ **Sekundärbedürfnis**
ein nachrangiges Bedürfnis an zweiter Stelle (sekundär)

Bedürfnisse

Jeder Mensch hat Bedürfnisse. Bedürfnisse können als ein Gefühl des Mangels definiert werden. Es besteht der Wunsch, den Mangel zu beseitigen. Doch je nach Situation sind nicht alle Bedürfnisse gleich wichtig:
Existenz- oder Primärbedürfnisse★ sind lebensnotwendig. Sie müssen unbedingt befriedigt werden. Zu ihnen zählen das Essen, das Trinken, das Schlafen oder der Wunsch nach Sicherheit, Nähe und Geborgenheit.
Sekundär-★ oder Kultur- und Luxusbedürfnisse sind nicht lebensnotwendig (z.B. ein Kinobesuch). Sie verbessern jedoch die subjektive Lebensqualität.
Hierzu zählen alle materiellen Bedürfnisse, die wir durch den Kauf von Waren und Dienstleistungen befriedigen können. Aber auch nichtmaterielle Bedürfnisse wie Liebe, Anerkennung oder Erfolg, die wir nicht oder kaum mit Geld befriedigen können, gehören zu dieser Bedürfniskategorie.

Burçu feiert ihren Geburtstag und hat viele Wünsche. Sie kann sich einfach nicht entscheiden. Sie bekommt zu ihrem Geburtstag 40 Euro in bar geschenkt. Sie möchte gern etwas zum Anziehen kaufen.

M2 Bargeldeinsatz

Tim möchte sich etwas im Wert von 100 Euro kaufen. Diese Summe steht ihm noch nicht zur Verfügung. Deswegen denkt er darüber nach, sich bei seinem älteren Bruder Geld zu leihen. Sein Bruder würde es ihm auch geben, aber nur gegen eine ziemlich hohe Leihgebühr.

M3 Kreditgedanken

Ein Bedürfnis ist ein Gefühl des Mangels. Primärbedürfnisse sind lebensnotwendig, Sekundärbedürfnisse verbessern die subjektive Lebensqualität.

Vom Bedürfnis über den Bedarf zur Nachfrage

Aus einem Bedürfnis entsteht erst ein Bedarf, und zwar dann, wenn sich die Wünsche auf bestimmte Güter beziehen. Ein Bedarf kann definiert werden als die finanziell gesicherte Möglichkeit, ein Gut zu kaufen. Erst wenn Sachgüter oder Dienstleistungen tatsächlich gekauft werden, handelt es sich um eine Nach-

M 4 Maximalprinzip

Die Beteiligten versuchen, mit gegebenen Mitteln einen möglichst großen (maximalen) Erfolg zu erzielen.

- **Haushalte** versuchen, mit einem gegebenem Einkommen die Güter zu Kaufen, die einen großen Nutzen versprechen (**Nutzenmaximierung**).
- **Betriebe** setzen vorhandene Mittel so ein, dass der erzielbare Gewinn möglichst hoch ist (**Gewinnmaximierung**).

M 5 Minimalprinzip

Die Beteiligten versuchen, einen vorgegebenen Erfolg mit möglichst geringen (minimalen) Mitteln zu erreichen.

- **Haushalte** kaufen die benötigten Güter nach Preisvergleichen bei den preisgünstigsten Anbietern (**Ausgabenminimierung**).
- **Betriebe** versuchen, einen geplanten Gewinn mit möglichst geringen Kosten zu erzielen (**Kostenminimierung**).

frage. Unternehmen versuchen die Nachfrage, also die Entscheidung, welches Bedürfnis die Verbraucher wann und wodurch befriedigen, z. B. durch Werbung zu beeinflussen.

Vorsicht mit dem Geld

Es sollte grundsätzlich nicht mehr Geld ausgegeben werden, als eingenommen wurde. Beim Wirtschaften kommt es darauf an, dass Einnahmen und Ausgaben im Gleichgewicht stehen. Wenn ihr so handelt, entscheidet ihr euch ökonomisch – also wirtschaftlich – richtig.

Es gibt genug Beispiel dafür, wie schnell sich die wirtschaftliche Lage ändern kann. Wird beispielsweise ein Elternteil arbeitslos, fehlt plötzlich eine Einkommensquelle. Das führt oft zu Schulden in der Familie, mit denen niemand zuvor gerechnet hatte. Gerade wenn vorher teure Anschaffungen, wie ein neues Auto, getätigt wurden, fehlt nunmehr vielleicht Geld für den Lebensunterhalt.

Das ökonomische Prinzip

Immer wieder müssen wir Entscheidungen treffen. Einerseits haben wir nahezu unbegrenzt Bedürfnisse, die wir befriedigen wollen, andererseits sind die vorhandenen Güter knapp. Unsere Vernunftentscheidung in wirtschaftlichen Fragen, sollte sich am ökonomischen Prinzip orientieren. Das ökonomische Prinzip besagt, dass wir vernünftig mit Geld umgehen und nur so viel ausgeben, wie uns tatsächlich zur Verfügung steht.

Das ökonomische Prinzip tritt in zwei verschiedenen Formen auf: als Maximalprinzip und als Minimalprinzip. Auch Betriebe orientieren ihre wirtschaftlichen Entscheidungen auf der Grundlage des ökonomischen Prinzips.

1 Fasse in deinen Worten kurz mündlich zusammen, was man unter „Bedürfnissen“ versteht (Text).

2 Nenne Beispiele für Primär- und Sekundärbedürfnisse (Text).

3 Erkläre den Weg von einem Bedürfnis zu einer Nachfrage (Text).

4 Berichte darüber, wer ökonomisch handelt (Text).

5 Formuliere einen Merksatz zum ökonomischen Prinzip.

6 Erläutere die zwei Formen des ökonomischen Prinzips anhand von Beispielen (Text, **M 1**, **M 4** und **M 5**).

7 Lest die Texte **M 1** und **M 2**. Diskutiert darüber, ob Burçu und Tim sich ökonomisch verhalten.

Produkt-
gestaltung
und Design

Symbolische
Darstellungs-
formen

Technik-
einsatz

Verbraucher-
verhalten

Historische
Entwicklung

Informations-
und
Kommuni-
kations-
techniken

PROJEKT

Phase 1: Sachanalyse

„Sparen" ist ein Begriff, der in Deutschland einen guten Klang hat. Die deutsche Bevölkerung gehört zu den Weltmeistern in dieser Disziplin. Monatlich werden pro Kopf durchschnittlich 166 Euro auf die hohe Kante gelegt. Männer sind mit 201 Euro sparsamer als Frauen (128 €). Das klassische Sparschwein gehört zu den besonders beliebten Haustieren der Deutschen. Immerhin ein Drittel der Sparer bewahrt zu Hause sein Geld auf. Jede/-r Zweite führt ein Sparbuch oder ein Sparkonto, ein Drittel spart auf Tagesgeldkonten. Gespart wird für den nächsten Urlaub, für Möbel oder Renovierungen. Jede/-r Vierte möchte ein Auto oder ein Motorrad anschaffen.

Phase 2: Zielsetzung

Sparen ist gut und schön – aber ist es auch ökonomisch sinnvoll? Geld, das zu Hause aufbewahrt wird, könnte Einbrechern zum Opfer fallen. Rendite trägt es ohnehin nicht. Was also tun, damit sich das „liebe" Geld vermehrt?

Phase 3: Durchführung (Selbstreflexion)

Wenn Geldanlagen (bzw. Sparbuch/Sparkonto) gegenwärtig nur wenig Ertrag abwerfen, sind womöglich andere Ansätze gefragt, um Geld für ein Sparziel anzureichern – Sparen als ökonomisches Prinzip etwa. Wie können wir uns im Alltag finanziell geschickt verhalten?

Eine siebente Klasse einer Oberschule führte zu dieser Frage ein Projekt durch. Ermittelt wurden in einer ersten Runde eigene Sparziele der Mitschülerinnen und Mitschüler. „Auf ein Ziel zu sparen", ist leichter, als „einfach nur so" Geld zur Seite zu legen. Sparen ist ähnlich wie das Erreichen guter Schulnoten, weil man einen bestimmten Beruf ergreifen möchte.

In einer zweiten Runde wurde der selbstkritische Blick trainiert. Alle waren dazu aufgefordert, zu berichten, wann und wo, wie und warum ihre Portemonnaies leichter wurden.

Phase 4: Trainingslager

Die Klasse teilte sich in Gruppen auf, die verschiedene Themen verfolgten. Alle Gruppen verband, dass sie Strategien entwickeln sollten, wie man effektiv und sinnvoll Geld vermehren kann.

Die Gruppe „Sparfüchse der Sparbüchse" erarbeitete, wie man psychologisch besser mit seinem Geld umgehen kann. Dabei fanden sie heraus, dass ein Sparbuch trotz geringer Verzinsung sehr sinnvoll sein kann. Der Trick: Um an sein Geld zu kommen, muss man zur Bank bzw. die Unterstützung seiner Eltern in Anspruch nehmen. Das fällt schwerer als ein lautloser Griff ins Portemonnaie, um sich mal wieder einen Döner zu genehmigen.

Die zweite Gruppe, mit dem Namen „App – heute wird gespart", fand heraus, dass es eine „Geld-Check-App" gibt, die einen smart unterstützt. Wer seine Finanzen gut im Blick hat, geht sorgsamer damit um.

Die dritte Gruppe gab sich die Bezeichnung: „Wind in die Segel – auf Sparkurs" und hatte einen ganz anderen Ansatz. Statt die Ausgaben-Seite zu betrachten, fokussierte sie die Einnahmen. Alle in der Klasse wurden gefragt, ob sie Schülerjobs haben und wie sie eventuell Geld verdienen. Das Austragen von Zeitungen wurde ebenso genannt wie Gartenarbeiten in der Nachbarschaft und Hunde ausführen.

In der vierten Gruppe wurden praktische Tipps erarbeitet, wie man mehr aus seinem Geld herausholen kann. Kleidung aus dem Secondhand-Laden war eine Idee, selbst zusammen kochen, statt „Mac-Pommes" eine andere.

Phase 5: Geteilte Freude

Die Begeisterung über die eigene Kreativität war so groß, dass die Klasse eine Präsentation ihrer Ergebnisse erbat. Zusammen wurden tolle Poster entwickelt, die in der Eingangshalle ihrer Schule aufgehängt werden durften. Es gab sogar persönliche Rückmeldungen auf dem Schulhof von älteren Jahrgängen, denen diese Tipps sehr geholfen hatten.

Das kann ich ...

Wichtige Begriffe

- Wirtschaftssektoren
- Arbeitsteilung
- Wirtschaftskreislauf
- Marktarten
- Güter
- Preisbildung
- Gleichgewichtspreis
- Arbeitseinkommen
- Bedürfnisse
- ökonomisches Prinzip

A Ökonomisches Prinzip

Einerseits
Wir möchten mit einem möglichst geringen Kraftstoffverbrauch unseren Urlaubsort erreichen.

Andererseits
Wir möchten mit einer Tankfüllung möglichst weit verreisen.

B Preisbildung

C Freie Güter?

Wissen und erklären

1 Erklärt euch gegenseitig die wichtigen Begriffe.

2 Erläutere mit Begründung die beiden Ausprägungen des ökonomischen Prinzips, die in den Aussagen in A formuliert sind.

3 Skizziere drei Wirtschaftskreisläufe und nenne stichwortartig deren Merkmale: a) der einfache geschlossene Wirtschaftskreislauf, b) der erweiterte geschlossene Wirtschaftskreislauf, c) der vollständig geschlossene Wirtschaftskreislauf.

4 B: Halte einen kurzen mündlichen Vortrag zum Thema „Preisbildung".

Informationen beschaffen und auswerten

5 Finde heraus, welche Aufgaben das Bundeskartellamt hat. Berichte über ein aktuelles Verfahren der Behörde und präsentiere deine Ergebnisse vor der Klasse.

6 Stelle dar, welche Messen gegenwärtig (in Deutschland, Berlin oder Brandenburg) stattfinden. Wann und wo finden diese Messen statt? Welche Zielgruppe wird dort jeweils angesprochen?

Beurteilen, entscheiden und handeln

7 Bildet drei Arbeitsgruppen und erläutert, welche Kosten folgende Anbieter bei der Preisbestimmung berücksichtigen müssen: Anbieter auf einem Flohmarkt (Gruppe 1), eine Fahrschule (Gruppe 2), ein Imbissverkauf auf einem Wochenmarkt (Gruppe 3).

8 Nimm Stellung zu der Frage, ob Sonnenlicht ein freies Gut ist (C).

Pro-und-Kontra-Diskussion

Merkmale einer Pro-und-Kontra-Diskussion

Im Mittelpunkt der Pro-und-Kontra-Diskussion steht ein Thema, das von zwei Gruppen diskutiert wird. Beide Gruppen sammeln Argumente, um das Für und Wider zu begründen. Eine dritte Gruppe soll im Sinne einer Jury den Verlauf der Pro-und-Kontra-Diskussion beobachten und bewerten. Ein/-e Diskussionsleiter/-in moderiert die Veranstaltung.

1 Vorbereitung

- Wir formulieren das Diskussionsthema. Das Thema soll eine Diskussion auslösen – also formulieren wir es als eine klare Frage. Beispiel: „Sollte man ein Haus kaufen oder besser eine Wohnung mieten?“

2 Rahmen

- Für eine ergiebige Pro-und-Kontra-Diskussion ist eine gelungene Organisation hilfreich. Am besten sitzen die Parteien einander gegenüber. Die Diskussionsleitung hat alle Teilnehmer/-innen gut im Blick und wir von allen gut gesehen. Eine Videoaufzeichnung kann den Verlauf und die Auswertung der Pro-und-Kontra-Diskussion bestens unterstützen.

3 Durchführung

- Wir sammeln zunächst gemeinsam in zwei Gruppen („Pro“ und „Kontra“) Argumente für den zu vertretenden Standpunkt. Argumente für das Hauseigentum sind z. B.: gute Wertanlage, Unabhängigkeit von der Mietpreisentwicklung, hoher Gestaltungsspielraum für eigene Ideen/Wünsche ...
- Gegenargumente: Man muss lange sparen (und auf vieles verzichten), man ist dann ortsgebunden, Wertverluste der Immobilie belasten die eigene Finanzkraft, Abhängigkeit vom Immobilienmarkt, wenn man günstig verkaufen möchte ...
- Dann wird diszipliniert nach Regeln der Diskussionsleitung (erteilt/entzieht das Wort, sorgt für Ordnung, Konzentration und Aufmerksamkeit) argumentiert.

4 Auswertung

- Die Jurymitglieder fassen ihre Auswertungen zusammen und stellen die Ergebnisse dar. Welche Argumente konnten besonders überzeugen?

Rechte und Pflichten der Verbraucher

Der selbstbewusste Konsument

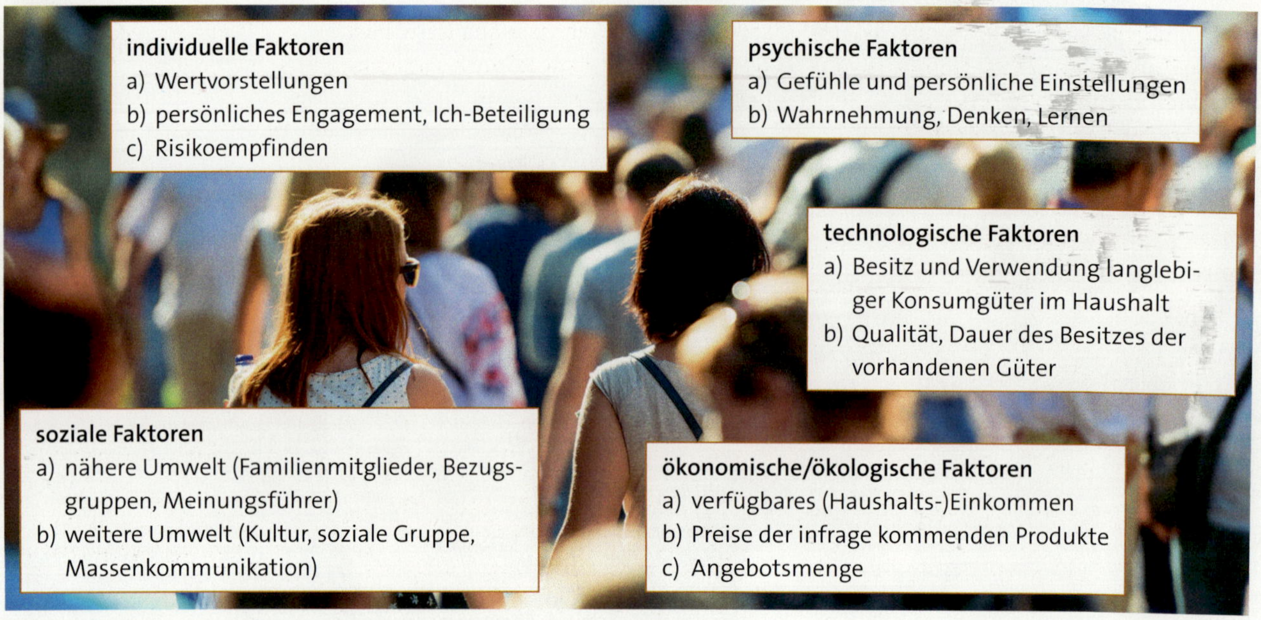

M1 Einflussfaktoren des Konsumentenverhaltens

Die eigene Verantwortung

Jeder trifft fast tagtäglich Kaufentscheidungen. Dabei sind dem Einen durch seine finanziellen Möglichkeiten Grenzen gesetzt. Dem Anderen ist es z.B. wichtig, seine Produkte ökologisch besonnen, regional bevorzugt, biologisch produziert oder fair gehandelt zu erwerben.

Wenn sich viele Konsumenten beispielsweise für Bioprodukte entscheiden, dann hat das auch Auswirkungen auf die Produktion. Viele Betriebe in der Landwirtschaft werden diesen Wünschen nachkommen und sich auf den Bioanbau konzentrieren. Damit verfügt der Konsument über eine weitreichende Macht im Marktgeschehen.

Solche Konsumentscheidungen hängen von persönlichen Erfahrungen ab, die mit einem Produkt gemacht wurden. Doch auch das Kaufverhalten der Familie und der Freunde beeinflusst den eigenen Konsum. Wenn im Umfeld Markenartikel eine Rolle spielen, wird auch die eigene Kaufentscheidung in diese Richtung gehen, da man sich in die Gruppe integrieren möchte. Damit eng verbunden ist die Frage nach einem verantwortungsvollen und cleveren Konsum.

Verantwortungsvoller Konsum ist gekennzeichnet durch individuelle, soziale, ökologische und ökonomische Kaufentscheidungen.

Für einen verantwortungsvollen Konsum benötigt man Informationen, die man sich aus verschiedenen Quellen beschaffen kann. Die Massenmedien* haben dabei eine entscheidende Funktion – beispielsweise die zahlreichen Verbrauchersendungen im Fernsehen. Produktinformationen erhalten wir heute auch über das Internet, über Erfahrungsberichte, die Stiftung Warentest oder Verbraucherzeitschriften. Das Recht und die Pflicht zur Information über das Produktangebot liegen beim Konsumenten selbst.

* **Massenmedien**
Fernsehen, Radio, Zeitung

Informationshilfen bei Kaufentscheidungen

Selbstverständlich wird man sich nicht bei allen Kaufentscheidungen über jedes Produkt informieren können. Aber wenn man auf bestimmte Produkteigenschaften Wert legt, helfen Siegel, auf die man sich verlassen kann. Ökologisch produzierte Lebensmittel können verschiedene

Siegel tragen. Sie begegnen uns häufig auf verpackten Lebensmitteln oder auf Schildern in Supermärkten.
„Nachhaltig", „umweltschonend", „artgerecht" versprechen viele dieser Siegel. In Deutschland gibt es über hundert Ökolabels*. Alle diese Label versprechen die Einhaltung bestimmter Produktionsbedingungen.

Bio-Produkte unterliegen geprüften Anbaumethoden. Mindeststandards* für den ökologischen Landbau sind in der EG-Öko-Verordnung* festgeschrieben.

Bio-Produkte sind keine landwirtschaftlichen Massenwaren, sie kommen oft aus der näheren Umgebung (Region) und haben daher kurze Transportwege. Die Landwirtschaft stellt sich aufgrund der großen Nachfrage um. Die Kunden müssen dabei beachten, dass qualitativ hochwertige Nahrungsmittel auch ihren Preis haben.

Informationsquelle Produkt

Eine wichtige Informationsquelle für alle Verbraucher sollte das Produkt selbst sein: Ausstattung, Form, Größe, Material und der Gesamteindruck lassen erste Schlüsse auf die Qualität zu. Beim näheren Hinsehen entdeckt man Warenkennzeichen, die Informationen über das Produkt geben.

Alle Warenkennzeichnungen sind Orientierungshilfen für die Verbraucher und dienen ihrem Schutz. Dazu gehören Sicherheitszeichen, Materialkennzeichen, Handelsklassen, Gütezeichen und – auf freiwilliger Basis – auch Pflegehinweise.

* **Ökolabel**
ein Siegel, das einen besonderen Umweltschutz bestätigt

* **Mindeststandard**
eine geringste Forderung, die regelmäßig erfüllt wird

* **EG-Öko-Verordnung**
eine europäische Vorschrift zur besonderen Berücksichtigung von Umweltschutzmaßnahmen

M2 Phantasie- Siegel

1 Nenne Möglichkeiten, wie du dich über Herstellungs- und Produkteigenschaften informieren kannst (Text).
2 Begründe, warum Sicherheitszeichen an technischen Geräten wichtig sind.
3 Stelle deiner Klasse vor, wie du selbst deine Kaufentscheidungen triffst (M1).
4 Recherchiere im Internet verschiedene Siegel. Stelle sie der Klasse vor.
5 Wähle ein Produkt aus und bringe es in den Unterricht mit. Stelle dar, was man schon auf den ersten Blick feststellen kann.
6 Begründe, warum verantwortungsvoller Konsum in einer globalisierten Welt immer notwendiger wird (Text, Webcode).
7 Erläutere, welche Wirkung die beiden Phantasie-Siegel deiner Meinung nach auf mögliche Kundinnen und Kunden haben sollen (M2).

Webcode WAT019607-069

Was steht im Kaufvertrag?	
Wie wird die Ware bezeichnet?	Beispiel: Fahrrad
Wie groß ist die Menge (Stück oder Gewicht)?	1
Wie hoch ist der Preis?	530 Euro
Wie wird bezahlt (Zahlungsbedingungen)?	Anzahlung, weiter in Raten
Wo wurde der Kaufvertrag geschlossen?	Berlin
Welche Preisnachlässe werden gewährt?	keine
Wer liefert (Lieferbedingungen)?	Selbstabholung
Achtung! Allgemeine Geschäftsbedingungen	hierauf muss der Kunde hingewiesen werden

M1 Der Kaufvertrag

Der Kaufvertrag

Damit es nicht zu Problemen zwischen Käufer und Verkäufer kommt, gibt es gesetzliche Bestimmungen, die den Vorgang des Kaufens genau regeln. Immer, wenn wir etwas kaufen, wird auch ein Kaufvertrag abgeschlossen. Grundlegend beruht ein Kaufvertrag auf

- dem Willen des Verkäufers, etwas zu verkaufen
- dem Willen des Käufers, etwas zu kaufen.

Ein Kaufvertrag kommt dann zustande, wenn der Wille des Verkäufers, etwas zu verkaufen, mit dem Willen des Käufers, etwas zu kaufen, übereinstimmt.

Stellst du zum Beispiel im Supermarkt eine Getränkeflasche auf das Band an der Kasse, bekundest du den Willen, diese Flasche zu kaufen. Nimmt die Kassiererin dafür das Geld von dir, hat sie mit dir stillschweigend einen gültigen Kaufvertrag abgeschlossen.

Kaufverträge können in mündlicher und schriftlicher Form oder durch stillschweigende Zustimmung abgeschlossen werden. Alle haben dieselbe Gültigkeit.

Mit dem Kaufvertrag verpflichtet sich der Käufer, die Ware zu prüfen, abzunehmen und zu bezahlen. Der Verkäufer muss die Ware ohne Mängel und termingerecht übergeben.

M 2 Geschäftsfähigkeit und Geschäftsunfähigkeit

Geschäftsunfähigkeit	beschränkte Geschäftsfähigkeit	volle Geschäftsfähigkeit
bis 7 Jahre	7 bis 18 Jahre	ab 18 Jahre

M 3 § 101 BGB

Bewirken der Leistung mit eigenen Mitteln
Ein von dem Minderjährigen ohne Zustimmung des gesetzlichen Vertreters geschlossener Vertrag gilt als von Anfang an wirksam, wenn der Minderjährige die vertragsmäßige Leistung mit Mitteln bewirkt, die ihm zu diesem Zweck oder zu freier Verfügung von dem Vertreter oder mit dessen Zustimmung von einem Dritten überlassen worden sind.

Wer darf Kaufverträge abschließen?

Es gibt im Bürgerlichen Gesetzbuch (BGB) drei Stufen der Geschäftsfähigkeit. Als „beschränkt Geschäftsfähige" könnt ihr zum Beispiel in einer Bank ohne die Zustimmung eurer Eltern kein Konto eröffnen. Der Paragraph 110 erlaubt es euch als Minderjährigen, in einem kleineren finanziellen Rahmen Geschäfte abzuschließen. Dieser Paragraph wird daher auch manchmal als „Taschengeldparagraph" bezeichnet. Allerdings ist diese Bezeichnung ein wenig ungenau.

Geschäftsunfähig sind Kinder bis zum siebten Lebensjahr.
Minderjährige bis zur Vollendung des 18. Lebensjahres sind beschränkt geschäftsfähig.
Voll geschäftsfähig sind alle ab einem Alter von 18 Jahren.

M 4 Ein Fallbespiel

Roberts kleiner Bruder ist sieben Jahre alt. Von den Geldgeschenken zu seinem Geburtstag hat er sich einen Lederfußball gekauft. Abends überrascht er damit seine Eltern. Robert soll den Ball am anderen Tag wieder zurückbringen. Die Verkäuferin hätte ihn seinem jüngeren Bruder gar nicht verkaufen dürfen, da er noch nicht geschäftsfähig sei.

1 Beschreibe das Zustandekommen eines Kaufvertrags (Text, **M 1**).
2 Gib ein anderes Beispiel für einen mündlichen Kaufvertrag als in **M 1**.
3 Fasse mündlich zusammen, wer Kaufverträge abschließen darf (Text, **M 2**).
4 Erkläre den sogenannten „Taschengeldparagraph" (§ 101 BGB) mit deinen Worten (Text, **M 3**).
5 Lies das Fallbeispiel **M 4** und entscheide mit Begründung: Ist der Kaufvertrag gültig?
6 Erläutere, warum der Begriff „Taschengeldparagraph" ungenau ist.
7 Denkt euch weitere Fallbeispiele aus und lasst darüber in der Klasse entscheiden.

M1 Pflichten und Rechte der Käufer und Verkäufer

Käufer	Verkäufer
Pflichten: ■ Abnahme der Ware ■ Bezahlung des Kaufpreises	**Pflichten:** ■ Übergabe der fehlerfreien Ware ■ Übereignung der Ware, sodass Käufer Eigentümer wird
Rechte: ■ Erhalt der Ware im zugesicherten Zustand ■ Erhalt der Ware zum vereinbarten Termin	**Rechte:** ■ Erhalt des Kaufpreises ■ Abgabe der Ware

M2 § 439 BGB

Der Käufer kann als Nacherfüllung nach seiner Wahl die Beseitigung des Mangels oder die Lieferung einer mangelfreien Sache verlangen.

Gewährleistung und Garantie

Nicht jeder ist mit jedem Kauf zufrieden. Wer kennt nicht solche Situationen, wenn man die Ware zu Hause auspackt und es fehlen Teile? Was kann jemand tun, der ein Fahrrad geliefert bekommt, das statt acht Gängen nur drei Gänge hat? Hier müssen Gewährleistungsansprüche geltend gemacht werden. Oft spricht man auch von „Reklamation".

Der Begriff „Reklamation" kommt aus dem Lateinischen und bedeutet so viel wie Beanstandung oder Rückforderung.

Die Gewährleistungsverpflichtung gilt, wenn ein Verkäufer eine mangelhafte Ware oder Sache geliefert hat. Der Verkäufer haftet für alle Mängel, die schon im Moment des Verkaufs bestanden. Dann muss der Verkäufer nacherfüllen. Die Gewährleistungsfrist beträgt nach § 438 BGB 24 Monate. Bei bereits gebrauchter Ware kann die Gewährleistungsfrist unter bestimmten Bedingungen auf zwölf Monate verkürzt werden. Sie kann jedoch vertraglich nicht ausgeschlossen werden.

Wieder hilft ein Blick in das Bürgerliche Gesetzbuch, wenn es um die Rechte der Verbraucher geht.

M3 Karikatur

Mängel sind Kaufstörungen. Das heißt: Hier stimmt die zugesicherte Leistung nicht mit der tatsächlich erbrachten Leistung überein.

Beim Erwerb mancher Waren erhalten Kunden eine so genannte „Garantie". Der Hersteller kann selbst festlegen, wofür er einsteht und für welche Dauer. Die Garantie ist in der Regel erst interessant, wenn die Gewährleistungspflicht des Verkäufers abgelaufen ist.

Garantie und Gewährleistung sind zweierlei. Die Garantie des Herstellers ist freiwillig. Er verbürgt sich damit für die Funktionstüchtigkeit eines Geräts.

Vom Umtausch ausgeschlossen?

Kennt ihr das leidige Problem der Geschenke, über die man sich nicht freuen kann, weil sie einem nicht gefallen? Oft sind diese Sachen spontan und unüberlegt gekauft. Mit dem Kassenbeleg lassen sie sich umtauschen. Aber wer liefert schon Geschenke mit einem Kassenbeleg ab?

Nicht selten sind Geschäfte auch freiwillig zum Umtausch bereit: Sie möchten gute Geschäftsbeziehungen zu ihren Kunden pflegen. Der Kunde sucht sich

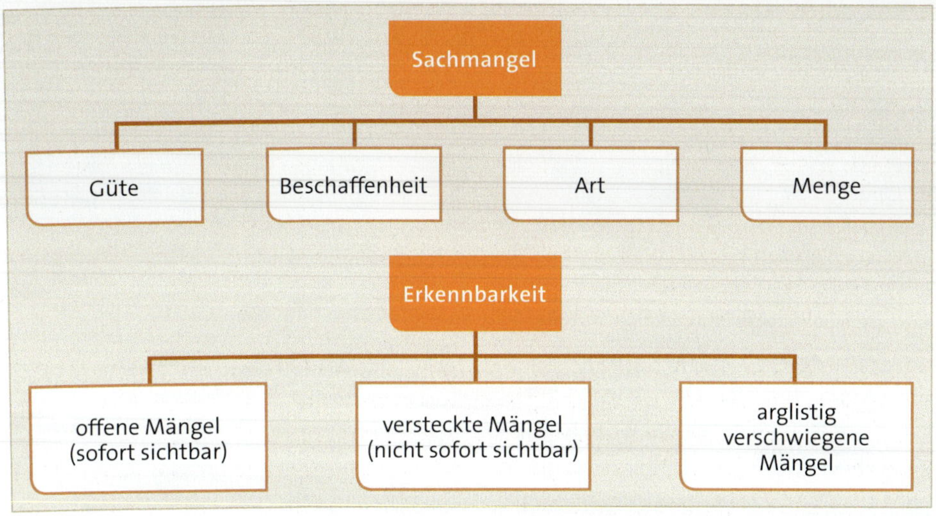

M 4 Mängel und Erkennbarkeit

dann etwas anderes aus oder erhält einen Gutschein. Er hat nicht das Recht, das Geld zurückzuerhalten. So etwas nennt man auch „Kulanz".

M 5 Gewährleistungsrechte des Käufers

Wenn die Kaufsache mangelhaft ist:

- Nachbesserung/Reparatur (Nacherfüllung)
- Ersatzlieferung (Nacherfüllung)

Wenn Ersatzlieferung und Nachbesserung scheitern, nicht möglich oder unzumutbar sind:

- Erstattung des Kaufpreises (Rücktritt)
- Herabsetzung des Kaufpreises (Minderung)
- Schadensersatz oder Ersatz vergeblicher Aufwendungen

M 6 Ein Fallbeispiel zur Frage eines möglichen Umtausches

Linas Schwester hat zum Geburtstag von ihrer Freundin zwei Wellensittiche bekommen. Sie hat sie sich sehr gewünscht. Trotzdem gibt es Probleme, weil es zu Hause recht eng zugeht. Die Familie verspricht der Kleinen, eine Lösung zu finden.

1 Benenne die Rechte und Pflichten der Käufer und Verkäufer mit deinen Worten (M 1).
2 Gib Beispiele für Mängel und Reklamationen (Text, M 4).
3 Erkläre den Unterschied zwischen Gewährleistung und Garantie (Text).
4 Erläutere die Gewährleistungsrechte der Kunden anhand von M 5.
5 Erkläre, was unter einer „Nacherfüllung" verstanden wird (Text, M 2 und M 5).
6 Wann spricht man von „Kulanz"? Erläutere den Begriff anhand eines Beispiels.
7 Werte die Karikatur M 3 aus.
8 Lies das Fallbeispiel M 6 und erläutere den Sachverhalt. Welche Fragen müssen zuvor geklärt sein, um die Rechtslage entscheiden zu können?

M1 Vorsicht beim Bezahlen im Internet

Shoppen im Web

Zahlreiche moderne Informationstechnologien führten zu neuen Möglichkeiten des Einkaufs und des Einkaufsverhaltens von Verbrauchern. Durch den Online-Handel entstehen völlig neue Dimensionen am Markt. Online-Handel ist global und reicht damit viel weiter als ein örtliches Angebot. Viele Nutzer informieren sich vor einer Kaufentscheidung über Erfahrungsberichte in verschiedenen Online-Foren* oder Blogs* und zunehmend in sozialen Netzwerken.

Für Unternehmer eröffnen sich durch den digitalen Handel neue und erweiterte Absatzmärkte sowie Vertriebsmöglichkeiten. Mit geringen Kosten können sie ihre Waren „an den Kunden" bringen.

M2 Sonderfall Lebensmittelkauf

Den Einkauf über das Internet bezeichnen wir als „E-Commerce", also als „elektronischen Handel".

Der regionale, stationäre* Handel und der Online-Handel beeinflussen einander immer stärker. Verbraucher informieren sich online, kaufen jedoch in einem Laden und umgekehrt.

Smartphone und Apps unterstützen den Kunden bei seinen Kaufentscheidungen. Darauf müssen sich alle Händler, am Ort oder online, einstellen.

Mobile Commerce*

Mit der rasanten Entwicklung von Tablets und Smartphones verändern sich auch hier sehr schnell die Möglichkeiten des Einkaufs. Insbesondere jüngere Nutzer im Alter zwischen 14 bis 29 Jahren nutzen das Tablet für ihr Online-Shopping. Am meisten werden kostenpflichtige Apps für das Tablet oder das Smartphone im Download erworben. Es folgen Musik, Spiele, Klingeltöne oder Hintergrundbilder.

Immer mehr User nutzen ihre Geräte, um mithilfe eines Bar- bzw. QR-Code-Scanners Preise oder Produkteigenschaften zu erfahren. Damit wird die Möglichkeit ge-

* **stationär**
etwas, das sich an einem festen Ort befindet (z. B. in einer Straße)

* **Online-Forum**
eine Internetadresse, wo bestimmte Themen diskutiert werden (können) – Mehrzahl: Foren

* **Blog**
ein auf einer Webseite geführtes Tagebuch

* **Mobile Commerce**
(aus der englischen Sprache) elektronischer Handel ohne Kabelverbindung (z. B. mithilfe eines Smartphones)

geben, sich über Transportwege oder sogar über Herstellungsbedingungen zu informieren. Für den stationären Handel ergibt sich so eine neue Herausforderung: Durch das mobile Internet entsteht eine hohe Preistransparenz, auf die der Handel als Wettbewerber achten muss.

Angetrieben durch die neuen Technologien wachsen stationärer Handel und Online-Handel immer stärker zusammen.

Daher ist es für Händler besonders wichtig, das Internet als Werbeinstrument zu nutzen, um auf sich aufmerksam zu machen und um Kunden an sich zu binden. Sowohl Käufer als auch Verkäufer können also die Vorteile des Internets für sich nutzen.

Informieren, Vergleichen, Kaufen

Bevor man in eine Falle tappt, sollte jeder Nutzer sich über den Anbieter im Web informieren. So spielt die Datensicherheit beim Online-Einkauf eine große Rolle. Man sollte nur die Daten weitergeben, die für eine Kaufabwicklung unbedingt erforderlich sind.

Zertifikate* vermitteln ein Gefühl von Sicherheit. Es gibt verschiedene Prüfstellen, die sich auf die Bewertung von Online-Shops spezialisiert haben. Die Shops werden u.a. auf Preistransparenz*, auf Lieferbedingungen und auf Datenschutz geprüft.

Händler beschreiben ihre Produkte. Sie machen u.a. Angaben zu Preis, Größe, Farbe, Zustand. Ein realistisches Foto des Produkts sollte selbstverständlich sein.

Bei Zahlung per Vorkasse sollte man vorsichtig sein, wenn man den Händler nicht kennt. Bei Nichterhalt der Ware ist es oft schwierig, sein Geld zurückzubekommen. Werden nur wenige, unsichere Zahlungsmethoden angeboten, sollte man den Online-Shop meiden.

Der Staat schützt mit Gesetzen

Für den Online-Handel gelten die Regelungen im BGB § 312b bis f. Hier geht es u.a. um alle Verträge, die ausschließlich über Fernkommunikationsmittel abgeschlossen werden (Internet, Telefon, E-Mail sowie Versandhauskataloge).

Als Käufer kann ungeöffnete Ware bis zu 14 Tage nach Erhalt an den Anbieter ohne Angabe von Gründen zurückgesendet werden.

Die Kosten für die Rückerstattung werden nicht immer vom Anbieter übernommen. Keine Anwendung finden die Vorschriften bei einer Lieferung von Lebensmitteln wie beim Pizzaservice, bei bestellten Waren aus dem Supermarkt oder bei Getränken.

M 3 Bar-Code

M 4 Einscannen eines QR-Codes

* **Zertifikat**
Bescheinigung, Gütesiegel

* **Preistransparenz**
Durchsichtigkeit, wie ein Preis (z.B. für eine Flugreise) sich zusammensetzt oder berechnet wird

1 Berichte über das Verhältnis von Online-Handel und stationärem Handel (Text). Wie verhält sich der Verbraucher?

2 Nenne Besonderheiten des Online-Shoppings im Vergleich mit einem „tatsächlichen" Laden (Geschäft). Gehe dabei auch auf Bar-Codes und QR-Codes ein (Text, M 3 und M 4).

3 Versetze dich in die Lage der Inhaberin eines Schuhgeschäfts im Ort. Mache Vorschläge, wie sie das Internet für ihre Verkäufe nutzen könnte.

4 Halte einen gut begründeten kurzen mündlichen Vortrag: Welche Produkte würdest du lieber in einem Fachgeschäft vor Ort kaufen? Denke daran, was du fühlen, anprobieren oder riechen kannst.

5 Berichte über den rechtlichen Hintergrund beim Online-Handel (Text).

6 Informiere dich über die wörtlichen Formulierungen des § 312 BGB b bis f (Webcode). Erläutere den Originaltext und seine Bedeutung vor der Klasse.

Recht am eigenen Werk und Bild

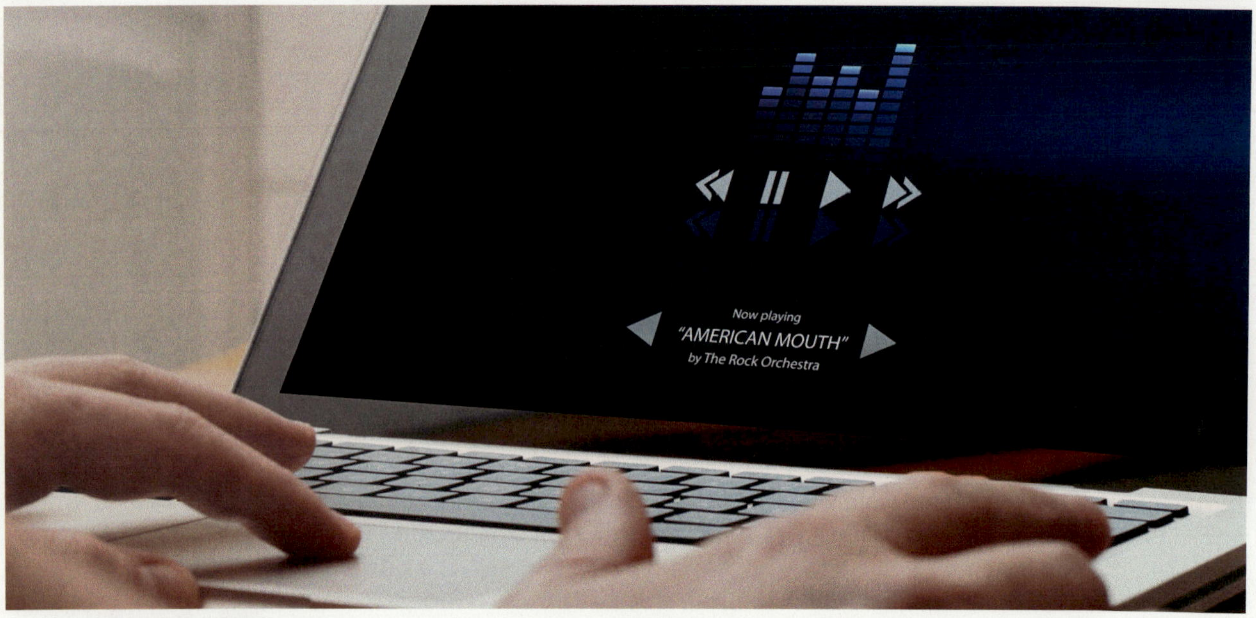

M1 Streaming

* **literarisch**
zur Literatur gehörend (als Buch gedruckt)

* **Komposition**
Zusammensetzung aus Einzelteilen (z. B. eine Melodie aus einzelnen Tönen)

* **Urheber**
jemand, der sich etwas ausgedacht hat

Das Recht am eigenen Werk

Wie leicht es doch ist, einen Text aus dem Internet zu kopieren und für eigene Zwecke zu benutzen. Machst du dir darüber Gedanken, wer diesen Text geschrieben und veröffentlicht hat?

Die eigene Lieblingsmusik möglichst kostenlos zu hören und vielleicht noch zu tauschen, ist technisch leicht möglich – aber erlaubt ist es nicht.

Zu den sogenannten „geistigen Werken" zählen: literarische* und wissenschaftliche Texte, musikalische Kompositionen*, Tonaufnahmen, Gemälde, Fotografien, Filme, Rundfunksendungen und Theateraufführungen.

Ohne Zustimmung des Urhebers* dürfen diese Werke nicht für eigene oder gewerbliche Zwecke verwendet werden. Sie sind durch das Urheberrechtsgesetz geschützt.

Grundsätzlich gilt: Was man selbst erstellt hat, kann man nutzen, wie man es möchte – solange man damit nicht die Persönlichkeitsrechte anderer verletzt.

Ein eigener Song kann problemlos ins Internet gestellt werden, um ihn anderen Menschen zur Kenntnis zu bringen. So mancher Star ist schon auf diese Weise „geboren" worden, wenn man die Klicks zählt, die verschiedene Songs haben. Möchte man aber (fremde) Materialien benutzen, die schon veröffentlicht sind, muss man dies kenntlich machen.

> Das Urheberrecht ist das Recht am eigenen geistigen Werk, das zu schützen und zu respektieren ist.

Kopierschutz und Privatbereich

Einen aktuellen Musiktitel oder ein neues Video von Mitschülern mal eben schnell zu posten, kann durchaus zu ernsthaften Problemen führen. Meist sind nämlich auch diese Inhalte urheberrechtlich geschützt oder es könnten Persönlichkeitsrechte verletzt werden.

Wird von dir beispielsweise eine Musik-CD aus Radiosendungen erstellt, die du deinem Vater zum Geburtstag schenkst, hast du nicht gegen das Urheberrecht verstoßen. Wichtig ist für eine Kopie, dass kein Kopierschutz umgangen wurde. Keinesfalls erlaubt ist es aber, diese CD online zu stellen. Damit würde der private Kreis der Familie überschritten. Die CD würde damit öffentlich und jedem zugänglich.

M 2 Selfie

M 3 London am Abend

Das Recht am eigenen Bild

Das Recht am eigenen Bild gehört zum allgemeinen Persönlichkeitsrecht.
Grundsätzlich kann jeder Mensch selbst darüber bestimmen, ob und in welchem Zusammenhang ein Foto (Bild) von ihm veröffentlicht werden darf.
Bevor also Fotos, die Personen zeigen, veröffentlicht werden dürfen, muss eine Genehmigung eingeholt werden. Ausnahmen bilden u.a. Prominente* und/oder („hoch gestellte") Politiker. Sie werden als „Personen der Zeitgeschichte" bezeichnet und müssen es erdulden, dass Fotos von ihnen auch ohne eine jeweilige ausdrückliche Zustimmung verbreitet werden.

M 4 Ein Fallbeispiel zur Frage der Rechtslage

Eine Gruppe von vier Jugendlichen hat sich verabredet und verbringt gemeinsam einen vergnüglichen Nachmittag. Die gute Laune bringt es mit sich, dass viel gelacht und fotografiert wird. Auch werden zahlreiche Selfies gemacht, auf denen alle gut zu erkennen sind. Ein Mädchen aus der Gruppe stellt wenig später diese Selfies in einem sozialen Netzwerk ein.

1 Erkläre den Begriff „geistiges Werk" und dessen rechtlichen Schutz (Text).
2 Welche Möglichkeiten habt ihr, um eure persönlichen Daten zu schützen? Arbeitet in Kleingruppen und erstellt Präsentationen.
3 Erläutere, was das „Recht am eigenen Bild" bedeutet (Text, Webcode).
4 Stell dir vor, du wärest Kandidat/-in bei einem TV-Talentwettbewerb. Darf dich dann jede/-r fotografieren und die Fotos von dir uneingeschränkt verwenden? Begründe.
5 Bewerte das Fallbeispiel M 4. Welche rechtlichen Fragen sind hier zu beachten?
6 Vergleiche die Fotos M 2 und M 3 miteinander. Welche Gemeinsamkeiten und welche Unterschiede bestehen in rechtlicher Hinsicht?
7 Stelle ein Info-Plakat zum Thema „Streaming" für euren Klassenraum her.

* **Prominente**
Personen, die einer breiten Öffentlichkeit (vielen) bekannt sind

Produktgestaltung und Design

Symbolische Darstellungsformen

Technikeinsatz

Verbraucherverhalten

Historische Entwicklung

Informations- und Kommunikationstechniken

PROJEKT

Phase 1: Projektbeschreibung

Seit 1979 gibt es den Wettbewerb „Jugend testet". Es ist ein Jugendwettbewerb der Stiftung Warentest. Jugendliche im Alter zwischen 12 und 19 Jahren können teilnehmen. Seit 1979 haben schon rund 40 000 Jugendliche ihre Ideen eingereicht. Jährlich sind es etwa 2000 Jugendliche, die sich in kleinen Teams organisieren. Auf diese Weise kommen jedes Jahr zwischen 500 und 600 Testberichte zusammen. Thematische Einschränkungen gibt es nicht. Getestet werden sowohl Waren als auch Dienstleistungen. Bis Mitte Dezember jedes Jahres können sich Einzelne, Gruppen, aber auch komplette Schulklassen anmelden. Wenn ihnen ein/-e Lehrer/-in hilft, muss das der Jury mitgeteilt werden. Die Jury besteht aus Experten der Stiftung Warentest sowie aus anderen Fachleuten. Kriterien für die Bewertung der Jury sind:

- Thema: Originalität, Fragestellung, Nutzen für andere Verbraucher
- Vorgehensweise: Systematik, Genauigkeit, Vollständigkeit, Informations- und Erkenntnisgewinn
- Darstellung: Verständlichkeit, Anschaulichkeit (Tabellen, Schaubilder)

Bewertet wird in zwei Kategorien: Dienstleistung und Waren. In beiden Gruppen können attraktive Geldpreise gewonnen werden. Auf maximal zehn DIN A4-Seiten können Texte, Tabellen, Grafiken und auch Bilder präsentiert werden.

Phase 2: Teambildung und Testobjekt

Eine achte Klasse wollte sich nicht die Chance entgehen lassen, selbst etwas zu testen und am Wettbewerb teilzunehmen. Schnell wurden drei Teams gebildet, die dieselben Produkte untersuchen wollten. Ein Warentest erschien der Klasse weniger kompliziert als die Bewertung einer Dienstleistung.

Die Klasse entschied sich zum Test von Sonnenbrillen. Alle drei Teams wollten auch am Wettbewerb teilnehmen und testeten daher unabhängig und ohne sich untereinander auszutauschen. Ihr Motto: drei Teams, dreifache Chance!

Phase 3: Testdurchführung

Da alle drei Gruppen umfangreich getestet und bewertet haben, kann hier nur ein kleiner Auszug aus der Projektarbeit eines Teams wiedergegeben werden.

Die Verarbeitungsqualität

Wie kaum anders zu erwarten war, gab es eine große Preisspanne bei den Sonnenbrillen. Das Team B entschied sich für das unterste Preissegment. Erstens handelt es sich dabei um eine Ware, die sich fast jeder leisten kann. Zweitens schien es dem Team spannend zu werden, ob für wenig Geld viel Gegenleistung zu finden wäre. Klar, dass eine billige Sonnenbrille nicht dieselbe Qualität aufweisen kann wie eine Sonnenbrille zu einem Preis im dreistelligen Euro-Bereich. Ist billig aber auch preiswert? Eine Sonnenbrille war schon nach kurzem Gebrauch am Ende. Nicht einmal leichten Druck in einer Brusttasche hielt sie aus. Das rechte Glas fiel aus dem Rahmen. Es ließ sich zwar wieder einsetzen, fiel aber immer wieder und immer öfter aus der Fassung. Nicht zu fassen – und dafür soll man 15 Euro auf den Tisch blättern?

Phase 4: Auswertung/Präsentation

Infolge der Wettbewerbsteilnahme war eine ganz besondere Situation gegeben. Nur die Lehrerin, die alle drei Gruppen betreute, wusste Details. Untereinander ließ man sich nicht in die Karten bzw. Sonnenbrillen schauen. Wie in verschworenen Gemeinschaften wurde getestet, bewertet, protokolliert und fotografiert.

Entsprechend den Wettbewerbsanforderungen wurden alle Unterlagen an die Jury geschickt. Auf eine Präsentation in der Schule wollten die Teams mit Einverständnis der WAT-Fachlehrerin vorerst verzichten. Am besten so wenig wie möglich sollte vorerst „nach außen" dringen.

Untereinander konnte jedoch schon präsentiert werden. Erstaunlich war für alle, dass beim selben „Forschungsobjekt" und Beteiligten aus derselben Klasse so unterschiedliche Ergebnisse entstanden. Ganz besonders groß waren die Abweichungen bei den Präsentationen.

Tipp

Hier ein Tipp für eure Klasse, wenn auch ihr beim Wettbewerb „Jugend testet" mitmachen wollt: schaut euch auf der Website an, welche Produkte/Dienstleistungen schon bewertet wurden. So bleibt euch erspart, eine bereits bestens „erforschte Sache" als vermeintliche Nachahmer zu untersuchen.

Ökologie

Ökonomie

Arbeitssicherheit und Gesundheitsschutz

Waren- und Werkstoffkunde

Berufs- und Studienorientierung

Gesellschaftliche Arbeitsteilung

Das kann ich ...

Wichtige Begriffe

- Siegel
- Konsumentenverhalten
- Kaufvertrag
- Taschengeldparagraph
- Mangel
- Gewährleistung
- Garantie
- Online-Handel
- Urheberrecht

A Der Kaufvertrag

B Mängel

C Richtig oder falsch?

Eine Gewährleistung beruht auf dem freien Willen eines Verkäufers.	Eine Garantie beruht auf dem freien Willen eines Verkäufers.
Die Gewährleistungspflicht beträgt 24 Monate.	Eine Gewährleistung kann vertraglich ausgeschlossen werden.
Die/der Käufer/-in ist zur Abnahme der Ware verpflichtet.	Die/der Käufer/-in hat das Recht auf den Erhalt einer Ware zu einem vereinbarten Termin.
Die/der Verkäufer/-in soll eine Ware so schnell wie möglich liefern, kann sich aber z. B. in den Sommerferien dafür mehr Zeit lassen.	Die/der Verkäufer/-in ist zur Übergabe einer fehlerfreien Ware verpflichtet.
Sind in einer Nudelverpackung zu wenig Nudeln (Gewicht geringer als aufgedruckt), handelt es sich um einen Sachmangel.	Wenn die Kaufsache mangelhaft ist, kann die/der Verkäufer/-in in Form einer Reparatur nachbessern.
Im Internet erworbene ungeöffnete Ware kann innerhalb von zwei Wochen ohne Angabe von Gründen zurückgesendet werden.	Im Internet erworbene Lebensmittel können innerhalb von zwei Wochen ohne Angabe von Gründen zurückgesendet werden.

D Urheberrecht

E Recht am eigenen Bild

Wissen und erklären

1 Erklärt euch gegenseitig die wichtigen Begriffe.
2 Führe eine kurze Präsentation zum Thema „Kaufvertrag“ vor (A).
3 Werte die Karikatur zum Thema „Verbraucherrechte“ (B) aus.
4 Lies die Aussagen unter C. Korrigiere alle Aussagen, die fehlerhaft oder falsch sind.

Informationen beschaffen und auswerten

5 Recherchiere im Internet, welche brauchbaren Informationsquellen zum Thema „Recht im Online-Handel“ existieren. Notiere die Links.

Beurteilen, entscheiden und handeln

6 Jemand fertigt 30 Kopien von einem Gedicht von Johann Wolfgang Goethe an, das aus 20 Versen besteht (D). Macht sich die Person strafbar?
7 Ein professioneller Fotograf nimmt zufällig ein Paar im öffentlichen Straßenraum auf und bietet den beiden die Fotos anschließend zum Kauf an (E). Darf er das? Was, wenn die beiden die Fotos nicht kaufen wollen?

Arbeiten mit Diagrammen

Diagramme

Diagramme haben den Vorteil, dass man mit ihrer Hilfe viele Daten (Zahlenwerte) anschaulich und auf kleinstem Raum (zeichnerisch/grafisch) darstellen kann. Insbesondere fällt es anhand von Diagrammen leicht, Zahlenwerte untereinander zu vergleichen.

Wenn die Aufteilung einer bestimmten Menge dargestellt werden soll, eignet sich ein Kreisdiagramm (ein Kreisdiagramm ist flach, ein Tortendiagramm ähnelt ihm, ist aber räumlich gezeichnet). Der komplette Kreis stellt in einem Kreisdiagramm 100 Prozent dar. Die Kreissegmente (Teile) veranschaulichen Teilmengen. Mithilfe von Diagrammen lässt sich auch gut darstellen, wie viele Personen einer Gesamtheit ein bestimmtes Merkmal aufweisen.

Gerätebesitz Jugendlicher (JIM-Studie 2015)

Die sogenannte „JIM-Studie 2015" (Jugend, Information, (Multi-)Media) des Medienpädagogischen Forschungsverbundes Südwest untersuchte u. a. den Gerätebesitz Jugendlicher in Deutschland. Die Fachleute kamen zu der Aussage, dass immer mehr Jugendliche Smartphones besitzen. Sie erklärten es damit, dass in den letzten Jahren Smartphones immer erschwinglicher geworden sind. Hatten 2011 nur 25 Prozent der 13- bis 19-Jährigen ein Smartphone, waren es 2015 schon 92 Prozent.

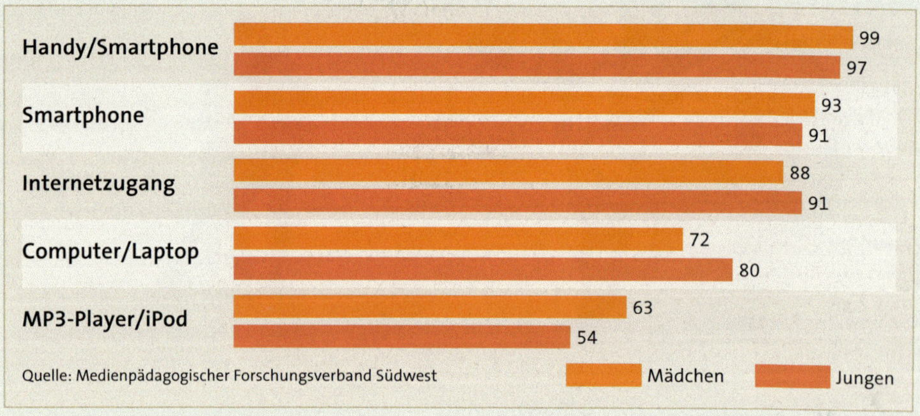

M1 Gerätebesitz Jugendlicher 2015

Ein Diagramm lesen

Im abgedruckten Beispiel sind mithilfe eines Balkendiagramms technische Geräte und ihre Verteilung auf die Geschlechter dargestellt. 99 Prozent der befragten Mädchen besaßen ein Handy oder Smartphone. Bei den Jungen waren es 97 Prozent. Diese höchsten Werte befinden sich im oberen Bereich des Diagramms. Mit jedem technischen Gerät gehen die Werte zurück.

Ein Diagramm anfertigen

Wenn du selbst Diagramme anfertigen möchtest, überlege dir zuvor, welche Diagrammart sich für den Darstellungszweck am besten eignet. Danach solltest du dir eine gute Anordnung der Elemente in deinem Diagramm ausdenken. Achte in jedem Falle darauf, dass dein Diagramm von jedem ohne Schwierigkeiten und große Anstrengungen verstanden und „gelesen" werden kann.

Entwicklung, Planung, Fertigung und Bewertung mehrteiliger Produkte

M1 Gruppendynamik

Was wollen wir anfertigen?

Wenn ihr im WAT-Unterricht gemeinsam etwas produzieren möchtet, müsst ihr zuvor Ideen sammeln. Hierbei könnt ihr euch zunächst am besten mithilfe von Leitfragen orientieren. Erst wenn ihr diese Leitfragen der Reihe nach besprochen und beantwortet habt, ist es sinnvoll, konkrete Produktideen zu verfolgen.

Damit die Entwicklung eurer Produktideen möglichst für die gesamt Klasse zu einem guten Ergebnis führt, wäre eine gleichberechtigte Beteiligung aller wünschenswert. Ein respektvoller und höflicher Umgang miteinander ist eine wesentliche Voraussetzung dafür. Jede/-r darf und soll etwas sagen. Am besten fasst man sich kurz und begründet seine Aussagen.

M2 Möbel aus Recyclingmaterial*

Erste Vorstellungen

Zu Beginn der Entwicklung eurer konkreten Produktideen ist eine kreative Phase hilfreich. Beispielsweise das „Brainstorming*" bietet eine Möglichkeit, euch zunächst unbefangen und zwanglos vorzubereiten. Beim Brainstorming geht Quantität vor Qualität. Es sollen also bewusst viele Ideen „sprudeln", die erst später kritisch hinterfragt werden. Die Anwendung von Kreativitätstechniken steht oft am Anfang der Einführung eines neuen Produkts auf dem weltweiten Verbrauchermarkt. Auch die Politik bedient sich solcher Techniken, die oft in Workshops* zum Einsatz kommen.

Gruppendynamik

Insbesondere in Gruppen entstehen immer wieder gute neue Produktideen. Denn die Verschiedenartigkeit der Teilnehmer/-innen hat zur Folge, dass viele phantasievolle Gedanken zusammenfließen, auf die ein/-e Einzelne/-r kaum allein käme. Allerdings kann eine Gruppe auch nur dann gut funktionieren, wenn „untereinander die Chemie" stimmt und die Mitglieder sich ungezwungen verhalten. Wie gut eine Gruppe miteinander

* **Brainstorming**
„brainstorm" bedeutet wörtlich: „Geistesblitz"; ein Verfahren, um durch das Sammeln von spontanen (ungefilterten) Ideen die beste Lösung eines Problems zu finden

* **Workshop**
engl.: „Werkstatt"; eine Veranstaltung bei der in freier Diskussion bestimmte Fragen/Probleme/Aufgabenstellungen erarbeitet werden (ein Erfahrungsaustausch stattfindet)

* **Recycling**
Wiederverwendung

Für wen?
- für mich selbst
- für Eltern/Großeltern
- für die Schule
- für den Verkauf

Aus welchem Material?
- Holz
- Kunststoff
- Metall
- Gips

Wie viel Zeit steht zur Verfügung?
- zwei Stunden pro Woche
- etwa vier Wochen
- ...

PRODUKT

Welche technischen Möglichkeiten haben wir?
- Schulwerkstatt
- Werkzeuge und einfache Maschinen
- ...

Wie viel Geld können wir für die Beschaffung ausgeben?
- ...

M3 Fünf Leitfragen

klarkommt, liegt in der Verantwortung jeder einzelnen Person.

Ressourcenschutz

Bei der Entwicklung eurer eigenen Produktideen solltet ihr auch Umweltschutzgedanken einfließen lassen. Das berührt sowohl die Frage des Materials als auch die Kostenfrage.

In der Regel lässt sich Recycling-Material kostengünstig beschaffen. Allerdings schränkt es auch stärker ein als die Verwendung eines anderen Ausgangsstoffs, der zu einem neuen Produkt verarbeitet werden soll. Auch wenn Einschränkungen in Kauf genommen werden müssen, sollte Umweltschutz trotzdem wichtig bleiben.

M4 Eule aus Kunststoffflasche

M5 Zum Wegwerfen zu schade!

1 Fasse in deinen Worten mündlich zusammen, warum insbesondere in Gruppen gut kreativ gearbeitet werden kann (Text, M 1).

2 Erläutere die fünf Leitfragen der Entwicklung von Produktideen (M 3).

3 Betrachte die Fotos mit wiederverwendetem Recyclingmaterial (M 2, M 4, M 5). Beschreibe, in welcher Weise hier das Material verarbeitet wurde/wird.

4 Bildet Gruppen und tretet miteinander in einen Wettbewerb. Thema für alle: „Produktideen für den WAT-Unterricht“. Bezieht M 3 ein. Präsentiert am Ende eure Ideen.

5 Überlege, welche Produkte du aus Recyclingmaterial anfertigen könntest. Stelle deine Gedanken der Klasse vor.

6 Skizziere eine Strategie, mit der du für Produkte aus Recyclingmaterial werben würdest.

M1 Besprechung von Produktideen

Verschiedene Produkte – unterschiedliche Merkmale

Nachdem in einer Schulklasse eine Vielzahl von Produktideen entwickelt wurde, musste entschieden werden, welches Produkt hegestellt werden soll. Alle Produkte haben Vor- und Nachteile. Ein Vorteil für Produkte, die verkauft werden sollen, wird vor allem durch den Kundennutzen bestimmt. Berücksichtigt werden muss jedoch auch der Aufwand, den das Produkt bei der Herstellung erfordert. Es müssen also die Produkteigenschaften herausgestellt und verglichen werden.

Produktmerkmale sind alle Eigenschaften, die ein Produkt aufweist.

Besonders begehrt sind Produkte, die spezielle Eigenschaften besitzen und möglichst einzigartig (konkurrenzlos) sind.

Aus der Sicht des Kunden müssen die Produkte bestimmte Aufgaben erfüllen. Die/der Nutzer/-in muss etwas mit ihnen anfangen können. Gelegentlich möchte man aber auch einfach nur etwas besitzen, das andere nicht haben.

Menschen erwarten von Produkten einen Nutzen. Sie wollen mit dem Produkt Bedürfnisse befriedigen.

Entscheiden ist schwer

Jede Schülerin und jeder Schüler war von der eigenen Produktidee überzeugt. Aber alle wussten auch, dass mehr als zwanzig verschiedene Produkte schon aus Gründen der Arbeitsorganisation nicht hergestellt werden konnten.

Alle Produktideen wurden deshalb noch einmal präsentiert. Aber wer sollte nun endgültig entscheiden?

Verschiedene Ideen wurden gleich ausgeschlossen, denn es fehlten den Lernenden hierfür noch die Fähigkeiten. Auch der Zeitaufwand wäre bei einigen Projekten zu hoch. Dennoch blieben zahlreiche Vorschläge bestehen, die eine Entscheidung erforderten.

Punktabfrage

Damit alle Schülerinnen und Schüler dieselbe Chance hatten, nutzten sie die Technik der Punktabfrage. Dazu wird beispielsweise auf einem Plakat zunächst die Fragestellung formuliert: „Welches

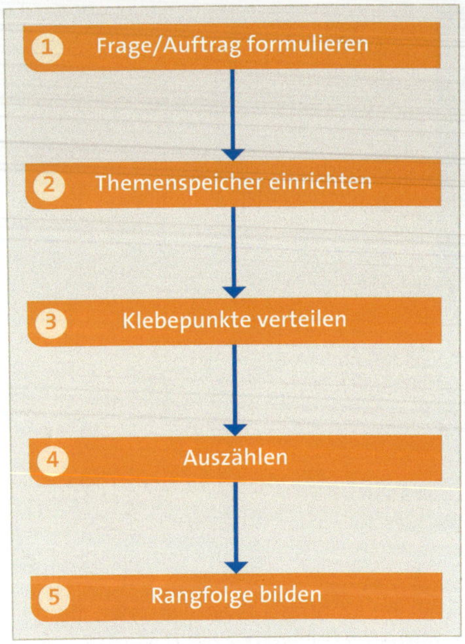

M 2 Methode „Punktabfrage“

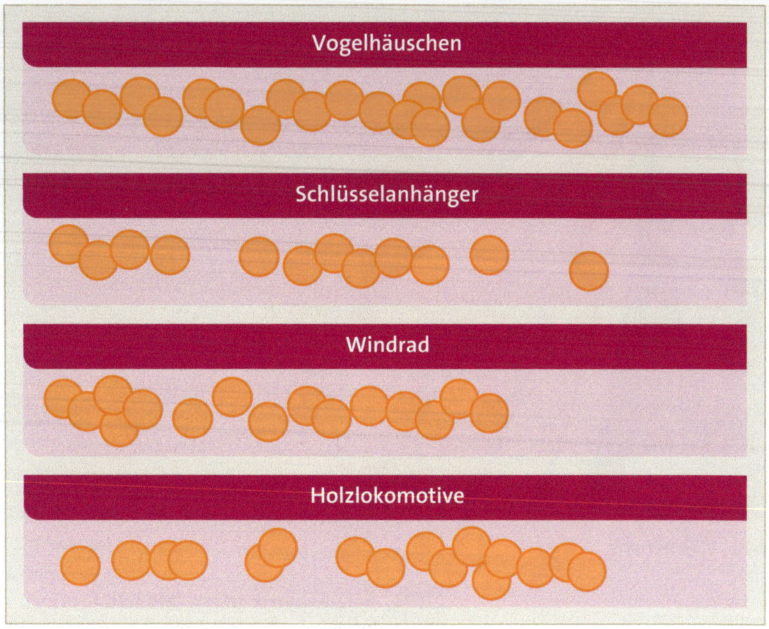

M 3 Themenspeicher mit Punktbewertung

Produkt wollen wir in den nächsten Wochen im Fach WAT konstruieren und fertigen?“

Themenspeicher und Bewertung

Die verschiedenen Produktideen werden zunächst in einer Tabelle aufgelistet. Eine solche Übersicht wird auch „Themenspeicher“ genannt. Anschließend erhalten alle Schülerinnen und Schüler drei Klebepunkte, die sie auf die einzelnen Produkte verteilen können.

Für die Gewichtung der Punktvergabe gibt es zwei Möglichkeiten. Entweder darf jede/-r Schüler/-in jedem Vorschlag höchstens einen Punkt geben, oder es können bis zu drei Punkte aufgeklebt werden (kumulatives Verfahren) – wenn allen Schüler/-innen jeweils drei Punkte zur Verfügung stehen.

Mithilfe einer Punktabfrage kann ein Meinungsbild in einer Gruppe ermittelt werden. Dazu erhalten die Teilnehmer/-innen Klebepunkte, die sie auf die in einer Liste erfassten Themen verteilen.

Selbstverständlich lässt sich die Punktabfrage auch als einfache Strichliste durchführen. So wird auch Material eingespart, das nicht entsorgt werden muss.

1 Beschreibe die Technik der Punktabfrage (Text, **M 2** und **M 3**).

2 Nenne eines deiner liebsten Produkte, das im WAT-Unterricht hergestellt werden könnte. Erläutere, welche Merkmale dir bei diesem Produkt wichtig wären.

3 Ermittle zu deiner Produktidee die wesentlichen Merkmale und präsentiere sie. Beachte dabei sowohl die Vorteile für die Produzenten als auch die Vorteile für die Nutzer.

4 Bewerte die Methode „Punktabfrage“ und notiere zu der Methode jeweils mindestens zwei Vor- und zwei Nachteile.

M1 Werkstoffe

Holz, Kunststoff oder Metall?

Ein wichtiges Produktmerkmal sowohl für die Herstellung als auch für die Verwendung ist die Werkstoffeigenschaft. Alle Werkstoffe und Materialien weisen unterschiedliche Eigenschaften auf.

Um uns für einen gut geeigneten Werkstoff entscheiden zu können, müssen wir einerseits genau überlegen, welche Eigenschaften beim Gebrauch des fertigen Produkts zweckmäßig sind. Für ein Produkt aus Kunststoff, das draußen zum Einsatz kommen soll, spricht beispielsweise, dass es wetterbeständig ist.

Andererseits müssen die Anforderungen an den Werkstoff bei der Fertigung berücksichtigt werden. Wichtig sind hier zum Beispiel die Verarbeitungseigenschaften, denn wir können nur die in der Werkstatt verfügbaren Werkzeuge einsetzen.

> Bei der Materialauswahl müssen die Gebrauchs- und Verarbeitungseigenschaften sowie die Beschaffungskosten des anzufertigenden Produkts berücksichtigt werden.

Für bestimmte Produkte bietet besonders der Werkstoff Holz einige Vorteile. Holz lässt sich ohne großen Kraftaufwand sehr gut bearbeiten. Allerdings muss Holz gegen Feuchtigkeit geschützt werden. Darüber hinaus kann die Oberfläche relativ einfach farblich verändert werden.

Werkstoffeigenschaften

Werkstoffeigenschaften sind vielfältig. Bereits in der frühen Geschichte der Menschheit wurden die Stoffe so genutzt, wie sie in der Natur vorkamen. Stein war das geeignete Material für den Faustkeil, als eines der ältesten Werkzeuge. Da der

* **Reflexion**
Rückstrahlung (das Verb dazu heißt: „reflektieren")

* **Korrosion**
chemische Veränderung der Oberfläche

mechanische Eigenschaften (Härte, Dichte, Elastizität, Plastizität)	**optische Eigenschaften** (metallischer Glanz, Reflexion*, durchsichtig)	**thermische Eigenschaften** (Wärmeausdehnung, wärmefest, wärmeleitfähig)
technologische Eigenschaften (umformbar, gießbar, zerspanbar)	**chemische Eigenschaften** (korrosionsbeständig*, brennbar, säurebesändig)	**ökologische Eigenschaften** (giftig, Energieverbrauch bei der Herstellung, recyclingfähig)

M2 Werkstoffeigenschaften

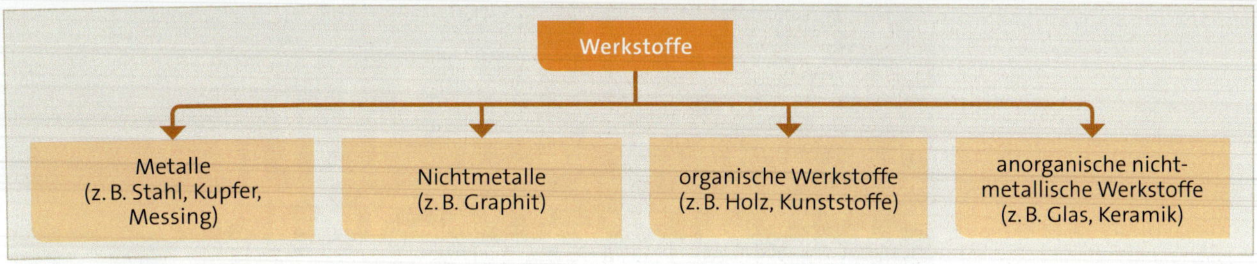

M 3 Werkstoffgruppen

Gebrauchswert dieser Werkstoffe jedoch noch gering war, entdeckten die Menschen Verfahren, um die Eigenschaften von verschiedenen Werkstoffen zu kombinieren. Die erste Legierung* – die Bronze – war erfunden. Im Laufe der Zeit ist den Menschen immer besser gelungen, beispielsweise Verbundwerkstoffe als „Werkstoffe nach Maß" zu gestalten.

Werkstoffeigenschaften können u. a. sein: hart, elastisch, spröde, wärmeleitend, zäh, plastisch, elektrisch leitend, durchsichtig, brennbar.

Forstwirtschaftliche Nachhaltigkeit

Ein zunehmend wichtiger Aspekt des Werkstoffeinsatzes wurden die ökologischen Eigenschaften. Hier wird vielfach Nachhaltigkeit gefordert. Dieser Begriff geht auf die Forstwirtschaft* zurück. Es soll nicht mehr Holz gefällt werden, als nachwachsen kann.

„Forstwirtschaftliche Nachhaltigkeit" ist eine Norm, nach der nicht mehr verbraucht werden darf, als jeweils nachwachsen, sich regenerieren, künftig wieder bereitgestellt werden kann.

* **Legierung**
durch Zusammenschmelzen mehrerer Metalle entstandenes Mischmetall

* **Forstwirtschaft**
das planmäßige Schaffen, Pflegen und Nutzbarmachen von Wäldern

M 4 Produktideen

1 Nenne Gegenstände (Produkte), die aus Kunststoff, Metall oder Holz gefertigt sind (**M 1**).
2 Beschreibe die Übersicht zu den „Werkstoffeigenschaften" (**M 2**) und finde zu allen sechs Eigenschaften jeweils mindestens ein Beispiel.
3 Erkläre die vier Werkstoffgruppen, die in **M 3** dargestellt sind.
4 Bereite einen mündlichen Kurzvortag zu den Vorteilen und Nachteilen des Werkstoffs „Holz" vor.
5 Erläutere das Prinzip der forstwirtschaftlichen Nachhaltigkeit (Text).
6 Berichte über die drei ausgewählten Produktideen aus dem WAT-Unterricht (**M 4**). Fasse zusammen, welche Werkstoffe zum Einsatz kommen und warum diese ausgewählt wurden.

M1 Hochwertige Bestandteile in Produkten (z. B. Gold in Computern)

Produktentwicklung managen

Werkstoffeigenschaften spielen immer eine Rolle, wenn es um die Produktauswahl geht. Dabei sollte stets berücksichtigt werden, dass die notwendigen Materialien möglichst kostengünstig und umweltverträglich verwendet werden.

> Mithilfe einer Kostenplanung werden die voraussichtlich auftretenden Kosten für das zu fertigende Produkt ermittelt.

Kosten entstehen im Fach WAT vor allem durch das verwendete Material. Allerdings darf nicht vergessen werden, dass auch Energie, Wasser und vor allem die eingesetzte Arbeitskraft einen Einfluss auf die Produktauswahl und -gestaltung haben. Da Schüler/-innen keinen Lohn erhalten und auch die Kosten für die Raumheizung, Beleuchtung, die elektrischen Maschinen, Wasser und Abwasser von der Stadt übernommen werden, können wir diese Kosten bei einer einfachen Kostenplanung vernachlässigen. Wir beschränken uns daher auf die Materialkosten. Notwendig sind darüber hinaus die Planung von Aufbau und Funktion des Produkts sowie seiner äußeren Gestalt. Auch dies wiederum hat Einfluss auf die Kosten.

> Die konstruktive Planung legt die Grundlagen für Aufbau und Funktion des Produkts fest. Sie schließt auch die Größenplanung ein.

Umweltschutz

Umweltschutzaspekte sind immer stärker in den Blickpunkt der industriellen Produktentwicklung getreten. Insbesondere in der Computertechnologie werden sogenannte „Metalle der seltene Erden“ eingesetzt. Dabei handelt es sich um chemische Elemente, die einerseits rar sind. Andererseits werden solche chemischen Elemente oft in Räumen abgebaut, die ökologisch hochgradig empfindlich sind. Abbau und Aufbereitung dieser Rohstoffe verursachen hohe Kosten und verschaffen einem Produkt allerdings auch zuweilen ein schlechtes Image. Da liegt es nahe, solche Bestandteile zu recyceln und möglichst oft wieder zu verwenden.

M2 Entgraten

M3 Gehörschutz

Sicherheit des Produkts

In Deutschland sind Sicherheitsanforderungen von technischen Arbeitsmitteln und Verbraucherprodukten durch das Produktsicherheitsgesetz (ProdSG) geregelt. Sicherheit und Gesundheit von Personen stehen im Zentrum dieses Gesetzes. Nur wenn dies gewährleistet ist, ist eine Markteinführung erlaubt.

Für eine Produktentscheidung im Rahmen des WAT-Unterrichts sollte auch die Produktsicherheit nicht vergessen werden. So wäre beispielsweise darauf zu achten, dass bei der Herstellung von Kinderspielzeug keine scharfen Kanten oder spitzen Grate entstehen.

Sicherheit des Prozesses

Sind alle Planungsarbeiten erledigt und die notwendigen Materialien beschafft, folgt die Arbeitsvorbereitung. Der sachgemäße Gebrauch der Werkzeuge und Maschinen ist immer zu beachten. Schutzeinrichtungen sind je nach Fertigungssituation zu verwenden.

In jeder Werkstatt gibt es Sicherheitsbestimmungen. Ihre Einhaltung dient der Vermeidung von Arbeitsunfällen.

Sicherheitsbestimmungen sollten nicht als lästige Pflicht empfunden, sondern aus Gründen der Vernunft eingehalten werden.

M4 Gebotszeichen

1 Erläutere, welche (direkten und indirekten) Kosten bei einer Produktion im WAT-Unterricht entstehen.

2 Fasse die Aussagen dieser Doppelseite zum Thema „Umweltschutz“ mündlich kurz zusammen (Text, M1).

3 Analysiere die Bereiche Prozess- und Produktsicherheit (Text, M2, M3 und M4). Nimm begründet dazu Stellung, ob ein Bereich wichtiger ist als der andere.

4 Informiere dich über Warn-, Gebots- und Rettungszeichen, die in eurem Fachraum angebracht sind. Erkläre ihre Bedeutung in einem kurzen Vortrag.

5 Gestaltet in Gruppenarbeit eine Präsentationen mit den wichtigsten Regeln zum arbeitssicheren Verhalten in eurem Fachraum.

6 Entwickle eigene Ideen, wie im Rahmen des WAT-Unterrichts kostengünstig und umweltfreundlich produziert werden könnte. Stelle deine Ideen der Klasse vor.

M1 Vogelhäuschen aus dem WAT-Unterricht – bereits mit erstem Interessenten ...

Verschiedene Lösungen

Eine Besonderheit technischer Aufgaben besteht darin, dass als Ergebnis oft mehrere Lösungen möglich sind. Bereits bei der Werkstoffauswahl sind verschiedene Lösungen denkbar. Wichtig bei der Entscheidung für eine Lösung sind vor allem, der Zweck, die Kosten und der Zeitaufwand sowie die technischen Möglichkeiten, die bei der Bearbeitung zur Verfügung stehen. Diese Überlegungen sind auch für die Entscheidung bezüglich der konstruktiven Gestaltung des Produkts notwendig.

M2 Ansehen und anfassen – Vorteil eines Einkaufs im Baumarkt

Beispiel: Entwurf und Konstruktion eines Vogelhäuschens

Im WAT-Unterricht hat sich eine Klasse für den Bau von Vogelhäuschen entschieden. Wesentliches Ziel der Überlegungen war es, möglichst viele vorgeformte Materialien verwenden zu können. So kamen Holzplatten und Holzleisten aus dem Baumarkt zum Einsatz. Allein der Zuschnitt der Holzleisten im WAT-Unterricht erforderte etwas mehr Geschick, denn dort, wo das Dach aufgesetzt wurde und am inneren Rahmen auf der Grundplatte konnte nicht gerade abgesägt werden.

> Technische Aufgaben haben stets mehrere Lösungsmöglichkeiten. Die verschiedenen Möglichkeiten (Varianten) erfordern Entscheidungen über die jeweils optimale Lösung.

Auch die Verbindungsstücke unter dem Satteldach wurden durch einen ausgesägten Bogen zu einer besonderen Herausforderung. Sie sorgen allerdings auch dafür, dass das Vogelhaus auf diese Weise etwas eleganter aussieht.

M 3 Gleiche Grundfläche – unterschiedliche Zuschnitte

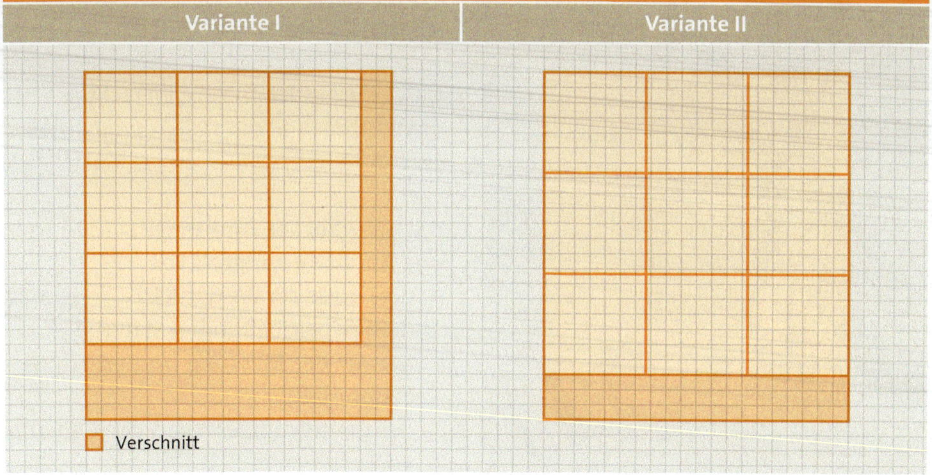

Ebenso zur Verschönerung trugen der weiße Anstrich sowie die Verzierungen auf den Dachflächen bei. Eine schnelle Erzeugung der Verzierungen wurden durch die Verwendung einer extra angefertigten Schablone möglich.

Materialbedarf planen und Material beschaffen

Sind die Entscheidungen getroffen, kann das benötigte Material berechnet und beschafft werden. Auch hier sind verschiedene Bezugsquellen denkbar. Es bieten sich Baumärkte, der Fachhandel oder auch die Beschaffung über das Internet an. Dabei muss Klarheit über die benötigte Menge und über die notwendige Qualität bestehen.

> Ziel der Materialbedarfsplanung ist eine kostengünstige Materialversorgung. Hierzu müssen die Materialmenge berechnet und die Materialqualität festgelegt werden.

Um kostengünstig zu arbeiten, ist es notwendig, ein preisgünstiges Angebot zu nutzen und den Abfall auf ein Minimum zu begrenzen. Beispielsweise ist eine Zuschnittoptimierung wichtig für einen möglichst effektiven Materialeinsatz – je mehr sogenannter „Verschnitt", desto ungünstiger das Ergebnis. Denn einerseits entsteht Abfall und andererseits wird das eingesetzte Material nicht in maximaler Weise wirtschaftlich (ökonomisch) genutzt. Dies entspricht nicht dem Prinzip der Nachhaltigkeit.

1 Fasse in Stichpunkten zusammen, welche Überlegungen vor der Anfertigung eines Produkts angestellt werden müssen (Text).

2 Beschreibe das Vogelhäuschen im Foto **M 1** und erstelle eine Liste mit den erkennbaren Einzelteilen.

3 Erläutere den Begriff „Zuschnittoptimierung" unter Zuhilfenahme der Abbildung **M 3**.

4 Diskutiert darüber, wie ihr das Material in **M 3** optimal nutzen könnt, sodass noch weniger oder sogar kein Verschnitt entsteht.

5 Bildet Gruppen und skizziert den Bau eines eigenen Vogelhäuschens. Wie soll es aussehen? Welches Material kommt bei euch zum Einsatz? Wie kann man optimal arbeitsteilig produzieren?

6 Vergleiche die Materialbeschaffung im Fachhandel, im Baumarkt und im Internet. Stelle jeweils die Vor- und Nachteile für den Konsumenten gegenüber (**M 2**).

M1 Messen

Messen, prüfen und anreißen

Egal was angefertigt wird: Stets beginnt die Arbeit am Werkstück damit, dass die Maße des Ausgangsmaterials ermittelt werden. Anschließend werden die gewünschten Maße und Formen aus der technischen Zeichnung auf das Werkstück übertragen.

> Beim Anreißen werden die Maße und die Form des Werkstücks auf das Ausgangsmaterial übertragen.

Damit das fertige Werkstück maßgenau und winklig wird, ist es notwendig, Bezugskanten zu schaffen. Die Bezugskante ist eine gerade Kante, von der aus die notwendigen Maße auf den Werkstoff übertragen werden. Das reicht oft nicht aus, sodass eine weitere Bezugskante geschaffen werden muss. Die beiden Bezugskanten bilden in der Regel einen rechten Winkel.

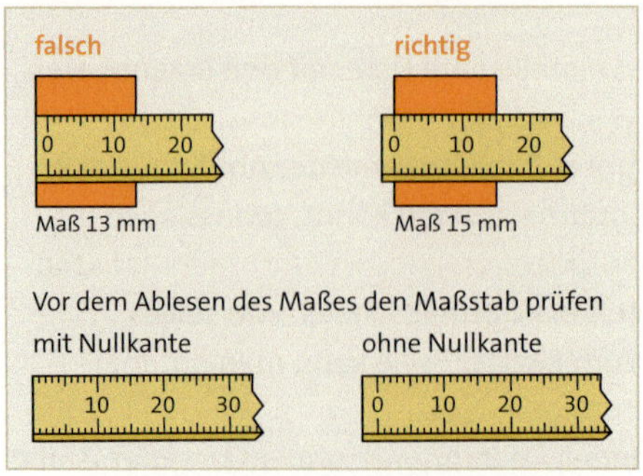

M2 Maßstab mit und ohne Nullkante

> Zwei Bezugskanten, die im rechten Winkel zueinander stehen, nennt man ein „Bezugssystem".

Die Auswahl der Werkzeuge zum Messen und Anreißen hängt ab von
- der Größe der Werkstücks
- dem zu bearbeitenden Material
- der Art der Messung (Außen-, Innen-, Tiefenmaß)
- dem notwendigen Grad der Genauigkeit.

Unabhängig vom einzelnen Werkzeug gilt: Mit allen Messgeräten müssen wir sorgfältig und behutsam umgehen. Verbogene Lineale oder abgeknickte Maßbänder lassen keine genauen Messungen zu.

Ein häufig beim Messen und Anreißen verwendetes Werkzeug ist der Stahlmaßstab. Er unterscheidet sich von den meisten im Geometrieunterricht eingesetzten Linealen dadurch, dass er eine Nullkante hat. Damit können wir den Stahlmaßstab direkt an der Bezugskante anlegen und genauer messen. Beim Messen mit dem Stahlmaßstab muss darauf geachtet werden, dass er parallel zur Werkstückkante und an der Nullkante angelegt wird.

Beim Messen ist es wichtig, dass du genau senkrecht auf das Messwerkzeug siehst, sonst entstehen Messfehler.

> Messen ist das genaue Ermitteln einer physikalischen Größe. Das Messergebnis besteht aus der Messgröße und der Maßeinheit.

Während du die Längen- und Breitenmaße mit den verschiedenen Maßstäben genau messen kannst, musst du zum Prüfen der Ebenheit der Kanten und des rechten Winkels einen Flach- oder Anschlagwinkel benutzen.

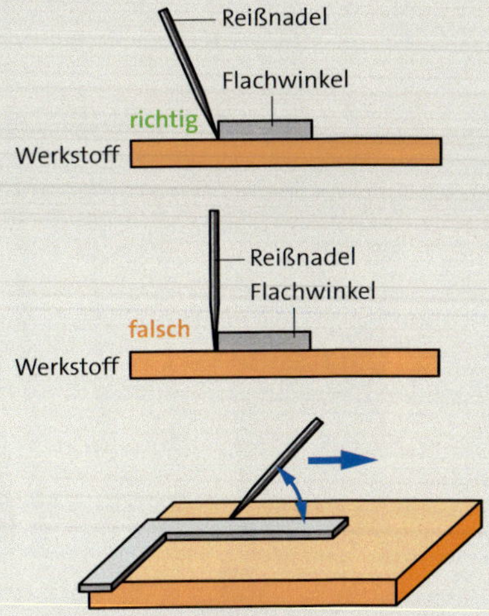

M 3 Tipps zum Anreißen einer Blechplatte

Beim Prüfen mit dem Anschlagwinkel musst du beachten:

- Drücke mit einer Hand das Werkstück fest gegen den Anschlag.
- Mit der anderen Hand hältst du den Anschlagwinkel am Anschlag fest.
- Nun hältst du den Anschlagwinkel und das Werkstück gegen das Licht.

Je weniger Licht durch den Spalt zwischen Winkel und Werkstück scheint, umso besser ist die Qualität.

> Beim Prüfen wird festgestellt, ob ein Prüfgegenstand die an ihn gestellten Forderungen erfüllt.

Am Ende eines Prüfvorgangs muss deshalb eindeutig festgestellt werden können: „ja" oder „nein"? Wir stellen fest, ob die Kante eben oder der Winkel rechtwinklig ist oder nicht.

Nachdem die Bezugskanten die notwendige Qualität erreicht haben, kann mit dem Anreißen begonnen werden. Von den Bezugskanten ausgehend werden nun die Zeichnungsmaße auf das Werkstück übertragen.

Auch hierbei solltest du folgende Tipps beachten:

- Bei weichen Werkstoffen wie Holz verwenden wir einen Bleistift und reißen auf dem Werkstoff an. Bei harten Werkstoffen wie Metall ritzen wir mit der Reißnadel in den Werkstoff.
- Wir reißen von links nach rechts an und ziehen die Risslinie ohne anzuhalten durch.
- Wir halten die Spitze des Anreißwerkzeuges so, dass sie am Winkel oder Maßstab anliegt.
- Wir halten das Anreißwerkzeug in Anreißrichtung geneigt.

1 Fasse den Vorgang des Messens und Anreißens mit deinen Worten zusammen (Text).
2 Beschreibe den Vorgang des Messens mit und ohne Nullkante (M 2).
3 Beschreibe den Vorgang des Anreißens (M 3).
4 Erläutere den Begriff „Bezugskante" (Text, M 4).
5 Miss Länge, Breite und Stärke (Dicke) eines Holzstückes und notiere die Maße. Tausche mit einer Mitschülerin oder einem Mitschüler das Holzstück aus und miss erneut. Vergleicht die Ergebnisse.
6 Teste auf Abfallmaterialien aus Holz, Blech und Kunststoffplatten verschiedene Anreißwerkzeuge (Bleistifte unterschiedlicher Härte, Anreißnadel). Bewerte die Ergebnisse und beurteile ihre Eignung.

Beim Anreißen werden die Maße und die Form des Werkstücks aus der Skizze auf den Werkstoff übertragen. Dazu benötigt man mindestens eine Bezugskante.

zwei Bezugskanten

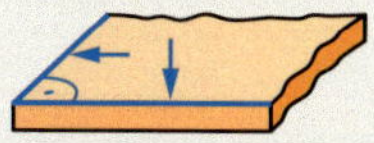

eine Bezugskante

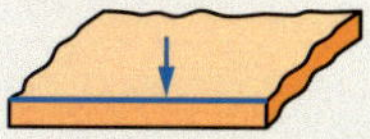

keine Bezugskanten

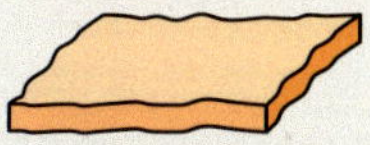

Die Bezugskante ist eine gerade Kante, von der aus die notwendigen Maße auf den Werkstoff übertragen werden. Zwei Bezugskanten bilden einen rechten Winkel.

M 4 Bezugskanten

Fertigen: Vielfältige Verfahren nutzen

M1 Anwendung eines Fertigungsverfahrens

Um ein Werkstück herzustellen, müssen wir Werkstoffe bearbeiten. Für die Werkstoffbearbeitung setzen wir Fertigungsverfahren ein.

> Fertigungsverfahren sind Prozesse in der Produktion, die angewendet werden, damit aus einem Werkstoff ein fertiges Produkt entsteht.

Es gibt zahlreiche Fertigungsverfahren – beispielsweise das Sägen mit einem Fuchsschwanz oder das Leimen von Holz. Diese Fertigungsverfahren werden auch „Arbeitstechniken" genannt und können verschiedenen Hauptgruppen zugeordnet werden.

Unterteilung des Fertigungsverfahrens „Trennen"

Wenn ihr mit einer Schere oder einem Messer etwas zerschneidet, oder wenn ihr etwas zerreißt oder zerbrecht, entstehen dabei keine Späne. Deshalb bezeichnen wir das Schneiden, Reißen und Zerbrechen als „spanlose Trennverfahren". Bei vielen Trennverfahren entstehen allerdings Späne. Diese Verfahren nennen wir „spanende Trennverfahren". Beispiele dafür sind das Sägen, Feilen und

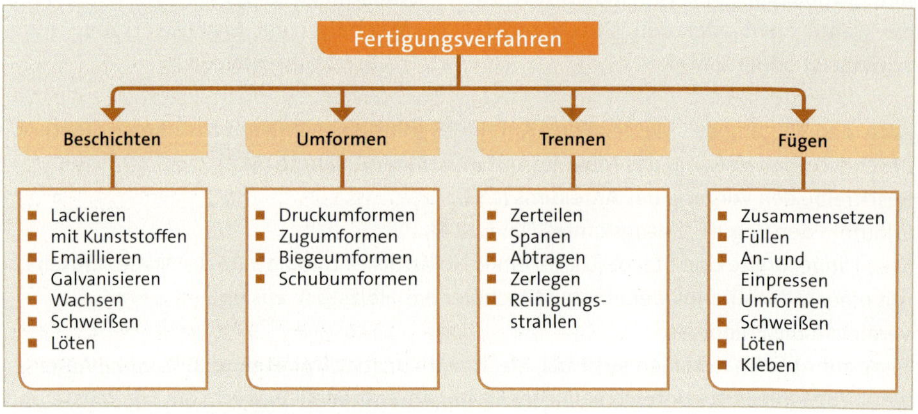

M2 Ausgewählte Fertigungsverfahren

M3 Spanendes Trennverfahren: Bohren

Bohren. Bei allen diesen Arbeiten trennen wir etwas voneinander. Deshalb sprechen wir von „Trennverfahren“, die auf dem gleichen Wirkprinzip beruhen.

> Mit einem Wirkprinzip werden die Gesetzmäßigkeiten eines technologischen Vorgangs beschrieben.

Durch Trennen ändern wir die Form des Werkstückes. Der Zusammenhalt der Werkstoffteilchen wird gezielt örtlich aufgehoben.

M4 Fertigungsverfahren „Löten“

1 Fasse die Aussagen der Grafik M 2 in deinen Worten mündlich zusammen.

2 Benenne mithilfe von M 2 das Fertigungsverfahren, das in M 1 angewandt wird. Begründe deine Entscheidung.

3 Erläutere den Unterschied zwischen spanlosem und spanendem Trennen (Text, M 3).

4 Vergleiche die Hauptgruppen der Fertigungsverfahren Umformen, Trennen und Fügen hinsichtlich des Stoffzusammenhalts (M 1). Wo wird er geschaffen, aufgehoben und vermehrt?

5 Recherchiere zum Begriff des „Umformens“ (M 2). Präsentiere deine Ergebnisse vor der Klasse.

6 Informiere dich über die DIN 8580, in der sechs Hauptgruppen in Bezug auf Fertigungsverfahren unterteilt werden. Berichte darüber deinen Mitschülerinnen und Mitschülern.

7 Finde heraus, warum das Fertigungsverfahren „Löten“ sowohl zum „Beschichten“ als auch zum „Fügen“ gehört (M 2 und M 4). Trage dein Resultat mündlich vor.

Trennen durch Sägen

M1 Verschiedene Sägen

Die richtige Säge

Welche Säge für das Fertigungsverfahren „Trennen“ eingesetzt wird, hängt vom Material und von der konkreten Arbeitsaufgabe ab. Für grobe Zuschnitte von Holz könnt ihr den Fuchsschwanz verwenden. Bearbeitet ihr kleinere Holzwerkstücke oder Kunststoff, benutzt ihr besser eine Feinsäge. Für ganz feine Formen in dünneren Holzwerkstoffen eignet sich die Laubsäge. Bearbeitet ihr Metall, ist die Metallbügelsäge das am besten geeignete Werkzeug.

Alle genannten Sägen haben keilförmige Sägezähne, mit denen beim Sägen Späne vom Werkstück abgetrennt werden.

Sägen ist ein spanendes Trennverfahren, bei dem harte, keilförmige Zähne in einen weichen Werkstoff eindringen.

Sägeblatt und Sägezähne

Wenn ihr einige im Technikraum vorhandene Sägen miteinander vergleicht, werdet ihr Unterschiede feststellen. Einerseits sind die Sägen auf den ersten Blick unterschiedlich groß und auch unterschiedlich geformt. Beim genauen Hinsehen zeigen sich weitere Unterschiede am Sägeblatt.

Wichtige Unterschiede von Sägen zeigen sich in
- der Größe des Sägeblatts
- der Größe der Sägezähne
- der Anordnung der Sägezähne.

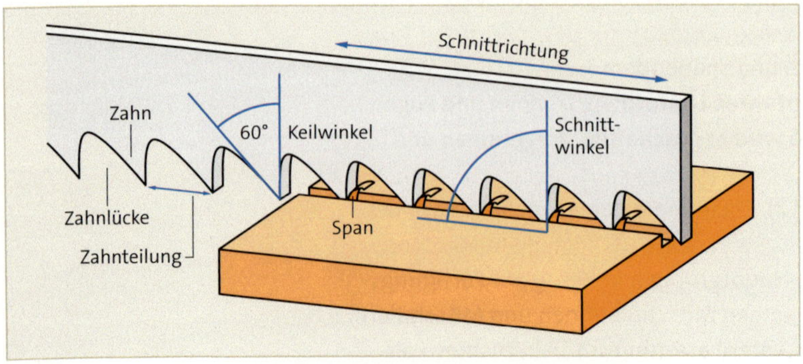

M2 Wirkungsweise eines Sägeblattes

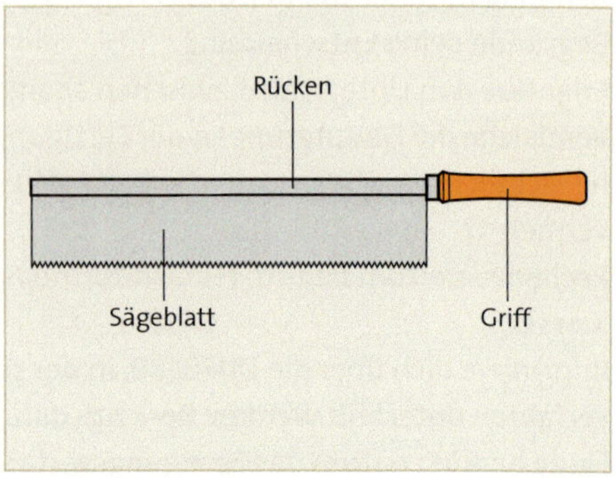

M3 Aufbau einer Feinsäge

Aus diesen Unterschieden folgt, dass die Sägen auch eine unterschiedliche Wirkungsweise haben und damit für unterschiedliche Arbeiten geeignet sind. Große Sägeblätter machen die Säge für größere Werkstücke geeignet. Sägen mit kleinen Sägezähnen werden für feinere Arbeiten genutzt.

Auf Stoß und Zug

Beachtet werden muss aber auch, bei welcher Bewegung die Säge schneidet. Der Fuchsschwanz hebt beispielsweise nur dann Späne ab, wenn er nach vorn bewegt wird. Fachleute sagen: „Er arbeitet auf Stoß." Bei anderen Sägen, z.B. bei der Feinsäge, werden auch beim Ziehen Späne abgetrennt. Sie arbeitet auf Stoß und Zug. Sie wird oft in Verbindung mit einer Sägelade benutzt.

> Eine Säge arbeitet auf Stoß, wenn sie sich beim Schneiden vom Körper weg bewegt. Eine Säge arbeitet auf Zug, wenn sie sich beim Schneiden zum Körper hin bewegt.

M4 Sägelade

M5 Anriss

1 Benenne die sechs Sägen, die in M1 abgebildet sind.
2 Schreibe eine Tabelle, in der die sechs Sägen aus M1 aufgeführt werden. Füge bei jeder Säge ihre Einsatzmöglichkeiten hinzu (Text).
3 Beschreibe mithilfe von M2 und M3 den Aufbau einer Feinsäge sowie die Wirkungsweise eines Sägeblatts.
4 Vergleiche unterschiedliche Sägen aus eurem Technikraum. Nenne Gemeinsamkeiten und Unterschiede.
5 Teste, ob die Sägen aus eurem Technikraum auf Zug, Stoß oder Zug und Stoß arbeiten. Berichte darüber.
6 Erläutere die Funktionsweise einer Sägelade (Text, M4).
7 Betrachte das Foto M5. Ordne es in das Themenfeld „Fertigungsverfahren" ein. Begründe, ob hier im Anschluss eine Sägelade zum Einsatz kommen sollte.

Trennen durch Raspeln und Feilen

M1 Die richtige Körperhaltung beim Feilen

Trennverfahren im Produktionsprozess

Nach dem Sägen sind oft noch weitere Trennverfahren nötig. Um solche Flächen maßgerecht zu bearbeiten, werden Feilen für die Metallbearbeitung und Raspeln für die Holzbearbeitung genutzt. Durch die auf dem Werkzeug eingearbeiteten keilförmigen Zähne wird eine Spanabnahme am Werkstoff möglich.

Raspeln und Feilen

Für die grobe Holzbearbeitung verwenden wir eine Raspel. Die Zähne der Raspel sind größer als die der Feile. Dadurch kann in kurzer Zeit viel Werkstoff abgetrennt werden. Die Oberfläche ist allerdings rau. Da die Raspel deutliche Spuren hinterlässt, musst du immer wieder kontrollieren, wie nah du am Anriss bist. Du solltest nicht bis direkt an den Anriss heran raspeln, da das Werkstück anschließend noch mit Sandpapier bearbeitet wird.

Feilen und Raspeln sind spanende Werkzeuge zum Abtragen von Werkstoffen. Sie besitzen viele kleine Schneiden. Feilenspäne werden mit dem Handbesen und nicht durch Pusten entfernt.

Für feinere Holzarbeiten, aber auch zur Kunststoff- und Metallbearbeitung, verwenden wir Feilen. Je nachdem, wie glatt die Oberfläche werden muss und welche Form entstehen soll, wird eine passende Feile ausgewählt. Feilen gibt es nicht nur in verschiedenen Formen, sondern auch in unterschiedlicher Hiebweite. Als „Hieb“ wird die linienförmige Anordnung der Einkerbungen auf dem Feilenblatt bezeichnet.

Damit Feilen und Raspeln gut arbeiten, müssen sie regelmäßig mit der Feilenbürste gereinigt werden.

Die Körperhaltung entscheidet über die Qualität

Damit die Arbeit gelingt, müssen die Körperhaltung und Körperstellung sowie auch die Arbeitsbewegungen stimmen. Beachte:
- Spanne das Werkstück fest ein. Schütze dein Werkstück dabei durch Schutzbacken.
- Stehe entspannt mit einer lockeren Körperhaltung.
- Beim Feilen wird das Feilenblatt vorwärts über das Werkstück bewegt. Diese Schnittbewegung erfolgt unter Druck. Die Rückwärtsbewegung erfolgt ohne Druck.
- Nutze die gesamte Länge des Feilenblattes.

M2 Raspeln und Feilen

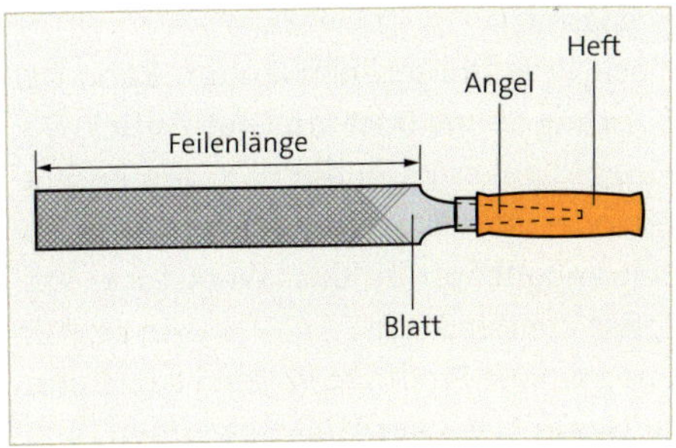

M3 Aufbau einer Feile

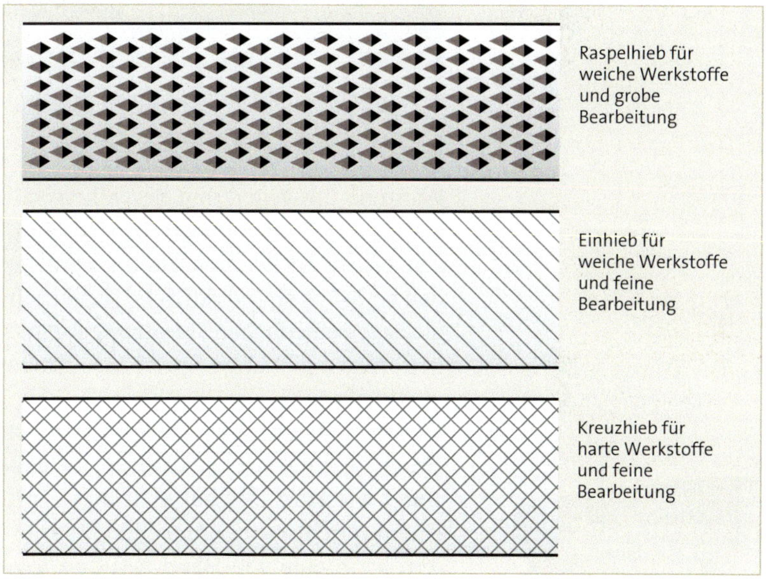

M4 Feilen für verschiedene Anwendungen

1 Vergleiche die Fertigungsverfahren „Raspeln“ und „Feilen“ miteinander (Text, M2). Welche Übereinstimmungen und welche Unterschiede gibt es?
2 Benenne in M2 Raspeln und Feilen. Begründe deine Zuordnung.
3 Teste auf einem Abfallholz Raspeln und Feilen verschiedener Formen und unterschiedlicher Hiebe. Beschreibe die Wirkung.
4 Beschreibe den Aufbau einer Feile am Beispiel eines Werkzeugs aus dem Technikraum. Nimm für deine Beschreibung M3 zu Hilfe.
5 Erläutere mithilfe des Autorentextes und anhand von M4 das Fachwort „Hieb“.
6 Demonstriere die richtige Körperhaltung beim Feilen (Text, M1).
7 Erkläre, warum Feilenspäne nicht durch Pusten beseitigt werden dürfen.

Trennen durch Bohren und Schleifen

M1 Arbeiten mit einer Bohrmaschine

M2 Tischbohrmaschine

Bohren

Während mit Feilen und Raspeln vor allem gerade Flächen, aber auch Rundungen bearbeitet werden können, entstehen beim Bohren zylindrische Löcher. Für die unterschiedlichen Einsatzzwecke und Materialien gibt es geeignete Maschinen und Werkzeuge.

Für leichte Arbeiten an Werkstücken mit einem geringeren Bearbeitungswiderstand wie Holz und bei Bohrungen mit einem Durchmesser unter zehn Millimetern kann eine von Hand geführte Maschine genutzt werden. Leichter und genauer können wir mit einer Ständerbohrmaschine arbeiten.

> Bei der Auswahl des richtigen Bohrers müssen der Werkstoff des Werkstücks und der gewünschte Bohrungsdurchmesser beachtet werden.

Für Bohrungen im Messingblech kann man den Spiralbohrer für Metall benutzen. Es muss mit einem Körner die Bohrung zur Führung des Bohrers angekörnt werden. Beim Bohrvorgang muss das Werkstück fest gespannt sein. Dazu wird ein Maschinenschraubstock benötigt. Der Bohrer wird in einem Bohrfutter fest gespannt.

Nach dem Bohren bleiben am Rand der Bohrung Späne oder ein Grat zurück. Mit einem Senker kann die Bohrung entgratet oder so vertieft werden, sodass ein Schraubenkopf in das Werkstück versenkt werden kann.

Für manche Produkte werden sogenannte „Sacklöcher“ benötigt. So nennen Fachleute eine Bohrung, die eine bestimmte Tiefe hat und das Werkstück nicht vollständig durchdringt.

M3 Spiralbohrer für Holz, Beton und Stahl

M4 Forstnerbohrer mit Sackloch

Bohrmaschinen dürfen nur unter Aufsicht der Lehrkraft benutzt werden. An der Bohrmaschine sind neben den normalen Verhaltensregeln im Technikraum auch besondere Arbeitsschutzvorschriften zu beachten.

Schleifen

Das Schleifen dient der Feinbearbeitung. Die Werkstückoberfläche wird geglättet, Werkstückkanten können gebrochen werden. Schleifen können wir Holz, Kunststoff und Metall.
Für die verschiedenen Werkstoffe und Arbeiten muss Schleifpapier mit unterschiedlichen Korngrößen verwendet werden. Wichtig ist dabei, mit grobem Schleifpapier zu beginnen und dann zu immer feineren Körnungen überzugehen. Auf der Rückseite des Schleifpapierst ist die Körnung abzulesen. Je größer die Zahl ist, desto feiner wird die Oberfläche.

Holz soll immer in der Richtung der Maserung geschliffen werden, niemals quer zur Maserung. Zuerst mit einem groben Schleifpapier vorschleifen und anschließend zu feinem Schleifpapier übergehen.

Um eine glatte Oberfläche zu erhalten, sind manchmal mehrere Schleifgänge sinnvoll. Im ersten Schleifgang kommt oft ein Schleifklotz zur Anwendung.
Für Arbeiten mit Metall oder Kunststoff nutzen wir Schleifleinen, die noch feinere Körnungen als für Holzwerkstoffe aufweisen. Schleifstaub wird mit dem Staubsauger abgesaugt und nicht durch Pusten im Technikraum verteilt.

Beim Schleifen werden feine Späne vom Werkstück abgetrennt. Schleifen gehört zu den spanenden Trennverfahren.

M5 Schleifen mit einem Schleifklotz

1 Nenne drei wichtige Regeln für das Schleifen mit dem Schleifklotz (Text, M5).
2 Die Tischbohrmaschine ist ein technisches System (Text, M1 und M2). Nenne fünf wichtige Elemente.
3 Betrachte die Spiralbohrer für Holz, Beton und Stahl (M3). Beschreibe Gemeinsamkeiten und Unterschiede.
4 Bereite eine Präsentation über wichtige Regeln zum Arbeitsschutz an der Bohrmaschine vor. Demonstriere das arbeitssichere Verhalten an einer Ständerbohrmaschine.
5 Teste Schleifpapier mit unterschiedlichen Korngrößen. Beschreibe wie sich kleine, mittlere und grobe Korngrößen auf den Arbeitsaufwand und die Werkstückoberfläche auswirken.
6 Halte einen mündlichen Kurzvortrag zum Thema „Forstnerbohrer“ (Text, M4).

M1 Reinigung eines Pinsels nach dem Einsatz von wasserlöslicher Farbe

M2 Wachsen

M3 Beizen

M4 Lackieren

Holzoberflächen veredeln

Wenn wir aus Holz oder Metall gefertigte Werkstücke längere Zeit benutzen, stellen wir fest, dass die Oberflächen sich nach und nach abnutzen. Auf dem rohen Holz bilden sich dunkle Flecken. Um so etwas zu verhindern, wird die sauber geschliffene Holzoberfläche behandelt.

Dabei können drei typische Verfahren angewandt werden:

- Lackieren
- Beizen
- Wachsen.

Diese Verfahren gehören zur Hauptgruppe „Beschichten“. Beim Beschichten wird eine dünne, feste Schicht auf den Grundwerkstoff aufgetragen.

Beschichten ist das Aufbringen einer fest haftenden Schutzschicht auf einen Gegenstand. Dadurch werden das Aussehen verbessert und die Lebensdauer des Werkstückes verlängert.

Die drei Beschichtungsverfahren werden je nach dem erwünschten optischen Effekt eingesetzt. Insbesondere immer, wenn der Grundwerkstoff infolge seiner Eigenschaften weniger attraktiv wirkt, werden Beschichtungsverfahren eingesetzt, die den Grundwerkstoff überdeckenden und ihm eine neue Farbe geben.

Lackieren

Eine geschliffene Holzoberfläche saugt aufgetragene Farbe schnell auf. Deshalb müssen zuerst die Poren des Holzes mit einer Grundierung geschlossen werden. Nach dem Trocknen wird die grundierte Fläche noch einmal mit feinem Schleifpapier geschliffen und von Schleifstaub gereinigt. Anschließend wird Lackfarbe dünn und gleichmäßig aufgetragen. Lackfarben enthalten oft Lösungsmittel, die Gesundheitsschäden verursachen können. Deshalb muss immer für eine gute Belüftung gesorgt werden. Besser aber ist es, mit lösungsmittelfreien und somit umweltfreundlichen Acrylfarben

M5 Holzarten

zu arbeiten. Sie sind mit Wasser verdünnbar. Pinsel und Behälter können auch ohne Lösungsmittel mit Wasser gereinigt werden.

Lösungsmittelfreie Acryllacke schonen die Umwelt und verursachen keine Gesundheitsschäden.

Beizen/Färben

Soll eine farbige Holzoberfläche erzielt werden, ohne die Holzmaserung zu verdecken, ist das Beizen das richtige Verfahren. Die Beize wird mit einem breiten Pinsel oder einem Schwamm aufgetragen. Nach dem Beizen wird die Holzoberfläche mit Wachs geschützt.

Wachsen

Viele Naturholzmöbel werden heute mit Wachs beschichtet. Die Maserung und Farbe des Holzes werden betont und ein matter Glanz erzeugt. Nach ungefähr 24 Stunden Trocknung kann die Oberfläche mit einer weichen Bürste oder mit einem Baumwolltuch seidenmatt poliert werden.

1 Nenne Gründe, warum Materialien beschichtet werden.

2 Vergleiche die Beschichtungsverfahren Lackieren, Beizen/Färben und Wachsen (Text, **M2** bis **M4**). Welches Beschichtungsverfahren würdest du für welchen Zweck wählen? Begründe.

3 Erläutere, weshalb man bei der Verwendung von Kunststoffen auf Beschichten verzichten kann.

4 Nach dem Auftragen von Flüssigkeiten ist es oft notwendig, nochmals zu schleifen. Erkläre was mit den Holzfasern beim Wässern passiert.

5 Beschichte drei Holzabfälle aus dem gleichen Werkstoff durch Lackieren, Beizen und Wachsen. Vergleiche den Arbeitsaufwand und das Arbeitsergebnis.

6 Ordne den acht kleinen Fotos in **M5** die richtigen Holzarten zu.

7 Stelle eine Übersicht zu den acht Holzarten in **M5** zusammen. Welche Eigenschaften haben die Hölzer?

8 Informiere dich über umweltschonende Beschichtungsverfahren und berichte darüber vor der Klasse.

M1 Prüfen der Maßhaltigkeit nach dem Schweißen

Eine gute Verbindung zueinander

Immer dann, wenn mehrteilige Gegenstände gefertigt werden, müssen die einzelnen Teile auch miteinander verbunden werden. In der Fachsprache wird diese Technik als „Fügen“ bezeichnet.
Es gibt Verbindungen, die lösbar sind und solche die nur gelöst werden können, wenn die Verbindung zerstört wird. Jede Verbindungsart hat Vor- und Nachteile.

> Durch Fügen werden zwei oder mehrere Einzelteile miteinander verbunden. Die Art der Verbindung ist abhängig vom Verwendungszweck und vom Werkstoff der Werkstücke.

Vielfältige Verfahren des Fügens

Die Vielfalt der Fügetechniken reicht vom Zusammensetzen bis zum textilen Fügen. Beim „Urfomen“ wird aus einem formlosen Stoff ein fester Körper gebildet. Dies geschieht beispielsweise beim Bleigießen, wenn aus dem erschmolzenen Blei durch schlagartiges Abkühlen in Wasser zufällige Formen entstehen.
Beim „Umformen“ werden Stoffe gezielt in eine andere Form gebracht.
Eine schmuckvolle Form des Fügens kennen wir aus der Holzwerkstatt: das „Zinken“. Hierbei handelt es sich um eine mehrfache Verzahnung keilförmiger oder gerader Zapfen (die sog. „Zinken“

Fügen
- Zusammensetzen
- Füllen
- An- und Einpressen
- ... durch Urformen
- ... durch Umformen
- ... durch Schweißen
- ... durch Löten
- Kleben/Leimen
- textiles Fügen

M2 Formen des Fügens

oder „Schwalbenschwänze"). Es ist eine Eckverbindung (Fügung), bei der zwei Holzteile miteinander verleimt werden.

Leimen statt Kleben

Beim Fügen von Holzwerkstoffen arbeiten wir üblicherweise mit Leim und nicht mit Kleber.
Ein Unterschied zwischen Leimen und Kleben besteht darin, dass beim Leimen fast gar keine Fuge vorhanden sein darf, weil der Leim viel weicher ist als das Holz. Deswegen müssen Teile, die man verleimt, genau zusammenpassen und mit hohem Druck aufeinander gepresst werden. Dazu nutzen wir eine oder mehrere Schraubzwinge(n).

Leim muss auf der Fügestelle aufgetragen werden. Er verbindet die Teile erst, nachdem er getrocknet ist.

M 4 Fügen durch „Fingerzinken"

M 3 Urformen beim Bleigießen

M 5 Einsatz von Schraubzwingen

1 Benenne zu den in M 2 dargestellten Formen des Fügens jeweils ein Beispiel.
2 Vergleiche die Technik des Klebens mit der Technik des Leimens. Nenne Unterschiede und Gemeinsamkeiten (Text).
3 Unterscheide das Urfomen vom Umformen (Text, M 3).
4 Erläutere die Form des Fügens, die auf dem Foto M 4 dargestellt ist.
5 M 5 zeigt eine Situation aus einer Holzwerkstatt. Skizziere mündlich, welche Bearbeitungsschritte vor diesem Foto stattfanden und welche sich anschließen werden.

M1 Mitarbeiter einer Tischlerwerkstatt

Produktionsstätte Betrieb

Anders als das Klassenzimmer ist der Technikraum einer Schule eine Arbeitsstätte, in der produziert wird und in der deswegen besondere Regeln gelten.

Die Produktionsstätte eines Betriebes lässt sich damit jedoch nicht vergleichen. Um sie kennen zu lernen, bietet sich eine Betriebserkundung an. Bei einer Erkundung werden die Schülerinnen und Schüler an die betriebliche Wirklichkeit herangeführt.

M2 Einzelfertigung

Bei einer Erkundung sollen die Teilnehmerinnen und Teilnehmer die Wirklichkeit in Betrieben und Unternehmen direkt und möglichst mit allen Sinnen erfahren.

Betriebserkundung in einer Tischlerei

Vor der Betriebserkundung in einer Tischlerei stellte eine Klasse zunächst ihre Fragen zusammen, die vor Ort geklärt werden sollten. Die Fragen konnten dann vier Schwerpunkten zugeordnet werden:

1. Technologischer Schwerpunkt
- Welche Maschinen werden eingesetzt?
- Welche Fertigungsverfahren werden angewendet?
- ...

2. Ökonomischer Schwerpunkt
- Wie und was produzieren die Mitbewerber (Konkurrenz)?
- Welche Maßnahmen werden ergriffen, um den Absatz zu sichern?
- ...

3. Sozialer Schwerpunkt
- Wie werden Arbeitszeiten und Pausen geregelt?
- Wie sieht die Entlohnung aus?
- In welchem Maße kann eigenverantwortlich gearbeitet werden?
- Wie sind die Arbeitsbedingungen?
- Welche Anforderungen an die Qualifikation werden gestellt?
- ...

4. Schwerpunkt der Berufsorientierung
- Welche Anforderungen werden an Auszubildende gestellt?
- Wie hoch ist die Nachfrage in Bezug auf Ausbildungsplätze?
- ...

Für eine Erkundung müssen eindeutige Erkundungsziele festgelegt, die Thematik eingegrenzt und klare Aufgaben formuliert werden.

Nach der Betriebserkundung dokumentierte die Klasse ihren Besuch in Form eines mehrseitigen PDF-Dokuments mit vielen Fotos und Informationstexten. Dieses PDF wurde allen Schülerinnen und Schülern zur Verfügung gestellt.

M3 Massenfertigung

M4 Zuschnitthalle

1 Ergänze zu jedem der auf dieser Doppelseite genannten Schwerpunkte je eine weitere Erkundungsfrage.

2 Bereitet in der Klasse eine Erkundung in einem Handwerksbetrieb vor. Notiert eure Erkundungsfragen und Beobachtungsschwerpunkte.

3 Vergleiche die Arbeit im Technikraum mit der Arbeit in der Werkstatt eines Betriebs. Nenne Gemeinsamkeiten und Unterschiede.

4 Stelle Merkmale der Einzel- und Massenfertigung in einem Holz verarbeitenden Betrieb gegenüber (M2 und M3).

Konstruktion und Fertigung von Spielzeug

Produkt-gestaltung und Design

Symbolische Darstellungs-formen

Technik-einsatz

Verbraucher-verhalten

Historische Entwicklung

Informations- und Kommuni-kations-techniken

PROJEKT

Phase 1: Ziele klären

Die Klasse 8a der Schule am Rosenhain hatte sich viel vorgenommen. Die Schülerinnen und Schüler wollten in ihrem WAT-Unterricht Spielzeug für den Kindergarten in der Nachbarschaft herstellen. Das Spielzeug soll Freude wecken und ansprechend aussehen. Aus der Sicht der Produzenten ist aber auch klar: Es muss sich unter den Bedingungen der Schule und mit den in der Klasse verfügbaren Fertigkeiten herstellen lassen. Außerdem ist ein relativ enger Kostenrahmen zu berücksichtigen. Leitlinie der Klasse war: Produktidee entwickeln, Produktidee auswählen und die Produktidee verwirklichen. Auch die Produktsicherheit sollte beachtet werden.

Phase 2: Arbeitsaufgaben bestimmen

Mit der Methode der Punktabfrage machte schließlich ein kleines Schaukelpferd aus Holz das Rennen. Es erfüllte alle an das Produkt gestellten Anforderungen. Nach Festlegung auf das Produkt wurde eine Arbeitsteilung besprochen. Jede/-r Schüler/-in sollte möglichst nach Vorlieben und Neigungen eingesetzt werden. Eine Gruppe wurde mit der Materialberechnung und -beschaffung beauftragt. Diese Gruppe legte die Größe des Spielzeugs fest und dachte sich zwei Schablonen aus, mit deren Hilfe die einfachen Umrisse auf das Ausgangsmaterial (Grundplatte) aufgebracht werden konnte. Besondere Herausforderungen waren der ökonomische Einsatz der Ressource Holz und nicht ausufernde Bearbeitungszeiten. Eine andere Gruppe war für das Aussägen zuständig. Sie übergab ihre Teile an die Gruppe „Raspeln-Feilen-Schleifen“. Wiederum andere kümmerten sich um das Produkt-Finish: Beizen, Bemalen und Einfügen eines Stückchen Seils. Begleitend arbeitete eine Gruppe, die sich „Schnelle Hilfe“ nannte und immer zur Stelle war, wenn es irgendwo Probleme gab. Eine Gruppe „Öffentlichkeitsarbeit“ fotografierte das Projekt, nahm Zwischenprodukte an sich und sorgte für eine wirksame Ergebnispräsentation.

Phase 3: Projektumsetzung

Für die praktische Umsetzung des Projekts schrieb die Klasse 8a eine Liste, in der die Arbeitsschritte der Reihe nach nummeriert tabellarisch zusammengefasst wurden. Einerseits erwies es sich als ein Nachteil, dass nicht alle Gruppen gleichzeitig mit ihren Arbeiten anfangen konnten. Andererseits waren einige Gruppen früher fertig als andere. Insgesamt aber waren die Schülerinnen und Schüler mit ihrem Projekt sehr zufrieden.

Lfd. Nr.	Arbeitsschritte	Arbeitsmittel
1.	Schablonen anfertigen und aussägen	Bleistift, Papier (für Entwurf) sowie zwei dünne Holzscheiben und Feinsägen
2.	Grundplatten mit Umrissen (Schablonen) markieren	
3.		

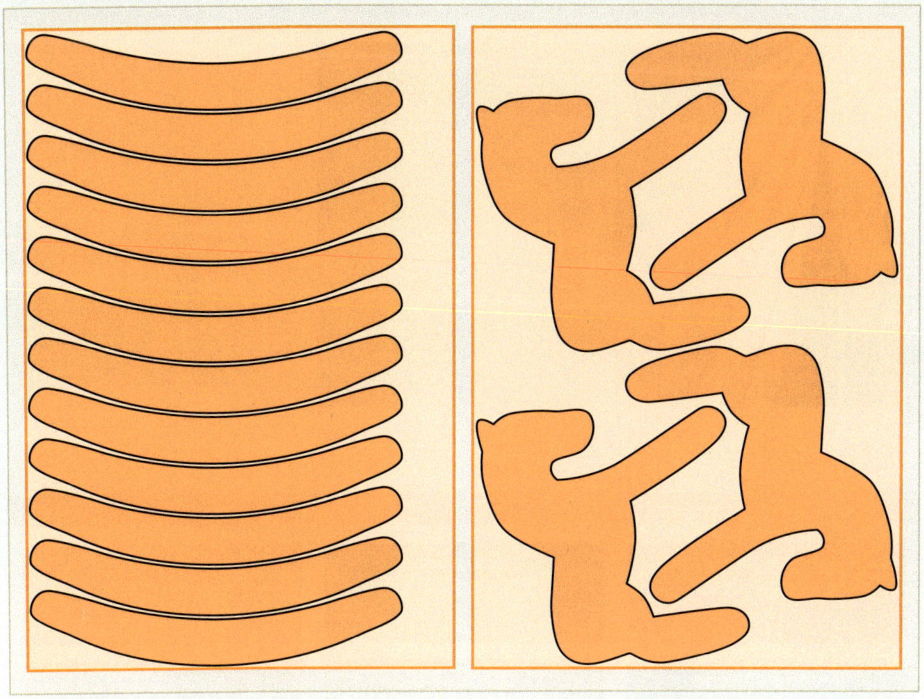

Phase 4: Ergebnispräsentation

Einen gewissen Stolz empfand die Klasse, als die kleine Horde Schaukelpferdchen vor den Schülerinnen und Schülern stand. Auch die Dokumentation der Projektarbeit konnte als sehr gelungen bezeichnet werden. In einer Vitrine in der Eingangshalle der Schule wurden die einzelnen Projektschritte mithilfe von Fotos und Bearbeitungsstufen präsentiert. Sogar die Schülerzeitung wurde auf das WAT-Projekt aufmerksam und schrieb eine Story dazu.
Und es war das doch noch nicht einmal das Ende des Projekts. Denn die Übergabe des Spielzeugs an den Kindergarten stand noch bevor. Wen wunderte es, dass die Schaukelpferdchen sofort die Herzen der kleinen Nachbarn eroberten?

Das kann ich ...

Wichtige Begriffe

- Produktidee
- Ressourcenschutz
- Werkstoff
- Sicherheit
- Verschnitt
- Anreißen
- Fertigen
- Trennen
- Beschichten
- Fügen

A Produktidee

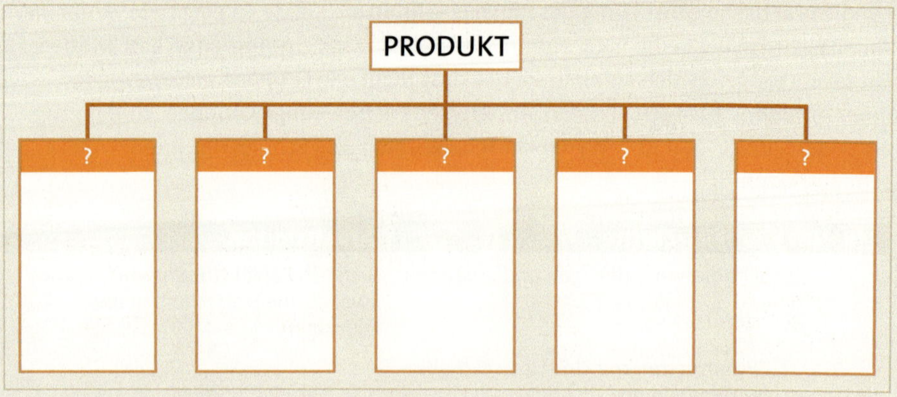

B Werkstoffe

C Werkstoffeigenschaften

mechanische Eigenschaften ?	optische Eigenschaften ?	thermische Eigenschaften ?
technologische Eigenschaften ?	chemische Eigenschaften ?	ökologische Eigenschaften ?

D Trennen

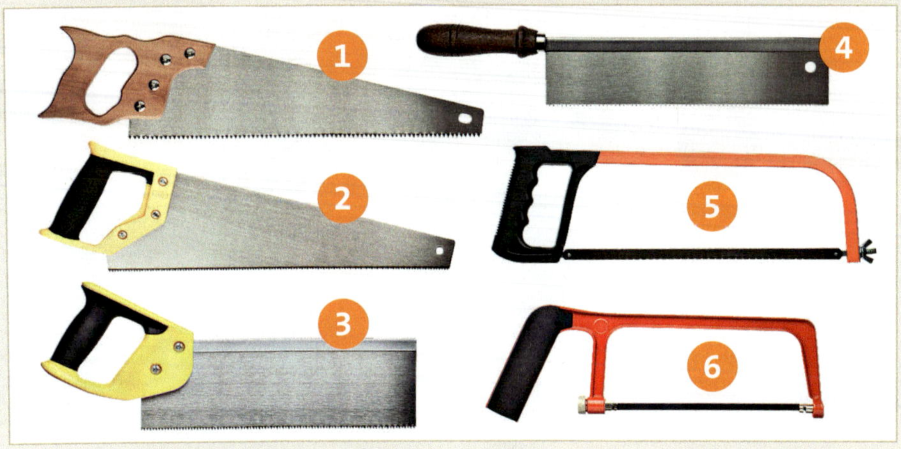

E Arbeit? Sicher!

Wissen und erklären

1 Erklärt euch gegenseitig die wichtigen Begriffe.
2 Erläutere die Entwicklung einer Produktidee, die sich an fünf Leitfragen orientiert (A).
3 Halte einen kurzen mündlichen Vortrag zum Thema „Werkstoffe" (B und C).
4 Formuliere vier Kernaussagen zur Sicherheit eines Produktionsprozesses.

Informationen beschaffen und auswerten

5 Recherchiere im Internet, welche Informationsfilme zum Thema „Arbeitsschutz" angeboten werden. Präsentiere den deiner Meinung nach besten.
6 Finde heraus, welche Produkte sich gut für Recycling eignen, und berichte darüber.

Beurteilen, entscheiden und handeln

7 Wähle eine geeignete Säge zum Trennen eines Kupferrohrs heraus (D) und begründe deine Entscheidung.
8 Werte das Foto E aus und kommentiere, wie hier das Thema „Arbeitssicherheit" verstanden oder missverstanden wurde. Was würdest du der Person an der Kreissäge sagen?

Kreativtechnik „Brainstorming“

Kreativität

„Kreativität“ ist eine geistige Energie, die zur Erschaffung von etwas Neuem führt. Insbesondere dann, wenn eine Person nicht unter Druck steht, entfaltet sich Kreativität am besten. Das Resultat kreativer Energie muss nicht oder nicht unmittelbar zu etwas Sinnvollem oder Produktivem führen. Eine kreative Phase ist jedoch oft der erste Schritt auf dem Weg zu Erfindungen und Verbesserungen.

Brainstorming

Beim „Brainstorming“ (engl.: Gedankenblitz) handelt es sich um eine Kreativtechnik für die Gruppenarbeit zur Ideenfindung und Ideensammlung. Die Teilnehmer/-innen sammeln zahlreiche Ideen, um daraus neue Denkanstöße zu gewinnen. Beim Brainstorming gelten drei wichtige Grundregeln:

– Quantität (Menge) geht vor Qualität!
– Es gibt kein Urheberrecht einzelner Teilnehmer/-innen!
– Beurteilungen und Kritik sind in der Ideenfindungsphase verboten!

Durchführung

Für ein Brainstorming eignet sich eine mittlere Gruppengröße am besten (etwa fünf bis sieben aktive Teilnehmer/-innen). Hinzu kommen ein/-e Moderator/-in und ein/-e Protokollant/-in. Die/der Moderator/-in achtet auf die Einhaltung der Grundregeln. Sollte der Ideenfluss ins Stocken geraten, wäre es Aufgabe der/des Moderatorin/Moderators, durch „Reizfragen“ oder eigene Vorschläge die Kreativität wieder zu erhöhen. Die/der Protokollant/-in hält das Wesentliche eines Brainstormings kurz schriftlich fest. Oft werden Ergebnisse (wie aufgeklebte Zettel oder Notizen auf einem Flipchart) zusätzlich fotografiert.

Nach der Ideensammlung wird eine kurze Pause eingelegt. Anschließend erfolgt eine Einordnung der Brauchbarkeit. Die Idee ist ...

– ... unmittelbar verwertbar
– ... prinzipiell verwertbar (weitere Untersuchungen sind nötig)
– ... eher nicht verwertbar.

Jede/-r ist gefragt ...

Bedingt durch die begrenzte Gruppengröße wird das Brainstorming nicht für eine ganze Klasse durchführbar sein. In der Rolle der stillen Beobachter können aber alle einen Beitrag für eine Verbesserung eines späteren Brainstormings liefern. Dabei geht es um konstruktive Kritik: Was war gut? Was könnte bei einem nächsten Mal besser gemacht werden? Der Mut der ersten Brainstorming-Teilnehmer/-innen sollte im Sinne der Fairness untereinander unbedingt respektiert werden.

Technische Kommunikation

M1 Kugellabyrinth aus Holz

Fachsprachen

Wenn wir uns mit dem Begriff „Sprache“ beschäftigen, denken wir in der Regel zuerst an unsere sogenannte „Muttersprache“ und vielleicht auch an verschiedene Fremdsprachen.
Unterschiedliche Sprachen gibt es aber auch in den Wissenschaften. Dabei sind nicht nur die komplizierten Fachbegriffe gemeint, sondern auch die Darstellungsformen.
Wir wissen: Musiker verwenden Noten und auch Chemiker nutzen eine besondere Schreibweise. Anstelle von „Wasser“ schreiben sie die Formel H_2O.
Ärzte bedienen sich ebenfalls einer Fachsprache, die von unserer Alltagssprache abweicht. Was wir alltagssprachlich beispielsweise als „Bluthochdruck“ bezeichnen, heißt in der Sprache der Medizin „Hypertonie“ (aus der altgriechischen Sprache; *hypér* = „über“, *tónos* = „Spannung“).

Die Sprache der Technik

Auf dem Gebiet der Technik hat sich die technische Zeichnung im Laufe der Menschheitsgeschichte als eine besondere „Sprache“ herausgebildet. Anstelle einer Vielzahl von Worten werden Zeichen und weitere Vereinbarungen genutzt. Man spricht von einer „lakonischen“, das heißt einer besonders treffenden und kurzen Fachsprache. Auch die technische Zeichnung kann als eine „Weltsprache“ angesehen werden. Denn sie ist überall auf der Welt ohne eine „wörtliche“ Übersetzung verständlich. Diese Verständlichkeit beruht auf international anerkannten Regeln bei der Darstellung von Gegenständen, den sogenannten „Normen“.

Normen sollen die technische und kommunikative Zusammenarbeit erleichtern. Sie basieren auf einheitlichen Regeln und Merkmalen.

Eine technische Zeichnung sagt mehr als tausend Worte

Schülerinnen und Schüler einer achten Klasse haben im Rahmen ihrer Projektarbeit ein Kugellabyrinth aus Holz hergestellt. Bevor der Gegenstand angefertigt wurde, wurden zunächst Ideen skizziert. Dabei entstanden einige Vorschläge der Schülerinnen und Schüler in Form von Entwurfsskizzen.
Entwurfsskizzen sind erste Entwürfe, die freihändig gezeichnet werden. Sie sind einfach und schnell zu Papier zu bringen. Um den Weg der Kugel zu erschweren, wurden verschiedene Details (Einzelheiten) eingefügt. Diese *Detailskizzen* helfen, einzelne Probleme im Aufbau des Werkstücks zu klären. Dabei nutzt man neben den verschiedenen Linien geschriebene Schrift (Wörter) für Bemerkungen.
Zum Schluss wird alles in einer einfachen technischen Zeichnung zusammengefasst.

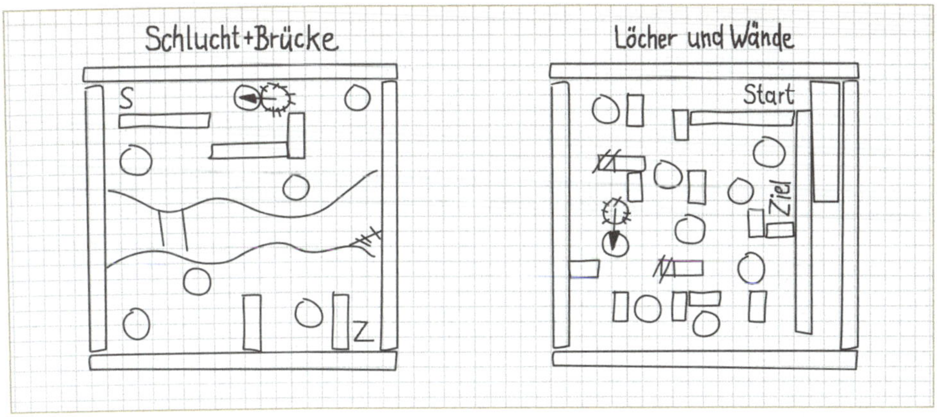

M2 Entwurfsskizzen

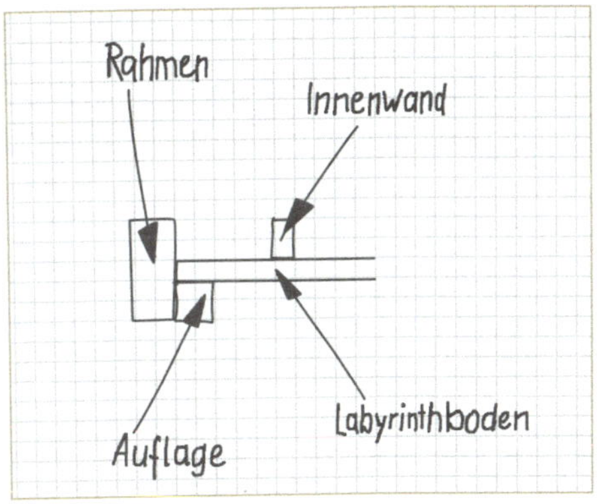

M3 Detailskizze

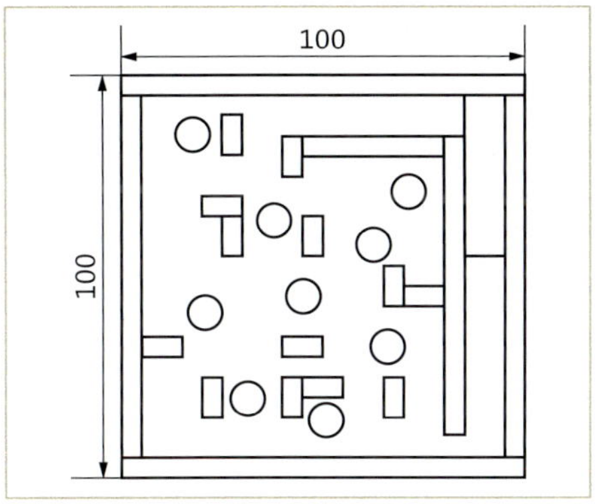

M4 Technische Zeichnung

M5 Emojis

Die technische Zeichnung gibt einen Gegenstand nicht – wie in einem Foto – in Farben, mit Schattierungen und auch Oberflächenstrukturen wieder, sondern stellt den Körper von Gegenständen nur anhand ihrer Kanten und Ecken dar. Hierbei müssen zahlreiche Regeln beachtet werden, wenn die Zeichnungen als Fertigungsgrundlage dienen sollen. Durch Skizzen und Zeichnungen werden somit klare Vorstellungen von Form und Größe des geplanten Werkstücks veranschaulicht.

In einer technischen Zeichnung werden räumliche ein- oder mehrteilige Gebilde nach festen Regeln in einer Ebene auf Zeichenpapier dargestellt.

Damit Körper auf einer Fläche abgebildet werden können, müssen folgende Festlegungen eingehalten werden:
- Ein Körper wird von ebenen oder gekrümmten Flächen begrenzt.
- Zwei Flächen, die sich schneiden, bilden eine Kante.
- Drei Kanten, die sich in einem Punkt schneiden, bilden eine Ecke.

1 Beschreibe zwei Emoji-Piktogramme schriftlich. Vergleiche den Textumfang im Vergleich zum Piktogramm (M5).

2 Erkläre, warum technische Zeichnungen nach Normen erstellt werden müssen.

3 Normen gibt es auch in der Gesellschaft. Nenne mindestens zwei Normen und beschreibe die Verhaltensweisen, die mit ihrer Hilfe hervorgerufen werden sollen.

4 Skizziere einen Würfel und kennzeichne mit unterschiedlichen Farben Ecken, Kanten und Flächen.

M1 Bleistift Größe A

M2 Bleistift Größe B

★ **Proportion**
Größenverhältnis

M3 Technische Darstellungen

Eine technische Darstellung dient dem Aufzeigen von technischen Varianten zur Gestaltung eines Werkstücks.

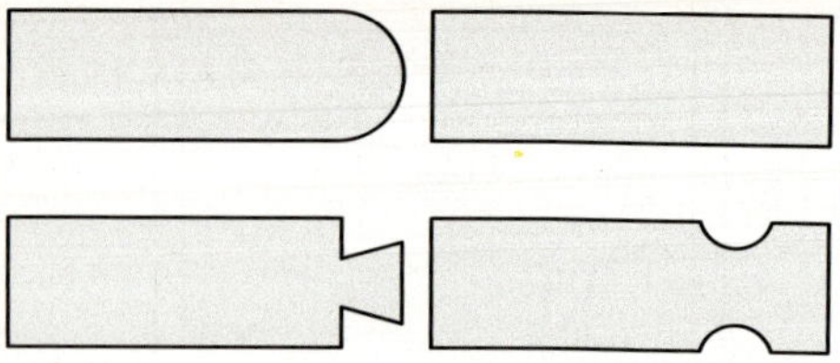

Eine technische Darstellung enthält wichtige Angaben zum Herstellen und Kontrollieren von Werkstücken. Zum Beispiel können Form und Größe aus der Darstellung entnommen werden.

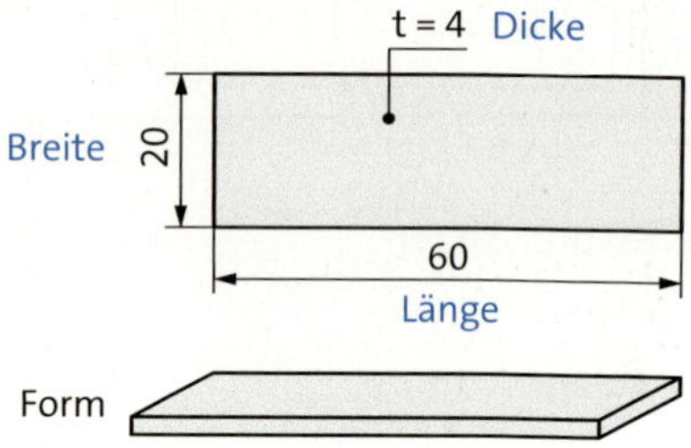

Eine technische Darstellung dient dem Veranschaulichen von Inhalten, die mit Worten nur schwer auszudrücken sind: R 12 beschreibt die Rundung und damit gleichzeitig die Breite des Werkstücks.

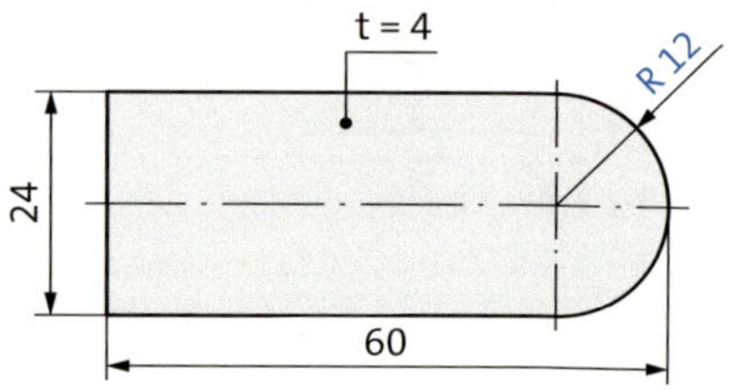

Der Vorteil von technischen Skizzen und technischen Zeichnungen

Weil Skizzen und Zeichnungen es ermöglichen, relativ kurz und genau wichtige Informationen zu übermitteln, stellen sie weltweit im Handwerk und in der industriellen Produktion eine bedeutende Arbeitsgrundlage dar.

Die *technische Skizze* entsteht in der Regel nur mithilfe eines Bleistiftes und meist freihändig. Es ist eine Handskizze, die gut auf kariertem Papier ausgeführt werden kann. Genaue Maße müssen nicht eingehalten werden. Um jedoch Missverständnisse zu vermeiden, sollte darauf geachtet werden, dass das dargestellte Werkstück ungefähr den tatsächlichen Proportionen★ entspricht. Sie sind meist der erste Schritt bevor eine technische Zeichnung erstellt wird.

Die *technische Zeichnung* muss klar und eindeutig lesbar, sauber und maßgenau gezeichnet sein. Sie wird mit Lineal und anderen Hilfsmitteln angefertigt. Heute erleichtern Computer-Zeichenprogramme die zeitaufwändige Handarbeit.

Skizzen und Zeichnungen sind typische technische Darstellungsformen. Skizzen werden mit einfachen Mitteln angefertigt und sind weniger aufwändig als Zeichnungen.

Für technische Skizzen oder Zeichnungen gelten die gleichen Grundnormen. Nur wenn sie eingehalten werden, sind die Darstellungen auch möglichst ohne Missverständnisse lesbar.

Normen für das technische Zeichnen

Linienarten und Linienbreiten: Die wichtigsten Darstellungselemente in technischen Skizzen und Zeichnungen sind die Linien. Es werden verschiedene Linienar-

Linienart	Linienbreite	Darstellung	Anwendung
Volllinie, breit	0,7		sichtbare Körperkanten
Volllinie, schmal	0,35		Maßlinie, Maßhilfslinien, Schraffuren, kurze Mittellinien, Biegelinien
Freihandlinie, schmal	0,35		Begrenzung von unterbrochenen Darstellungen
Strichlinie, schmal	0,35		verdeckte Körperkanten
Strichpunkt-Linie, schmal	0,35		Mittellinien, Symmetrielinien, Teilkreise für Löcher

M4 Unterschiedliche Linien in technischen Zeichnungen

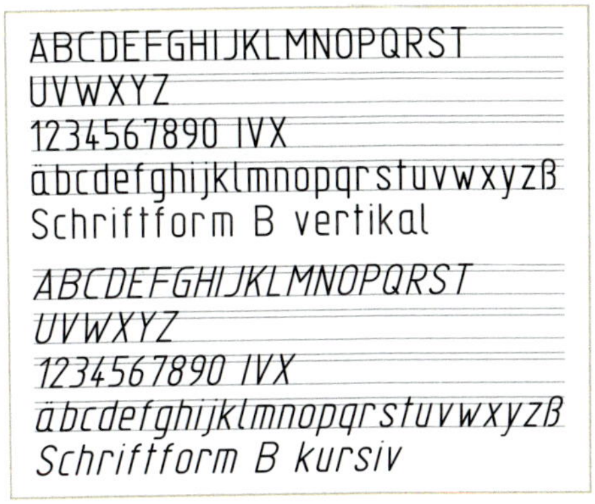

M5 Normschrift nach DIN 6776

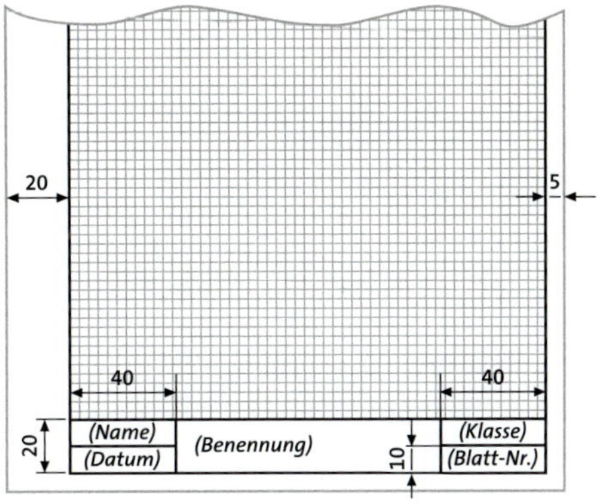

M6 Skizzenblatt mit Schriftfeld

M7 Bleistift Größe C

ten unterschieden, die für unterschiedliche Zwecke eingesetzt werden.
Normschrift: Schriftfeld und Stücklisten werden mit Bleistift in Normschrift ausgefüllt.
Maßstab: Um sehr große oder sehr kleine Werkstücke auf dem Zeichenblatt gut darstellen zu können, werden geeignete Zeichenmaßstäbe genutzt. Ist das originale Werkstück sehr groß, kann ein Verkleinerungsmaßstab gewählt werden. Zum Beispiel bedeutet der Maßstab M 1 : 2, dass ein Millimeter in deiner Zeichnung zwei Millimetern am Werkstück entspricht. Sollen umgekehrt sehr kleine Werkstücke gezeichnet werden, verwenden wir den Vergrößerungsmaßstab 2 : 1. Hier entspricht ein Millimeter am Werkstück zwei Millimetern in der Zeichnung.
Technische Zeichnungen werden auf vorgeschriebenen Zeichenformaten angefertigt. In der Schule verwenden wir dafür bevorzugt das Zeichenformat DIN A4.

Bei technischen Darstellungen sind Grundnormen einzuhalten. Dazu gehören Linienarten, Maßstäbe, Zeichenformate und die Normschrift.

1 Nenne die Merkmale einer technischen Skizze und einer technischen Zeichnung (Text).

2 Vergleiche die beiden Normschriften (**M 5**). Beschreibe deine Feststellungen.

3 Skizziere einen einfachen Gegenstand und beschreibe, welche Angaben die Skizze zum Herstellen enthält.

4 Begründe, warum technische Skizzen und auch Zeichnungen nach den gleichen Grundnormen angefertigt werden müssen.

5 Ermittle die Maßstäbe von **M 1**, **M 2** und **M 7**.

Skizzieren und zeichnen

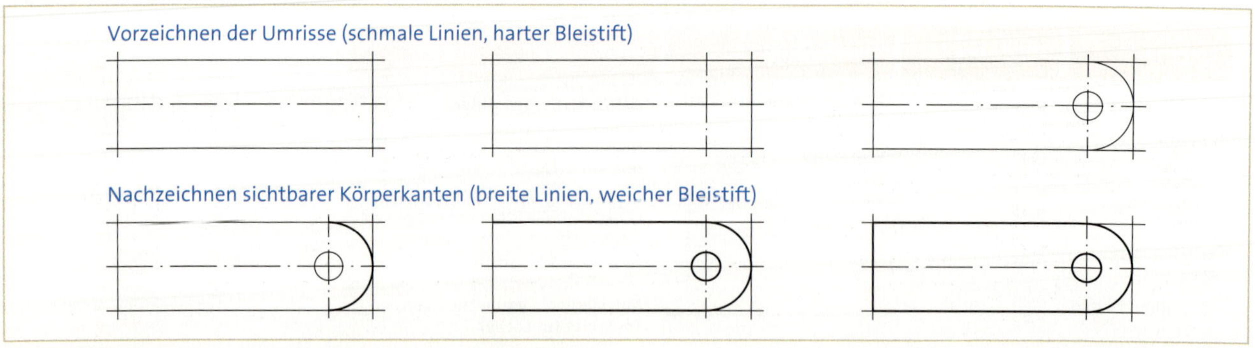

M1 Schrittfolge beim Zeichnen eines Schlüsselanhängers

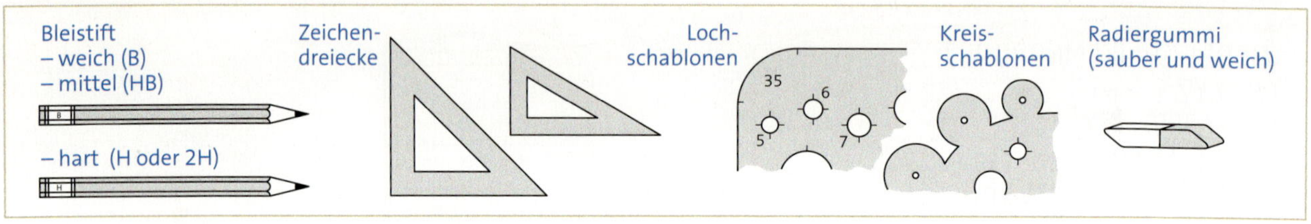

M2 Arbeitsmittel zum Skizzieren

M3 Schlüsselanhänger

Schrittfolge

Damit unsere technische Skizze sauber und normgerecht angefertigt werden kann, sind neben ordentlichen Arbeitsmitteln die richtigen Schrittfolgen beim Skizzieren und Zeichnen wichtig. Zuerst müssen wir festlegen, von welcher Betrachtungsrichtung wir die meisten Informationen darstellen können. Diese Ansicht stellen wir dann zeichnerisch dar. Man bezeichnet diese Ansicht als „Hauptansicht". In der Technik werden nicht alle Ansichten, sondern nur die für die Fertigung notwendigen Ansichten dargestellt. Bei flachen und gleichmäßig dicken Gegenständen genügt zumeist eine Ansicht.

> Grundsatz: Es sind nicht so viele Ansichten wie *möglich*, sondern es sind nur so viele wie *nötig* darzustellen.

Um die Darstellung in der Blattmitte abzubilden, müssen wir das Skizzenblatt einteilen. Schmale Linien helfen uns dabei. Anschließend zeichnen wir die Hüllform* des Werkstückes mit schmalen Volllinien und einem harten Bleistift. Die Hüllform für unseren Schlüsselanhänger ist das Rechteck. Da der Körper symmetrisch ist, ergänzen wir die Mittellinie als eine Strichpunktlinie. Nun ergänzen wir die Rundung und die Bohrung. Für die Bohrung dürfen wir auch bei der Skizze eine Kreisschablone oder den Zirkel benutzen. Die Bohrung ist ebenfalls symmetrisch und muss mit einer Strichpunktlinie gekennzeichnet werden. Überflüssige Linien werden radiert. Nach einer abschließenden Prüfung können alle sichtbaren Körperkanten sauber mit einem weichen Stift nachgezeichnet werden. So entsteht aus der schmalen Volllinie beim Vorzeichnen eine breite Volllinie.

Maße eintragen: Wie groß wird mein Werkstück?

Aufgrund der bisherigen Angaben können wir uns nur die Grundform des Werkstücks vorstellen. Damit wir wissen, wie groß ein Gegenstand wird, muss noch die Bemaßung ergänzt werden. Hierfür gibt es zahlreiche Regeln.

> Maßeintragungen sind ein wesentliches Element in der international genormten „Zeichensprache".

* **Hüllform**
zeichnerische Darstellung der Umrisse eines Gegenstandes (Werkstückes)

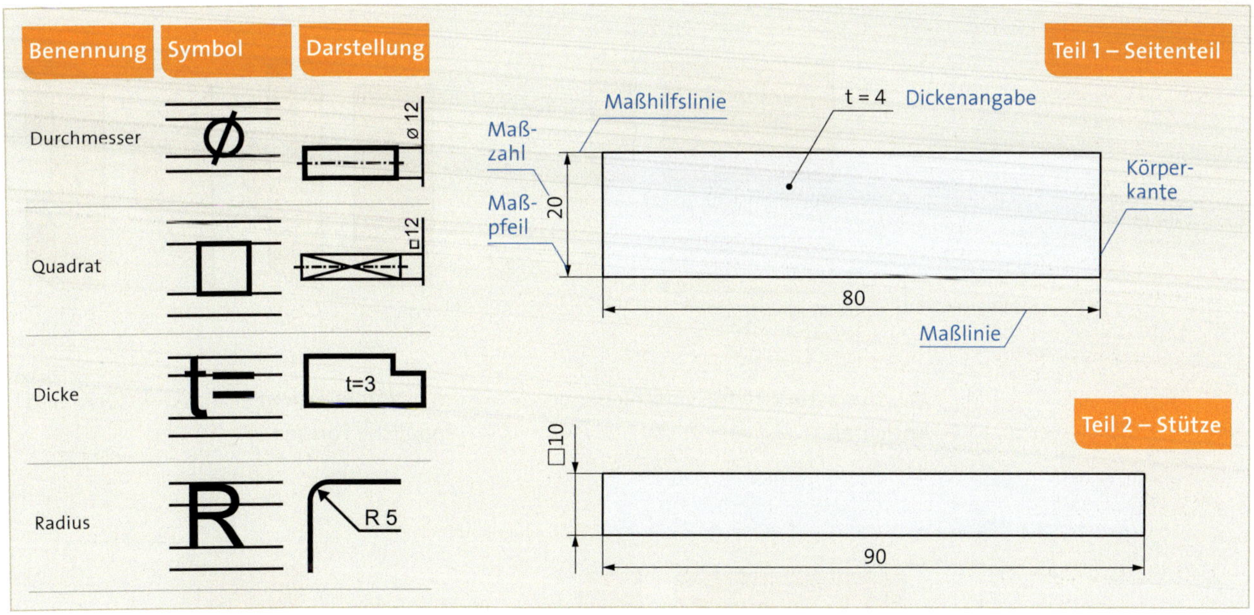

M 4 Zeichen zur Maßzahl und Elemente der Maßeintragung

Die Bemaßung setzt sich aus verschiedenen Elementen zusammen:
Maßlinien sind schmale Volllinien. Sie geben die Maßlänge an und verlaufen parallel zur Körperkante in einem Abstand von zehn Millimetern. Maßhilfslinien sind schmale Volllinien. Sie werden meistens als Verlängerung der Körperkanten dargestellt. Diese ragen etwa zwei Millimeter über die Maßlinie hinaus.
Für selbst erstellte Skizzen und Zeichnungen wird im Maschinenbauzeichnen der geschlossene und ausgefüllte Maßpfeil verwendet. Dieser wird zwischen den Maßhilfslinien angetragen. Bei Platzmangel können die Maßpfeile auch von außen angetragen werden. Maßzahlen und Maßpfeile werden mit weicher Bleistiftmine gezeichnet. Die Maßzahl steht etwa einen Millimeter über der Maßlinie.
Innerhalb der Zeichnung muss die Maßzahl von unten oder von rechts lesbar sein. Maße werden grundsätzlich in Millimetern (mm) angegeben. Es ist dann nicht mehr nötig, die Einheit hinter die Maßzahl zu schreiben. Kennzeichnungen der Form wie *R* für den Radius oder □ für Quadrat stehen grundsätzlich vor der Maßzahl. Zum Schluss wird das Schriftfeld ausgefüllt.

1 Wähle zwei einteilige Gegenstände aus und bestimme ihre Hüllform.
2 Erkläre am Beispiel von **M 4** mindestens drei wichtige Bemaßungsregeln.
3 Nenne die vier Bemaßungselemente und je eine Regel, die bei der Maßeintragung beachtet werden muss (**M 4**).
4 Teste Bleistifte mit unterschiedlich harter Mine. Begründe, zu welchem Arbeitsschritt beim Skizzieren welcher Bleistift verwendet werden sollte.
5 Begründe, warum wir bei der Verwendung der Dickenangabe oft nur eine Ansicht darstellen müssen.
6 Stelle in einer Tabelle dar, welche Linienarten zu welchen Darstellungen verwendet werden.
7 Beantworte mit Begründung die Frage, ob **M 1** und **M 3** zueinander passen.

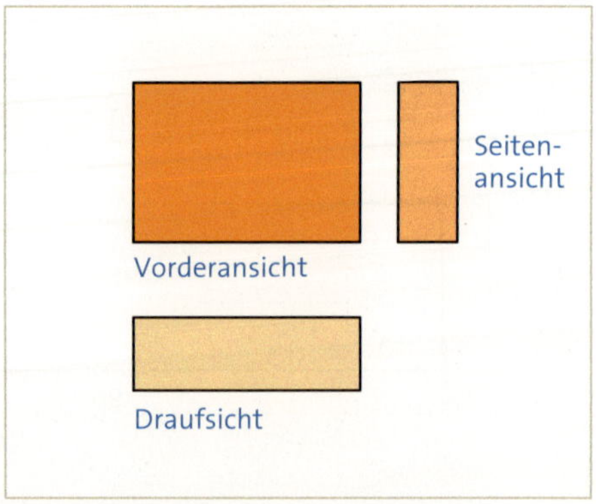

M 1 Werkstück in drei verschiedenen Ansichten

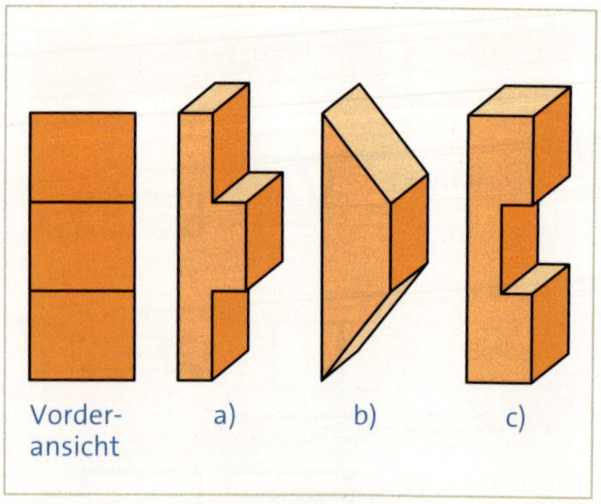

M 2 Vorderansicht eines Werkstücks und mögliche Formen

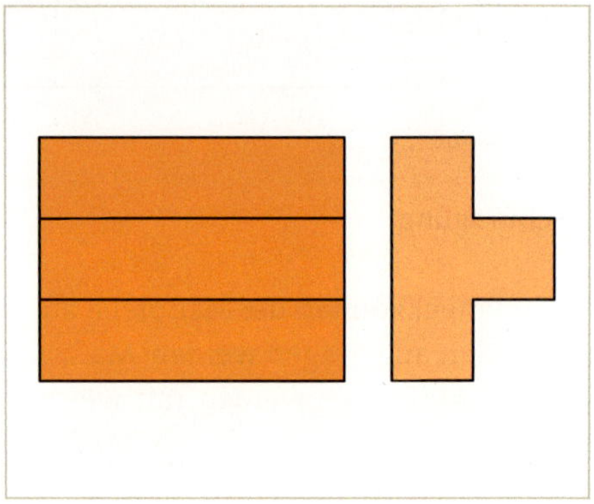

M 3 Werkstück in zwei Ansichten

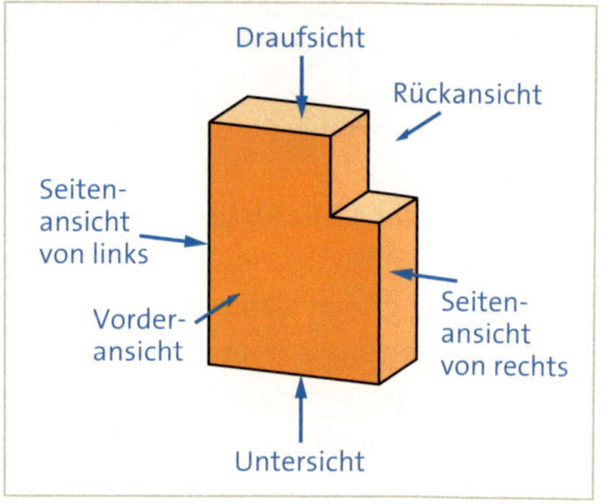

M 4 Sechs mögliche Ansichten eines Werkstücks

Ansichten: Wie betrachte ich mein Werkstück?

Bei komplizierteren Werkstücken sind oft zwei oder auch mehr Ansichten notwendig, um den Gegenstand eindeutig darzustellen.

Dabei werden die Vorderansicht (auch „Hauptansicht" genannt) sowie die Draufsicht (Ansicht von oben) und die Seitensichten (von links und rechts) unterschieden. Bei flachen und gleichmäßig dicken Gegenständen genügt zumeist eine Ansicht, wenn die Höhe – auch als „Dicke" bezeichnet – angegeben wird.

Für die Anordnung der Ansichten gibt es ebenso klare Regeln. Die Hauptansicht steht eher mittig auf dem Blatt, das im Hoch- oder Querformat genutzt wird. Die Ansicht von links wird rechts neben der Hauptansicht angeordnet. Die Draufsicht erscheint unter der Hauptansicht.

Als Hauptansicht wird die Ansicht gewählt, aus der die meisten Informationen für die Herstellung entnommen werden können.

M 1 und **M 2** zeigen, dass bei der abgebildeten Hauptansicht verschiedene Körperformen möglich sind. Die Abbildung des gleichen Werkstücks in zwei Ansichten (**M 3**) bestimmt hingegen die Körperform eindeutig.

Welche Maße gibt es?

Am Beispiel eines Steckspiels sollen einige Grundlagen der Bemaßung veranschaulicht werden.

Durch die Bemaßung soll jede Form des Werkstücks größenmäßig erfasst werden. Dabei darf jedes Maß nur einmal eingetragen werden. Es darf aber auch kein Maß fehlen.

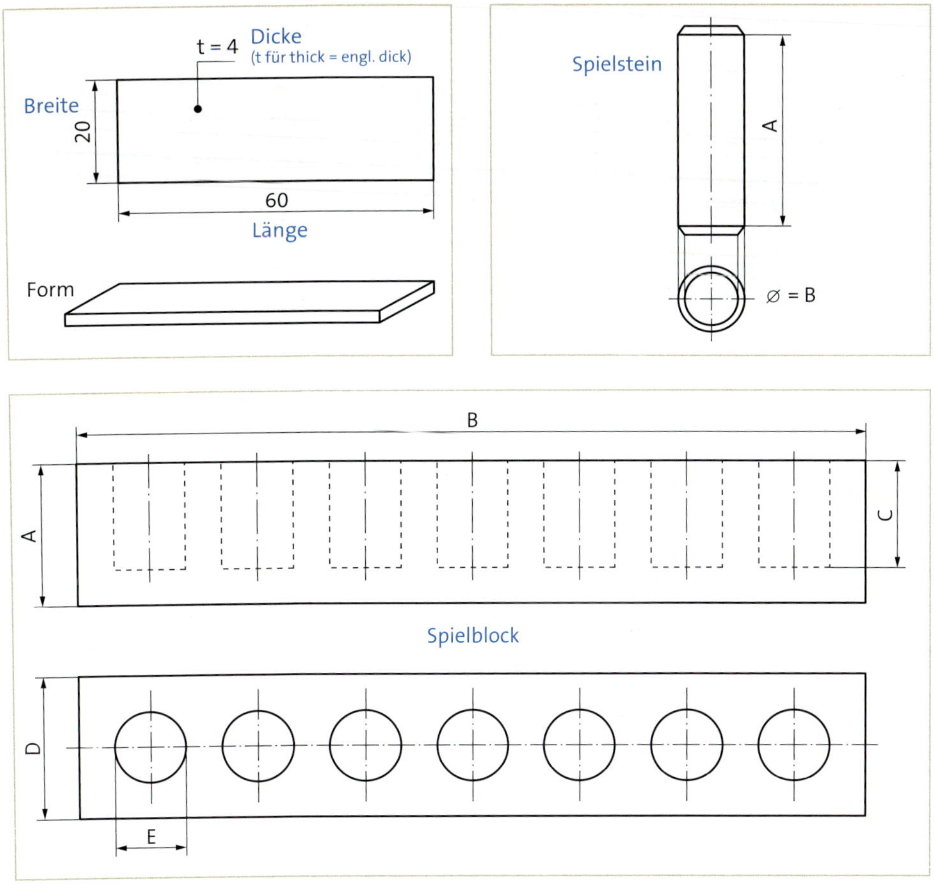

M5 Maßarten

Dabei gibt es grundsätzlich drei verschiedene Maßarten:

- Größenmaße (GM), die Breite, Höhe und Tiefe der Werkstückgrundform angeben
- Formmaße (FM), die die Größen der jeweiligen Veränderungen an der Grundform angeben
- Lagemaße (LM) für die genaue Lage der Teilformen.

1 Größenmaß, Formmaß oder Lagemaß? Ordne die Maße aus **M 5** richtig zu.

2 Beschreibe mit deinen Worten, was **M 5** aussagt. Benutze dabei die Begriffe „Grundmaß", „Formmaß" und „Lagemaß" sowie „Bohrung".

3 Der Spielstein oben ist in zwei Ansichten dargestellt, obwohl nur eine Ansicht notwendig ist (**M 5**). Erkläre die richtige Lösung.

4 Zeichne beide Ansichten des Spielblocks, lege Maße fest und bemaße ihn. Gehe dabei davon aus, dass es ein Tischsteckspiel für deine gleichaltrige Freundin oder Freund werden soll.

Das kann ich ...

Wichtige Begriffe

- Hauptansicht
- technische Skizze
- technische Zeichnung
- Maßlinie
- Maßhilfslinie
- Größenmaß
- Formmaß

A Darstellungen ergänzen

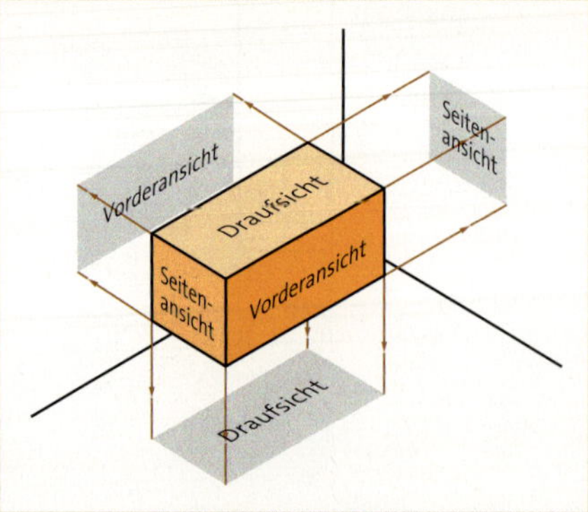

M1 Ansichten eines Quaders

M2 Ansichten eines Zwischenstücks

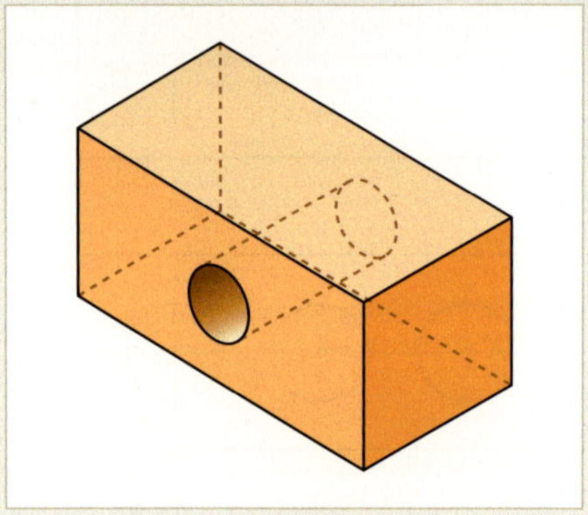

M3 Quader mit Durchgangsbohrung in räumlicher Darstellung

M4 Zylinder in räumlicher Darstellung

B Darstellungen lesen

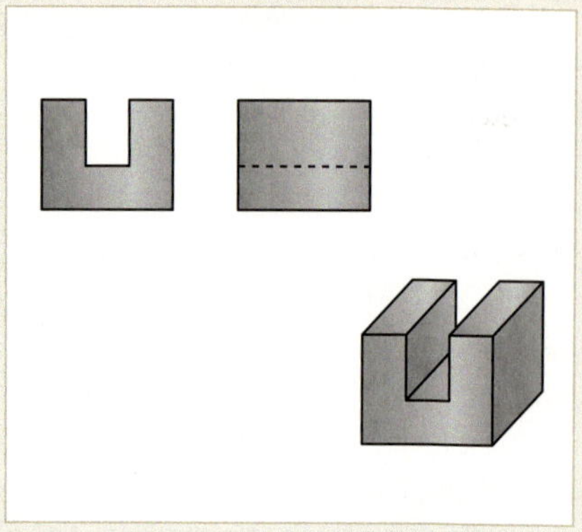

M5 U-Profil in zwei Ansichten und in räumlicher Darstellung

CHECK UP

C Immer der Reihe nach

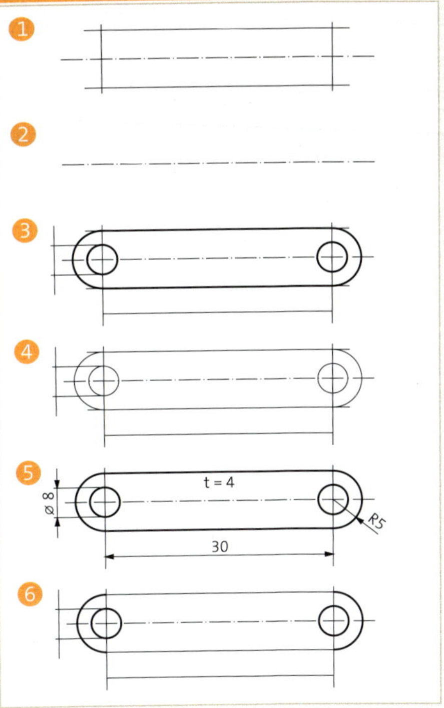

D Immer die richtige Minenhärte und -breite

Bleistift ist nicht gleich Bleistift. Ob es Bleistifte mit fester Mine oder Fallbleistifte sind, ist weniger von Bedeutung als die richtige Minenhärte.

Wissen und erklären

1 Erklärt euch gegenseitig die wichtigen Begriffe.

2 Beim technischen Zeichnen werden nur die zur Fertigung notwendigen Ansichten dargestellt. Die Anordnung der Ansichten ist vorgeschrieben. Erläutere die richtige Anordnung der Ansichten (**M 1**).

3 Wie viele Ansichten sind notwendig, um das Zwischenstück (**M 2**) eindeutig dazustellen? Begründe deine Entscheidung.

Informationen beschaffen und auswerten

4 Skizziere den Quader mit Durchgangsbohrung (**M 3**) in den notwendigen Ansichten auf einem gesonderten Blatt.

5 Skizziere den Zylinder (**M 4**) auf einem extra Skizzenblatt. Kennzeichne eine Fläche, indem du sie durch eine Schraffur hervorhebst. Markiere eine Kante rot. Skizziere einen weiteren Körper mit einer Ecke und kennzeichne diese grün.

6 Wie viele Ansichten sind notwendig, um das U-Profil (**M 4**) hinreichend darzustellen?

7 Ein gutes Ergebnis beim Skizzieren ist auch von den Arbeitsmitteln abhängig. Bereite eine Präsentation zu wichtigen Merkmalen von Zeichengeräten und Hilfsmitteln vor.

Beurteilen, entscheiden und handeln

8 Beim Skizzieren und Zeichnen haben sich bestimmte Schrittfolgen bewährt. In (C) ist die Schrittfolge etwas durcheinander geraten. Bestimme die richtige Folge.

9 Nicht jede Bleistifthärte ist für jeden Zweck geeignet. Testet verschiedene Bleistifthärten und stellt fest, welche Härte besser zum schmalen Vorzeichnen und welche besser zum Nachzeichen und Schreiben geeignet ist (D). Welche Härte ist für das technische Darstellen am wenigsten geeignet?

Eine technische Zeichnung erstellen

1. Blattformat und Zeichnungsmaßstab wählen

Der zu zeichnende Gegenstand (Zeichnungsobjekt) muss vollständig, mit allen Details dargestellt und bemaßt werden. Dazu musst du ein passendes Blattformat (in der Regel DIN A4) und den passenden Zeichnungsmaßstab auswählen.

2. Zeichenblatt vorbereiten und beschriften

Zu einem ansprechenden Zeichenblatt gehören ein korrekter Rand und ein Schriftfeld. Das Schriftfeld ist zu beschriften (vor allem die Benennung des Bauteils, der angewendete Maßstab, der Werkstoff, aus dem das Zeichnungsobjekt zu fertigen ist, der Name der/des Erstellerin/Erstellers). Soll eine Baugruppe gezeichnet werden, musst du über dem Schriftfeld eine Stückliste ausweisen.

3. Ansicht(en) auswählen

Das Zeichnungsobjekt muss eindeutig dargestellt werden, sodass alle zur Fertigung notwendigen Angaben der Zeichnung entnommen werden können. Körper könnten in sechs verschiedenen Ansichten dargestellt werden. In technischen Zeichnungen beschränken wir uns auf die Anzahl der notwendigen Ansichten. Als Hauptansicht soll die Ansicht gewählt werden, die am aussagekräftigsten ist.

4. Zeichnungsobjekt positionieren

Die Ansichten sollten möglichst in der Mitte des Zeichenblattes positioniert werden.
Der Abstand vom Rand oben und dem Schriftfeld unten sollte gleich sein.

5. Umrisse darstellen

Die Umrisse des Zeichnungsobjekts werden zunächst mit einem harten Bleistift vorgezeichnet. Hilfslinien und fehlerhafte Darstellungen können dann mit einem Radiergummi entfernt werden. Anschließend werden die Umrisse mit einem weichen Bleistift nachgezeichnet.

6. Bemaßen

Die Bemaßung vervollständigt die Darstellung.

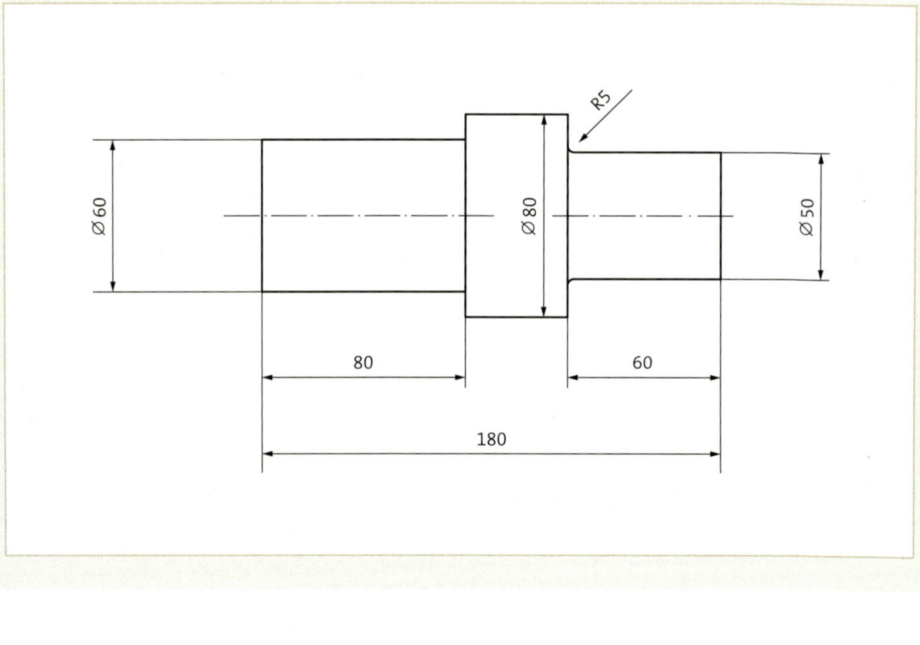

METHODE

Berufs- und Lebensplanung: Einstimmen und Erkunden

Sich selbst einschätzen

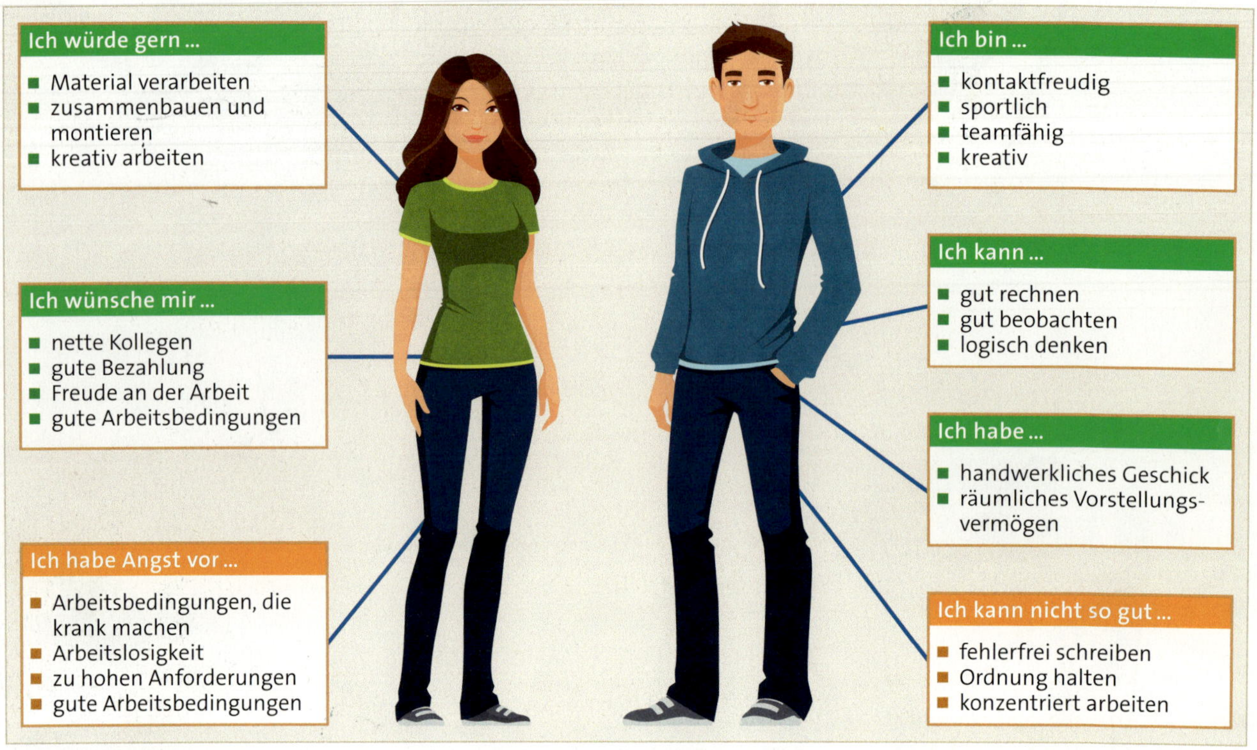

M1 Persönlichkeitsprofile

Ein Persönlichkeitsprofil erstellen

Bei der Suche einer passenden Ausbildungsstelle oder eines geeigneten Studiums kommt es vor allem darauf an, die eigenen Fähigkeiten und Interessen richtig einzuschätzen. Hierbei können schulische Interessen und Fähigkeiten eine Rolle spielen, aber auch Interessen und Stärken aus dem privaten Bereich (z. B. Hobbies).

Galia legt beispielsweise Wert auf saubere Arbeit und möchte anderen Menschen helfen. Gestalterische Arbeit findet sie ebenfalls gut. Eine Arbeit im Labor fände sie auch spannend. Nicht gern hingegen würde sie an Wochenenden oder im Schichtdienst arbeiten. Auch eine Tätigkeit im medizinischen Bereich käme für sie weniger in Frage.

Was ist für sie am wichtigsten? Gibt es einen Beruf, in dem sie alle ihre Interessen umsetzen kann?

Auch Schulnoten (Zensuren) können einen Hinweis auf Stärken geben. Oft gelangen Schülerinnen und Schüler über ihr Lieblingsfach zu einem Beruf. Wer sportlich ist, möchte vielleicht lieber einen Beruf ausüben, in dem sie/er sich viel bewegen kann. Aber auch die besten Schulnoten müssen nicht unbedingt zu einem Berufsfeld führen.

Die Feststellung deines Persönlichkeitsprofils hilft dir bei der Suche nach einem geeigneten Beruf.

Feedback

Auch ein Feedback kann dir helfen. Es kann eine hilfreiche Kritik sein. Ein Feedback, das du von einer anderen Person erhältst, ergänzt deine Selbsteinschätzung. Lehrer/-innen, Freundinnen und Freunde, Verwandte und Praktikumsbetriebe können dir ein Feedback geben. Doch Vorsicht: Selbst- und Fremdeinschätzungen sind fast nie deckungsgleich. Je offener und ehrlicher Menschen miteinander umgehen, desto besser kann jeder seine Selbsteinschätzung überprüfen und berichtigen.

Mathematisches Verständnis	Matheaufgaben kannst du schnell und leicht lösen.
Räumliches Denken	Du kannst dir Gegenstände auf einem Bild aus verschiedenen Blickwinkeln genau vorstellen und weißt, wie die Gegenstände in Wirklichkeit zueinander angeordnet sind.
Textverständnis	Du verstehst Texte gut und kannst das Wichtigste daraus wiedergeben.
Technisches Verständnis	Du verstehst, wie Geräte, Maschinen oder Anlagen aufgebaut sind und wie ihre Einzelteile funktionieren.
Handwerkliches Geschick	Du bist geschickt beim Basteln und kannst gut mit Werkzeugen umgehen.
Zusammenhänge erkennen	Du kannst z. B. bei verschiedenen Formen, Mustern oder Symbolen schnell die Gemeinsamkeiten und Unterschiede feststellen.
Verantwortungsbewusstsein	Du überlegst dir vorher, welche Folgen dein Verhalten haben könnte.
Teamfähigkeit	Du arbeitest gerne mit anderen in der Gruppe zusammen. Das gemeinsame Ziel ist dir mindestens ebenso wichtig wie deine eigenen Interessen.
Kommunikationsfähigkeit	Du kannst dich gut ausdrücken und gut zuhören.
Sorgfalt	Du erledigst Aufgaben ordentlich, gewissenhaft und möglichst ohne Fehler.
Selbstständigkeit	Du erkennst selbstständig, was zu tun ist, und versuchst, die Aufgaben möglichst ohne fremde Hilfe zu lösen.
Konfliktfähigkeit	Du kannst ruhig und sachlich mit Meinungsverschiedenheiten umgehen und versuchst, eine gemeinsame Lösung zu finden.
Organisationsfähigkeit	Du kannst gut planen und überlegst dir vorher genau, was alles zu tun ist, damit du eine Aufgabe gut schaffst.
Einfühlungsvermögen	Es fällt dir leicht, dich in die Situation und in die Gefühle von anderen Menschen hineinzuversetzen.
Belastbarkeit	Du behältst auch in schwierigen Situationen die Nerven und handelst überlegt.

M 2 Welche persönlichen Stärken hast du?

Wenn du einer anderen Person ein Feedback gibst, beachte, dass du möglichst aufrichtig bist. Beweise deinem Gegenüber aber auch Einfühlungsvermögen.

Ein Feedback trägt zur Verbesserung der Leistung bei, wenn es fair und angemessen ist.

1 Entwirf dein Persönlichkeitsprofil (M 1).

2 Stelle dein Persönlichkeitsprofil (aus Aufgabe 1) deinen Eltern und einer Freundin oder einem Freund vor. Wie schätzen sie deine Eigenschaften ein? Vergleiche und berichte mündlich über die Ergebnisse.

3 Stelle deine Stärken mithilfe von M 2 in einer Liste zusammen.

4 Ordne deiner Liste (aus Aufgabe 3) Berufe zu, die zu deinen Stärken passen könnten.

Meine berufliche Zukunft ...

M1 Unterschiedliche Arbeitsplätze

Berufe – in der Wirklichkeit und im Film

In der siebenten und achten Jahrgangsstufe ist das Thema „Beruf“ vielleicht noch weit von euch entfernt. Ihr kennt die Berufe, die in der eigenen Familie ausgeübt werden. Andere Berufe erlebt ihr möglicherweise durch Filme oder TV-Serien. Zwischen der beruflichen Wirklichkeit und der Fernsehdarstellung gibt es nicht selten große Unterschiede.

Schule oder Beruf?

Jede Schülerin und jeder Schüler sollte sich möglichst schon ab Beginn der Oberschule (bzw. im Gymnasium) überlegen, wie die eigene berufliche Zukunft aussehen könnte.

Möchtest du eine duale Ausbildung* durchlaufen oder siehst du deinen Weg eher in einer Schule (gymnasiale Oberstufe oder Oberstufenzentrum)?

* **duale Ausbildung**
eine Ausbildung, die an zwei (dual) Stellen durchgeführt wird: in einem Betrieb und in einer Berufsschule

Beruf oder Berufung?

Einer aktuellen Studie zufolge sind in Deutschland mehr als 80 Prozent der befragten Fach- und Führungskräfte mit ihrem Job zufrieden. Gleichzeitig sagt mehr als die Hälfte der Befragten, dass sie gern mehr Erfüllung in ihrer Tätigkeit hätten.

Einige haben einen Beruf gewählt, weil sie die in sie gesetzten Erwartungen anderer erfüllen und niemanden enttäuschen wollen. Andere sind „irgendwie“ an einen Ausbildungsplatz „geraten“, ohne sich darüber zuvor ernsthaft Gedanken gemacht zu haben.

> Die Berufswahl sollte von jeder Schülerin sowie von jedem Schüler gut überlegt und gründlich vorbereitet werden.

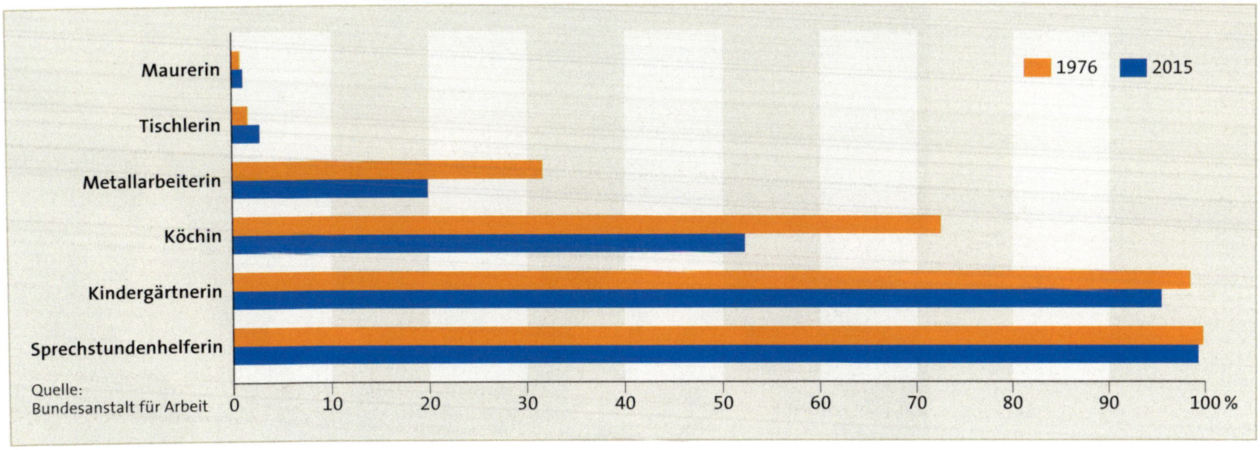

M 2 Arbeitende Frauen

Das ist doch nichts für Männer ...

Manche Berufe gelten als typische Männerberufe, andere werden als Berufe angesehen, die eher von Frauen ausgeübt werden. Viele Vorurteile begleiten solche Zuordnungen.

Berufe in Deutschland

Es ist kaum vorstellbar, aber wahr: In Deutschland gibt es mehrere Tausend Berufsbezeichnungen. 350 anerkannte Ausbildungsberufe stehen dem gegenüber. Hinzu kommen noch rund 200 schulische Ausbildungen – insbesondere für solche Berufe, in denen extrem viel Theorie gelernt werden muss. Zum Glück bist du als Schüler/-in mit dem Thema „Berufswahl" nicht allein. Deine Schule arbeitet mit verschiedenen Institutionen zusammen, die dich bei der Suche begleiten. Ganz besonders stark unterstützt die Bundesagentur für Arbeit – mit ihren Berufsberaterinnen und Berufsberatern sowie mit ihren Berufsinformationszentren (BiZ) in Berlin (3) und im Land Brandenburg (5).

Zukunftssicherheit im Beruf

Auch die Zukunftssicherheit eines Berufes sollte wichtig für die Entscheidung des Einzelnen sein. Allerdings wird es immer schwieriger, vorauszusagen, mit welchem Beruf man am besten „abgesichert" ist. So oder so – angesichts der vielen Stunden, Wochen, Monate und Jahre, die man mit einem Beruf beschäftigt ist, sollte man sich die Berufswahl gut überlegen.

1 Notiere Merkmale, die bei deinem Traumberuf erfüllt sein sollten.
2 Gestaltet Plakate oder andere Präsentationen zum Thema „Meine berufliche Zukunft".
3 Finde heraus, welche Berufe in M 1 zu sehen sind. Wären sie für dich interessant oder eher nicht? Begründe.
4 Schaue dir (noch einmal) M 1 an und überlege, ob diese Berufe für dich eher Männern oder eher Frauen zuzuordnen wären. Notiere zu jedem Foto entsprechende Gedanken und trage sie mündlich vor.
5 Diskutiert darüber, warum der Frauenanteil in einigen Berufen hoch, in anderen jedoch gering ist (M 2 und M 3).
6 Stelle Argumente zusammen, warum es sinnvoll sein kann, eine duale Ausbildung zu absolvieren.
7 Führt ein Rollenspiel zu einem „untypischen Berufswunsch" durch. Die Tochter/der Sohn spricht mit den Eltern.

M 3 Immer noch selten zu sehen

M1 Girls'-Day in einer Kfz-Werkstatt

Viele Beratungsmöglichkeiten

Berufsorientierung (BO) wird in Deutschland als äußerst wichtig angesehen. Die richtige Unterstützung und Beratung auf der Suche nach dem passenden Beruf hilft jungen Menschen, ihren persönlichen Weg zu finden. Deshalb gibt es eine Vielzahl an Partnern und Beratungsmöglichkeiten.

Kostenlose Hilfe erhältst du im Berufsinformationszentrum (BiZ) oder bei den sogenannten „Kammern". Das sind die Handwerkskammer (HWK – für handwerkliche Berufe zuständig) sowie die Industrie- und Handelskammer (IHK – z. B. für kaufmännische Berufe). Insbesondere im Internet bieten diese Organisationen vielfältige Informationen.

Es gibt noch andere Möglichkeiten, bei der Berufswahl unterstützt zu werden: zum Beispiel die Internetseiten der Agentur für Arbeit. Hier findet man tolle Tipps rund um die Studien- oder Berufswahl. Bei der Berufsorientierung können auch Jobmessen behilflich sein, wo man mit zahlreichen Unternehmen in Kontakt kommt.

Es gibt viele Unterstützungsmöglichkeiten bei der BO. Sie ersetzen jedoch nicht, dass man sich selbst um das Thema kümmern muss.

Boys'-Day und Girls'-Day

Der Boys'-Day und der Girls'-Day sind eintägige Angebote, bei denen ihr in typische Männer- und Frauenberufe „reinschnuppern" könnt. Der Boys'-Day richtet sich an Jungen und will ihnen Berufe präsentieren, in denen nur wenige Männer arbeiten. Entsprechend werden beim Girls'-Day Mädchen über solche Berufe informiert, in denen nur wenige Frauen beschäftigt sind.

Einmal im Frühjahr findet dieser Aktionstag statt.

In welchen Betrieben in Brandenburg und Berlin dieser Aktionstag durchgeführt wird, könnt ihr im Internet recherchieren. Ihr müsst euch jedoch schon früh anmelden, denn die Plätze sind mitunter sehr begehrt.

Boys'-Day und der Girls'-Day ermöglichen erste Kontakte mit der Berufswelt.

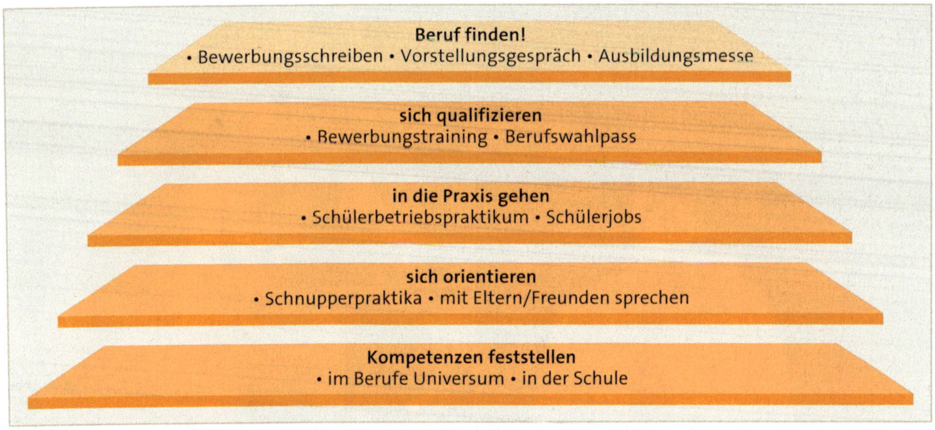

M2 Die Berufswahltreppe

M3 Ferienjob im Einzelhandel

Boys'- und Girls'-Day verschaffen dir erste Einblicke in Berufe, in denen ein Mangel an männlichen bzw. weiblichen Arbeitskräften herrscht.

Schulpraktikum

Es ist sinnvoll, sich selbst auf die Suche nach einem Schulpraktikumsplatz zu begeben. Dabei sollte das Interesse an einem Beruf stärker gewichtet werden als die Bequemlichkeit. Nur weil ein Schulpraktikumsplatz in der Nähe ist, eignet er sich nicht unbedingt für ernsthafte Praktikumserfahrungen. Viele größere Firmen bieten im Internet Informationen zu Schulpraktika an. Du kannst dich aber auch direkt an Unternehmen in deiner Umgebung wenden, wenn du dich dafür interessierst. Viele Betriebe möchten ihrerseits junge Menschen kennen lernen und später vielleicht auch ausbilden. In vielen Bereichen können Ausbildungsplätze nicht besetzt werden.

Während deines Schulpraktikums erfährst du, wie es ist, den ganzen Tag in einem bestimmten Beruf zu arbeiten und welche Aufgaben dieser Beruf bereithält. Man merkt, was einem Spaß macht und man erhält gute Einblicke in das Arbeitsleben. Außerdem können Schulpraktikanten schon eine Menge über ein Unternehmen in Erfahrung bringen, für das sie sich besonders intersessieren.

Der Schulpraktikumsbetrieb sollte nach Neigung und Eignung ausgewählt werden.

Ferienjobs

Auch freiwillige Mitarbeit an Wochenenden oder in den Ferien können dich mit einem Betrieb in Kontakt bringen. In manchen Firmen wird Ferienarbeit sogar bezahlt.

1 Fasse kurz mündlich zusammen, wer in Deutschland beim Thema „Berufsorientierung (BO)" mitwirkt.
2 Erläutere, warum es einen Boys'- und einen Girls'-Day gibt (Text, M1).
3 Recherchiere mithilfe des Webcodes, wo es in der Nähe deiner Schule oder deines Wohnortes ein Angebot für einen Girls'-Day oder einen Boys'-Day gibt. Berichte darüber vor der Klasse.
4 Erkläre die Stufen der Berufswahltreppe (M2).
5 Schreibe stichwortartig einige Gründe auf, warum ein Schulpraktikum oder ein Ferienjob eine Chance für jede/-n Schüler/-in sein kann (Text, M3). Trage sie anschließend mündlich vor.

Im Wandel der Zeit – Arbeitsplätze früher und heute

M1 Zwei Arbeitsplätze im Vergleich

Die (Arbeits-)Welt im Wandel

Die Welt ist ständigen Veränderungen ausgesetzt, ob Klimawandel, eine zunehmend global und digital vernetzte Wirtschaft oder die individuelle Kommunikation mit dem Smartphone. Ökologische, wirtschaftliche und soziale Veränderungen wirken sich auch auf die Arbeit aus.

Die Arbeitswelt befindet sich in einem ständigen Wandel.

Der Versicherungskaufmann in den 1960er-Jahren

Es ist 8 Uhr. Papa gibt den Kindern einen Kuss und macht sich auf den Weg ins Büro. Mama bleibt zu Hause. Papa arbeitet in einem riesigen Bürogebäude. Wenn er das Gebäude betritt, stempelt er eine Karte. Es ist 8.30 Uhr. Sein kleines Büro liegt im dritten Stock. Auf seinem Schreibtisch stehen eine Schreibmaschine, ein Wählscheibentelefon und ein Tischrechner mit Drucker. Nachrichten von Kollegen bekommt er mit der Rohrpost. Seine Arbeit besteht darin, Versicherungsanträge zu prüfen und dem Antragsteller einen Versicherungsschein auszustellen.

Manchmal kommen auch Menschen mit Fragen in sein Büro. Um 12 Uhr macht er eine Mittagspause und isst mit einem Kollegen in der Kantine. Dann arbeitet er bis 17 Uhr weiter. Wenn er zu Hause ankommt, hat seine Frau schon das Essen zubereitet.

Kaufmann/-frau für Versicherungen und Finanzen im 21. Jahrhundert

Es ist 8 Uhr. Papa bringt die Kinder in den Kindergarten. In der U-Bahn beantwortet er mit seinem Smartphone zwei wichtige E-Mails von der Arbeit. Danach geht er in einem Café frühstücken. Sein Chef hat ihm die neuen Versicherungsrichtlinien in den Cloud-Speicher* des Unternehmens geladen. Er markiert online, dass er sie gelesen hat und stellt eine Frage ins Online-Forum*, wie demnach mit dem Prüfantrag 23.1 verfahren werden soll. Danach fährt er mit einem kleinen Elektrobus ins Communication-Center* seiner Firma. Dort hat die Belegschaft in einem Smart-Room* eine Videokonferenz

* **Cloud-Speicher**
Sammelstelle für Computerdaten, die nicht auf dem eigenen Rechner oder auf der eigenen Festplatte gespeichert werden (cloud = Wolke; „Datenwolke“)

* **Online-Forum**
(forum = lat.: Marktplatz) „Treffpunkt“ im Internet für bestimmte Themen

* **Communication-Center**
(communication = Verständigung) Ort, an dem man sich über spezielle Themen informieren kann

* **Smart-Room**
ein Büro, das nur kurzzeitig genutzt (und angemietet) wird (ähnlich wie ein Hotelzimmer)

mit Kollegen aus China. Ein Programm übersetzt das Gesprochene simultan*. Nach der Besprechung erinnert ihn sein Fitness-Armband daran, einen kleinen Snack* zu nehmen. Er gönnt sich eine Pause. Seine Frau fragt ihn per Voice-Mail*, ob sie abends mit den Kindern ins Kino gehen wollen. Seine Frau arbeitet als 3D-Designerin. Papa muss noch an einer Konzeption arbeiten, das kann er aber auch von zu Hause aus machen.

Die moderne Arbeitswelt erleichtert, aber erschwert auch manches.

* **simultan**
zur selben Zeit, gleichzeitig

* **Snack**
(kleine) Zwischenmahlzeit

* **Voice-Mail**
(kurze) sprachliche (voice) Nachricht (mail)

M 3 Das fliegende Büro

1 Fasse die Texte zum Berufsbild des Versicherungskaufmanns und der/des Kaufmanns/-frau für Versicherungen und Finanzen in deinen Worten mündlich zusammen (Text).
2 Beschreibe die Situationen in den beiden Fotos von M 1.
3 Beurteile, ob es sich bei beiden Situationen sofort erkennbar um Arbeitsplätze handelt und begründe deine Antwort.
4 Vergleiche die Funktionen eines Wählscheibentelefons mit den Funktionen eines Smartphones. Erläutere, wie sich dies auf die Arbeit auswirkt.
5 Diskutiert über Erleichterungen und Erschwernisse der modernen, computergestützten Arbeitswelt.
6 Werte die Karikatur M 3 aus.
7 Arbeitet in Gruppen. Sucht euch Berufe heraus und stellt dar, wie sie früher ausgeübt wurden und wie sie sich verändert haben.
8 Entwickle ein Szenario darüber, welche Konsequenzen sich aus dem ständigen Wandel der Arbeitswelt für eure berufliche Zukunft ergeben.

Dein Wegweiser für die Zukunft

Der Berufswahlpass hilft dir dabei, deinen persönlichen Weg in deine berufliche Zukunft zu gehen. Das kannst du mit dem Berufswahlpass machen:

- Der Berufswahlpass unterstützt dich dabei, deine Stärken richtig einzuschätzen und zu nutzen.
- Im Berufswahlpass gibt es viele Tipps und Hinweise rund ums Praktikum.
- Eine gute Bewerbung zu schreiben, ist sehr wichtig, um seinen Wunschberuf ergreifen zu können. Auch hier hilft der Berufswahlpass.
- Wer die Wahl hat, hat die Qual ... Der Berufswahlpass gibt dir dabei Hilfestellung, wenn es darum geht, die richtige Entscheidung zu treffen.

Der Berufswahlpass ist ein Sammelordner (Ringbuch), der von Schülerinnen und Schülern in Berlin und Brandenburg ab der siebenten Klasse (Jahrgangsstufe 7) geführt werden kann. In diesem Ordner werden alle Informationen gesammelt, die mit der Berufsorientierung in Verbindung stehen. Der Berufswahlpass ist in vier Teile gegliedert.

- Angebote zur Berufsorientierung
- Weg zur Berufswahl
- Dokumentation
- Lebensordner.

Du kannst dir alle Bestandteile auch online auf der Seite www.berufswahlpass.de runterladen.

Der erste Teil (Angebote zur Berufsorientierung) befasst sich mit Fragen rund um die Berufswahl.

Der zweite Teil (Weg zur Berufswahl) enthält viele Checklisten, mit denen du deine persönlichen Stärken und Schwächen einschätzen kannst. Dabei hilft dir neben der Selbsteinschätzung auch die Fremdeinschätzung von Freunden oder Mitschülern.

Der dritte Teil des Berufswahlpasses dient der Dokumentation. Hier kannst du deine Arbeitsblätter und Zeugnisse sammeln. Wenn du dich bewerben möchtest, hast du mithilfe des dritten Teils schon alle Unterlagen an einem Ort.

Im vierten Teil, dem (Lebensordner) findest du wichtige Hinweise, die du für den Start in dein eigenes Leben nutzen kannst. Hier erfährst du beispielsweise, wie du eine eigene Wohnung findest und wie du mit deinem Geld auskommst.

METHODE

Berufs- und Lebensplanung: Erkunden, Entscheiden und Realisieren

Vielfalt der Berufsausbildung

M1 Verschiedene Berufe

Berufsfelder

Berufsfelder geben eine erste Orientierung auf der Suche nach einem Ausbildungsberuf, für den ihr euch interessiert – und für den ihr euch eignet. Auf der Website der Bundesagentur für Arbeit gibt es 15 Berufsfelder, die euch eure Auswahl erleichtern. Mithilfe von Planet-berufe.de könnt ihr hier jederzeit stöbern und euch mit den zahlreichen Ausbildungsberufen vertraut machen.

Mangelberufe

In Deutschland gibt es viele Berufe, für die nur wenige Arbeitskräfte zur Verfügung stehen. Diese Berufe werden als „Mangelberufe" bezeichnet. Hierzu zählen sowohl solche Berufe, für die ein Studium absolviert wurde (Akademiker/-innen), als auch Facharbeiter (Fachkräfte mit Berufsausbildung). Insbesondere bei pflegerischen Berufen gibt es viele offene Stellen.

M2 Berufsfelder

Bau, Architektur, Vermessung	Kunst, Kultur und Gestaltung	Produktion, Fertigung
Dienstleistung	Landwirtschaft, Natur, Umwelt	Soziales, Pädagogik
Elektro	Medien	Technik, Technologiefelder
Gesundheit	Metall, Maschinenbau	Verkehr, Logistik
IT, Computer	Naturwissenschaften	Wirtschaft, Verwaltung

Beliebte Ausbildungsberufe

2015 wurden in Berlin und Brandenburg annähernd 60 Prozent aller neu abgeschlossenen Ausbildungsverträge im Bereich im Bereich „Industrie und Handel" registriert. Dem standen rund 25 Prozent im Bereich „Handwerk" gegenüber.

Mädchen und junge Frauen lassen sich bevorzugt für kaufmännische, medizinische und kundenorientierte Berufe ausbilden. Jungen und junge Männer interessieren sich besonders für kaufmännische und technische Berufe. Der Lieblingsberuf der Frauen ist die „Kauffrau für Büromanagement", gefolgt von der „Kauffrau im Einzelhandel" und der „Verkäuferin". Männer lassen sich am häufigsten zum „Kfz-Mechatroniker", „Industriemechaniker" und „Elektroniker" ausbilden.

Passen wir zueinander?

Arbeitgeber wie Arbeitnehmer haben ein übereinstimmendes Interesse daran, dass die richtigen Partner zueinander finden. Es ist daher hilfreich, wenn die Anforderungen an einen Beruf genau und ausführlich beschrieben sind. Aber auch die Interessenten sollten sich ernsthaft mit der Frage auseinandersetzen, ob ein Beruf auch wirklich zu ihnen passt.

Was sonst noch wichtig wäre

Ideal ist es, wenn du ungefähr ein Jahr oder anderthalb Jahre vor dem Ende deiner Schulzeit weißt, welcher Beruf zu dir passt. Denn in diesem Zeitraum beginnen viele Unternehmen mit der Auswahl ihrer zukünftigen Auszubildenden.

Wichtig sind deine Schulnoten in den Fächern, die zum Berufsbild gehören. Nicht zu unterschätzen sind allerdings deine Verspätungen und unentschuldigten Fehlzeiten. Das interessiert mögliche zukünftige Arbeitgeber nämlich ganz besonders.

M3 Verkäufer in einem Fahrradgeschäft

M4 Verkäufer/-in

Merkmale: Annahme von Warenlieferungen, Sortieren der Waren, Einräumen, Preise auszeichnen; Qualitätskontrollen, Prüfung des Lagerbestands, Nachbestellung von Waren; Hauptaufgabe: Verkaufs- und Beratungsgespräche mit Kunden; beim Kassieren: Prüfen der Echtheit der Geldscheine, auf die richtige Ausgabe des Wechselgeldes achten oder bargeldlose Zahlungen bearbeiten; Mitwirkung bei Planung und Umsetzung von werbe- und verkaufsfördernden Maßnahmen

Schulfächer: Mathematik (z.B. für die Berechnung von Preisen und Rabatten sowie für die Durchführung von Kassenabrechnungen) und Deutsch (z.B. für die Kundenberatung)

1 Ordne den sechs Fotos in **M1** mit Begründungen die (am besten) passenden Berufsfelder zu (**M2**).
2 Finde jeweils zwei weitere Berufe zu den 15 Berufsfeldern (**M2**). Verwende dazu als Hilfe den Webcode.
3 Erläutere, warum Arbeitnehmer wie Arbeitgeber ein gleiches Interesse daran haben, dass die richtigen Partner zueinander finden.
4 Stelle deiner Klasse deine Gedanken vor, warum bestimmte Berufe Mangelberufe sind, andere hingegen besonders beliebt.
5 Fasse die Informationen zu **M2** in deinen Worten mündlich zusammen (Text).
6 **M3** und **M4**: Entscheide für dich und beantworte entsprechend: „Der Beruf einer/eines Verkäuferin/Verkäufers passt/passt nicht zu mir, denn ..."
7 Begründe, warum Verspätungen und unentschuldigte Fehlzeiten einen möglichen zukünftigen Arbeitgeber besonders interessieren.

M1 WhatsApp aus dem Praktikum

(Schüler-)Betriebspraktikum

Allein in Berlin machen pro Schuljahr rund 40 000 Schüler/-innen ein Betriebspraktikum.

In Brandenburg wird dieses Angebot der Berufsorientierung als „Schülerbetriebspraktikum" bezeichnet.

Innerhalb von zwei bis drei Wochen soll allen ein (erster) Einblick in die Wirtschafts-, Arbeits- und Berufswelt ermöglicht werden.

M2 Warum nicht mal etwas Neues ausprobieren?

Das Praktikum ist in Brandenburg für alle weiterführenden Schulformen (Oberschulen, Gesamtschulen und Gymnasien) und in Berlin für alle Schulformen außer für das Gymnasium verpflichtend. Aber auch viele Berliner Gymnasien bieten es an.

Das Praktikum findet meist in der neunten Klasse statt. Darüber hinaus haben Oberschulen und Gesamtschulen in Brandenburg die Möglichkeit, in der zehnten Jahrgangsstufe ein weiteres Schülerbetriebspraktikum anzubieten.

Die Schüler/-innen werden während des Praktikums üblicherweise mindestens einmal von ihrer betreuenden Lehrperson besucht.

Fast alle Schülerinnen und Schüler der Jahrgangsstufe 9 in Berlin und Brandenburg absolvieren Praktika.

Praktikum und Praxis

Verschiedene Aufgabenbereiche und Arbeitsabläufe werden in einem Praktikum für Schüler/-innen vorgerstellt.

Da Praktikumsplätze in unterschiedlichen Bereichen angeboten werden, ist eine zusammenfassende Beschreibung kaum möglich. Immerhin reicht die Spannweite der Praktika von Polizei und Bundeswehr bis hin zu landwirtschaftlichen Betrieben. Eine aktive Beteiligungsmöglichkeit der Schülerinnen und Schüler fällt daher nicht immer gleich aus.

Wie finde ich mein Praktikum?

Informationen und Beratung über Praktikumsplätze erhältst du beispielsweise bei der Agentur für Arbeit, bei den Kammern (IHK* und HWK*), bei älteren Mitschülern, bei Lehrern, auf Praktikumsbörsen im Internet, bei Eltern, bei Verwandten, durch Direktkontakte zu Einrichtungen und Unternehmen sowie durch Inserate in Zeitungen. Probleme bei der Suche des Praktikumsplatzes entstehen, wenn die Suche zu kurzfristig ist, wenn zu wenig Eigeninitiative ergriffen wird und/oder wenn zu wenige Informationsmöglichkeiten genutzt werden.

> Je sorgfältiger du deinen Praktikumsplatz auswählst, desto besser fühlst du dich.

Was mache ich im Praktikum?

Die Art und Weise, wie ein Praktikum durchgeführt werden kann, hängt stark von der Praktikumsstelle ab. Für alle Praktika gilt jedoch, dass Pünktlichkeit, zurückhaltende Freundlichkeit, Aufmerksamkeit und aufrichtiges Interesse wichtig sind.

Was mache ich nach meinem Praktikum?

Nach einem Praktikum sollten alle Informationen, Eindrücke und Erlebnisse von jeder Schülerin und jedem Schüler gut dokumentiert werden. Dafür ist es sinnvoll, bereits während der Praktikumswochen Notizen zu machen und – wenn erlaubt – zu fotografieren. Manche Schulen geben vor, wie ein Praktikumsbericht aussehen sollte und bewerten ihn mit einer Note.
Jüngeren Schülerinnen und Schülern können gute Praktikumsberichte dabei helfen, selbst für sich einen geeigneten Praktikumsplatz zu finden.

M3 Manchmal ist es gar nicht so einfach ...

* **IHK** Industrie- und Handelskammer

* **HWK** Handwerkskammer

1. **M1**: Nimm Stellung zu den Nachrichten. Welche Hintergründe wären denkbar?
2. Fasse mündlich zusammen, welche Schülerinnen und Schüler in Berlin und welche in Brandenburg Praktika machen (Text).
3. Formuliere vier Aussagen, wie man an eine möglichst gut passende Praktikumsstelle gelangt (Text).
4. Erarbeitet in Gruppen gut gemeinte Ratschläge für ein gelungenes Praktikum. Tragt eure Ideen anschließend der Klasse vor.
5. Erarbeitet in Gruppen, was unbedingt in einem Praktikum vermieden werden sollte. Präsentiert in der Klasse eure Ergebnisse.
6. **M2**: Würdest du einen untypischen Praktikumsplatz empfehlen oder eher nicht? Begründe deine Meinung.
7. Recherchiere Praktikumsplätze in einem Umkreis von bis zu zehn Kilometern rund um deine Schule. Nutze, wenn du möchtest, dazu auch den Webcode.
8. Entwirf ein Muster für einen gelungenen Praktikumsbericht.

★ **Systemintegration**
Produkte verschiedener Hersteller für einen Kunden an seine Bedürfnisse anpassen

Ausbildung zur/zum Fachinformatiker/-in

Fachrichtung Systemintegration★

Hintergrund
Wir bieten Ihnen eine dreijährige fundierte praktische und fachtheoretische Ausbildung, die hauptsächlich Praxiseinsätze im Stammhaus in Berlin und in den bundesweiten Rechenzentren unseres Unternehmens mit sich bringt.
Die fachtheoretische Ausbildung findet im Großraum Berlin statt.
Ausbildungsort ist gemäß Ausbildungsvertrag Berlin.

Wir wünschen uns Bewerberinnen und Bewerber mit

- Allgemeiner Hochschulreife, Fachhochschulreife oder gutem mittlerem Bildungsabschluss,
- Englischkenntnissen,
- Interesse an moderner Informations- und Telekommunikationstechnik,
- Bereitschaft zur Teamarbeit,
- überregionaler Mobilität innerhalb der Ausbildung.

Senden Sie bitte Ihre Bewerbung per E-Mail unter Angabe der
Kennziffer: Azubi AktZ. 3344 an das
IT-Telekommunikationshaus
Team Aus- und Fortbildung, Hauptstr. 5, 12345 Brandenlin

M1 Beispiel einer Stellenanzeige

★ **Organisation**
eine Einrichtung wie eine Gewerkschaft oder ein Verein, die keine Firma ist

M2 Kim im Gespräch mit einem Bewerbungsexperten

Sorgfalt siegt

Wenn man sich (bei einem Unternehmen oder bei einer Organisation★) bewirbt, muss man vieles beachten. Die Arbeitgeber schauen zuerst, ob man alle Anforderungen erfüllt. Deshalb ist es wichtig, sich Stellenanzeigen genau durchzulesen. Am besten fertigt man auch eine Liste an, auf der alles festgehalten wird, was man für seine Bewerbung benötigt.

Kim hatte vergessen, eine Kopie ihres Zeugnisses beizulegen. Max hatte seine Bewerbung nicht unterschrieben und zu viele Rechtschreibfehler gemacht. Ein Bewerbungsexperte winkt ab und kommentiert, dass solche Bewerbungen in der Regel gleich aussortiert würden. Wer die Mindestkriterien nicht erfüllt, hat keine Chance, zu einem Gespräch eingeladen zu werden.

M3 Gespräch mit einem Bewerbungsexperten

Kim: Können Sie mir bitte sagen, wie man eine perfekte Bewerbung schreibt?
Experte: Das ist eine gute Frage! Ganz wichtig isl es, sich über das Unternehmen und die ausgeschriebene Stelle zu informieren.
Kim: Wie mache ich das?
Experte: Ein Blick auf die Homepage des Unternehmens ist of hilfreich.
Kim: Und dann?
Experte: Ganz wichtig ist es, seine eigenen Stärken und Schwächen zu kennen und zu wissen, was man will.
Kim: Warum ist das wichtig?
Experte: Das Unternehmen möchte dich als Persönlichkeit kennen lernen und den Eindruck haben, dass du genau zu ihnen passt.
Kim: Wie mache ich so etwas?
Experte: Zeige mit deiner Bewerbung zunächst, dass du das Unternehmen oder die Organsiation oder die Behörde gutkennst. Du solltest auch zum Ausdruck bringen, dass du das Unternehmen gut findest und eine tatkräftige Teamkollegin wärest.
Kim: Das zu schreiben, finde ich aber ganz schön schwierig.
Experte: Dann helfe ich mal mit einem Beispiel. Das Unternehmen sucht jemanden mit einem eigenen Kopf. Dann kannst du schreiben, dass du in deinem Fußballverein Mannschaftskapitänin bist und der Trainer auch Wert auf deine Meinung und dein Engagement legt.
Kim: Stimmt. Darauf wäre ich allein gar nicht gekommen. Danke für das Gespräch.

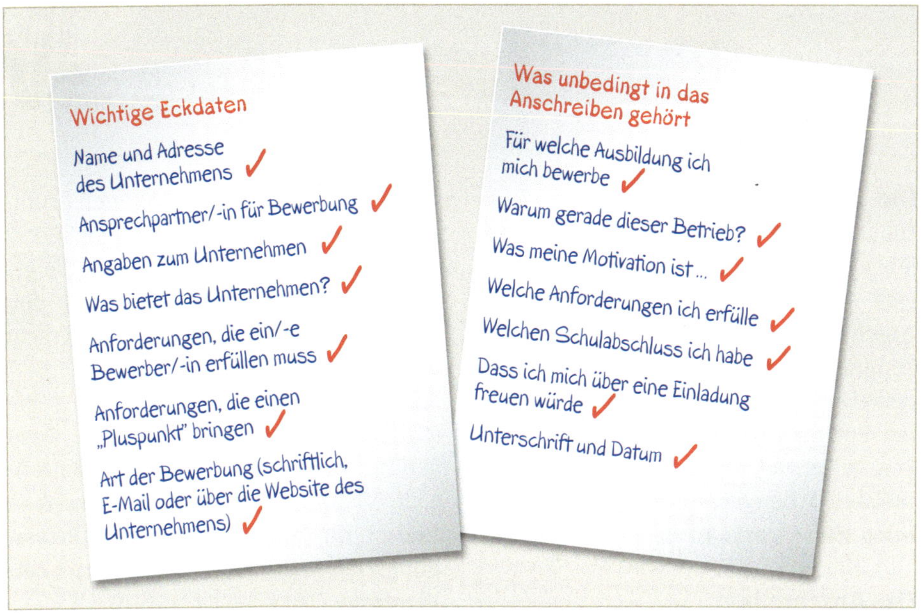

M4 Checkliste zu einer Stellenanzeige

1 Suche aus der Stellenanzeige (**M1**) alle für eine Bewerbung wesentlichen Informationen heraus.
2 Verfasse für die Stellenanzeige (**M1**) eine Bewerbung mit Anschreiben, Lebenslauf und Zeugnissen. Berücksichtige dabei auch **M4**.
3 Jeder liest sich vier Bewerbungen seiner Mitschüler/-innen durch und fertigt eine Hitliste an. Begründet, warum ihr eine bestimmte Bewerbung am besten findet.
4 Fasse **M3** in deinen Worten mündlich zusammen.

Bewerbung und Bewerbungsgespräch

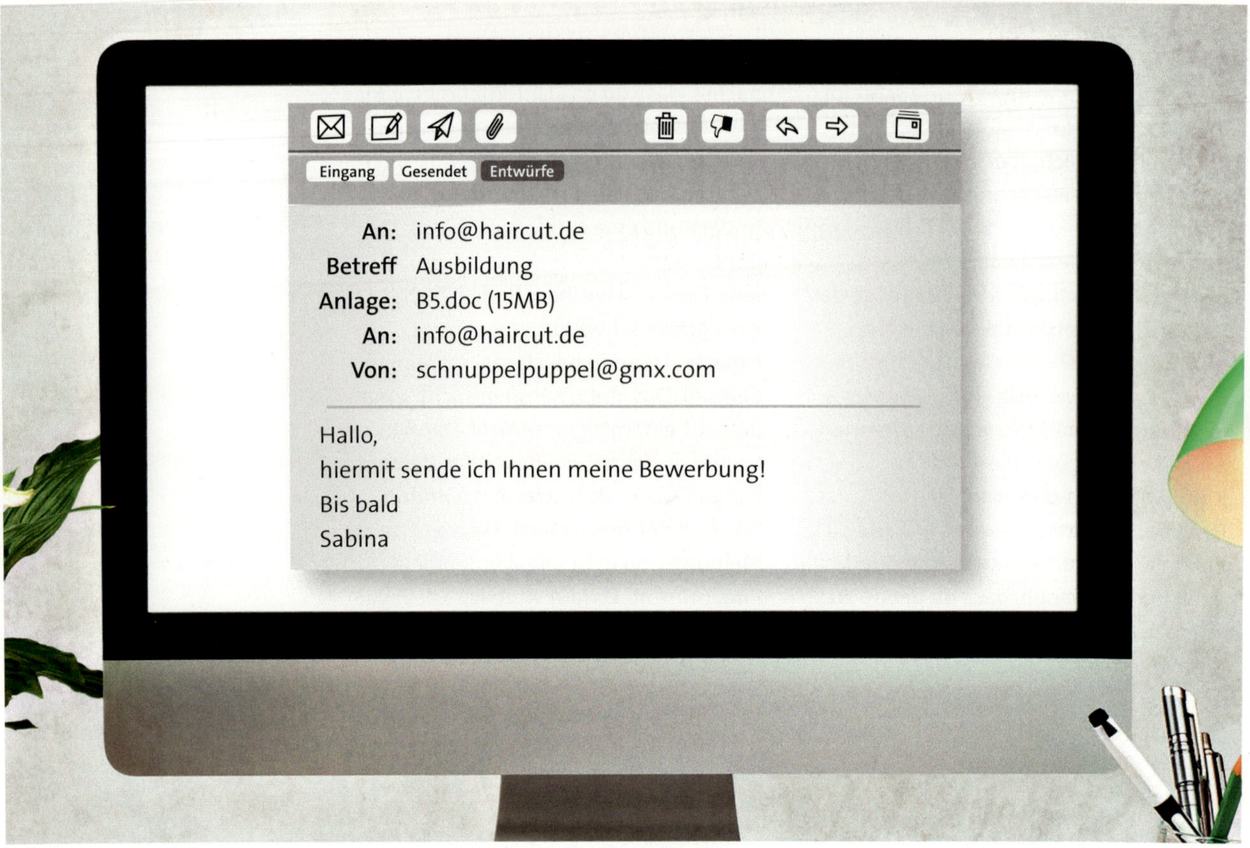

M1 Eine Bewerbung per E-Mail

Die „Eintrittskarte"

Die „Eintrittskarte" in dein neues Berufsleben ist deine Bewerbungsmappe. In jede Bewerbungsmappe gehören: das Anschreiben, ein Lebenslauf und alle Zeugnisse, Zertifikate* u.a. Belege für deine erworbenen Qualifikationen. Früher hat man seine Bewerbung mit der Post verschickt. Heute wünschen sich die meisten Arbeitgeber eine Online-Bewerbung. Hier muss man vieles beachten.

* **Zertifikat**
ein Schriftstück (Bescheinigung), aus dem hervorgeht, dass eine bestimmte Befähigung erworben wurde (manchmal handelt es sich auch nur um ein „Teilnahmezertifikat")

Das Anschreiben

Mit dem Anschreiben versuchst du, den Arbeitgeber davon zu überzeugen, dich zu einem Vorstellungsgespräch einzuladen. Deshalb ist es wichtig, dir genau zu überlegen, was du schreibst.

Aus deinem Anschreiben sollte deutlich hervorgehen, warum du insbesondere bei der Firma XY anfangen möchtest. Lies dir die Stellenanzeige (auf die du dich bewirbst) und die darin enthaltenen Anforderungen genau durch. Dann versuchst du, glaubhaft zu machen, dass du die gestellten Anforderungen erfüllst. In deinem Anschreiben solltest du jedoch nicht übertreiben.

Für das Anschreiben gelten ganz bestimmte formale Anforderungen. Dazu gehören die Schriftgröße und die Betreffzeile. Vielfältige Tipps zum Anschreiben findest du zum Beispiel beim Bewerbungstraining der Internetseite planet-berufe.de.

Der Lebenslauf

Der Lebenslauf gibt Auskunft darüber, was man in seinem Leben schon alles gemacht hat, welche Abschlüsse man besitzt und für welche Unternehmen man arbeitete. Im Lebenslauf stehen aber auch (ernsthafte) Hobbies und ehrenamtliches Engagement.

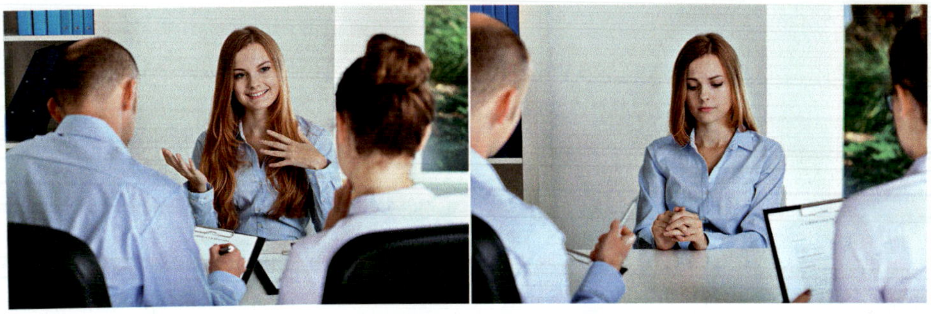

M2 Bewerbungsgespräch – zwei Gesprächssituationen

Arbeitgebern ist üblicherweise wichtig, dass man einen lückenlosen Lebenslauf vorweisen kann. Ein lückenloser Lebenslauf gibt Auskunft über die Schullaufbahn und die beruflichen Tätigkeiten zu jedem Zeitpunkt in des Leben. Dazu gehört auch gegebenenfalls die Dauer einer Arbeitslosigkeit oder wenn man eine längere Zeit (mehrere Monate) im Ausland war.
Außerdem ist es Arbeitgebern wichtig, dass sie einen Karriereweg erkennen. Arbeitgeber- und Berufswechsel, Umschulungen oder Auszeiten gehören immer mehr zu einem typischen Lebenslauf. Wichtig ist es, solche „Brüche“ positiv zu „verkaufen“.

Die wichtigsten Angaben

In den tabellarischen Lebenslauf gehören: Angaben zu deiner Person, deine Schulbildung, praktische Erfahrungen (Praktika, Ehrenämter), besondere Fähigkeiten und Kompetenzen, Hobbies sowie Datum und Unterschrift.

Das Vorstellungsgespräch

Wenn deine Bewerbung erfolgreich war und du zu einem Vorstellungsgespräch eingeladen wirst, bist du schon fast am Ziel. Allerdings solltest du dich auch auf das Bewerbungsgespräch gut vorbereiten. Es hilft, wenn du vorher mit einer Freundin/einem Freund ein „Bewerbungsgespräch“ übst.

M3 Bei einem Bewerbungsgespräch

M4 Bewerbungsgespräch: Was kommt gut an, was gar nicht?

*zugeben, nervös zu sein *wenig reden *geheimnisvoll wirken *Zwischenfragen stellen *schüchtern „spielen“ *in bequemer Kleidung (Freizeitlook) erscheinen *ruhig ein wenig übertreiben *viel reden *mit den Augen zwinkern *zugewandt sprechen *selbstkritische Kommentare abgeben *in festlicher Kleidung erscheinen *die Kleidung spielt keine Rolle *nach den Verdienstmöglichkeiten fragen *nach den Arbeitszeiten fragen *nach den „dunklen Seiten“ des Unternehmens fragen *das Unternehmen loben *für die Einladung danken *nur auf Fragen antworten *keine Schwäche zeigen *Hobbies erwähnen * über Privates sprechen *viel lachen und „locker“ sein *selbstsicher wirken

1 Finde heraus, welche Fehler in der Online-Bewerbung (M1) stecken.
2 Beschreibe die Stimmungen in M2.
3 Werte die Karikatur M3 aus.
4 Fertige eine Online-Bewerbung mit verschiedenen Fehlern an und maile sie an eine/-n Mitschüler/-in. Lasst sie/ihn herausfinden, welche Fehler darin stecken.
5 Schreibt tabellarische Lebensläufe und besprecht sie anschließend in Partnerarbeit.
6 Diskutiert die Aussagen in M4 miteinander.

Rechte und Pflichten in der Ausbildung

Ein Ausbildungsvertrag muss folgende Informationen enthalten:

- Bezeichnung des Ausbildungsberufs
- Beginn und Dauer der Ausbildung
- sachliche und zeitliche Gliederung der Ausbildung
- ergänzende Ausbildungsmaßnahmen
- tägliche Ausbildungszeit
- Dauer der Probezeit
- Zahlung und Höhe der Ausbildungsvergütung
- Dauer des Urlaubs
- Kündigungsbestimmungen
- Unterschriften der Vertragspartner

M 1 Der Ausbildungsvertrag

Gesetzliche Regelungen

Neben den gesetzlichen Regeln gibt es für jeden Beruf **Ausbildungsordnungen**. Jede Ausbildung endet mit einer **Prüfung**.

Der Staat und die Kammern wachen darüber, dass die Gesetze und die Vorschriften über die Ausbildung eingehalten werden. Das Berufsbildungsgesetz regelt die Anforderungen, die ein Ausbildungsvertrag erfüllen muss.

Das Jugendarbeitsschutzgesetz ist ein Gesetz zum Schutz von Kindern und Jugendlichen in der Arbeitswelt. Es schützt junge Menschen vor Arbeit, die zu früh beginnt, die zu lange dauern würde, die zu schwer wäre, die sie gefährdet oder die für sie ungeeignet wäre. Es geht um Tätigkeiten, welche die Leistungsfähigkeit der Jugendlichen übersteigen würden, die mit besonderen Unfallgefahren verbunden wären oder die durch schädliche Einwirkungen wie Hitze, Kälte, Nässe sowie durch Lärm, Erschütterungen oder Strahlen und gefährliche Stoffe, eine Gefährdung der Gesundheit darstellen könnten. Ferienarbeiten fallen auch unter die Regelungen dieses Gesetzes.

M 2 Wichtige Rechte und Pflichten von Auszubildenden in Deutschland

Rechte	Pflichten
angemessene Vergütung	**Lernpflicht**
Die Auszubildenden haben das Recht auf eine monatliche Vergütung.	Die Auszubildenden sind bemüht, sich die Ausbildungsinhalte bestmöglich anzueignen.
kostenlose Ausbildungsmittel	**Teilnahmepflicht**
Den Auszubildenden sind die nötigen Ausbildungsmittel (Werkzeuge, Werkstoffe, Sicherheitsausrüstung usw.) kostenlos zur Verfügung zu stellen.	Die Auszubildenden sind verpflichtet, die Berufsschule zu besuchen.
Freistellung für Ausbildungsmaßnahmen	**Weisungen Folge leisten**
Der ausbildende Betrieb hat die Auszubildenden für den Berufsschulunterricht freizustellen.	Die Auszubildenden haben den Weisungen zu folgen, die ihnen im Rahmen der Berufsausbildung erteilt werden.
Arbeiten nur für das Ausbildungsziel	**Bewahrungspflichten**
Ausbildungsfremde Aufgaben müssen die Auszubildenden nicht ausführen.	Die Auszubildenden sind dazu verpflichtet, Werkzeuge, Maschinen u. a., pfleglich zu behandeln.
besondere Kündigungsmöglichkeit	**Krankheitsmeldung**
Sollte ein/-e Auszubildende/-r die Berufsausbildung aufgeben, so ist es ihr/ihm jederzeit gestattet, das Ausbildungsverhältnis mit einer Frist von vier Wochen zu kündigen.	Ein Fernbleiben von der Ausbildung haben Auszubildende unverzüglich zu melden und bei Krankheit eine ärztliche Bescheinigung vorzulegen.

M 3 Gesetz zum Schutz der arbeitenden Jugend (Jugendarbeitsschutzgesetz – JArbSchG)

§ 8 Dauer der Arbeitszeit
(1) Jugendliche dürfen nicht mehr als acht Stunden täglich und nicht mehr als 40 Stunden wöchentlich beschäftigt werden. [...]
(2a) Wenn an einzelnen Werktagen die Arbeitszeit auf weniger als acht Stunden verkürzt ist, können Jugendliche an den übrigen Werktagen derselben Woche achteinhalb Stunden beschäftigt werden. [...]

§ 9 Berufsschule
(1) Der Arbeitgeber hat den Jugendlichen für die Teilnahme am Berufsschulunterricht freizustellen. Er darf den Jugendlichen nicht beschäftigen
1. vor einem vor 9 Uhr beginnenden Unterricht; dies gilt auch für Personen, die über 18 Jahre alt und noch berufsschulpflichtig sind,
2. an einem Berufsschultag mit mehr als fünf Unterrichtsstunden von mindestens je 45 Minuten, einmal in der Woche,
3. in Berufsschulwochen mit einem planmäßigen Blockunterricht von mindestens 25 Stunden an mindestens fünf Tagen; zusätzliche betriebliche Ausbildungsveranstaltungen bis zu zwei Stunden wöchentlich sind zulässig. [...]

§ 11 Ruhepausen, Aufenthaltsräume
(1) Jugendlichen müssen im voraus feststehende Ruhepausen von angemessener Dauer gewährt werden. Die Ruhepausen müssen mindestens betragen
1. 30 Minuten bei einer Arbeitszeit von mehr als viereinhalb bis zu sechs Stunden,
2. 60 Minuten bei einer Arbeitszeit von mehr als sechs Stunden. Als Ruhepause gilt nur eine Arbeitsunterbrechung von mindestens 15 Minuten. [...] Länger als viereinhalb Stunden hintereinander dürfen Jugendliche nicht ohne Ruhepause beschäftigt werden. [...]

M 5 Chef und Auszubildende Rebecca – nicht immer einer Meinung ...

M 4 Drei Konfliktfälle in der Ausbildung

Fall 1	Fall 2	Fall 3
Die Auszubildende Rebecca M., 16 Jahre alt, hat in der letzten Woche vier Überstunden in der Bäckerei F. abgeleistet, da viel Betrieb war. Diese Woche will sie deswegen einen halben Tag frei haben. Ihr Chef meint, das geht nicht.	Der Auszubildende Simon, 17 Jahre, berichtet über seine Arbeitszeit in der Autowerkstatt G.: Arbeitsbeginn ist um 7.30 Uhr, Arbeitsende ist montags bis donnerstags um 17 Uhr. Die Pause dauert 45 Minuten.	Tom ist 19 Jahre und wird in einem Fleischerfachgeschäft ausgebildet. An seinem Berufsschultag meint der Chef: „Es ist viel zu tun, heute bleibst du im Betrieb, da lernst du sowieso mehr“. Tom ist unsicher, wie er sich verhalten soll. Freitags ist um 12.45 Uhr Feierabend und die Pause dauert nur 15 Minuten.

1 Erläutere, was alles in einem Ausbildungsvertrag geregelt sein muss (**M 1**).
2 Gehe die Angaben in der Tabelle **M 2** der Reihe nach durch und verdeutliche mithilfe von Beispielen die Rechte und Pflichten von Auszubildenden in Deutschland.
3 Teilt euch in Gruppen auf und bearbeitet **M 3**. Notiert Stichwörter zu den gesetzlichen Regelungen. Stellt euch die Arbeitsergebnisse gegenseitig vor.
4 Untersucht in Partnerarbeit die drei Konfliktfälle (**M 4**) und überprüft sie anhand der Bestimmungen des Jugendarbeitsschutzgesetzes (**M 3**). Formuliert Ratschläge für die betroffenen Auszubildenden.

Nach dem zehnten Schuljahr ... in Brandenburg

Schule oder Ausbildung?

Für die Zeit nach der Beendigung des zehnten Schuljahrs musst du eine persönliche Entscheidung treffen. Willst du weiterhin zur Schule gehen und das Fachabitur (Fachhochschulreife) oder das Abitur (allgemeine Hochschulreife) anstreben? Oder möchtest du eine duale Berufsausbildung absolvieren? Du kannst auch eine einjährige oder zweijährige Berufsfachschule besuchen und dich dort ausbilden lassen.

Eigeninitiative

Wie auch immer deine Entscheidung ausfallen wird: Es geht um dich. Niemand kann dir die Entscheidung abnehmen, aber auch kaum jemand kennt dich besser als du selbst. Deswegen ist Eigeninitiative so wichtig, damit du den zu dir passenden Weg findest.

Oberstufenzentren (OSZ)

Berufsschulpflichtige Jugendliche, die zum Unterrichtsbeginn noch keine betriebliche, außerbetriebliche, betriebsnahe oder schulische Ausbildung aufgenommen haben und über keine Zusage der Agentur für Arbeit verfügen, werden an dem für ihren Wohnort zuständigen OSZ in den Bildungsgang zum Erwerb beruflicher Grundbildung und von gleich gestellten Abschlüssen der Sekundarstufe I aufgenommen. Gegenwärtig gibt es in Brandenburg 26 Oberstufenzentren. Nach der erfolgreichen Zeit am OSZ kannst du eine Fachschule oder eine Fachoberschule besuchen. An den Oberstufenzentren werden unterschiedliche, zum Teil auch wechselnde Bildungsgänge angeboten. Aktuelle Informationen dazu findest du auf den Internetseiten der einzelnen Oberstufenzentren.

Berufsfachschule

Die Berufsfachschule in Brandenburg ist ein- oder zweijährig. Der einjährige Bildungsgang soll zum Erwerb beruflicher-Grundbildung und eines gleichgestellten Abschlusses der Sekundarstufe I führen. Im zweijährigen Bildungsgang der Berufsfachschule im Land Brandenburg können Abschlüsse im technischen und sozialen Bereich erworben werden.

Fachoberschule

An der Fachoberschule kannst du die Fachhochschulreife erlangen. Im ersten Jahr finden der Unterricht am Oberstufenzentrum und eine fachpraktische

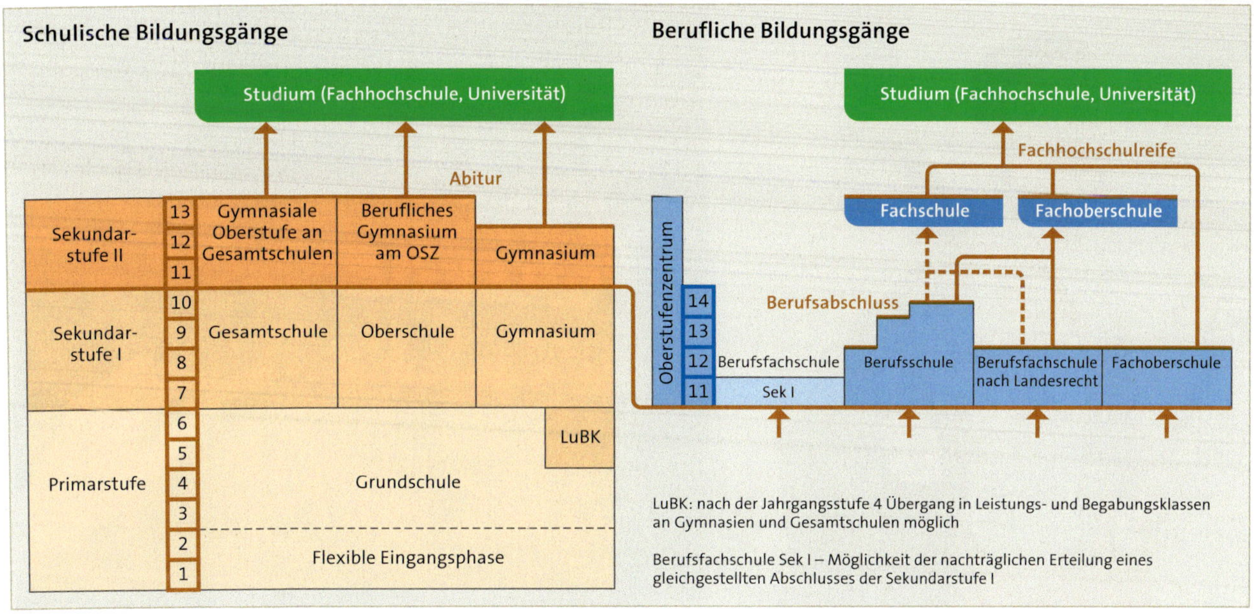

M 1 Schulische und berufliche Bildungsgänge in Brandenburg

Ausbildung in einem Betrieb, einer Behörde oder einer sonstigen Einrichtung (Praxisstelle) statt. Im zweiten Jahr wird ausschließlich Unterricht am Oberstufenzentrum erteilt. Er umfasst allgemeinbildende und jeweils unterschiedliche fachrichtungsbezogene Fächer.

Berufsausbildung mit Fachhochschulreife

In einigen Berufen können Jugendliche, die die Fachoberschulreife besitzen, einen Ausbildungsvertrag abschließen, der es ihnen ermöglicht, gleichzeitig mit der Berufsausbildung die Fachhochschulreife in einem integrierten Bildungsgang zu erwerben. Über diese Angebote kann man sich bei den Oberstufenzentren sowie den zuständigen Stellen und Betrieben informieren.

Ausbildung in den Fachberufen des Gesundheitswesens

In Brandenburg können 13 Fachberufe des Gesundheitswesens erlernt werden. Die Ausbildung findet an staatlich anerkannten Ausbildungsstätten (Schulen) statt. Diese verteilen sich auf mehr als 30 Standorte.

Fachschule

Fachschulen sind Einrichtungen der beruflichen Weiterbildung und Bestandteil der Oberstufenzentren. Sie schließen mit den Bildungsgängen und Fachrichtungen an die berufliche Erstausbildung und Berufserfahrungen an. Die Fachschulen ermöglichen den Erwerb der Fachhochschulreife.

1 Erläutere, warum bei deiner Entscheidung für Schule oder Ausbildung Eigeninitiative wichtig ist (Text).

2 Erkläre mithilfe des Autorentextes und anhand der Grafik M 1 die schulischen und beruflichen Bildungsgänge in Brandenburg.

3 Beschreibe mögliche Wege, die zu einem Studium führen können (M 1).

Nach dem zehnten Schuljahr ... in Berlin

Schule oder Ausbildung?

Für die Zeit nach der Beendigung des zehnten Schuljahrs musst du eine persönliche Entscheidung treffen. Willst du weiterhin zur Schule gehen und das Fachabitur (Fachhochschulreife) oder das Abitur (allgemeine Hochschulreife) anstreben? Oder möchtest du eine duale Berufsausbildung absolvieren? Du kannst auch eine einjährige oder zweijährige Berufsfachschule besuchen und dich dort ausbilden lassen.

Eigeninitiative

Wie auch immer deine Entscheidung ausfallen wird: Es geht um dich. Niemand kann dir die Entscheidung abnehmen, aber auch kaum jemand kennt dich besser als du selbst. Deswegen ist Eigeninitiative so wichtig, damit du den zu dir passenden Weg findest.

Oberstufenzentren (OSZ)

Die 48 Berliner Oberstufenzentren (davon 21 mit beruflichem Gymnasium) eröffnen auf dem Weg in die Arbeits- und Hochschulwelt vielfältige Perspektiven.

Ein OSZ kann Berufsschule, Berufliches Gymnasium, Berufsfachschule, Fachoberschule, Berufsoberschule und Fachschule unter einem Dach beherbergen. In erster Linie sind die Oberstufenzentren die Begleiter der Berliner Betriebe bei der dualen Erstausbildung.

Als Berufsschule bieten die Oberstufenzentren fachtheoretischen und allgemeinbildenden Unterricht in einem der über 350 Ausbildungsberufe an.

Schülerinnen und Schüler besuchen die Berufsschule als Bestandteil der dualen Ausbildung oder sie wählen an einem Oberstufenzentrum das für sie passende Angebot aus zahlreichen Bildungsgängen entsprechend ihren Interessen und Fähigkeiten. Sie können dort ab Klasse 11 höhere Schulabschlüsse erwerben oder eine vollzeitschulische Berufsausbildung absolvieren.

Vieles ist möglich am OSZ, auch der Erwerb des Abiturs und der anschließende Wechsel auf die Universität.

Oberstufenzentren kooperieren eng und verbindlich mit den Integrierten Sekundarschulen. Für Schülerinnen und Schüler der Sekundarschulen ohne eine eigene Oberstufe besteht die Möglichkeit, am dreijährigen beruflichen Gymnasium das Abitur zu erwerben.

Rund 120 (öffentliche) Integrierte Sekundarschulen (ISS) gibt es in Berlin. Unge-

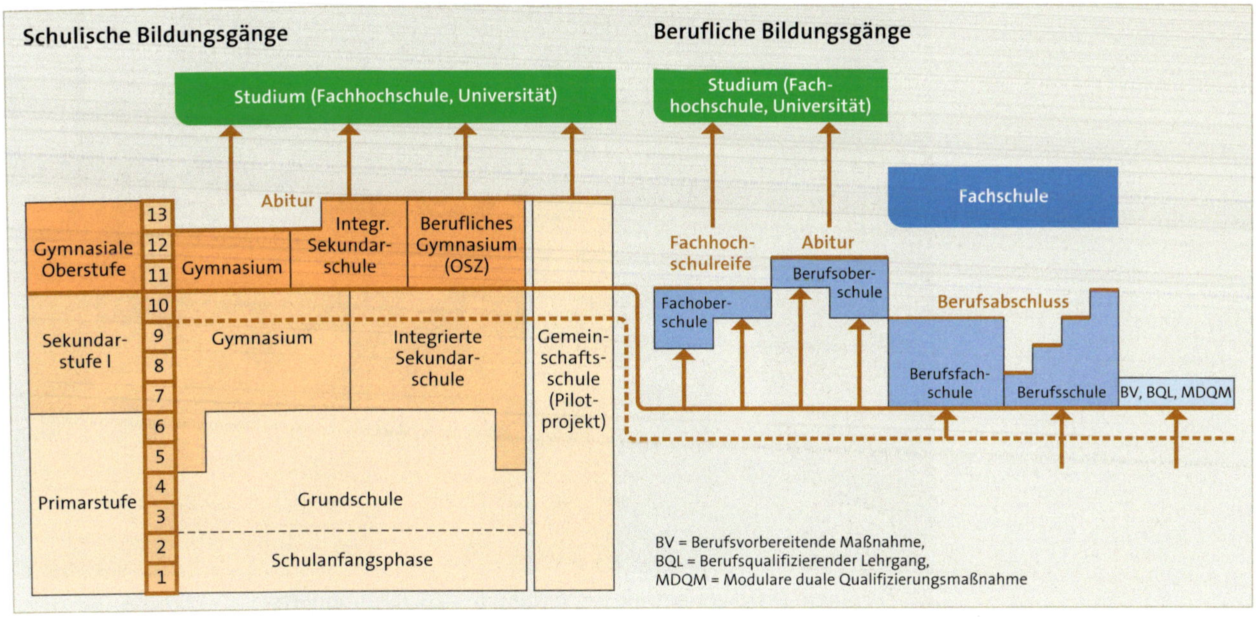

M 1 Schulische und berufliche Bildungsgänge in Berlin

fähr ein Drittel davon hat eine eigene Oberstufe.

Berufliche Ausbildungswege in Berlin

Grundsätzlich sind in Berlin vier Ausbildungswege möglich: duale Ausbildung (in Betrieb und Berufsschule), mehrjährige Berufsfachschule, gymnasiale Oberstufe am OSZ (berufliches Gymnasium) sowie Fachschulen.

Schule, Beruf und Bildungsabschlüsse

In den OSZ können Berufe vollschulisch erlernt werden. Dies erfolgt in den mehrjährigen Berufsfachschulen (BFS). Zudem gibt es die Möglichkeit, sogenannte „doppelt qualifizierende Bildungsgänge" zu absolvieren, die eine Berufsausbildung und Studienbefähigung beinhalten.

Eine erfolgreich abgeschlossene Berufsausbildung kann unter bestimmten Voraussetzungen mit einem Bildungsabschluss (z. B. Mittlerer Schulabschluss (MSA)) verbunden sein. Nach dem erfolgreichen Abschluss einer Berufsausbildung kann in speziellen Bildungsgängen in den OSZ die Fachhochschulreife oder auch das Abitur (Allgemeine Hochschulreife) erworben werden.

Schülerinnen und Schüler der ISS, die zum Ende der 10. Klasse den gewünschten Bildungsabschluss noch nicht erreicht haben, können in der 11. Klasse berufsausbildungsvorbereitende Bildungsgänge an den OSZ besuchen.

Die Schülerinnen und Schüler werden hier gut vorbereitet, sodass ihre Chancen steigen, eine Berufsausbildung erfolgreich zu absolvieren.

1 Erläutere, warum bei deiner Entscheidung für Schule oder Ausbildung Eigeninitiative wichtig ist (Text).

2 Erkläre mithilfe des Autorentextes und anhand der Grafik **M 1** die schulischen und beruflichen Bildungsgänge in Berlin.

3 Beschreibe mögliche Wege, die zu einem Studium führen können (**M 1**).

Die Rolle der Gewerkschaften im Arbeitsleben

M1 In einem Druckereibetrieb am Anfang des 20. Jahrhunderts

Kurzer geschichtlicher Abriss zu den Gewerkschaften

Gewerkschaften in Deutschland können sich auf Paragraph 9 des Grundgesetzes stützen. Dort heißt es: „Das Recht, zur Wahrung und Förderung der Arbeits- und Wirtschaftsbedingungen Vereinigungen zu bilden, ist für jedermann und für alle Berufe gewährleistet." Die Geschichte der deutschen Gewerkschaften reicht bis in die 1850er-Jahre zurück.

Lohnerhöhungen und Verkürzung der täglichen Arbeitszeit auf zehn Stunden gehörten zu den Hauptforderungen der neu gegründeten Gewerkschaften im industriell aufstrebenden Deutschen Reich. Gewerkschaften wehrten sich allerdings auch gegen eine Entmündigung und eine unwürdige Behandlung der Arbeiter/-innen durch die Fabrikeigentümer.

Eine Streikwelle in der zweiten Hälfte des 19. Jahrhunderts führte zu einer Art „Gründungsboom" neuer Gewerkschaften und steigerte die Zahl ihrer Mitglieder enorm.

Wozu heute Gewerkschaften?

Seit dem Beginn der Industrialisierung hat sich die Arbeitswelt mehrfach gewandelt. Die Verringerung der Arbeitszeit steht bei den Gewerkschaften nicht mehr unbedingt an oberster Stelle der Prioritätenliste*. Vielmehr richtet sich heute das Augenmerk eher auf die Lage der Arbeitszeiten. Die ununterbrochene Erreichbarkeit der Arbeitnehmer/-innen ist eine neue Herausforderung. Hier heißt es, die Kolleginnen und Kollegen und ihre Erholungszeiten zu schützen.

* **Priorität**
Vorrang, Rangfolge, Stellenwert

Was kann eine Gewerkschaft für Arbeitnehmer/-innen tun?

Gewerkschaften sind Interessenvertretungen der Arbeitnehmer/-innen. Sie verfolgen weitreichende Aufgaben und vertreten gegenüber den Arbeitgebern die Belange ihrer Mitglieder. Insbesondere wirken Gewerkschaften bei Verhandlungen mit den Arbeitgeberorganisationen in Bezug auf die Lohn- und Gehaltshöhe (Tarifverhandlungen) mit. Darüber hinaus beraten Gewerkschaften ihre Mitglieder hinsichtlich arbeitsrechtlicher Fragen. Außerdem können Mitglieder einer Gewerkschaft ihre Arbeit niederlegen (Streik), wenn sie gegenüber ihrem Arbeitgeber ihre Ziele durchsetzen wollen. Für diese arbeitsentgeltfreie Zeit haben sie Anspruch auf Streikgeld.

Gewerkschaften sind wichtige Interessenvertretungen der Arbeitnehmerinnen und Arbeitnehmer.

Was kostet eine Mitgliedschaft?

Der monatliche Mitgliedsbeitrag, den die Arbeitnehmer/-innen zu entrichten haben, hängt von der Höhe ihres Arbeitsentgelts ab. Üblich ist ein Prozent vom regelmäßigen monatlichen Bruttoverdienst bzw. von der regelmäßigen monatlichen Ausbildungsvergütung.

Wie viele Mitglieder haben die Gewerkschaften?

In Deutschland sind acht große Einzelgewerkschaften als Deutscher Gewerkschaftsbund (DGB) zusammengeschlossen. Ihm gehören gegenwärtig rund sechs Millionen Mitglieder an. Daneben gibt es noch zahlreiche kleinere Gewerkschaften. Insgesamt sind rund 22 Prozent der Arbeitnehmer/-innen in Deutschland in Gewerkschaften organisiert (Organisationsgrad*). In den nordeuropäischen Ländern sind es mehr als 80 und in Frankreich weniger als zehn Prozent.

M2 Eden ist Gewerkschaftsmitglied

* **Organisationsgrad**
Anteil der Personen in einem bestimmten Bereich (Organisationsbereich) beschäftigten Gewerkschaftsmitglieder im Vergleich zu allen in diesem Bereich Beschäftigten

M3 Als Gewerkschaftsmitglieder fordern wir ...

1 Beschreibe das Foto M1. Versuche insbesondere, die Arbeitatmosphäre und die Arbeitsbedingungen zu verdeutlichen.
2 Finde heraus, wie sich ein heutiger Arbeitsplatz in einer Druckerei von den Verhältnissen in M1 unterscheidet. Präsentiere dein Rechercheergebnis.
3 Stelle grundsätzliche Interessengegensätze zwischen Arbeitnehmern und Arbeitgebern tabellarisch in Stichwörtern nebeneinander.
4 Fasse den geschichtlichen Abriss zu den Gewerkschaften kurz mündlich zusammen (Text).
5 M2: Erweitere Edens Aussage, indem du drei Begründungen formulierst.
6 M3: Erarbeitet mit einer/einem Partner/-in gewerkschaftliche Forderungen, die euch wichtig wären.
7 Nimm begründet Stellung, ob du den Gewerkschaftsbeitrag für angemessen hältst.
8 Erläutere, wofür ein hoher gewerkschaftlicher Organisationsgrad wichtig ist.

Das kann ich ...

CHECK UP

Wichtige Begriffe

- Berufswahl
- Mangelberuf
- Praktikum
- Praktikumsbericht
- Berufswahlpass
- Bewerbung
- Rechte und Pflichten in der Ausbildung
- Ausbildungsvertrag
- Gewerkschaften

A Meine Situation vor der Berufswahl

B Gespräch mit einem Experten der Berufsberatung

Vorbereitung

→ Ich mache mir Notizen.

- Wie habe ich mich bisher auf das Thema vorbereitet?
- Welche Anforderung habe ich an meinen „Traumberuf"?
- Habe ich schon konkrete Berufsvorstellungen oder noch keine Ahnung?
- Wo habe ich ein Praktikum absolviert?
- Welche Informationen benötige ich noch und welche Fragen möchte ich stellen?
- Wo finde ich die Berufsberatung und wo bekomme ich einen Termin?

Durchführung

→ Ich bin gut vorbereitet.

- Zettel, Stift, Zeugnis und Vorbereitungsfragen habe ich dabei.
- Ich werde wohl zunächst meine Interessen und evtl. meine Berufsvorstellung formulieren müssen.
- Ich wage es, meine Fragen zu stellen.
- Wenn mir während des Gesprächs eine Frage einfällt oder ich etwas nicht verstehe, frage ich sofort nach.
- Ich spreche in einem freundlichen Ton.

Auswertung

→ Auch hier helfen mir Notizen ...

- Wurden alle Fragen zu meiner Zufriedenheit beantwortet?
- Welche Schritte wurden bei der Berufsberatung geplant?
- Welche Fragen sind offen geblieben und wie kann ich sie beantworten?

C Pro und kontra zum Thema „Home-Office“

Pro
Die neuen digitalen Medien machen es möglich, dass man von überall aus arbeiten kann. Gespräche mit dem Vorgesetzten lassen sich schnell per Videokonferenz erledigen. Außerdem bietet das Home-Office völlig neue Möglichkeiten zur Vereinbarung von Familie und Beruf.

Kontra
Wenn Arbeitnehmer nur noch von zu Hause aus arbeiten, ist es schwieriger, gemeinsame Absprachen zu treffen. Insbesondere wenn man im Team arbeiten muss, kann es aufgrund des fehlenden direkten Kontaktes zu Kommunikationsschwierigkeiten und Konflikten kommen. Als Vorgesetzte/-r kann man kaum noch kontrollieren, was die/der Arbeitnehmer/-in den ganzen Tag über macht.

D Wandel der Berufsbilder

Wissen und erklären

1 In welcher Ausgangssituation befinde ich mich vor dem Eintritt ins Berufsleben (A)?
2 Worauf muss man bei einer Bewerbung besonders achten?

Informationen beschaffen und auswerten

3 Bereitet euch mithilfe der Tipps in B auf ein Berufsberatungsgespräch vor. Führt das Gespräch als Rollenspiel im Unterricht durch.
4 Finde heraus, welcher Beruf zu dir passen könnte und präsentiere dein Ergebnis mit Begründung vor deiner Klasse.
5 Recherchiere Arbeitgeber in deiner Region, die sich besonders sozial und ökologisch engagieren. Welche Ausbildungsberufe bieten sie an?

Beurteilen, entscheiden und handeln

6 Fertige eine Collage dazu an, was du schon kannst, was du noch lernen möchtest und was du auf keinen Fall in der Ausbildung erleben möchtest.
7 Lest zunächst die Aussagen in C. Findet weitere Argumente und diskutiert darüber in der Klasse.
8 Beurteile die Wirkung der Karikatur (D).

Rollenspiel zur Berufswahl

Rollenspiel

Bis zum eigenen Traumjob ist es ein langer Weg. Ob beim Bewerbungsschreiben oder beim Vorstellungsgespräch – überall lauern Fallen und Hindernisse.
Mithilfe eines Rollenspiels kann man sich in einer sicheren und geschützten Umgebung gut auf ein richtiges Bewerbungsgespräch vorbereiten.

Damit ein Rollenspiel gut gelingt, ist es wichtig, sich auf seine Rolle vorzubereiten. In manchen Rollenspielen werden sogenannte „Rollenkärtchen" ausgegeben. Darauf stehen ein paar Stichwörter, wie die Rolle „angelegt" sein soll. Gibt es keine näheren Hinweise auf die Rolle, solltest du dir vorher kurz überlegen, wie du dich verhalten willst. So machen es auch „richtige" Schauspieler/-innen.

Verlauf des Rollenspiels

1 Rollen festlegen
- Überlegt euch eine Firma, bei der man sich für einen Ausbildungsjob bewerben kann und sucht eine entsprechende Stellenausschreibung heraus.
- Legt fest, welche Schüler/-in die/der Bewerber/-in sein sollen und wer die Auswahl treffen darf.

2 Vorauswahl treffen
- Jede/-r Bewerber/-in schreibt eine „richtige" Bewerbung.
- Eine kleine Auswahlgruppe sieht sich die Bewerbungen an und trifft die Entscheidung, wer zum Vorstellungsgespräch eingeladen wird.

3 Auswahlgespräche vorbereiten
- Sowohl die/der Bewerber/-in als auch die Auswählenden bereiten sich auf das Auswahlgespräch vor.
- Die Auswählenden erstellen einen Fragenkatalog und die Bewerber/-innen informieren sich über das Unternehmen.

4 Auswahlgespräch durchführen
- Die Auswahlgespräche werden durchgeführt.
- Der Rest der Klasse notiert auf einem Bewertungsbogen, was die Bewerber/-innen gut gemacht haben und was sie besser machen können.

5 Auswahlgespräch auswerten
- Nach dem Auswahlgespräch verlässt jeder seine Rolle und man wertet gemeinsam das Gespräch aus.
- Zuerst dürfen die Teilnehmer/-innen berichten, wie sie sich gefühlt haben. Danach werden die Verbesserungsvorschläge besprochen.

Tipp: Wertet direkt nach jedem einzelnen Bewerbungsgespräch aus, denn dann sind die Gedanken noch frisch!

Ernährung und Konsum aus regionaler und globaler Sicht

Lebensmittelproduktion in der Landwirtschaft

M1 Landwirtschaftliche Produktion

Lebensmittelproduktion in früherer Zeit

Beim ersten Hahnenschrei aufstehen, das Vieh versorgen und so lange arbeiten, bis die Sonne untergeht – und das alles nur, damit es gerade einmal so zum Leben reicht. So ließe sich das Leben der Bauern über Jahrhunderte beschreiben.
Die Abhängigkeit vom Wetter sowie von der Bodenfruchtbarkeit erschwerten den Anbau. Der Boden wurde mit der Hand sowie der Kraft der Tiere bearbeitet.
Bis weit in das 20. Jahrhundert war so die Lebensweise des bäuerlichen Alltags gekennzeichnet.

Erfindung des Kunstdüngers

Die Erfindung des Mineraldüngers durch den Chemiker Justus von Liebig (um 1840) war ein wichtiger Schritt zu einer leistungsstarken Landwirtschaft. Durch den Einsatz von künstlich hergestelltem Stickstoff konnten die Erträge deutlich gesteigert werden. Liebigs Ziel war es, die zum Teil verheerenden Hungersnöte der damaligen Zeit zu lindern oder ganz zu verhindern.

Konventionelle* Landwirtschaft

Die Agrarpolitik und die schlechte Einkommensentwicklung seit den 1950er-Jahren zwangen die Landwirte zur Rationalisierung ihrer Betriebe.
Die Landwirtschaft wurde zunehmend mechanisiert, Traktoren ersetzten die Arbeitskraft von Zugtieren. Ein breites Spektrum von hoch spezialisierten Maschinen wurde entwickelt, die auf jedes Stadium des Pflanzenanbaus oder der Tierproduktion zugeschnitten waren.
Pflanzliche Erträge wurden durch den vermehrten Einsatz von Düngemitteln gesteigert. Die Anwendung von Pflanzenschutzmitteln führte zu einer weiteren Steigerung und erleichterte die Arbeit zusätzlich.

Die konventionelle Landwirtschaft beinhaltet den gezielten Einsatz von Dünge- und Pflanzenschutzmitteln.

* **konventionell**
althergebracht; so wie immer

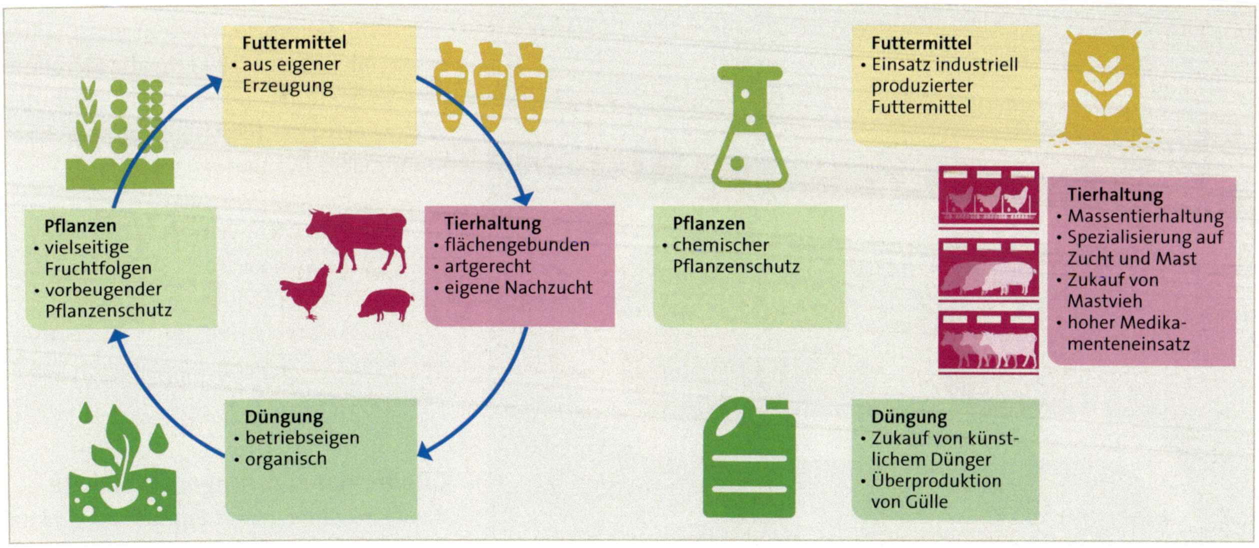

M 2 Landwirtschaftliche Produktionsformen

Die Intensivierung der Landwirtschaft

Die Intensivierung der Landwirtschaft ging mit einer wachsenden Spezialisierung der Betriebe einher. Ausgedehnte Felder wurden benötigt, um den Einsatz großer Maschinen rentabel zu gestalten. Pflanzenanbau und Viehwirtschaft wurden räumlich getrennt.

Bei der Viehhaltung wurde die Rationalisierung hauptsächlich durch den Einsatz von Tierarzneimitteln bei großen Viehbeständen zur Krankheitsvorbeugung oder zur -bekämpfung erreicht.

Ökologische Landwirtschaft

Die ökologische Landwirtschaft betrachtet die Erzeugung von Lebensmitteln als harmonisches Zusammenspiel von Boden, Pflanze, Tier und Mensch. Das Hauptziel dieser Wirtschaftsweise ist, neben der Nahrungsmittelproduktion, die Gesunderhaltung des ökologischen Kreislaufs.

Auf die Erreichung von Höchsterträgen und Höchstleistungen wird bewusst verzichtet, um eine möglichst umweltschonende Produktion von gesundheitlich unbedenklichen und biologisch hochwertigen Lebensmitteln zu gewährleisten. Die so erzeugten Produkte sind allerdings deutlich teurer als Produkte der konventionellen Landwirtschaft.

1 Ordne den vier Fotos in **M 1** begründet Textabschnitte (Autorentext) zu.

2 Fasse mündlich zusammen, welche Bedeutung die Erfindung des Kunstdüngers hatte (Text).

3 Erläutere Ursachen und Folgen der Intensivierung der Landwirtschaft (Text).

4 Vergleiche die Anbaumethoden der konventionellen mit der ökologischen Landwirtschaft (Text, **M 2**).

5 Ordne den Grafiken in **M 2** begründet eine landwirtschaftliche Produktionsweise zu.

6 Überlege, ob das Welternährungsproblem mit ökologischer Landwirtschaft zu lösen ist. Trage deinen Standpunkt begründet vor.

7 Stelle dir vor, du solltest ein landwirtschaftlichen Betrieb übernehmen. Für welche Produktionsform würdest du dich entscheiden? Präsentiere deine Entscheidung mit deinen Argumenten.

Die Nahrungsmittelkette

M1 Eine Nahrungsmittelkette

★ **Variation**
Abwandlung, Abänderung

M2 Bar-Code

Bitte zu Tisch

Bevor der Ruf: „Bitte, zu Tisch“ erfolgen kann und die leckeren Spaghetti über die Gabel gedreht werden, ist ein langer Produktionsweg beschritten worden.

Bei Spaghetti gibt es eine Reihe von Variationen★. Es gibt sie beispielsweise aus Hartweizen oder aus Vollkornmehl. Der Begriff „Spaghetti“ kommt aus der italienischen Sprache und heißt wörtlich übersetzt „Schnürchen“. Auch hinsichtlich der Dicke der Spaghetti gibt es mehrere Möglichkeiten: Dicke heißen „Spaghettoni“, dünne „Spaghettini“, besonders dünne „Capellini“.

Die Nahrungsmittelkette – vom Anbau zum Konsum

Wo eine Nahrungsmittelkette beginnt, ist nicht (immer) ganz klar. Bleiben wir bei den Nudeln. Man könnte das Getreide als erstes Glied dieser Kette betrachten. Doch auch schon beim Saatgut, ohne das kein Getreide geerntet werden kann, könnte die Nahrungsmittelkette beginnen. Üblicherweise versteht man unter einer Nahrungsmittelkette alle Elemente der Herstellung (Produktion) und des Warenvertriebs (Distribution) bis zum Verbraucher (Konsum).

Eine Nahrungsmittelkette reicht vom Anbau bis zum Konsum. Sie umfasst das Ausgangsprodukt, dessen Verarbeitungsstufen sowie den Vertrieb bis zum letzten Kettenglied: der/dem Verbraucher/-in.

Glieder der Nahrungsmittelkette

Viele Beteiligte an der Produktion und an der Verbreitung von Lebensmitteln führen dazu, dass man als Verbraucher/-in kaum die konkrete „Entstehung eines Produktes“ restlos aufklären kann.

Je länger eine Nahrungsmittelkette ist, desto weniger übersichtlich ist sie.

Das Beispiel Müsli

Damit morgens das gesunde Müsli auf dem Frühstückstisch stehen kann, ist viel Arbeit der Landwirte notwendig. Das Korn wird nicht nur geerntet, es muss transportiert, getrocknet, verarbeitet und abgepackt werden. Schon bei dieser kurzen Aufzählung wird deutlich, dass viele Menschen am Produktionsprozess betei-

M3 Speisen und Getränke

ligt sind, damit das Müsli zum Verkauf bereitstehen kann. Erst dort fällt die Entscheidung, welche Sorte letztendlich gekauft wird.

Staatlicher Verbraucherschutz

Berlin ist der Sitz des Bundesinstituts für Risikobewertung (BfR). Es handelt sich um eine Einrichtung im Geschäftsbereich des Bundesministeriums für Ernährung und Landwirtschaft.

Das BfR hat den gesetzlichen Auftrag„ über mögliche, festgestellte und bewertete Risiken zu informieren, die u.a. Lebensmittel für den Verbraucher bergen können.

Die Lebensmittelsicherheit ist eine der dringlichsten Aufgaben des Verbraucherschutzes. Eine Voraussetzung dafür sind auch sichere Futtermittel. Das BfR bewertet Lebens- und Futtermittel und erstellt Gutachten zu Fragen der Sicherheit.

> Lebensmittelsicherheit ist eine der dringlichsten Aufgaben des Verbraucherschutzes.

Rückrufaktionen

Gelegentlich hört man – auch im Bereich der Lebensmittelindustrie – davon, dass Produkte zurückgerufen werden.

Mitunter hat ein Unternehmen festgestellt, dass in der Ware Plastikteile mit scharfen Kanten vorkommen könnten, sodass beim Kauen oder Schlucken oder in den Verdauungsorganen ein Verletzungsrisiko nicht ausgeschlossen werden kann. Dann informieren die Unternehmen in der Regel über die genaue Produktbezeichnung mit Packungsgröße, Haltbarkeitsdatum und der Waren-Codierung.

Der Bar-Code gibt Auskunft darüber, wann und in welcher Menge eine Ware hergestellt wurde. Damit ist für das Herstellungswerk schnell klar, welche Mengen an bestimmte Vertriebsstellen oder Supermärkte geliefert wurde. Rückrufaktionen sind so rasch umsetzbar und schützen damit sowohl den Erzeuger als auch den Konsumenten.

M4 Spaghetti – zwischen Fabrik und Verbraucher

1 Beschreibe mithilfe von **M 1** eine Nahrungsmittelkette.
2 Erläutere das Beispiel „Müsli" (Text). Wie könnte diese Nahrungsmittelkette beschrieben werden?
3 Wähle aus **M 3** ein Produkt aus (oder nimm ein eigenes Beispiel) und skizziere dessen Nahrungsmittelkette.
4 Nenne die Stationen der Spaghetti- Nahrungsmittelkette in **M 4**. Welche Stationen würdest du ergänzen?
5 Kommentiere den Merksatz aus deiner Sicht: „Lebensmittelsicherheit ist eine der dringlichsten Aufgaben des Verbraucherschutzes" (Webcode).
6 Erarbeite eine Präsentation zum Thema „Möglichkeiten der Überprüfung einer Nahrungsmittelkette".
7 Berichte über aktuelle Rückrufaktionen aus dem Lebensmittelbereich (Webcode).
8 Stell dir vor, du wärest Pressesprecher/-in eines großen Lebensmittelherstellers. Wann und wie würdest du auf ein Plastikteil in bestimmter Ware aufmerksam machen? Schadet eine Rückrufaktion eher dem Ansehen „deines" Unternehmens oder nützt es sogar?

Lebensmittel und Logistik

M1 Lebensmitteltransporte – früher und heute

★ **Logistik**
Versorgungswesen; Transport, Lagerung und Umschlag

★ **Kerosin**
Flugzeugtreibstoff

Alles – zu jeder Zeit

Schon fast vergessen ist es, dass die Produktion von Lebensmitteln an klimatische und jahreszeitliche Bedingungen gebunden ist. Noch vor etwa 200 Jahren wurde der Lebensmittelbedarf fast ausschließlich durch heimische Produkte gedeckt.

Die Speisenauswahl war durch Ernte- und Schlachtzeiten saisonal begrenzt.

Heute ist es in den Industriestaaten völlig selbstverständlich, dass die meisten Lebensmittel zu jeder Jahreszeit erhältlich sind. In den Regalen der Supermärkte finden sich Äpfel aus Chile, Kiwi aus Neuseeland, Erdbeeren aus Israel, Weintrauben aus Südafrika.

Möglich wurde dieser riesige Warenumschlag erst durch die Entwicklung einer modernen und leistungsfähigen Transporttechnologie. Wer macht sich angesichts der Fülle noch bewusst, welcher Aufwand an Energie und Verpackungsmaterial für den Transport der zum Teil verderblichen Güter nötig ist? Wer denkt an den hohen Verbrauch an Heizenergie bei den im Gewächshaus aufgezogenen Pflanzen und den dabei notwendigen Einsatz von Pflanzenschutzmitteln? Für den Lebensmittelhandel lohnen sich die vielen Transportkilometer dennoch wegen der meist niedrigen Erzeugerpreise in den Überseeländern.

Mit hohen Gewinnspannen können die Lebensmittel gehandelt werden. Auch die weitesten Transportwege sind nur noch eine Frage der Logistik★ und des Preises.

So legen Erdbeeren aus Israel eine Flugreise von etwa 3100 Kilometer nach Deutschland zurück und verbrauchen je Kilogramm 1,3 Liter Kerosin★.

Ein Kilogramm Weintrauben aus Südafrika benötigt auf der 10 000 Kilometer langen Reise ca. 4,3 Liter Kerosin und stößt elf Kilogramm Kohlenstoffdioxid in die Atmosphäre.

Über zwei Drittel des Transportaufwandes, der für in Deutschland konsumierte Lebensmittel erforderlich ist, entfallen auf Lebensmittel aus Übersee.

Flugzeug, Schiff und Lkw – Transportmittel einer neuen Globalisierung

Moderne und schnelle Transportmittel ermöglichen es, dass in kurzer Zeit große Distanzen überwunden werden. Frachtflugzeuge sorgen dafür, dass Lebensmittel auch aus weit entfernten Ländern nicht länger als einen Tag zu ihrem Bestimmungsort unterwegs sind.

Der globale Import und Export von Lebensmitteln wurde erst durch die Entwicklung moderner Transportmittel möglich.

Frische und nicht lange haltbare Produkte werden überwiegend mit dem Flug-

M2 Bananen – vor dem Transport im Erzeugerland

M3 Bananen – im europäischen Supermarkt

zeug transportiert. Sie werden vor allem in den Industrieländern nachgefragt.
Mit der Entwicklung und Inbetriebnahme von Kühlcontainerschiffen begann 1969 eine neue Ära der Lebensmitteltransporte. Seither ist es möglich, frische Lebensmittel über große Entfernungen zu transportieren. Mit Temperaturkontrollen und einer künstlich geschaffenen Atmosphäre können Reifeprozesse unterbrochen werden. Die „biologische Uhr" wird angehalten. Mit einer solchen Technologie können längere Transportzeiten überbrückt werden.
Hohe Wachstumsraten zeigt der Lebensmitteltransport auf der Straße. Lebensmittel wie Fleisch, Fisch, Gemüse und Milch werden in Deutschland zu fast 95 Prozent von den Häfen sowie den Erzeugern auf der Straße transportiert und verteilt.
Jede Tonne Fracht eines Lastwagens verursacht ökologische Schäden durch den Ausstoß von Feinstaub und Kohlenstoffdioxid. Alltägliche Lebensmittel werden oft aufwändig über lange Strecken bis zum Supermarkt transportiert. Umweltschonendere Transportmöglichkeiten wie der Binnenschiffsverkehr* oder die Schiene werden nicht ausgeschöpft. Ihr Anteil ist sogar rückläufig.
Verlagerte man die Hälft der Lebensmitteltransporte in Deutschland von der Straße auf die Schiene, würden etwa 16 Prozent weniger Kohlenstoffdioxid freigesetzt.

Eine stärkere Verlagerung des Frachtverkehrs auf Schiff und Schiene würde die Umwelt schonen.

Verbraucher, die heimische Produkte kaufen, tragen somit erheblich dazu bei, den Ausstoß klimaschädlicher Gase zu vermindern.

* **Binnenschiffsverkehr** Schiffsverkehr auf Flüssen und/oder Kanälen

M4 Binnenschiff

1 Zähle einheimische Gemüsesorten auf, die im Winter in Deutschland angeboten werden können. Nutze dazu einen Saisonkalender (Webcode).
2 Informiere dich im Supermarkt über die Herkunftsländer oder die Herkunftsregionen von drei Obst- und drei Gemüsesorten. Benenne sie und berichte vor der Klasse.
3 Halte einen Kurzvortrag zum Thema „Gewächshausanbau". Gehe dabei auf Vor- und Nachteile ein.
4 Entwirf ein Infoplakat, wie es von einem Umweltschutzverband stammen könnte – Thema: „Kiwi, Kilometer und Kohlenstoffdioxid".
5 Entwirf ein Werbeplakat, wie es von einer großen Supermarktkette stammen könnte – Thema: „Kiwi und Konsumentenwünsche".
6 Schlage möglichst umweltfreundliche Lebensmitteltransporte anhand von Beispielen vor.

Nachhaltige Lebensmittelproduktion

Ökologie
Boden, Wasser, Klima, Luft

Gesellschaft
soziale Gerechtigkeit, Mitverantwortung

Ökonomie
Einkommen, Vermarktung, Handel

M1 Die drei Bereiche der Nachhaltigkeit

Regional produzieren mit Köpfchen

Nicht zuletzt aufgrund immer neuer Skandale verzichten mehr und mehr Menschen auf Lebensmittel aus zweifelhaften Produktionsverfahren und Viehhaltungsformen. Wer sich jedoch sicher sein möchte, dass seine Lebensmittel ökologisch und ethisch* einwandfrei erzeugt wurden, greift zu nachhaltig produzierten Lebensmitteln.

Nachhaltig produzieren heißt: Lebensmittel herstellen, die umweltfreundlich, zu fairen Preisen und unter gerechten Arbeitsbedingungen hergestellt werden.

Das steigende Bewusstsein, durch das eigene Konsumverhalten Einfluss nehmen zu können, spielt in der gesellschaftlichen Diskussion um nachhaltiges Produzieren und Wirtschaften eine wichtige Rolle. Darin spiegelt sich auch das wachsende Bedürfnis vieler Produzenten sowie Verbraucher nach Transparenz und Vertrauen. Ebenso vielseitig wie die Elemente des Begriffs „Nachhaltigkeit" sind auch die damit verbundenen Verbraucheranforderungen an die Produkte und die Hersteller.

Immer mehr Menschen erkennen, dass der Zusammenhang zwischen Nahrungsmittelerzeugung, Ökologie und Gesundheit in hohem Maße über unsere Zukunft mitentscheiden wird.
Darauf stellen sich auch immer mehr Erzeugerbetriebe ein. Sie verpflichten sich zu Nachhaltigkeit. Eine immer größer werdende Anzahl von landwirtschaftlichen Betrieben arbeitet mit regionalen Verbrauchermärkten, Gaststätten oder Hotels zusammen. Hochwertige und nachhaltig produzierte Waren werden aus einem Umkreis von maximal 80 Kilometern verarbeitet.

„Regionalität" ist kein fester Begriff. Er wird häufig durch territoriale* Grenzen beschrieben.

Mithilfe eines gezielten Einsatzes von Waren ist es möglich, dass beispielsweise die Milch, das Rind- oder das Schweinefleisch für eine Gaststätte von einem Nachbarhof stammen.

Neue Anforderungen an die Landwirtschaft

In den letzten Jahren hat die nachhaltige Landwirtschaft immer mehr an Bedeu-

* **ethisch**
eine von Verantwortung und Verpflichtung anderen gegenüber geprägte Lebensführung

* **territorial**
zu einem (geographischen) Gebiet gehörend; ein Gebiet betreffend

tung gewonnen. Die Aufgabe der Landwirtschaft war und ist die Deckung des zunehmenden Bedarfs an nachwachsenden Rohstoffen, um den Bedarf der gestiegenen Zahl der Weltbevölkerung zu decken.

Eine nachhaltige Landwirtschaft muss ökonomisch sinnvoll und sozial verantwortbar sein. Sie muss darauf ausgerichtet sein, Land, Wasser und genetische Ressourcen für künftige Generationen zu bewahren.

Damit die Landwirtschaft das Ziel der Nachhaltigkeit umsetzen kann, wird verstärkt auf den ökologischen Landbau gesetzt. Ihr Leitgedanke ist ein Wirtschaften im Einklang mit der Natur. Um diese Forderungen zu erreichen, ist es bei der Produktion besonders wichtig:
- einen möglichst geschlossenen betrieblichen Nährstoffkreislauf zu erreichen
- die Bodenfruchtbarkeit zu erhalten
- Menschen, Tiere und die Umwelt nicht negativ zu beeinträchtigen.

Produkte nachhaltig weiterverarbeiten und vermarkten

Oft ist es wichtig, dass dem Verbraucher der Nachhaltigkeitsgedanke eines Unternehmens glaubwürdig kommuniziert wird. Damit wird Nachhaltigkeit zu einem wesentlichen Wettbewerbsfaktor. Setzen Unternehmen energiesparende Produktionsmethoden ein, verwenden sie umweltfreundliche Verpackungsmaterialien und recyceln sie überschüssige Materialien? Diese positiven Ansätze müssen dem Verbraucher aber auch zur Kenntnis gebracht werden. Dem Unternehmen stehen dafür verschiedene Möglichkeiten zur Verfügung. Die Nutzung von Flyern, von persönlichen Verkaufsgesprächen oder Ausschilderungen sind besonders bei den kleinen lebensmittelerzeugenden Handwerksbetrieben von Nutzen. Eine Bäckerei, die solche Möglichkeiten nutzt, könnte ihre Produkte so vermutlich noch besser vermarkten.

1 Erläutere die Grafik **M 1**. Verdeutliche die Nachhaltigkeit an einem Beispiel.
2 Fasse mit deinen Worten zusammen, was unter „Regionalität" verstanden wird.
3 Finde Betriebe, die regionale Produkte vermarkten. Stelle diese Beispiele der Klasse vor.
4 Stelle Möglichkeiten dar, wie kleine Lebensmittelgeschäfte ihren Nachhaltigkeitsgedanken ihrer Kundschaft verdeutlichen könnten.
5 Stelle dar, welche Möglichkeiten industrielle Lebensmittelproduzenten haben, um ihr Nachhaltigkeitskonzept zu kommunizieren.
6 Führt in Gruppenarbeit Interviews mit einem Lebensmittelerzeuger aus eurer Region. Wie setzt man dort Ideen zur Nachhaltigkeit um? Erarbeitet zuvor eure Leitfragen in euren Gruppen.
7 Beispiel: Eine Bäckerei stellt auf „Nachhaltigkeit" um – welche Folgen hat es für den Betrieb, die Kunden und die Preise ihrer Waren? Diskutiert darüber in der Klasse.
8 Entwirf ein Lernplakat zum Thema: „Nachhaltigkeit in der Landwirtschaft".

Biotechnologisch produzierte Lebensmittel

M 1 Nichts Neues – Auslese von Getreideeigenschaften

Biotechnologie – ein „alter Hut"

Nachdem die Menschen nicht mehr Jäger und Sammler waren (Altsteinzeit) wurden sie sesshaft und begannen mit Ackerbau und Viehzucht (Neusteinzeit). Sie wurden zu Produzenten von Pflanzen und Tieren und veränderten sie nach ihren Bedürfnissen. Dieser Schritt vor nahezu 10 000 Jahren kann als die „Geburtsstunde der Biotechnologie" angesehen werden. Menschen überließen die Entwicklung von Pflanzen und Tieren nicht mehr dem natürlichen Entwicklungsprozess, sondern sie griffen mit technischen Mitteln in die biologischen Abläufe ein: etwa durch gezielte Auslese oder Schaffung besserer Lebensbedingungen.

Die ältesten, tatsächlich biotechnisch erzeugten Produkte unserer Vorfahren sind die durch alkoholische Gärung erzeugten Getränke wie Bier oder Wein. Es war ein Zufallsprodukt bei der Lagerung von Früchten. Wein oder Essig unterlag dem Zufall, denn eine bewusste Steuerung der Mikroorganismen war zu dieser Zeit noch nicht möglich. Aber diesen Essig wusste man schon für den Hausgebrauch zu nutzen.

Auch bei der Herstellung anderer Lebensmittel nutzt der Mensch seit Urzeiten die Eigenschaften von Mikroorganismen (wie Bakterien oder Pilzen) bewusst. Die Verwendung von Hefen zum Backen, Milchsäurebakterien für den Sauerteig oder die geschmackliche Verfeinerung von Käse ist als Gemeingut in vielen Kulturkreisen anzusehen.

Neue „Werkzeuge" für die Lebensmittelproduktion

Die heutige Vielfalt unseres Lebensmittelangebotes – sei es im Supermarkt, oder im Biomarkt – ist ein Ergebnis des Einsatzes von modernen Verfahren in der Lebensmittelherstellung.

Für die Erzeugung von Lebensmitteln eröffnet die Biotechnologie zahlreiche Möglichkeiten. Durch den gezielten Einsatz biotechnologischer Verfahren können beispielsweise gesundheitsschädliche Inhaltsstoffe in Lebensmitteln verringert werden.

Die Biotechnologie gehört heute zum entscheidenden Handwerkszeug bei der Käse- oder der Joghurtherstellung.

M 2 Roggenbrot

Die steigende Weltbevölkerung sowie der gestiegene Anspruch an die Qualität von Lebensmitteln (z.B. die längere Haltbarkeit) stellen erhöhte Ansprüche an die Lebensmittelproduzenten. Die Biotechnologie kann auf eine lange Tradition in der Lebensmittelproduktion zurückblicken. Seit Jahrtausenden werden Mikroorganismen vom Menschen mehr oder weniger bewusst für die Herstellung von Lebensmitteln genutzt.

Sauerkohl und eingelegte Gurken werden nach traditionellen Rezepturen hergestellt. Mikroorganismen sind entscheidend dafür, dass der Vorgang der Säuerung in Gang gesetzt wird.

Zwei Milliarden Kilogramm Käse werden in Deutschland jährlich konsumiert – ohne moderne mikrobiologische Verfahren undenkbar.

Durch moderne Verfahren leistet die Lebensmittelbiotechnologie einen entscheidenden Beitrag dazu, Lebensmittel sicherer, verträglicher oder auch schmackhafter zu machen.

Neue Verfahren ermöglichen auch neue Wege zur Ressourcenschonung. Durch den Zusatz spezieller Enzyme*, die biologische Abbauprozesse in Lebensmitteln aufhalten, können Lebensmittel länger haltbar gemacht werden. Das verringert sowohl Verkaufsverluste als auch Abfälle. In der modernen Lebensmittelindustrie werden mehr als 40 000 Enzyme in unzähligen Produktionsprozessen eingesetzt.

M3 Lebensmittelerzeugung

Immer mehr Enzyme werden mit modernen biotechnologischen Methoden produziert. Ein bekanntes Beispiel ist das Lab*, das bei der Käseherstellung verwendet wird. Es bewirkt die Gerinnung der Milch. Auch in vielen Backmischungen sind Enzyme enthalten, die die Teigeigenschaften verbessern.

Ohne Bakterien und Enzyme könnten viele Lebensmittel nicht hergestellt werden.

* **Lab**
Gemisch aus zwei Enzymen, das von Wiederkäuern (z. B. Kühen) stammt

* **Enzyme**
besondere Eiweiße in der lebenden Zelle; sie ermöglichen den chemischen Stoffwechsel.

1 Betrachte das Foto M 1 und stelle es in einen Zusammenhang mit dem Text. Fasse mündlich den Weg zwischen der Neusteinzeit und der Biotechnologie heute im Labor zusammen (Text).

2 Foto M 2 zeigt ein Roggenbrot. Finde (mithilfe des Internets) heraus, wie ein Roggenbrotteig zubereitet wird. Berichte der Klasse.

3 M 3: Informiere dich über Berufe in der Lebensmittelindustrie und erarbeite dazu eine Kurzpräsentation.

4 Auf dem Foto M 4 ist ein typisches regionales Lebensmittel zu sehen, das gesäuert ist. Finde heraus, wie die Säuerung erfolgt. Stelle diese Lebensmittelverarbeitung deiner Klasse vor.

5 Erarbeite eine Präsentation zur industriellen Käseherstellung und erörtere, warum eine Massenproduktion ohne das Lab nicht auskommen kann.

6 Stelle deiner Klasse Ausweichmöglichkeiten (Alternativen) für eine Käseherstellung mit nicht tierischem Lab vor.

M4 Ein gesäuertes Lebensmittel

M1 Eckige Tomaten – Traum aller Transportunternehmer

Gentechnik in Lebensmitteln – die Verbraucher entscheiden

Das erste gentechnisch veränderte Lebensmittel, das auf den Markt kam, war in den 1990er-Jahren die „Flavr-Savr-Tomate"* in den USA. Sie wurde aufgrund eines gentechnischen Eingriffs nicht mehr matschig.

Allerdings konnte der Geschmack nicht monatelang erhalten bleiben. Die Tomate wurde so zu einem wirtschaftlichen Misserfolg. Sie verschwand schnell wieder vom Markt.

Der Plan einiger Wissenschaftler/-innen und Politiker/-innen blieb jedoch bestehen. Die Vorstellung, mithilfe der Gentechnik gezielte Veränderungen bei Pflanzen und Tieren vornehmen zu können, stärkt die Forschungsneugier. Unterstützt wird die weltweite Forschung auch deshalb, weil sie damit begründet wird, das Welternährungsproblem lösen oder verringern zu können.

In der Pflanzenzucht wird die Gentechnologie vor allem eingesetzt, um Pflanzen vor Krankheiten und Schädlingen zu schützen und Witterungseinflüsse auszugleichen. So können z.B. Getreidesorten gezüchtet werden, die wenig Wasser benötigen und/oder nicht leicht von Pilzen befallen werden.

Es gibt auch immer mehr Ansätze, das Erbgut von Pflanzen gezielt zu verändern, um den Gehalt bestimmter Inhaltsstoffe zu erhöhen. Weltweit werden derzeit vor allem fünf Kulturarten angebaut, die gentechnisch verändert wurden: Sojabohnen, Mais, Baumwolle, Raps und Zuckerrüben. Die wichtigsten Erzeuger sind die USA, Argentinien, Brasilien, Indien, China und Kanada. In Europa kommen sie kaum zum Einsatz. Viele Verbraucher/-innen haben gegen diese Pflanzen protestiert. Gesetze verhindern inzwischen die Produktion und die Einfuhr von genverändertem Saatgut nach Deutschland.

* **Flavr-Savr** geschmackskonservierend (flavour + savour)

* **sensibel** empfindlich

M2 Gentechnik in der landwirtschaftlichen Produktion

Die Folgen sind nicht abschätzbar

Gentechnik in Lebensmitteln ist für viele Verbraucher ein sensibles* Thema. Immer wieder erscheinen Berichte, dass sich genetische Veränderungen langfristig anders auswirken als ursprünglich erwartet. Kühe, die mit genetisch verändertem Soja gefüttert werden, produzierten mehr Milchfett. Niemand weiß, warum das so ist.

Gentechnisch veränderte Pflanzen bergen die Gefahr, dass sich die neu hinzugefügten Gene ausbreiten und an naturnahe Verwandte benachbarter Felder weitergeben. Dies könnte eine Bedrohung der historisch gewachsenen Kultursorten darstellen.

Befürworter argumentieren: Es geht nicht um eine Veränderung des pflanzlichen Erbguts, sondern vielmehr um die gezielte Auswahl passender Pflanzen zur weiteren Vermehrung, wie sie schon seit Jahrtausenden von Bauern durchgeführt wird. Trotzdem herrscht Skepsis bei den Verbrauchern.

Umfragen ergaben, dass die meisten Bundesbürger (mehr als 80%) gentechnisch veränderte Lebensmittel nicht kaufen würde. Darauf hat sich auch der Handel eingestellt und bietet gentechnikfreie Produkte an.

Mit dem Siegel „Ohne Gentechnik“ versprechen Lebensmittelproduzenten, dass die verarbeitete Milch oder Wurst nur von Tieren stammt, deren Futter zu 100 Prozent gentechnikfrei ist. Das Siegel ist erfolgreich angenommen worden. Es schafft zusätzliche Transparenz und Sicherheit für den Verbraucher. Untersagt ist hier auch die Verwendung von Enzymen oder Zusatzstoffen wie Vitaminen, Aminosäuren oder Aromen, die von mithilfe von Gentechnik hergestellt wurden.

Kennzeichnungspflicht bei gentechnischer Veränderung

Das europäische Recht schreibt grundsätzlich eine Kennzeichnungspflicht vor, wenn ein Lebensmittel gentechnisch veränderte Bestandteile enthält. Die Kennzeichnungspflicht gilt nicht nur für verpackte, sondern auch für lose Waren.

Nicht kennzeichnungspflichtig sind nach europäischem Gentechnik-Recht beispielsweise das Fleisch, die Milch und die Eier von Tieren, die Futtermittel aus gentechnisch veränderten Pflanzen erhalten haben.

M3 Ein kritischer Verbraucher informiert sich

> Spezifische Erkennungsmarker auf Verpackungen ermöglichen die Rückverfolgung von genveränderten Organismen.

Ohne Gentechnik

Das „Ohne Gentechnik“-Siegel des BMEL* gibt Verbraucherinnen und Verbrauchern Sicherheit: Bei so gekennzeichneten Lebensmitteln werden besonders hohe Anforderungen an den Nachweis gestellt, dass keine gentechnisch veränderten Bestandteile vorhanden sind.

M4 BMEL-Siegel

* **BMEL**
Bundesministerium für Ernährung und Landwirtschaft

1 Fasse in deinen Worten kurz mündlich zusammen, welche gentechnischen Veränderungen kennzeichnungspflichtig sind (Text, **M4**).

2 Betrachte **M1** und überprüfe mithilfe des Internets, ob es in Deutschland eckige (würfelförmige) Tomaten gibt. Berichte der Klasse.

3 **M3**: Ein kritischer Verbraucher – überdenke dein eigenes Einkaufverhalten und stelle dar, wie du dich als (kritische/-n?) Verbraucher/-in siehst.

4 Befrage deine Familie, ob sie sich bei der Auswahl von Lebensmitteln über deren Inhaltsstoffe und insbesondere über Enzyme informiert. Stelle deine Ergebnisse vor.

5 Erarbeitet eine Pro-und-Kontra-Diskussion zu genveränderten Lebensmitteln. Sammelt dazu Argumente und listet sie tabellarisch auf.

6 Erarbeitet ein Rollenspiel zur Gentechnik. Welche Personen kommen darin vor? Welche Standpunkte vertreten sie?

7 Informiere dich über Studien- und Einsatzmöglichkeiten als Lebensmitteltechnologe. Erläutere die Tätigkeitsbereiche.

unbehandelt
Rohware, ungewaschen mit Strunk **1**

küchenfertig
gewaschen und Strunk entfernt **2**

aufbereitungsfertig
Durch Mischen und Auffüllen mit anderen Lebensmitteln (auch Wasser) wird eine fertige Speise hergestellt. **3**

regenerierfertig
Das Lebensmittel muss vor Verzehr nur noch aufgewärmt werden. **4**

verzehrfertig
Das Lebensmittel kann (so) verzehrt werden. **5**

M1 Tomaten in fünf verschiedenen Zubereitungsformen

Eine Industrie beginnt zu wachsen

Zu Beginn des 20. Jahrhunderts entwickelte sich eine leistungsfähige Nahrungsmittelindustrie. Neben der zunehmenden Konservenherstellung gab es auch eine immer längere Reihe anderer industriell hergestellter Lebensmittel.
So entwickelte beispielsweise der Schweizer Julius Maggi aus Gemüse, Küchenkräutern und anderen Zutaten ein kochfertiges abgepacktes „Suppenmehl“. Justus von Liebig verfeinerte den Fleischextrakt, mit dessen Hilfe in kürzester Zeit eine Fleischbrühe zubereitet werden konnte.
Johann Heinrich Grüneberg entwickelte 1867 die erste Erbswurst. In Wasser aufgekocht konnte aus ihr in kurzer Zeit eine sämige Erbsensuppe hergestellt werden.

Kurze Zubereitungszeit

Seit vor rund 150 Jahren die ersten Convenience*-Produkte entwickelt wurden, begann der Siegeszug der industriell verarbeiteten Lebensmittel. Die Essgewohnheiten änderten sich in der Folge schnell. Von Anfang an erfüllten Convenience-Produkte den Zweck, die Nahrungszubereitung zu verkürzen und zu vereinfachen. Eine angenehme und bequeme Zubereitung ist mit den industriell vorgefertigten Lebensmitteln in den verschiedensten Verarbeitungsstufen möglich. Fertiggerichte, Kochbeutelreis, Tiefkühlpizzen zählen ebenso zu den Produkten wie portionierte Aufback-Brötchen oder backfertige Teige.

Convenience-Produkte sind Lebensmittel, die einen höheren Bearbeitungsgrad als Rohwaren haben.

Konservierte und vorgefertigte Lebensmittel ermöglichen es, dass zu jeder Jahreszeit auf ein breites Angebot zurückgegriffen werden kann.

* **Convenience**
Begriff aus der englischen Sprache; bedeutet so viel wie „Bequemlichkeit“

Wirtschaftliche Bedeutung von Convenience-Produkten

Convenience-Produkte gehören mittlerweile zu einem der bedeutendsten Markttrends der Lebensmittelindustrie. Zwei Drittel aller Lebensmittel werden inzwischen industriell hergestellt. Das bedeutet, dass im Durchschnitt mehr als 40 Prozent aller finanziellen Aufwendungen für Lebensmittel für Convenience-Produkte eingesetzt werden, deren Produktion und Vertrieb von global vernetzten und tätigen Konzernen* dominiert* werden.

Die deutsche Lebensmittelindustrie ist mit über einer halben Million Beschäftigten und einem Umsatz von 130 Milliarden Euro zu einem der wichtigsten Industriezweige geworden. Den höchsten Umsatz erzielt die Lebensmittelindustrie mit der Tiefkühlkost.

Die Entwicklung geht weiter

Ein weiteres gewinnbringendes Segment im Convenience-Bereich ist das sogenannte „Chilled Food". Es steht in der Verbrauchergunst weit oben. Diese Produkte kommen ohne ein Haltbarmachungsverfahren oder Konservierungsstoffe in den Verkauf und können ohne viel Zeit- und Arbeitsaufwand verzehrt werden. Wir kennen sie z.B. als portioniertes Obst, Sandwiches, Sushi-Platten oder auch als Smoothies sowie frisch gepresste Direktsäfte.

Chilled-Food-Produkte sind frische, gekühlte Convenience-Produkte.

* **Konzern**
ein Großunternehmen, das weit verzweigt (Branchen) und in mehreren Ländern arbeitet

* **dominieren**
beherrschen

M2 Bei Kunden beliebt: Convenience-Produkte

1 Ordne in **M1** die Fotos (markiert mit Buchstaben) den richtigen Formulierungen (markiert mit Zahlen) zu. Begründe deine Zuordnungen im Einzelnen.
2 Halte einen mündlichen Kurzvortrag zum Thema „Convenience-Produkte".
3 **M2**: Überprüft in einem Supermarkt eurer Wahl das Produktangebot in den Tiefkühltruhen oder Tiefkühlschränken (Gruppenarbeit). Systematisiert die Produktpalette.
4 Stellt eine einfache Tomatensuppe mit Naturprodukten nach einem ausgewählten Rezept her. Vergleicht sie (in einer sog. „Blindverkostung") mit einem Convenience-Produkt aus dem Handel. Bewertet die Produkte nach ihrem Aussehen, Geruch und Geschmack.
5 Erstellt eine Liste von mindestens zehn ausgewählten Convenience-Produkten. Vergleicht dazu alternative Frischprodukte bezüglich des Preises, des Müllaufkommens und des Geschmacks.
6 Nimm Stellung zu der Aussage, dass frische Produkte inhaltsreicher und preiswerter als industriell erzeugte Lebensmittel sind.
7 Führt eine Pro-und-Kontra-Diskussion zu der Frage, ob der bevorzugte Einkauf regionaler Lebensmittel mit dem Gedanken der „Convenience-Produkte" vereinbar ist.
8 Denke dir in der Rolle eines regionalen Lebensmittelerzeugers eine Strategie aus, wie du beliebte Convenience-Produkte vermarkten könntest.

M1 Milch – und Milch in veredelter Form

Milch

Eines der ältesten Lebensmittel, das der Mensch nutzt, ist die Milch. Sie ist der ideale Nährstoffmix in einer einzigen Flüssigkeit. Damit ist Milch ein wohlschmeckendes „Superfood". Inhaltsstoffe der Milch sind Kohlenhydrate, Fette und das besonders wertvolle Eiweiß. Sie enthält fast alle notwendigen Vitamine und Mineralien. Seit Jahrmillionen ist sie die Lebensgrundlage für alle Säugetiere, denn stets versorgen die Mütter ihre Neugeborenen mit Milch.

Nur der Mensch hat es geschafft, auch nach dem Säuglingsalter Milch zu trinken und sie als Nahrungsmittel zu verwenden.

Erst ein genetischer Zufall verhalf der Milch vor rund 7500 Jahren dazu, ihren Siegeszug als Nahrungsmittel anzutreten. Einige Menschen waren in der Lage, das Enzym Laktose* über das Kindesalter hinaus zu produzieren. Damit konnte Milch verdaut werden. Diese Gene konnten weitergegeben werden. Seit dieser Zeit prägte die Milch ganze Landschaften und die Entwicklung eines komplexen Handwerks.

* **Laktose**
Milchzucker

Veredelungsformen der Milch

Immer genauer lernten die Menschen, wie verschiedene Zusätze, das Klima und die Lagerungsbedingungen das Endprodukt veränderten.

Da Milch nicht einfach aufzubewahren war, machten die Menschen sich die natürlichen Veränderungen der Milch zu Nutze. Aus Milch wurde Joghurt, Kefir oder Dickmilch – drei Formen der Veredelung. Erst später erkannte man, dass spezielle Bakterien die Veränderung auslösten. Käse gehört heute zu den am meisten erzeugten Milchprodukten.

Rund 4000 Sorten Käse haben Menschen bis heute entwickelt. Der Vorteil dieses Produktes: Die vielen wertvollen Milchbestandteile werden auch durch die Menschen genutzt, die keine Laktose vertragen. Insbesondere die lang gereiften Käse enthalten nur noch Spuren des Milchzuckers.

Millionen Kühe werden weltweit gemolken, um ihre Milch zu Joghurt, Quark, Butter, Schmand, Sahne oder Käse zu verarbeiten.

Heute gibt es allerdings auch kritische Stimmen, die vor einem erhöhten Milchkonsum warnen.

Als Faustregel gilt: nicht mehr als ein Glas Milch und zwei Scheiben Käse pro Tag.

Functional Food – eine neue Form der Veredelung

Funktionelle Lebensmittel (Functional Food) sind Nahrungsmittel, die durch den Menschen mit zusätzlichen Inhaltsstoffen wie Vitaminen, Mineralstoffen oder Ballaststoffen angereichert sind und mit positiven Effekten auf die Gesundheit beschrieben werden.

Die bekanntesten Functional-Food-Produkte sind Joghurts, die mit speziellen Bakterien angereichert sind und Fruchtsäfte, denen Vitaminzusätze beigefügt sind.

Diese Zusätze suggerieren* Gesundheit und Wohlergehen. Solche „Botschaften" hören die Verbraucher/-innen gern. Sie kaufen und verzehren derartig beworbene Produkte oft unkritisch.

Kennst du das auch, dass nach einer intensiven körperlichen Betätigung plötzlich die Waden versagen und verkrampfen? Meist fehlen dann Mineralstoffe, die über solche Functional-Food-Produkte ergänzt werden sollen.

Ist das wirklich nötig bzw. hilfreich oder genügt nicht auch ein Vollkornbrot zur Linderung des Wadenkrampfes? Obst und Gemüse stellen eine günstige Alternative dar und sind oftmals preiswerter als veredelte Produkte.

In Deutschland gibt es ein Verbot für Werbung, die ein gesundheitliches Versprechen zum Ausdruck bringt. So darf nicht für ein Lebensmittel geworben werden, mit der Aussage: „schützt ..."

Deshalb sind die Aussagen, die über die funktionellen Lebensmittel getätigt werden, immer mit Vorsicht zu betrachten. Oft haben bewährte Nahrungsmittel wie Buttermilch, Gemüse und Getreideprodukte oder gesäuerte Produkte wie Kohl eine ähnliche Wirkung wie die funktionellen Lebensmittel.

Es gilt: funktionelle Lebensmittel maßvoll genießen.

M4 Functional Food

* **suggerieren**
einen Anschein erwecken; jemandem etwas einreden

M2 Kuhmilch

M3 Parmesan – laktosefreier Hartkäse

1 Fasse die Informationen zur Milch in deinen Worten mündlich zusammen (Text).
2 Nenne Veredelungsformen der Milch (Text, **M1**).
3 Erläutere, worum es sich bei funktionellen Lebensmitteln handelt (Text).
4 Vergleiche die Verkaufspreise von Milchprodukten mit den Verkaufspreisen vergleichbarer funktioneller Lebensmittel. Präsentiere deine Ergebnisse.
5 Saft, Pille oder Frucht? Erarbeitet ein Rollenspiel zum Thema: „Bedeutung von funktionellen Lebensmitteln". Argumentiert aus der Sicht verschiedener Personen (Lebensmittelhersteller, Supermarktleiter, Ernährungsberater, aufgeklärter Konsument, verunsicherter Konsument).

Globalisierung der Esskultur

Essgewohnheiten ändern sich

Das Essverhalten, der Lebensmittelverbrauch und die Ausgaben für Lebensmittel haben sich in den letzten hundert Jahren stark verändert. Um 1900 mussten die Menschen für Nahrungsmittel 57 Prozent ihrer Arbeitszeit aufwenden. Gegenwärtig sind es nur noch 15 Prozent. Gleichzeitig ist das Angebot vielfältiger und reichhaltiger geworden.

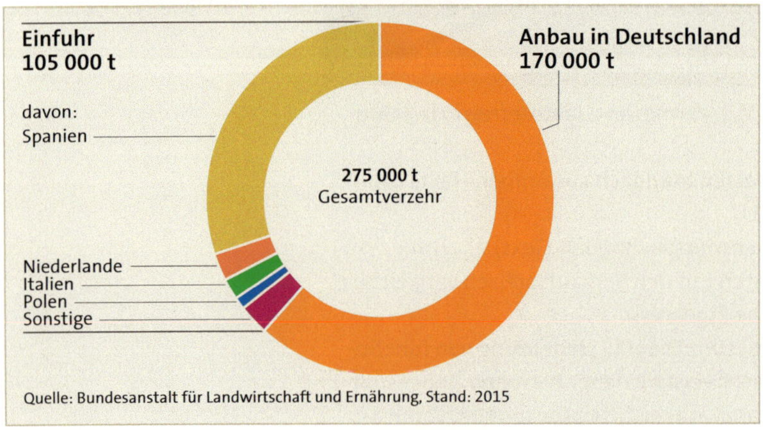

M1 Erdbeeren in Deutschland – Anbau, Einfuhr, Verzehr pro Jahr

Gemüse, Obst, Südfrüchte, Fisch, Eier und Fleisch stehen heute verstärkt auf dem Speiseplan. Das liegt zum einen daran, dass fast alle Lebensmittel im Vergleich zum Einkommen wesentlich preiswerter produziert werden können. Zum anderen hat sich auch das Angebot dahingehend verändert, dass Supermärkte Waren aus den verschiedenen Ländern der Welt verkaufen.

> Durch die Globalisierung wurde das Lebensmittelangebot in deutschen Supermärkten erweitert.

Damit wird auch unsere Esskultur zunehmend globalisiert. Das heißt für uns, dass wir Dinge gerne essen und trinken, die in einem anderen Land wachsen oder entwickelt wurden.

Die positiven Seiten der Globalisierung

Globalisierung begann in Deutschland bereits vor mehreren Jahrzehnten. Zugewanderte Arbeitskräfte aus Südeuropa führten die Mittelmeerküche ein. Asiatische Küchen folgten und sind heute auch aus einem Stadtbild nicht mehr wegzudenken.

Die neue Multiküche bringt viele wertvolle und abwechslungsreiche Lebensmittel auf den Tisch. Favoriten sind Lebensmittel aus mediterranen* und asiatischen Ländern.

Eine Ernährung mit viel frischem Obst sowie Gemüse, Brot und Pasta aus Vollkorngetreide, Oliven sowie Fisch und Geflügel charakterisieren eine vollwertige Ernährung. Sie demonstriert die positiven Seiten der Globalisierung.

Die negativen Seiten der Globalisierung

Deutschland verbraucht mehr Obst, als es produziert. Deswegen müssen große Mengen importiert werden. Einerseits kann man Obstsorten wie Bananen und Orangen nicht in Deutschland anbauen.

* **mediterran**
den Mittelmeerraum betreffend

Andererseits wird Obst aus dem Ausland importiert, wenn es in Deutschland noch nicht reift (z.B. Erdbeeren aus Spanien – rund 75% der Erdbeer-Gesamteinfuhr). Der Import von Obst und Gemüse ist aus Umweltschutzgründen nicht unbedenklich. So bringt beispielsweise die Tatsache, dass in den Produktionsländern intensiv bewässert werden muss, ökologische Probleme mit sich.

Export von Geflügelfleisch

Großen Anteil an den Nahrungsmittelausfuhren der EU haben Geflügelexporte. Damit in Verbindung steht auch die Ausfuhr von Fleischresten nach Afrika, da in der EU nur die Filetstücke Absatz finden. Was der europäische Verbraucher nicht gerne isst, wird exportiert. Diese zunehmenden Fleischexporte zerstören die „gewachsene“ Tierhaltung und Tiermast in Afrika. Die Existenz von Kleinbauern wie auch von einheimischen Großproduzenten wird vernichtet. Gegen das billige Fleisch haben afrikanische Unternehmen kaum eine Chance. Sie können ihre Produkte auf dem einheimischen Markt nicht mehr verkaufen. Einzigartige und historisch gewachsene Essgewohnheiten und Bräuche gehen verloren.

Der globale Import und Export von Waren hat nicht nur positive, sondern auch negative Folgen.

Viele Umweltorganisationen und Regierungen in den afrikanischen Staaten setzen sich deshalb für Handelsbeschränkungen bei Lebensmitteln ein, um der eigenen Bevölkerung die Möglichkeit zu geben, selbst zu entscheiden, was produziert und verzehrt werden soll.

1 Fasse kurz mündlich zusammen, wie sich die Essgewohnheiten in Deutschland änderten (Text).

2 Liste positive und negative Seiten der globalisierten Esskultur stichwortartig auf (Text).

3 Berichte über deinen „globalisierten Speiseplan“. Welche importierten Produkte isst du gern und wie oft?

4 Stelle deinen Mitschüler/-innen ein Rezept vor, mit dem eine Speise aus einem anderen Land zubereitet wird.

5 Werte die Grafik M1 aus. Gehe dabei insbesondere auf die Länder ein, aus denen Erdbeeren nach Deutschland eingeführt werden. Beziehe klimatische Unterschiede und Ähnlichkeiten ein.

6 Erläutere, welche Ursachen und Auswirkungen der Export von Geflügelfleisch aus der EU nach Afrika hat (Text).

7 Obwohl in Deutschland der Fleischkonsum zurückgeht, wird zunehmend Fleisch produziert. Beleuchte die Hintergründe und präsentiere die Ergebnisse deiner Klasse.

8 Recherchiere zum ökologischen Rucksack bzw. Fußabdruck eines importierten Lebensmittels deiner Wahl. Gib deine Informationen an deine Mitschüler/-innen weiter (Webcode).

Fairtrade – die soziale Säule der Nachhaltigkeit

M 1 Unterricht in einer durch Fairtrade-Prämien geförderten Schule in Côte d'Ivoire (Elfenbeinküste)

Die Menschen stärken

Das soziale Ziel der Nachhaltigkeit besteht darin, die Lebenssituation der Produzenten und ihrer Familien grundlegend zu verbessern.

Um ein hohes Maß an Gerechtigkeit zu erreichen, werden in den Gemeinschaften Vorstände gewählt. Sie vertreten die Arbeiter und entscheiden über die Vergabe sowie den Einsatz der Prämiengelder. Diese Investitionen bilden die Grundlage für eine bessere Lebenssituation. Es wird in Sportplätze, Bildungseinrichtungen und kulturelle Einrichtungen investiert. Außerdem erfolgt ein Ausbau der Infrastruktur (Straßen, Wege etc.). Damit wird auch ein leichterer Transport der Waren zu den Sammelstellen ermöglicht. Indem angemessene Preise für die erzeugten Produkte bezahlt werden, wird auch Kinderarbeit verhindert. Kindern wird ermöglicht, zur Schule zu gehen, um anschließend eine Ausbildung erhalten zu können.

Höhere Bildungsabschlüsse bedeuten eine bessere Chance bei der Herausbildung einer zukunftsfähigen Generation.

Auch der Bau von Gesundheitszentren wird gefördert. So lässt sich eine Erhöhung der gesundheitlichen Standards erreichen.

Siegel für fair gehandelte Produkte

Siegel haben die Funktion, interessierte und kritische Verbraucher bei ihrer Einkaufsentscheidung zu unterstützen. Jedes Siegel steht für eine unabhängige Kontrolle von Produkten und sagt etwas über die Qualität eines Produktes aus. Es gibt Siegel für Sicherheitsanforderungen, Umwelteigenschaften oder soziale, ökologische und ökonomische Gerechtigkeit.

M 2 Fairtrade-Bananen

M 3 Arbeiter in einer Fabrik mit Fairtrade-Orangen

M4 Bei der Ernte in einer Fairtrade-Reis-Plantage in Thailand

Fair gehandelte Produkte sind allerdings nicht immer einheitlich gekennzeichnet. Manche Waren tragen ein Fairtrade-Siegel, andere nicht.
Allgemein gilt: Ein Produkt, das nach den Kriterien des fairen Handels vermarktet wird, ist immer am Logo der Händler zu erkennen. Das wohl bekannteste Logo ist das Fairtrade-Siegel.

Dieses Zeichen können nur die Produkte tragen, für die es Fairtrade-Standards gibt. Das Fairtrade-Siegel auf der Verpackung eines Produktes signalisiert dem Käufer, dass das Produkt gemäß den Standards von Fairtrade International zertifiziert* wurde.
Produkte, die in den Weltläden* erworben werden, sind immer fair gehandelt.

Fairtrade-Standards beinhalten Anforderungen an die soziale, ökonomische und ökologische Entwicklung.

* **zertifizieren**
bescheinigen, beglaubigen, anerkennen

* **Weltladen**
ein Weltladen ist ein Fachgeschäft für fairen Handel; zuvor hießen diese Geschäfte „Dritte-Welt-Läden"

M5 Weitere „Fair-Label"

Der Demeter e.V. ist der älteste Bioverband in Deutschland. Schon seit 1924 bewirtschaften Demeter-Landwirte ihre Felder biodynamisch.

demeter

Seit 45 Jahren entwickeln die Bioland-Mitglieder mit ihrem Verband eine ökologisch, ökonomisch und sozial verträgliche Alternative zur intensiven Landwirtschaft.

Bioland

Naturland Fair vereint Ökologischen Landbau, Soziale Verantwortung und Fairen Handel – regional und weltweit.

Naturland Fair

1 Fasse kurz mündlich die sozialen Zielsetzungen der „Nachhaltigkeit" zusammen (Text).
2 Begründe, warum fairer Handel die Lebenslage der Produzenten und derer Familien verbessert (Text, **M1** bis **M4**).
3 Finde heraus, welche fair gehandelten Produkte es in einem Supermarkt deiner Wahl gibt. Stelle sie in der Klasse vor (**M5**).
4 Informiere dich über weitere Fairtrade-Zeichen. Präsentiere sie deinen Mitschülerinnen und Mitschülern.
5 Erschließe mithilfe des Internets die bedeutsamen Standards für Arbeitnehmerinnen und Arbeitnehmer, die in Fairtrade-Zusammenschlüssen arbeiten. Berichte darüber vor der Klasse.

Essen mit Verantwortung

M1 Brandenburger Erzeugnisvielfalt

Das Essen zukunftsfähig gestalten

Ein Blick in den Supermarkt reicht meist aus, um die Fülle des Lebensmittelangebotes zu erfassen. Viel zu viel – meinen die Einen. Eine tolle Auswahl – befinden die Anderen. Aber wozu führt ein Überangebot an Lebensmitteln?

Mit unserer Ernährung und insbesondere einem übermäßigen Fleischverzehr beeinflussen wir nicht nur unsere Gesundheit. Es hat auch ökologische, ökonomische und soziale Auswirkungen. Art und Menge der von uns verzehrten Lebensmittel haben einen erheblichen Einfluss auf uns selbst, auf die Region und die gesamte Welt. Folgen sind z.B. eine Zunahme von Erkrankungen, die durch Überfluss entstehen, ein hoher Energieaufwand für die Produktion und die Verarbeitung von Lebensmitteln. Hinzu kommen hohe Aufwendungen für den Transport und die Lagerung. Die Entstehung klimaschädlicher Treibhausgase ist die Folge von Massentierhaltungen und Monokulturen. Heute ist die Lebensmittelproduktion in weiten Teilen der Welt durch eine Überproduktion gekennzeichnet und mit einer sinkenden Lebensmittelqualität verbunden. Das, was in den Supermärkten zu viel ist, fehlt in anderen Ländern, um die Menschen ausreichend zu ernähren. Ein lösbarer Konflikt?

Zukunft braucht Vielfalt

Auf drei Viertel der landwirtschaftlich genutzten Fläche in Deutschland werden vor allem Winterweizen, Wintergerste und Raps angebaut. Diese intensive Bewirtschaftung hat zu einer Verarmung von Kulturen und Sorten sowie zu einer einfachen Fruchtfolge geführt. Besonders zurückgegangen sind die Ackerbohne und die Lupine, die früher eine wichtige Rolle in der Futtermittelbereitstellung spielten, bevor sie von Soja aus Südamerika verdrängt wurden.

Mit dieser Entwicklung entstand eine wirtschaftliche Abhängigkeit der Landwirtschaft von Preisschwankungen auf dem Weltmarkt. In vielen Anbauländern führt die Produktion zu sozialen und ökologischen Problemen.

Wegbereiter für einen traditionellen Pflanzenanbau waren in den zurückliegenden Jahren vor allem die ökologisch produzierenden landwirtschaftlichen Betriebe. Sie schätzen nicht nur den hohen Eiweißgehalt von Hülsenfrüchten, sondern auch die bodenverbessernden Eigenschaften. Durch das Binden von Stickstoff kann unter anderem auf die Zufuhr von Dünger verzichtet werden (Gründüngung).

Pflanzliche Artenvielfalt schafft die Grundlage für höhere Erträge sowie ein reichhaltiges Angebot für die tierische und menschliche Ernährung.

In der vegetarischen Küche spielen die Lupinen eine zunehmend wichtige Rolle. Ihr Eiweißgehalt ist mit dem von Soja vergleichbar und höher als von Erbsen, Bohnen oder Linsen.
Sämtliche Produkte, die Sojaeiweiß enthalten, könnten durch Lupineneiweiß ersetzt werden.

Zukunft braucht Herkunft

Rund 26 Kilo Äpfel isst jeder Bundesbürger durchschnittlich pro Jahr. Meist wird auf die bekannten Sorten zurückgegriffen, die es im Supermarkt gibt. Doch es existieren selbst in Deutschland einige Tausend unterschiedliche Sorten. Dass auf die bekannten Sorten zugegriffen wird, hat wirtschaftliche Gründe: Meist lassen sie sich leicht ernten und haben höhere Erträge als die alten Sorten. Sieht man sich bewusst auf Wochenmärkten um, ist vielen alten Sorten ein Comeback gelungen. Eine große Vielfalt findet man auf Streuobstwiesen. Diese traditionelle Form des Obstanbaus besteht aus Obstbäumen verschiedener Arten und Altersstufen.
Um die Artenvielfalt langfristig erhalten zu können, ist es wichtig, dass solche Anbaubedingungen gefördert werden. Der beste Erhalt besteht darin, wenn diese Sorten nachgefragt und gekauft werden. Es ist nicht schlimm, wenn nicht alle Äpfel die gleiche Größe und die gleiche Farbe haben.

M2 Streuobstwiese

1 Beschreibe dein eigenes Essverhalten.
2 Kontrolliere deine Fleischverzehrgewohnheiten. Gib an, wie viel Fleisch und Wurst du in einer Woche in Gramm verzehrst. Führe ein Fleischverzehrprotokoll.
3 Berichte über die Anbaumengen im Land Brandenburg (**M 1**). Finde heraus, welche Bedeutung die Landwirtschaft für Brandenburg hat.
4 Recherchiere sogenannte „Grüne Berufe“, in denen für die brandenburgische Landwirtschaft ausgebildet wird (Webcode). Stelle sie deinen Mitschülerinnen und Mitschülern vor.
5 Informiere dich über das Thema „Vegetarier“ und stelle diese Ernährungsform deiner Klasse vor (Webcode).
6 Nimm Kontakt zu einer/einem Vegetarier/-in auf. Berichte darüber. Warum hat diese Person sich für diesen Ernährungsstil entschieden? Wie kann man sich vegetarisch ernähren?
7 Recherchiere zum Thema „Gründüngung“ und halte dazu eine Kurzpräsentation (Webcode).
8 Erläutere die Bedeutung „alter Obstsorten“ für die Umwelt (**M 2**, Webcode).
9 Erkunde einen Wochenmarkt und führe ein Interview mit Obstbauern zu ihrem Obstangebot. Befrage sie nach alten Obstsorten. Trage deine Ergebnisse der Klasse vor.

Lebensmittel für die Tonne?

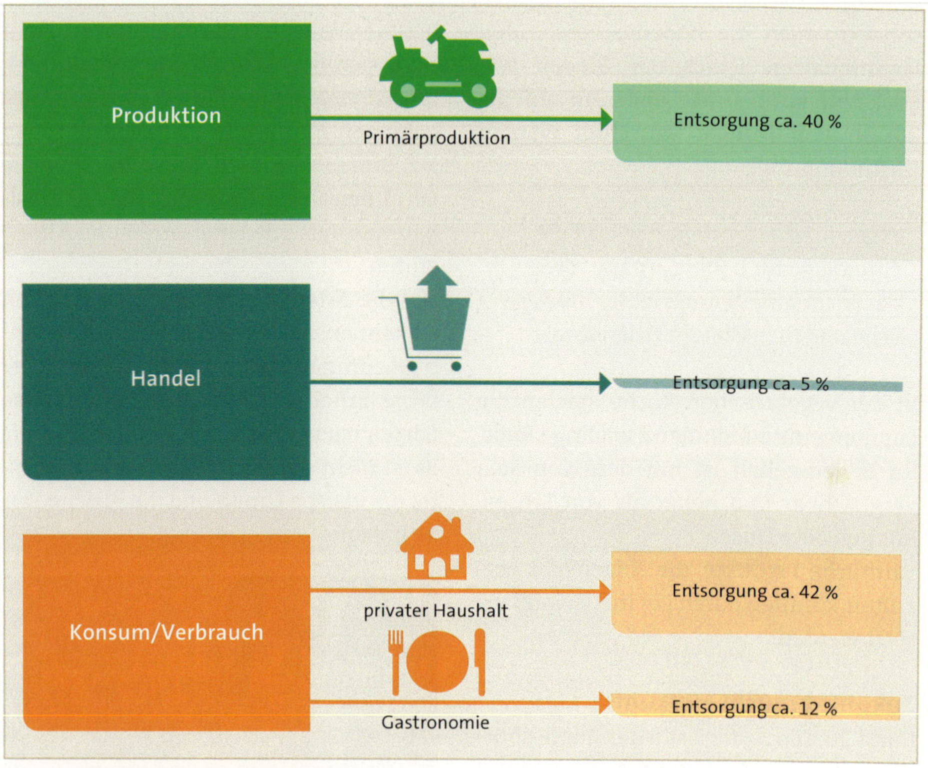

M1 Das Problem der Entsorgung zwischen Produktion und Konsum

„Zu gut für die Tonne“

Bevor ein Lebensmittel im Supermarkt zum Verkauf angeboten wird, müssen viele Hände daran arbeiten. Manchmal hat es sogar bereits eine Weltreise hinter sich. Manche Lebensmittel bekommt der Verbraucher überhaupt nicht zu Gesicht, weil sie schon in der Produktionskette vernichtet werden. So werden jährlich weltweit rund 1,3 Milliarden Tonnen Lebensmittel weggeworfen, die eigentlich für die Ernährung der Menschen produziert worden waren.

Etwa ein Drittel der weltweit erzeugten Lebensmittel werden früher oder später entsorgt, ohne dass sie der menschlichen Ernährung zu Gute kommen. Verschiedene Produkte, die in Form oder Größe nicht dem Markt angepasst waren, werden durch die Landwirte selbst oder den Handel aussortiert. Meist sind es Qualitätsansprüche der Verbraucher, die zum „Aus“ der Lebensmittel beitragen. Die privaten Haushalte befördern jährlich 82 Kilogramm Lebensmittel pro Person in die Tonne. Anders gerechnet bedeutet es: Jedes achte Lebensmittel, das gekauft wird, landet im Müll.

Zu wissen, welche Menge an Lebensmitteln tatsächlich für eine Woche benötigt wird, ist also eine durchaus lohnenswerte Information.

Auch ein richtiger Umgang mit dem Mindesthaltbarkeitsdatum (MHD) vermeidet ein Anwachsen des Lebensmittelmüllbergs.

Lebensmittel „im großen Stil“ zu vernichten, ist ökonomisch, ökologisch und ethisch nicht vertretbar.

Folgen der Verschwendung

Neben dem Transport belasten auch Düngemittel und die nutzlos für die landwirtschaftliche Produktion umgewandelten Naturflächen das Klima. Die Landwirtschaft ist mit rund 20 Prozent an der gesamten Emission* des Klimawandels beteiligt.

* **Emission**
das Ausströmen luftverunreinigender Stoffe in die Außenluft (Luftverunreinigung)

M2 Eine gute Entscheidung?

M3 Hühnerküken

Dieser Anteil dürfte drastisch steigen, wenn Länder wie China oder Indien ihre Tische ähnlich decken wie in den westlichen Ländern.

42 Millionen Tiere sterben jährlich vor dem Schlachttermin während der Aufzucht, des Transportes oder infolge von Krankheiten.
48 Millionen männliche Küken werden nach dem Schlüpfen in den Schredder geworfen, weil für sie keine produktive Verwendung gegeben ist.

Das Fleisch, das wir kaufen und unachtsam wegwerfen, entspricht jährlich fast 54 Millionen Tieren.

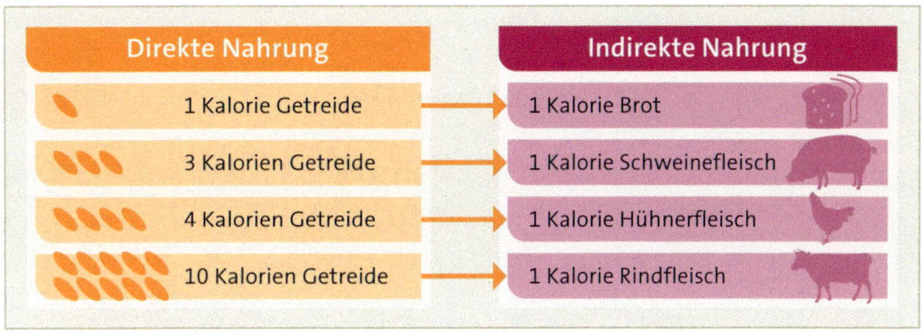

M4 Getreideverbrauch durch Fleischproduktion

1 Erkläre mithilfe der Abbildung **M1** das Problem der Entsorgung.
2 Setze dich mit folgenden Aussagen auseinander: „Ich esse Fleisch, weil es leicht verfügbar und billig ist“, „Ich esse Fleisch, aber …“, „Ich esse kein Fleisch, weil …“ Stelle hierzu verschiedene Argumente zusammen und trage sie vor.
3 Erläutere und interpretiere **M4**. Leite daraus mögliche Schlussfolgerungen ab.
4 Beschreibe Möglichkeiten eines nachhaltigen Lebensmitteleinsatzes in eurem Haushalt.
5 Recherchiere zum Thema „Mindesthaltbarkeitsdatum (MHD)“ und präsentiere deine Ergebnisse vor der Klasse.
6 Führt eine Befragung in eurer Schule durch und wertet die Ergebnisse aus. Entwerft Fragen zum Wegwerfverhalten eurer Mitschüler. Beispiele: Wo landet dein Pausenbrot, das in der Schule nicht gegessen wird? Wie fühlst du dich, wenn du das Pausenbrot wegwirfst?
7 Besuche die Internetseite „Zu gut für die Tonne“ (Webcode). Erarbeite Empfehlungen, wie man Lebensmittelverschwendung eindämmen könnte.
8 Entwirf ein Infoplakat, das den unnötigen Verlust von Tieren im Bereich der Lebensmittelproduktion verdeutlicht. Stelle es deinen Mitschülerinnen und Mitschülern vor.

Produktgestaltung und Design
Symbolische Darstellungsformen
Technikeinsatz
Verbraucherverhalten
Historische Entwicklung
Informations- und Kommunikationstechniken
PROJEKT

Phase 1: Ziele klären

Die Klassen 10a und 10b wollen die Gelegenheit nutzen, um sich gemeinsam vor den Eltern und den Lehrern mit ihren erworbenen Kenntnissen zu präsentieren. Da das Abschlussfest ihrer Schulzeit bald näherkommt und alle einen anderen Weg in die Ausbildung gehen werden, soll dies eine Gelegenheit werden, noch einmal Dank zu sagen. Essen und Trinken und vielleicht sogar ein paar Spiele sollen den Abend umrahmen. Viele Eltern kennen sich zwar schon, aber Eltern aus den anderen Klassen doch nicht so genau. Eine Idee zu finden, ist gar nicht so einfach, denn unterschiedliche Interessen müssen berücksichtigt werden.
Zuerst setzen sich die Schülersprecherin Seda aus der 10a und der Schülersprecher Peter aus der 10b zusammen. Sie versuchen, einige Gedanken zu formulieren und auf einer Mindmap festzuhalten.

Wir suchen nach einem geeigneten Thema

Am Nachmittag des nächsten Tages treffen sich die Klassen. Seda und Peter stellen ihre Mindmap dar. Nicht alle Ideen gefallen den Mitschülern. Jeder schreibt auf ein Kärtchen seine Idee für ein Thema und für geeignete Spiele zur Unterhaltung. Seda heftet die Kärtchen auf ein Plakat.

Ideensammlung

- Kulinarisches ohne Fleisch
- Krimidinner
- Farbenmotto
- Essen bei Hofe
- Essen wie im Mittelalter
- Türkischer Abend
- Italienische Variationen
- 1001 und 1 Nacht
- Gefühle
- Omas Sonntagsmenü

Phase 2: Arbeitsaufgaben bestimmen

Hilfreich für die Auswahl von Themen:

- Was hat das Thema mit unserem Alltag zu tun?
- Gibt es genügend Material, um etwas zum Thema zu erfahren?
- Wird die Interessenlage möglichst vieler Schüler/-innen berücksichtigt?
- Gibt es Besonderheiten zu berücksichtigen (Religion, Allergiker, Alternativköstler, Diabetiker ...)?
- Welches Budget steht zur Verfügung?
- Wer soll eingeladen werden?
- Wann soll das Menü stattfinden?

Festlegen der Arbeitsaufgaben / Teambildung / Terminabsprachen

- Team *Einladungskarten und Menükarte* (Team repräsentiert das Thema des geplanten Menüs und den Anlass)
- *Team Tischdekoration* (soll den inhaltlichen Rahmen des Menüs setzen)
- *Team Organisation* (plant den Ablauf und den Einsatz des Personals sowie die Finanzen)
- *Team Unterhaltung* (sucht Beiträge und Musik nach Thema aus)
- *Team Köche und Service* kleidet sich nach festgelegtem Thema.

Die ersten Planungsschritte

Ein kleines Team aus beiden Klassen sitzt gemeinsam mit der Fachlehrerin am Tisch, um die ersten Schritte zu planen. Die Lehrerin schlägt vor, eine Checkliste für die Vorbereitung anzulegen. So wird nichts vergessen und jeder wird an seine Aufgabe erinnert. Auch die Einhaltung der Termine kann überprüft werden.

Das Menü

Ein Menü bezeichnet eine Speisenfolge, die aus mindestens drei Gängen besteht: Vorspeise, Hauptgang und Nachspeise oder Dessert. Manchmal werden sogar fünf Gänge gereicht. Man spricht von „Gängen", da das Aufdecken eines neuen Gerichts früher der Bediensteten und heute des Servicepersonals bedarf.

Bei der Planung spielt die Speisenfolge eine große Rolle. Hierbei gilt:

- am Anfang etwas Leichtes wie Salat oder Suppe
- Fisch vor Fleisch
- bei mehreren Fleischgängen: von hell (z.B. Geflügel) zu dunkel (z.B. Rind oder Lamm)
- zum Schluss eine Nachspeise; hier eignet sich immer etwas Süßes, je nach Saison mit Erdbeeren, Kirschen, Birnen oder Äpfeln angerichtet.
- farbliche Abwechslung – verleiht dem Menü einen besonderen Charakter

Menüfolge festlegen

Jetzt wird es Ernst – die Menüfolge wird festgelegt. Mittlerweile weiß auch das *Team Köche und Service*, wann ihr Gang fertig sein muss.

Phase 3: Projektumsetzung

Checkliste für das Themenmenü:

- Termin festlegen
- Personengruppen festlegen (Neigungen und Fertigkeiten beachten)
- Einladungskarten gestalten und verschicken
- Anzahl der Gäste festlegen
- Sind ausreichend Sitzplätze vorhanden?
- Sind ausreichend Gläser, Geschirr und Besteck vorhanden?
- Berechnung der Lebensmittelmengen
- Bestellung und Einkauf der Lebensmittel (Einkaufsliste, wann und wo wird eingekauft?)
- Zeitplan für die Speisen festlegen
- Personalplanung (wie viele Helfer/-innen sind notwendig? wer macht was?)
- Raum- und Tischdekoration (Material, Einkauf, Herstellung)
- Bewirtung (wer serviert, wer kümmert sich um die Getränke?)
- Wer moderiert und wer kümmert sich um die Musik sowie um das Rahmenprogramm?
- Wer fotografiert?
- Wer plant die Kosten und führt die Kasse?

Phase 4: Abschluss

Die Veranstaltung ist vorbei und der Stress lässt nach. Die Fotos sind fertig und hängen in der Klasse. Jeder kann noch einmal reflektieren, was besonders gut oder auch nicht so gut gelungen ist.

Ökologie

Ökonomie

Arbeitssicherheit und Gesundheitsschutz

Waren- und Werkstoffkunde

Berufs- und Studienorientierung

Gesellschaftliche Arbeitsteilung

Wichtige Begriffe

- landwirtschaftliche Produktionsformen
- Nahrungsmittelkette
- Lebensmitteltechnologie
- Nachhaltigkeit
- Gentechnik
- Veredelung
- Globalisierung
- Fairtrade
- Vermeidung von Lebensmittelvernichtung

A Anteile von Vegetariern in ausgewählten Ländern der Erde

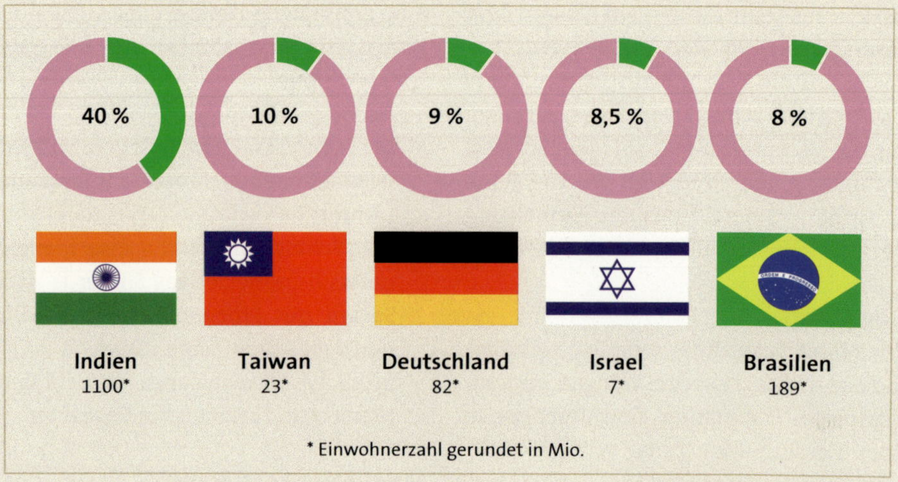

B Der Starkoch

In einem Interview sagte der britische Starkoch Jamie Oliver:

„Weil heute so viele Mütter und Väter berufstätig sind, wachsen Kinder und Jugendliche oft nicht mehr mit selbst zubereiteten warmen Mahlzeiten auf. Auch viele Erwachsene haben keine Ahnung, wie man schnell eine leckere, nahrhafte Mahlzeit zubereitet. Niemand zeigte es ihnen. Die Effekte sehen wir – Fettleibigkeit und Diabetes.“

(Quelle: FOCUS Magazin | Nr. 48 (2015) www.focus.de; Download: 11. 11. 2016)

C Was haben wir mit der Globalisierung zu tun?

D Die landwirtschaftliche Produktion

Seit Beginn des Ackerbaus hat die Landwirtschaft die Aufgabe, die Menschen mit ihren Produkten zu ernähren.
Durch eine starke Technisierung und Intensivierung der Landwirtschaft ist es heute möglich, die Bevölkerung in Mitteleuropa vollständig zu versorgen. Aber gerade die Intensivierung der Landwirtschaft hat neue Probleme gebracht.
Heute wird den Menschen immer mehr bewusst, dass durch den Einsatz von Chemikalien in der Lebensmittelproduktion mögliche Gefahren für den Menschen als auch das ökologische Gleichgewicht bestehen.

Wissen und erklären

1 Sieh dir die Grafik A an und versuche zu erklären, warum die Prozentzahlen so stark voneinander abweichen. Setze dich mit den Lebensstilen verschiedener Bevölkerungsgruppen dieser Länder auseinander und stelle einen Zusammenhang her.
2 Nimm Stellung zum Zitat von Jamie Oliver (B). Teilst du diese Meinung?
3 Vergleiche positive und negative Auswirkungen der Globalisierung. Stelle sie einander gegenüber.

Informationen beschaffen und auswerten

4 Die Abbildung C symbolisiert eine globalisierte Welt der Lebensmittel. Finde Beispiele für Lebensmittel, die aus einer globalisierten Produktion stammen und die dich in deinem persönlichen Leben betreffen. Beurteile, ob du deinen Alltag ohne diese Produkte bewältigen kannst. Erarbeite eine Argumentation an ausgewählten Beispielen.
5 Informiere dich über die Begriffe „grüne Gentechnik" und „rote Gentechnik". In Deutschland sind gentechnisch veränderte Lebensmittel nicht zugelassen, in der Medizintechnik sind sie jedoch durchaus üblich. Erarbeite einen begründeten Standpunkt und trage ihn vor.

Beurteilen, entscheiden und handeln

6 Welche Konsequenzen hat die Unterzeichnung des TTIPP-Abkommens für den europäischen Lebensmittelmarkt? Informiere dich und wäge ab. Wie würdest du dich bei einer Abstimmung entscheiden? Begründe.
7 Erarbeite zu D Argumente für eine Pro-und-Kontra-Diskussion.
8 Stelle alternative Produktionskonzepte dar und hebe hervor, welchen Einfluss die Konsumenten auf diese Produktionskonzepte haben können.

Planung und Umsetzung eines Themenmenüs

METHODE

Das Themenmenü: Ablauf und Bewertung

1. Schritt:
Thema finden, Ideen sammeln, neugierig werden. Informationen zum Thema sammeln.
Bereitet ein Kurzreferat und eine Präsentation vor.

2. Schritt:
Wählt eine Mahlzeit, eine passende Speisenfolge (Menü) zu eurem Thema aus.
Schreibt und gestaltet eine Einladungskarte. Schreibt und gestaltet eine Speisekarte.

3. Schritt:
Plant gemeinsam alle anfallenden Arbeiten (Einkauf, Vorbereitung, Zubereitung ...) in einer günstigen Reihenfolge.
Überlegt eine passende Tischdekoration.
Schreibt einen Organisationsplan (dazu dürft ihr den PC verwenden).

4. Schritt:
Kauft die benötigten Lebensmittel für eure Speisenfolge ein.
Erstellt eine schriftliche Abrechnung über die Ausgaben.

5. Schritt:
Bereitet die Speisen zu.
Essenszeit: **18.00 Uhr**
Deckt den Tisch.
Serviert eure Speisen.

Bewertungskriterien:

Verteile die Punkte 1 – 6
(6 ist die beste Bewertung)

Lebensmittelauswahl

- Wurden regionale und saisonale Produkte verwendet? ☐
- Welche Lebensmittel hatten eine weite Reise? ☐
- Wurden Convienence-Produkte verwendet? ☐
- Frischprodukte? ☐
- Waren Obst und Gemüse reichhaltig im Angebot? ☐
- Getränkeangebot: zuckerfrei oder zuckerreduziert? ☐

Garverfahren

- Wurden schonende Garverfahren eingesetzt? ☐

Zielgruppenorientierung

- Wurden besondere Essgewohnheiten berücksichtigt? ☐

Bewertung durch die Gäste:

Punktezahl 1 – 6 (6 ist die beste Bewertung)

	Optischer Eindruck	Schmackhaftigkeit	Zusammenstellung der Speisen	Getränkeangebot
Vorspeise				
Hauptgang				
Nachspeise				

Einladungskarten: Service: Menükarte:
Tischdekoration: Raumgestaltung: Programmgestaltung:

Unter-nehmerisches Handeln

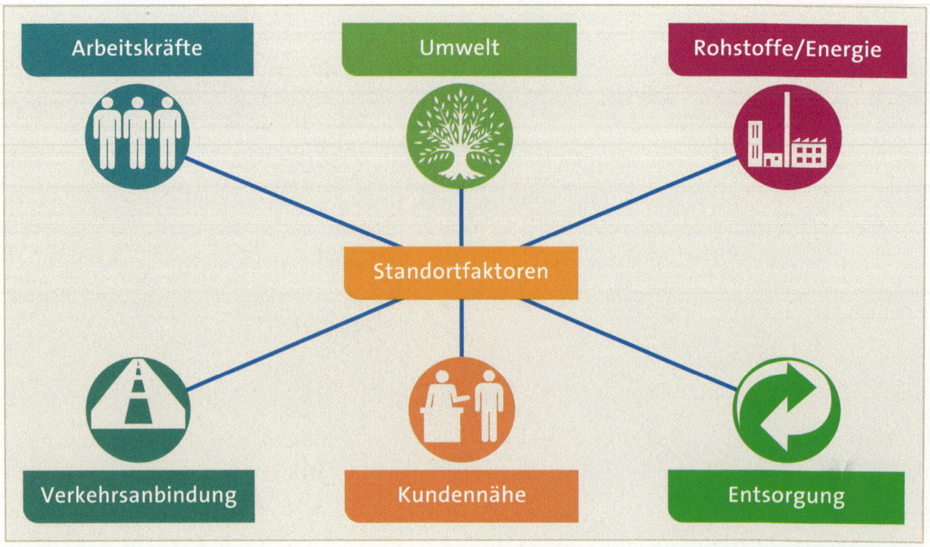

M1 Standortfaktoren

Betriebe in unserer Region

Im Ort gibt es etwas Neues. Unmittelbar vor der Schule wird in Kürze ein Café eröffnet und gleich dahinter wird es ein Waschcenter geben. Auch ein Handwerksbetrieb, ein Friseur, ist seit kurzem hier ansässig. In letzter Zeit haben noch weitere Geschäfte und Betriebe in der Umgebung eröffnet, andere jedoch sind verschwunden. Geschlossen wurden ein kleiner Imbiss an der Ecke und ein Schreibwarenladen. Hier soll ein Elektronik-Center entstehen.

M2 Neueröffnung

Der Betrieb ist eine planvoll organisierte Wirtschaftseinheit, in der Produkte und Dienstleistungen abgesetzt werden.

Wie erfolgreich ein Betrieb ist, erkennt man daran, wie lange er auf dem Markt tätig ist oder anhand seiner Größe (z.B. wie viele Arbeitsplätze hier für die Region geschaffen wurden). Auch wie sich die Betriebe für das Gemeinwohl in der Region einsetzen, unterstreicht ihre Bedeutung für die regionale Wirtschaft.

Erfolgreiche Betriebe setzen die Produktionsfaktoren Arbeit (Arbeitskraft), Arbeitsmittel und Werkstoffe ökonomisch ein.

Die Standortfaktoren, ein guter Ruf in der Region, die Qualität der Produkte und Dienstleistungen, Marktforschung sowie der Einsatz moderner Produktionsverfahren spielen für einen erfolgreichen Betrieb eine wesentliche Rolle. Auch qualifiziertes Personal gehört zu den wichtigen Voraussetzungen für ein zukunftsorientiertes Unternehmen.

M 3 Der Welthandel auf Seewegen macht 90 Prozent des Welthandels aus

Weltweite Wirtschaft

Nicht in allen Ländern der Erde gibt es Rohstoffe wie Erdöl, Baumwolle, Holz oder Kakao. Im Zeitalter der Globalisierung erfolgt jedoch ein reger Austausch von Waren und Dienstleistungen: Importe (Einfuhren) und Exporte (Ausfuhren). Auch gut ausgebildete Spezialisten aus dem Ausland helfen dabei, neue Technologien in einem anderen Land aufzubauen und somit dessen Forschung sowie Entwicklung voranzutreiben. Weltweite Wirtschaft bedeutet auch, dass die Betriebe sehr mobil sein müssen. Das zeigt sich besonders bei der Wahl von Standorten für die Produktion und den Absatz. Betriebe, die wirtschaftlich arbeiten wollen, müssen für ihre Kunden und Lieferanten jederzeit schnell erreichbar sein. In der Zukunft werden Mitarbeiterinnen und Mitarbeiter von Unternehmen dabei neue, mobile Arbeitskonzepte erleben. Andere Betriebe schließen sich zusammen, um sich im weltweiten Wettbewerb behaupten zu können. Dabei spielen auch Gründe wie Wachstum und Kosteneinsparung eine entscheidende Rolle.

Weltweite Wirtschaft dient dazu, eine bessere Bedürfnisbefriedigung aller Menschen in den jeweiligen Volkswirtschaften zu erreichen.

1 Berichte über neue Betriebe in der Umgebung eurer Schule. Was wird angeboten? Welche Zielgruppe wird angesprochen?

2 Erläutere die Bedeutung der verschiedenen Standortfaktoren für unterschiedliche Betriebe (M 1).

3 Halte einen mündlichen Kurzvortrag darüber, wie Betriebe miteinander verflochten sind. Schildere es am Beispiel eines Supermarktes.

4 Diskutiert über die Vorteile und Nachteile des Welthandels aus Sicht verschiedener Länder.

5 Erläutere die Auswirkungen für Importeure und Exporteure, wenn 90 Prozent des Welthandels auf Seewegen durchgeführt werden.

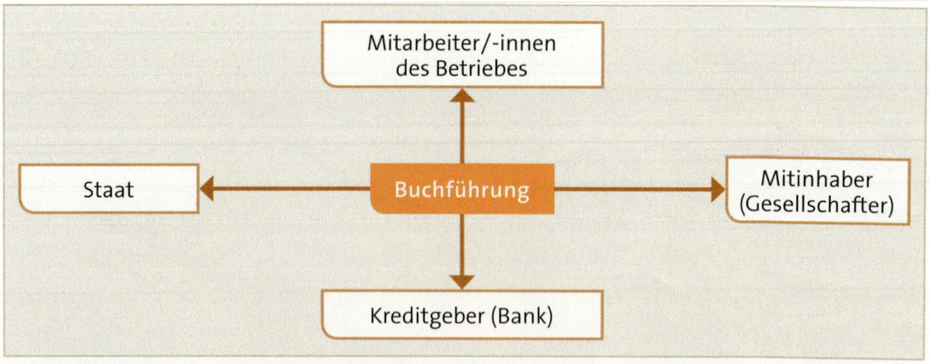

M1 Adressaten* der Buchführung

* **Adressat**
Empfänger

Sorgfalt und Genauigkeit

Im Großraumbüro einer Versicherung kann man beobachten, wie Ordner bewegt, Rechnungen abgeheftet, Überweisungen oder Buchungen mit den entsprechenden Daten ausgefüllt und bearbeitet werden. In diesem Büro werden sämtliche Geschäftsvorgänge erfasst und Belege archiviert*. Diese Dokumentation* wird als „Buchführung" bezeichnet.

* **archivieren**
etwas (in einem Archiv) einlagern (insbesondere Akten und Dokumente)

* **Dokumentation**
(schriftliche) Darlegung eines Sachverhaltes

Die Buchführung ist eine planmäßige und lückenlose Aufzeichnung aller Geschäftsvorgänge in einem bestimmten Zeitraum.

Eine ordnungsgemäße Buchführung ist zwingend notwendig und auch vom Gesetzgeber vorgeschrieben. Das bedeutet, dass die Mitarbeiterinnen und Mitarbeiter dieser Abteilung die Buchführung vollständig, wahrheitsgemäß und zum richtigen Zeitpunkt durchführen müssen. Der Staat schreibt ebenfalls vor, dass die Unterlagen jederzeit nachprüfbar sein müssen.

Ob ein Betrieb einen Gewinn oder einen Verlust verzeichnet, hängt von der Auswertung vieler Zahlen und Informationen ab. Zunächst wären die Anschaffungskosten für die Ausstattung des Unternehmens zu nennen. Diese Kostenart tritt vor allem bei einer Unternehmensgründung auf. Weitere gleich bleibende monatliche Ausgaben oder Kosten entstehen beispielsweise für die Miete, Kredite, Versicherungen. Hierbei sprechen wir von festen (fixen) Kosten.

Ausgaben für den Einkauf von Waren oder Materialien, Kosten für den Transport oder die Werbung stellen veränderliche (variable) Kosten dar.

Löhne und Gehälter sind hohe Kosten für die Unternehmen. Auch sie zählen, da sie nicht immer gleich bleiben, zu den variablen Kosten. An den Staat müssen Steuern abgegeben werden. Alle diese Aufgaben werden im Betrieb von der Abteilung Rechnungswesen erledigt.

Das Rechnungswesen erfasst alle wirtschaftlichen Vorgänge eines Unternehmens und drückt sie in Geldsummen aus. Verluste und Gewinne, Ausgaben und Einnahmen werden im Rechnungswesen miteinander verglichen.

M2 In einem Großraumbüro

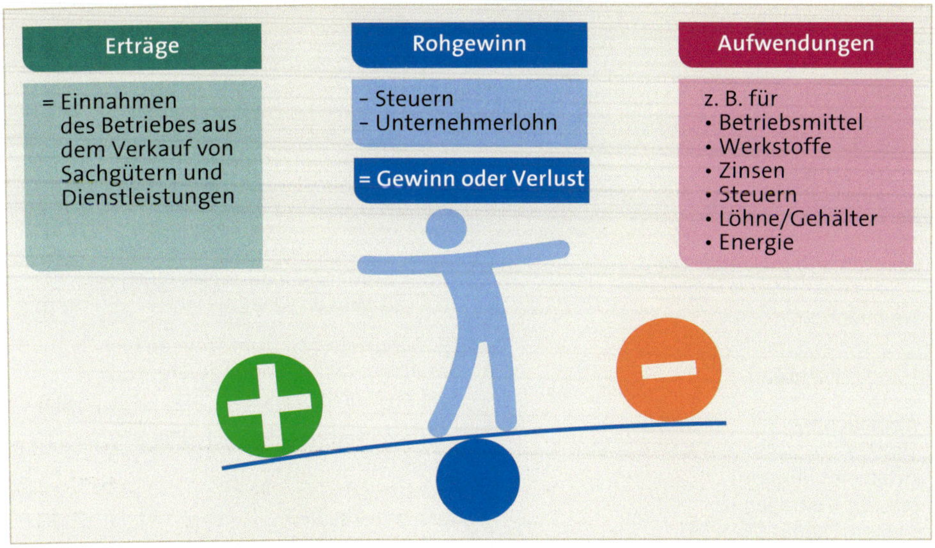

M3 Gewinn und Verlust

M4 So rechnet eine Firma

Aufwendungen (Ausgaben)	Euro	Erträge (Einnahmen)	Euro
Materialkosten	112 604,40	Reparatureinnahmen	224 153,20
Wareneinkauf	14 417,80	Verkaufserlöse	108 482,70
Lohnkosten	108 176,20	Sonstige Erträge	19 149,50
Betriebskosten	18 121,70		
Sonstige Kosten	10 455,30		

Erträge	
– Aufwendungen	
= Gewinn	

Rohgewinn
= positive Differenz aus Umsatzerlösen und dazugehörigem Wareneinsatz

Rohgewinn
= Umsatzerlös – Aufwendungen für bezogene Waren

Rohgewinn – Kosten
(Miete, Versicherungen etc.) (Personalkosten)
= **Reingewinn** (vor Steuern)

Ziel des Rechnungswesens ist es, die Wirtschaftlichkeit eines Unternehmens zu kontrollieren. Dies dient auch als Grundlage für die betrieblichen Entscheidungen. Um Pleiten zu vermeiden, sollte ein Betrieb, unabhängig von seiner Größe, ein finanzielles Gleichgewicht aufweisen.

Das Rechnungswesen in einem Betrieb muss ständig einen genauen Überblick haben, wie viel Geld hinein- bzw. aus dem Unternehmen hinausfließt.

Damit ein Betrieb langfristig am Markt bestehen kann, ist es notwendig, Rücklagen gebildet zu haben. Neben Kapital zählen auch Grundstücke, Gebäude und Maschinen zu einer solchen finanziellen Reserve. Hierdurch verringert sich das unternehmerische Risiko, der Betrieb hat mehr finanzielle Sicherheit.

1 Fasse kurz mündlich zusammen, was unter „Buchführung“ zu verstehen ist (Text, M1).
2 Erläutere Sinn und Zweck des Rechnungswesens (Text, M3 und M4).
3 Erkläre den Unterschied zwischen „Rohgewinn“ und „Reingewinn“ (M3).
4 Berechne den Gewinn der Firma (M4).
5 Stell dir vor, du solltest in einer Firma für Gewinn sorgen. Wie wäre dein Plan? Berichte darüber vor der Klasse.
6 Was hat eine Stadt davon, wenn die dort ansässigen Betriebe Gewinne erzielen?

M 1 Zwei unterschiedliche Finanzierungspläne

Alina, 15 Jahre Finanzierung für meinen Führerschein (begleitendes Fahren mit 17 Jahren)		Mohamed, 14 Jahre Finanzierung für meinen Führerschein	
auf meinem Sparbuch	445 €	Ab sofort spare ich monatlich mein Taschengeld bis zum 16. Geburtstag 10 € pro Monat (14 x 10)	140 €
Geschenke: 16. Geburtstag	50 €	16. bis 17. Geburtstag Anteil meiner Ausbildungsvergütung 20 € pro Monat (12 x 20)	240 €
Weihnachten	80 €		
17. Geburtstag	60 €	17. Geburtstag bis zum Führerschein Anteil meiner Ausbildungsvergütung 25 € im Monat (18 x 25)	450 €
Weihnachten	80 €	50 % der Weihnachtsgeschenke	
Zusatzeinnahmen:		dieses Jahr	20 €
Zeitung austragen		nächstes Jahr	25 €
34 € pro Monat (21 x 34)	714 €	übernächstes Jahr	30 €
		40 % der Geburtstagsgeschenke (16.)	20 €
altes Spielzeug auf dem Flohmarkt		50 % der Geburtstagsgeschenke (17.)	30 €
verkaufen	50 €	60 % der Geburtstagsgeschenke (18.)	40 €
	1479 €		995 €

Finanzierungspläne

Volljährig zu werden und selbst Auto fahren zu dürfen, gehört zur Lebensplanung fast aller jungen Menschen. Insofern ist der 18. Geburtstag ein wichtiges Datum. Für viele Jugendliche ist es allerdings ein Problem, das Geld für den Führerschein aufzubringen. Wie bei anderen größeren Vorhaben kann hier ein Finanzierungsplan helfen.

Bei größeren Anschaffungen hilft ein Finanzierungsplan, der langfristig erstellt sowie regelmäßig und pünktlich erfüllt werden muss.

Nicht immer ist es möglich, auf Jahre hinaus Finanzierungsentscheidungen zu planen. Auch finden wir die manchmal erhofften Finanzierungsquellen nicht in der Familie oder in der Verwandtschaft. Ferienjobs und Gelegenheitsarbeiten sind dann die einzigen Finanzierungsquellen, die Jugendliche haben. Selbstverständlich könnt ihr auch, wenn ihr volljährig seid, zur Bank gehen und euch Geld für eure Anschaffungen leihen. Doch ihr wisst: keine Leistung ohne Gegenleistung. Für dieses Geld muss Leihgebühr bezahlt werden – die Zinsen.

Die Finanzierung ist die Beschaffung von Kapital, das zur Erfüllung von privaten Bedürfnissen oder zur Produktion in Unternehmen benötigt wird.

Betriebe benötigen in erster Linie Geld für ihre Produktionsfaktoren. Schließlich möchte jeder Betriebsangehörige seine Entlohnung erhalten. Materialien, Arbeitsgeräte und Maschinen müssen angeschafft, repariert oder ersetzt werden. Hat das Unternehmen genug Gewinn erwirtschaftet, sind solche Ausgaben kein Problem.

Wenn ein Unternehmen Gewinne erwirtschaftet, hat es einen größeren Handlungsspielraum.

Nicht selten sind Betriebe aber auf Banken angewiesen, um kurzfristige und mittelfristige Finanzierungsentscheidungen ermöglichen zu können.

Unterstützung und Pleiten

Der Staat unterstützt einige Betriebe durch Finanzierungshilfen. Diese Subventionen sind finanzielle Förderungen und Anreize, die beispielsweise bei der Erforschung und Einführung umweltfreundlicher Technologien, im ökologischen Landbau oder beim Einsatz alternativer Energiequellen gegeben werden.
Vermutlich habt ihr schon von Zahlungsschwierigkeiten oder Pleiten von Unternehmen gelesen und gehört. Oft stecken dahinter innere Ursachen wie überalterte Organisationsstrukturen*, schlecht ausgebildete Mitarbeiter oder Fehlinvestitionen. Aber auch äußere Ursachen wie Marktveränderungen, extreme Lohnforderungen oder steigende Rohstoffpreise können zu einer Unternehmenspleite führen.

M 2 Hauptgründe für Insolvenzen in Deutschland

- Mangelnde Kapitalausstattung (Eigenkapitalmangel/Finanzschwierigkeiten)
- Konjunkturelle Lage, Strukturwandel
- Lohn- oder Verwaltungskosten
- Staatliche Steuer-, Wirtschafts- und Sozialpolitik
- Persönlicher/familiärer Bereich des Unternehmers
- Falsche Markteinschätzung/ mangelnde Wettbewerbsfähigkeit
- Fehlinvestitionen oder zu schnelle/ zu langsame Kapazitätsausweitung
- Fehlerhafte Struktur/Organisation des Unternehmens/Standortprobleme
- Schlechte Zahlungsmoral der Kunden
- Folgeinsolvenzen bzw. Dominoinsolvenzen treffen gleich mehrere Unternehmen
- Gründungs- oder Übernahmeschwierigkeiten
- Mängel in der Kalkulation oder Buchführung
- Schwierigkeiten mit Lieferanten
- Mängel im Produktbereich (Qualität, Preis, Produkteigenschaften)
- Veraltete Technologie, nicht gelungene technische Umstellung
- Führungsprobleme

* **Organisationsstruktur** die Art und Weise, wie ein Unternehmen eingeteilt ist und arbeitet

1 Erläutere die Unterschiede und Gemeinsamkeiten der Finanzierungspläne, die in **M 1** dargestellt sind.
2 Entwirf einen eigenen Finanzierungsplan für eine mehrjährige Laufzeit und eine vierstellige Euro-Summe.
3 Finde für die Hauptgründe für Insolvenzen in Deutschland jeweils ein praktisches Beispiel pro Spiegelstrich (**M 2**).
4 Wähle drei der Hauptgründe aus **M 2** und mache dafür Lösungsvorschläge.
5 Recherchiere im Internet, welche Subventionen in Deutschland von staatlicher Seite für Unternehmen gewährt werden (können). Berichte darüber vor der Klasse.
6 Halte ein Kurzreferat darüber, warum ein Unternehmen, das Gewinne erwirtschaftet, seinen Handlungsspielraum vergrößert.

Beschaffung und Lagerung

M1 Vom Baum zum Möbelstück

Beschaffung

Jeder größere Betrieb verfügt über die Organisationsbereiche Beschaffung, Produktion, Absatz, Finanzierung und Personalwesen.

> Beschaffung, Produktion und Absatz gehören im engeren Sinne zu den betrieblichen Grundfunktionen.

Die Vorbereitungsarbeiten zur Herstellung von Produkten und Dienstleistungen beginnen mit der Beschaffung.
Folgende Fragen müssen sich die Betriebe stellen:

- Was brauchen wir für unsere Produktion?
- Wo kaufen wir ein?
- Wie viel Geld brauchen wir, z. B. für die Anschaffung einer Maschine?
- Was muss wie und wo gelagert werden?

Für die Produktion kaufen die Betriebe leistungsfähige Maschinen ein, um die Qualität ihrer Dienstleistungen und Produkte zu garantieren. Diese großen Anschaffungen heißen „Investitionen". Sie sind zumeist mit hohen Geldausgaben verbunden und werden daher oft lange im Voraus geplant.
Eine wichtige finanzielle und technische Investition ist die Anschaffung von neuen Maschinen. Dadurch werden die Produktion und die Arbeitsbedingungen verbessert.
Zur Herstellung eines Produktes benötigen Betriebe außer Maschinen auch Rohstoffe und Werkstoffe. Die Rohstoffe bilden die Grundlage für die Herstellung von Produkten. Zum Bau von Maschinen werden beispielsweise zuerst Eisenerze benötigt. Daraus werden dann Werkstoffe wie Eisen oder Stahl erzeugt.
Neben Werkstoffen wie Holz oder Metall setzen Betriebe auch sogenannte „Halbfabrikate" für die Herstellung von Produkten ein. Ein solches Halbfabrikat kann der tiefgefrorene Pizzateig sein, den der Bäcker zu einem gewünschten Zeitpunkt nur noch belegen und im Backofen garen muss. Schon ist die Pizza fertig.

M2 Von der Idee zum Vertrieb

M 3 Lagertyp 1

M 4 Lagertyp 2

Der Einkauf von Rohstoffen, Werkstoffen und Halbfabrikaten gehört zur Beschaffung. Außerdem müssen Arbeitskräfte und Geld beschafft werden.

Lagerung

In allen Betrieben wird die Lagerung sorgfältig geplant. So sollten die Saatkartoffeln beim Bauern oder das Holz für den Tischler ausreichen und zum entsprechenden Zeitpunkt verfügbar sein. Medikamente in der Apotheke müssen besonders sicher gelagert werden. Manche Produkte, wie Benzin, große Maschinenteile oder schnell verderbliches Obst und Gemüse, lassen sich nur mit besonderem Aufwand lagern.

Einige Produkte müssen vor dem Verkauf gelagert werden: Käse, Sauerkraut oder Schinken müssen erst reifen, bevor sie verzehrt werden können.

Die Art des Lagerns hängt immer davon ab, was gelagert werden muss. Je weniger Lagermöglichkeiten vorhanden sind, umso genauer müssen Einkäufe geplant und durchgeführt werden. Ein Schreiner wird sein Holz möglichst dann einkaufen, wenn die Preise niedrig sind. Wenn er genug Lagerraum hat, ist er von Preisschwankungen auf dem Holzmarkt unabhängig. Andere Betriebe lagern ihre Materialien, um bei steigender Nachfrage besonders schnell reagieren zu können. So kann im Bedarfsfall sofort mehr produziert werden.

Mehr und mehr Betriebe gehen dazu über, ihre Daten elektronisch zu „lagern“. Auf diese Weise müssen sie keine großen Archivräume unterhalten.

M 5 Lagertyp 3

1 Fasse in deinen Worten kurz mündlich zusammen, was unter „Beschaffung“ in einem Betrieb verstanden wird (Text).

2 Stelle dar, wie ein Betrieb eine neue Maschine beschafft. Nenne mögliche Gründe für die Anschaffung und wie der Betrieb sich darauf einrichten könnte (Text).

3 Beschreibe den „Weg“ vom Baum zum Möbelstück (**M 1**).

4 Fasse den Weg von der Idee zum Produkt am Beispiel eines Smartphones in deinen Worten mündlich zusammen (**M 2**).

5 Betrachte die Fotos **M 3** bis **M 5**. Welche Art der Lagerung ist zu erkennen? Welche Produkte werden gelagert?

6 Erläutere Vor- und Nachteile der Lagerungstypen in den Fotos **M 3** bis **M 5**.

7 Nenne fünf weitere Halbfabrikate (außer dem vorgefertigten Pizzateig) verschiedener Wirtschaftszweige. Wie werden sie weiterverarbeitet?

Der Produktlebenszyklus

M1 Auch wichtig: die Verpackung

M2 Entwurf eines neuen Autos

Marktforschung

Bevor ein Produkt auf den Markt kommt, durchläuft es üblicherweise verschiedene Stadien. Beispielsweise wird eine sogenannte „Marktforschung“ unternommen: Ein Teilmarkt wird von einem Unternehmen systematisch erforscht. Dazu gehören allerlei Detailinformationen, die man über die Zielgruppe gewinnen möchte – z.B. Gewohnheiten, Bedürfnisse, aber auch Geschmack und Finanzkraft.

Auch wenn ein Produkt sich auf dem Markt bewährt und das Unternehmen damit einen großen Umsatz (und Gewinn) erzielt, weiß doch jeder, dass auch solche Zeiten irgendwann vorüber sind. Die Kundinnen und Kunden haben irgendwann vielleicht Lust auf etwas Neues. Allgemein bekannt sind auch der Sätze wie „die Konkurrenz schläft nicht“ und „Konkurrenz belebt das Geschäft“.

Modernisierung des Produkts

Werden Eigenschaften eines Produkts oder einer Dienstleistung maßgeblich durch andere, neue oder veränderte Eigenschaften ersetzt, so sprechen die Fachleute von „Produktionsinnovationen“ bzw. von „Produktvariationen“.

Produktinnovation, Produktvariation und Produkteliminierung stellen Phasen im „Leben“ eines Produkts dar. Will ein Unternehmen über einen längeren Zeitraum auf dem Markt existieren, muss es immer wieder neue Produkte (oder Dienstleistungen) entwickeln. Die „alten Produkte“ werden allmählich aus dem Programm genommen. Verbraucher/-innen können dann mitunter noch eine Zeitlang in Form von preisgünstigen Sonderangeboten profitieren. So gibt es beispielsweise im Automobilbereich so genannte „Auslaufmodelle“, die mit teilweise äußerst hohen Preisnachlässen angeboten werden.

Produktlebenszyklus

Die Art und Weise, wie Produkte auf dem Markt existieren, hat ein ähnliches Muster. Es wird von Fachleuten als „Produktlebenszyklus“ bezeichnet. Nach seiner Einführung und ersten Verkäufen steigen – wenn alles gutgeht – die Umsätze. Das Produkt erreicht danach ein höheres (bzw. hohes) Umsatzniveau, verliert jedoch im Laufe seines „Lebens“ an Attraktivität (und Kundschaft). Schließlich wird es durch ein anderes Produkt desselben Herstellers oder eines Mitbewerbers auf dem Markt ersetzt.

Ein Produktlebenszyklus beginnt mit der Forschung und Entwicklung in Betrieben und führt dann zu Einführung, Wachstum, Reife, Sättigung und Rückzug aus dem Markt.

M 3 Manchmal reicht eine Reparatur

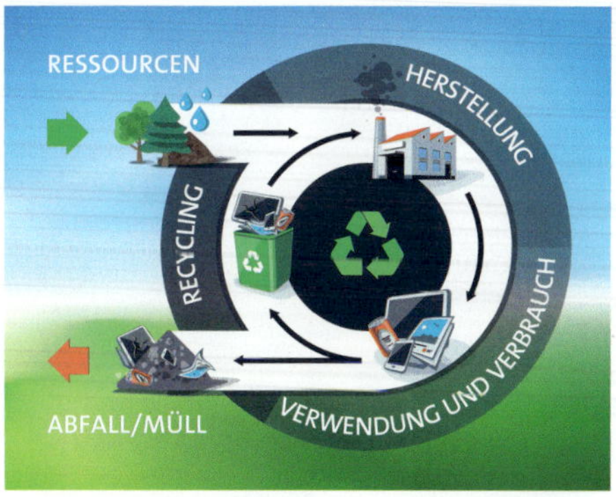

M 4 Kreislaufwirtschaft

Produktlebenszyklus und Umwelt

Immer stärker tritt beim Thema „Produktlebenszyklus" der Aspekt der Umwelt in den Blick. Neben der Frage aus Sicht eines Unternehmens, was am Ende des Produktlebens geschehen soll, steht eine ähnliche aus Verbrauchersicht: wohin mit dem nicht mehr benötigten oder gar lästigen Objekt? Die Wiederverwendung (Recycling) von Wertstoffen spielt eine große Rolle. Einerseits können Konsumenten durch das Recycling etwas guten Gewissens „entsorgen". Andererseits sind auch Produzenten daran interessiert, wieder in den Besitz wertvoller Bestandteile eines Produkts zu gelangen.

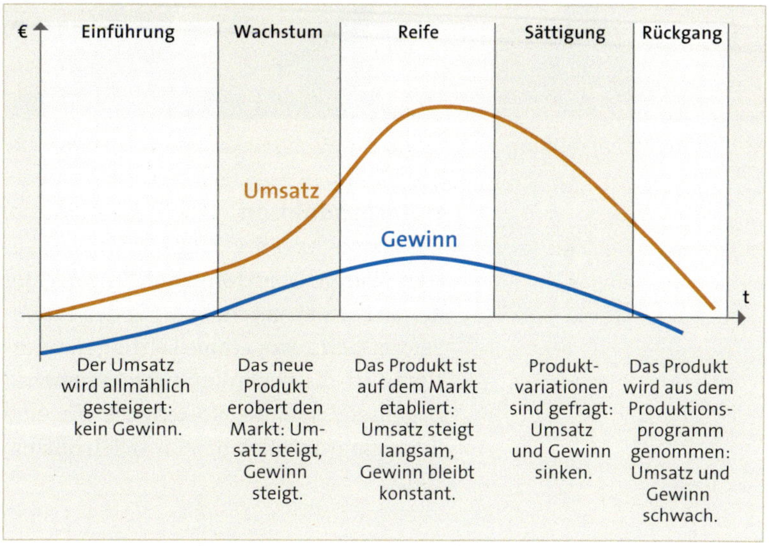

M 5 Der Produktlebenszyklus

1 Berichte über Möglichkeiten und Zielsetzungen der Marktforschung (Text).
2 Nimm Stellung zu der Aussage: „Die Konkurrenz schläft nicht". Hältst du diese Aussage für gut oder nicht?
3 Erläutere die Notwendigkeit zu Produktmodernisierungen aus Unternehmersicht (Text, M 1 und M 2).
4 Tauscht eure Ansichten untereinander aus: Welche Produkte hättet ihr gern ein wenig „moderner"?
5 Wärest du bereit dazu, ein „Auslaufmodell" zu kaufen (Text)? Welche Vor- und Nachteile siehst du?
6 Wende das Modell M 4 auf ein bestimmtes Produkt deiner Wahl an und „spiele es mündlich durch".
7 Warum sind in M 5 die Umsatzkurve und die Gewinnkurve nicht deckungsgleich (übereinander)?
8 Ordne das Foto M 3 in einen Abschnitt von M 5 ein. Begründe deine Zuordnung.
9 Stelle mündlich dar, welche Bedeutung die Umwelt für den Produktlebenszyklus hat (Text). Beziehe M 3 in deinen Vortrag ein.

Arten der Produktion

M1 Brötchenherstellung

Güterproduktion

Die Herstellung von Gegenständen (Gütern, Waren, Objekten) kann in verschiedenen Formen geschehen. Für den Produzenten sind zuvor einige Leitfragen wichtig. So ist die geplante Stückzahl ebenso bedeutend wie die Kosten, die für eine Erzeugung anfallen bzw. anfallen dürfen.

Serienfertigung

Bei einer Serienfertigung werden gleichzeitig oder unmittelbar aufeinander folgend gleichartige Produkte hergestellt.

Serienfertigung: Eine bestimmte Menge gleichartiger Erzeugnisse wird hergestellt. Das geschieht in zusammenhängenden Zeitabschnitten.

Serienfertigung gibt es in vielen Bereichen des Handwerks und in der Industrie. Unterschieden wird die Anzahl der täglich gefertigten Stücke. Bei einer Einzel- oder Kleinserienfertigung werden monatlich bis zu 20 Produkte erzeugt. Eine Mittelserienfertigung bringt es auf bis zu 1000 Stück monatlich und eine Großserienfertigung schafft noch mehr.

Massenfertigung

Die Herstellung von Gütern mithilfe eines Fließbands (Fließbandfertigung) ist ein Beispiel für eine Massenfertigung. 1913 wurde die Fließbandfertigung durch den amerikanischen Automobil-

M2 Konditorin bei der Arbeit

M3 Ein Schneider in seiner Werkstatt

M4 Herrenanzüge

hersteller Henry Ford erstmals angewandt. Zuvor dauerte die Herstellung eines Autos dort mehr als zwölf Stunden. Mithilfe der Fließbandfertigung konnte die Produktionszeit auf rund zwei Stunden und 35 Minuten gesenkt werden.

Massenfertigung: Gleichartige Produkte werden fortlaufend in sehr hohen Stückzahlen hergestellt.

Einzelfertigung

Insbesondere immer dann, wenn es eher um genaue Maße als um Masse geht, bietet sich eine Einzelfertigung an. Beispielsweise ist ein Maßanzug oder ein Kleid perfekt auf einen bestimmten Menschen zugeschnitten. Doch eine solche Einzelfertigung hat auch ihren speziellen Preis. Ein Maßanzug ist in Deutschland kaum unter 450 Euro zu haben. Schnell kann der Preis jedoch auch höher steigen, insbesondere dann, wenn teure Stoffe verwendet werden sollen.

Einzelfertigung: Einzelne oder nur wenige gleiche oder gleichartige Produkte werden hergestellt.

Die Einzelfertigung gibt es nicht nur im Handwerk. Auch Brücken, Schiffe oder Häuser können in Einzelfertigung hergestellt werden.

M5 Ein Gemälde entsteht

1 Nenne je drei Beispiele für Einzel-, Serien- und Massenfertigung.
2 Ordne die Fotos M1 bis M5 mit Begründung der Einzel-, Serien- oder Massenfertigung zu.
3 Erläutere, warum Kundinnen und Kunden Kleider oder Maßanzüge in Auftrag geben.
4 Vergleiche Kleidungsstücke aus der Einzel- und aus der Massenfertigung. Schreibe tabellarisch und stichwortartig deren Merkmale auf.
5 „Die Art der Produktion ist eng mit dem Absatz der jeweiligen Produkte und Dienstleistungen verbunden.“ Überprüfe diese Aussage und begründe deine Antwort.
6 Diskutiert darüber, ob sich die Qualität der Produkte aus Einzelfertigung und Massenfertigung unterscheidet.

Produktion in der Praxis – auch in der Schule

M1 Ideenfindung für eine Schülerzeitung

Fragen zur Erstellung einer Schülerzeitung

Wer ist für die Gesamtgestaltung der Schülerzeitung verantwortlich? Wer soll die Fotos machen? Wer schreibt die Texte? Machen alle Schüler/-innen alles oder stellen kleine Gruppen von drei bis vier Schülerinnen und Schülern jeweils ein Exemplar der Schülerzeitung her? Soll die Herstellung in einzelne Stationen und Arbeitsschritte „zerlegt“ werden? Dabei verrichten verschiedene Schülerinnen und Schüler nur noch wenige Arbeitsschritte. Bei hohen Stückzahlen oder einem Produkt, das aus vielen Elementen besteht, lohnt sich vielleicht eine solche Vorgehensweise.

Die Klasse 9b ist dabei, diese Fragen zu entscheiden. Die Produktionsorganisation, der geplante Einsatz von Arbeitskräften, Maschinen und Fertigungsverfahren, müssen in jedem Betrieb genau geplant werden. Muss sich die Klasse an bestimmte Zeitvorgaben halten, um pünktlich fertig zu werden? Ist die Produktion auf mehrere Räume verteilt? Wie kann die Arbeit abwechslungsreich und interessant gestaltet werden?

M2 Vervielfältigung einzelner Seiten

Vorbereitungen für ein Schwimmfest

Die Schülerinnen und Schüler einer neunten Klasse erinnern sich noch gern an den letzten Schwimmwettkampf in ihrer Schule. Dort hatten sie die Verpflegung der Sportler/-innen und Gäste übernommen. Belegte Toastbrotscheiben wurden in großen Mengen hergestellt. Eine Gruppe toastete das Brot. Eine andere Gruppe bereitete Wurst, Käse und Salat vor. Von einer weiteren Gruppe wurden die Toasts belegt.

Der Vorteil der Reihenfertigung ist für diesem Zweck offensichtlich: Die Arbeit geht schnell von der Hand, weil jeder nur eine kleine, überschaubare Anzahl von Arbeitsgängen verrichten muss. Alle können sich rasch einarbeiten und die Arbeit immer zügiger verrichten.

Das Produktionsverfahren der Schülerzeitung

Bezüglich der Herstellung der Schülerzeitung steht für die Klasse fest, dass sich eine Reihen- oder Fließbandfertigung nicht eignet. Denn hierfür ist die geplante Stückzahl viel zu gering. Vielleicht wird diese Organisationsform später sinnvoll, wenn es mehr Abnehmer für die Schülerzeitung gibt. Fest steht, dass die Schülerzeitung vorwiegend im Computerraum hergestellt werden soll. Dort stehen genügend Arbeitsplätze und Arbeitsmittel, die die Gruppen benötigen, zur Verfügung. In Betrieben, wo jeweils ähnliche Maschinen und Geräte an bestimmten Arbeitsorten zusammengefasst werden, sprechen wir von einer Werkstattfertigung.

M3 Beim Schwimmwettkampf

> Werkstattfertigung: Geräte, Maschinen und Arbeitsplätze mit ähnlichen Arbeitsaufgaben werden zusammengefasst.

1 Nenne Arbeitsschritte, die bei der Erstellung einer Schülerzeitung anfallen.
2 Überlege, in welcher Reihenfolge die Arbeitsschritte bei der Schülerzeitung erfolgen. Stelle die Reihenfolge grafisch dar.
3 Denke dir eine Organisationsform für die Erstellung einer Schülerzeitung aus und stelle sie deiner Klasse vor. Welche Arbeiten lassen sich gut in Gruppen erledigen, welche eignen sich weniger?
4 Entwirf einen Organisationsplan für die Versorgung einer Veranstaltung mit belegten Broten. Stelle die Reihenfertigung grafisch dar.
5 Erweitere deine Organisationsplanung aus Aufgabe 4, indem du die Beschaffung einbeziehst.
6 Diskutiert darüber, ab welcher Stückzahl die Reihenfertigung einer Schülerzeitung sinnvoll sein könnte.

M1 Verkaufsförderung, Typ 1

Absatz

Was nützt die beste Produktidee und eine kostengünstige Produktion, wenn die Waren und Dienstleistungen nicht auf dem Markt abgesetzt werden können? Hier muss etwas für die Absatzförderung getan werden.

> Der Absatz gehört zu den betrieblichen Grundfunktionen. Er umfasst alle Tätigkeiten, die dem Verkauf von Produkten und Dienstleistungen dienen.

Ein anderer, erweiterter Begriff für die Absatzwirtschaft ist „Marketing". Dieser Begriff bezieht neben dem Vertrieb von Waren und Dienstleistungen den Blick in ein Unternehmen ein. Unter „Marketing" wird auch die Führung eines Unternehmens verstanden, die sich verändernde Kundeninteressen und -wünsche frühzeitig erkennen möchte.

Die Käuferinnen und Käufer üben ihrerseits einen Einfluss auf die Höhe der Preise aus, indem sie bestimmte Preise akzeptieren und andere nicht.

Der Verbraucher kann durch sein Kaufverhalten Art und Menge der hergestellten Güter und Dienstleistungen sowie deren Qualität und Preis beeinflussen.

Verkaufsförderung

Um Produkte (Waren, Güter, Dienstleistungen) gut zu vermarkten, kann ein Unternehmen viele Maßnahmen ergreifen. Manche Anbieter platzieren kleine Warenproben in Zeitschriften. Andere Anbieter führen ein Preisausschreiben durch, um auf ihr(e) Produkt(e) aufmerksam zu machen.
Viele Betriebe versuchen, lange Zeit auf dem Markt befindliche Produkte in neuer Gestaltung oder neuer Verpackung zu verkaufen.

> Der Absatzerfolg liegt in der Fähigkeit, rechtzeitig und angemessen auf Verhaltensweisen der Kunden und Konkurrenten reagieren zu können, um den Absatz zu steigern.

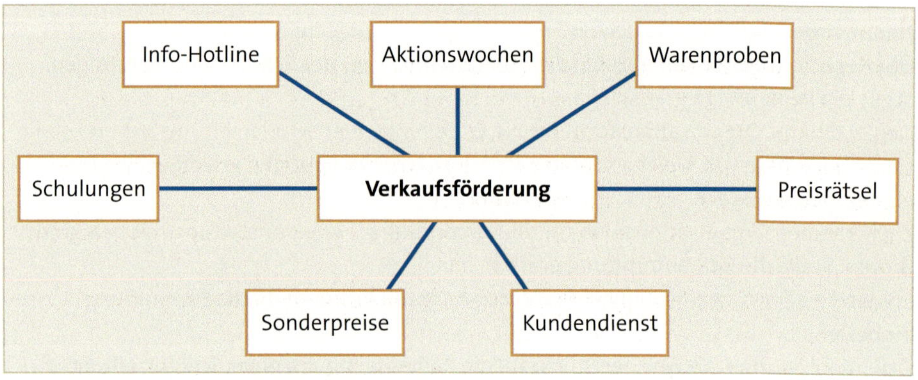

M2 Verkaufsfördernde Maßnahmen

M 3 Verkaufsförderung, Typ 2

M 4 Verkaufsförderung, Typ 3

Absatzchancen liegen ebenfalls in der Aufteilung eines Gesamtmarktes in genauer beschriebene kleinere Anteile oder sogenannte „Segmente". So können Produkte oder Dienstleistungen für ganz bestimmte Zielgruppen präzisiert werden.
Kriterien für eine Marktsegmentierung sind unter anderem Alter, Geschlecht, Haushaltsgröße und -einkommen oder Berufsgruppen.
Die Marktsegmentierung fasst darüber hinaus Gruppen nach ihren Einstellungen, Lebens- und Kaufgewohnheiten zusammen, wie Kinder, Jugendliche, Rentner oder besser Verdienende.

Eine Hilfe bei der Untersuchung von Absatzchancen bietet die Marktsegmentierung. Damit ist die Aufteilung des Gesamtmarktes zum Beispiel in Käufergruppen gemeint.

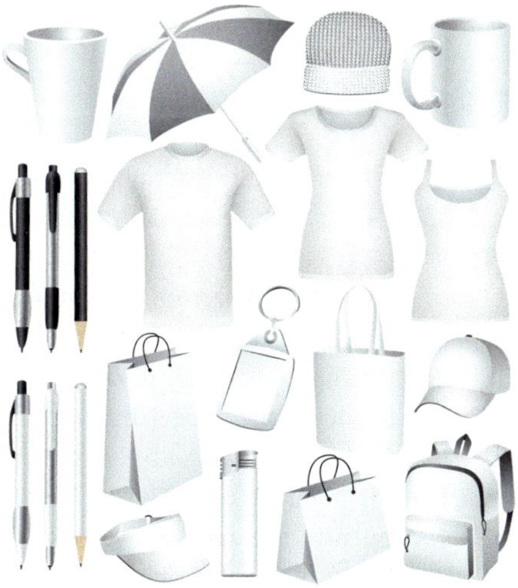

M 5 Verkaufsförderung, Typ 4

1 Finde zu den in **M 2** genannten Maßnahmen jeweils ein Beispiel.
2 Erkläre, in welcher Weise bei den in **M 1** und **M 3** dargestellten Maßnahmen eine Verkaufsförderung erreicht werden könnte.
3 In welchem Beruf könntest du im Absatz tätig sein? Finde mithilfe des Internets drei Beispiele und stelle sie der Klasse vor (Webcode).
4 Erläutere, in welcher Weise Werbeartikel wie in **M 5** dargestellt, zu einer Verkaufsförderung beitragen können.
5 Berichte über deine eigene Beeinflussbarkeit: Könnte dich ein Werbeartikel aus **M 5** zum Kauf eines Produktes verleiten?
6 Entwirf ein pfiffiges, möglichst hochgradig wirksames Plakat für **M 4**. Begründe deine Entscheidung für dein Produkt und die Gestaltung des Werbeplakats.

Marketing unter der Lupe

M1 Durch wirksames Marketing zur Umsatzsteigerung

M2 Im Dienst der Werbung

Produktpolitik

Jeder Betrieb versucht, durch geeignete Maßnahmen das Marktgeschehen zu beeinflussen. Hier wäre beispielsweise die bereits beschriebene Produktpolitik zu nennen: Sie umfasst sowohl die äußere Aufmachung, wie Formgebung, Farbe und Verpackung, aber auch die Ausstattung des Produktes mit bestimmten Eigenschaften, die die Qualität und Verwendbarkeit beeinflussen. Das wird besonders deutlich bei Artikeln, die stark von Modetrends abhängig sind.

Preispolitik

Zur Preispolitik gehören alle Maßnahmen, die die Preisfestlegung betreffen. Betriebe versuchen, mit Preisvergünstigungen oder Preisnachlässen um die Gunst der Käufer zu werben. So entstehen für die gleiche Leistung oft verschiedene Preise auf dem Markt. Auch Preisverhandlungen zwischen Käufer und Verkäufer sowie kleine Werbegeschenke werden dabei mit eingesetzt.

Kommunikationspolitik *

Die Kommunikationspolitik umfasst alle Maßnahmen, die dazu dienen, ein Unternehmen nach innen und nach außen darzustellen. Nach innen wird darunter beispielsweise die Einheitlichkeit verstanden, die ein Unternehmen ausmacht (Corporate Identity). Beispielsweise sollte es für ein sozial engagiertes Unternehmen selbstverständlich sein, auch die eigene Belegschaft (Mitarbeiterinnen und Mitarbeiter) diesbezüglich mustergültig zu behandeln.

Nach außen wirkt in erster Linie die Werbung. Für den Betrieb ist es oft sehr schwierig, den Erfolg von Werbeaktionen zu messen. Deshalb beachten die meisten Betriebe in diesem Zusammenhang besonders folgende Grundsätze:

- Informiert die Werbung wahrheitsgemäß? (Werbewahrheit)
- Versteht jeder Kunde die Werbebotschaft? (Werbeklarheit)
- Wird mit der Werbung die Aufmerksamkeit der Kunden wirklich geweckt? (Werbewirksamkeit)
- Stehen Werbeaufwand und Werbeerfolg in einem angemessenen Verhältnis zueinander? (Werbewirtschaftlichkeit)

Distributionspolitik *

Unter „Distributionspolitik“ werden alle Maßnahmen zusammengefasst, die mit dem Weg eines Produkts oder einer Dienstleistung vom Anbieter (Standort des Unternehmens) zum Endverbraucher in Zusammenhang stehen. Hierfür kommen verschiedene Möglichkeiten in Betracht: beispielsweise ein Verkauf in Geschäftsräumen und/oder ein Verkauf über das Internet (E-Commerce).

Zu den Marketingmaßnahmen gehören die Produkt-, die Preis-, die Kommunikations- und die Distributionspolitik eines Unternehmens.

Nicht alle Marketingmaßnahmen werden zu jeder Zeit in gleicher Weise (Intensität) verfolgt. Der Unternehmer muss darüber situationsabhängig entscheiden, welcher dieser Bereiche zu welcher Zeit stärker unterstützt werden muss und welcher nicht.

* **Kommunikation**
Verständigung

* **Distribution**
Verteilung

M 3 Marketing-Mix

M 4 Werbung

Marketing-Mix

Die Mischung der Marketingmaßnahmen wird auch als „Marketing-Mix" bezeichnet. Managementtheorien und -methoden stammen oft aus den USA und werden in die deutsche Wirtschaft übernommen. Den vier Marketingmaßnahmen entsprechen in der englischen Sprache vier Begriffe: Product, Price, Promotion und Place. Sie sind auch bekannt als die „vier großen P" des Marketings.

Marketing-Mix: Product, Price, Promotion und Place.

M 5 Einheitlicher Auftritt

1 Fasse die Merkmale der vier Marketingmaßnahmen eines Betriebs in deinen Worten zusammen (Text).

2 Erläutere den Satz: „Nicht alle Marketingmaßnahmen werden von einem Unternehmen zu jeder Zeit in gleicher Weise (Intensität) verfolgt".

3 Ordne den vier englischen Begriffen des Marketing-Mix die entsprechenden Marketingmaßnahmen in deutscher Sprache zu (Text, M 3).

4 Schreibe tabellarisch auf, welche Argumente für den Verkauf einer Ware in einem Ladengeschäft sprechen (pro) und welche dagegen (kontra).

5 Stelle mithilfe von M 5 dar, wie ein einheitlicher Auftritt eines Unternehmens „nach innen und außen" bewirkt wird.

6 Finde eine geeignete Zielgruppe für M 2: welches Produkt, welche Kundschaft? Begründe deine Wahl.

7 Gib praktische Beispiele für die vier Grundsätze der Werbung: Wahrheit, Klarheit, Wirksamkeit und Wirtschaftlichkeit (Text).

8 Ist einer der vier Grundsätze der Werbung deiner Meinung nach besonders problematisch? Wenn ja, welcher – und warum?

M1 Unternehmensbereiche

Von der Bereitstellung bis zur Einsatzplanung

Auf den vorherigen Seiten des Kapitels ging es um verschiedene Aktivitäten eines Unternehmens – von der Materialbeschaffung über die Produktion bis zum Verkauf. Darin eingebunden sind die Finanzen eines Betriebs. Nun sollen noch die Leitung eines Unternehmens und die Mitarbeiter/-innen genauer betrachtet werden.

Das sogenannte „Personalwesen" wird auch als Personalmanagement, Personalwirtschaft oder Human Resources Management bezeichnet. Eine entsprechende Abteilung gibt es in allen größeren Unternehmen. Zu den Kernaufgaben dieser Abteilung gehören die Bereitstellung des Personals und dessen Einsatzplanung.

Das Personalwesen ist verantwortlich für die Bereitstellung sowie die Einsatzplanung der Mitarbeiterinnen und Mitarbeiter.

Nachhaltige Personalpolitik

Eine nachhaltige „Personalpolitik" ist im Interesse der Beschäftigten wie auch im Interesse der Region, in der ein Unternehmen ansässig ist. Einerseits tragen sichere Arbeitsplätze zur Lebensqualität der Belegschaft wie auch zum Wohle des örtlichen Einzelhandels und der Dienstleister bei. Andererseits ist es eine dauerhafte Herausforderung für die Unternehmen, sich in einem globalen Wirtschaftsleben zu behaupten.

Immer wieder hört man – nicht nur in Deutschland – von Arbeitsplatzverlusten (Entlassungen) und Personalabbau. Personalkosten sind oft ein schwer wiegendes Argument, wenn es um die finanzielle Sicherheit eines Unternehmens geht.

Mit zeitlich begrenzten Arbeitsverträgen (Befristungen) versuchen Unternehmer ebenso eine gewisse Flexibilität zu erlangen wie durch die phasenweise Beschäftigung von Fremdpersonal (Zeitarbeitsfirmen). Hier sehen sie sich auch Erwartungen und Forderungen der Betriebs- und Personalräte gegenübergestellt, die im öffentlichen Dienst wie in den privatwirtschaftlichen Unternehmen die Interessen der dort Beschäftigten vertreten.

Auch eine Veränderung von Gewohnheiten der Verbraucher kann zu einer Herausforderung der Unternehmen führen. So hat das zunehmende Telebanking* dazu beigetragen, dass Banken in Berlin und Brandenburg ihre Geschäftsstellen (Filialen) nicht mehr wirtschaftlich betreiben können.

* **Telebanking**
das Betreiben von Bankgeschäften per Internet

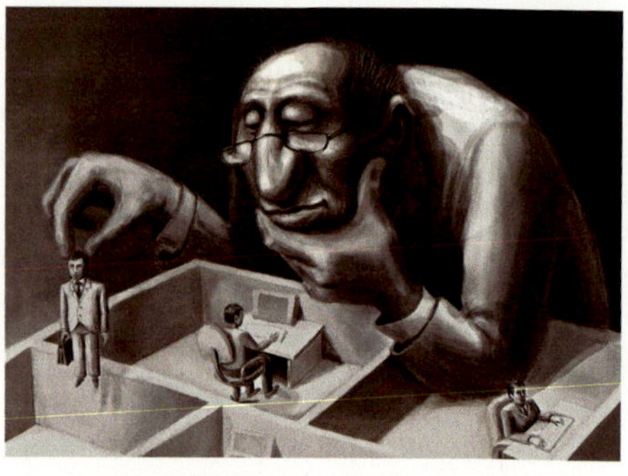

M3 Personalplanung

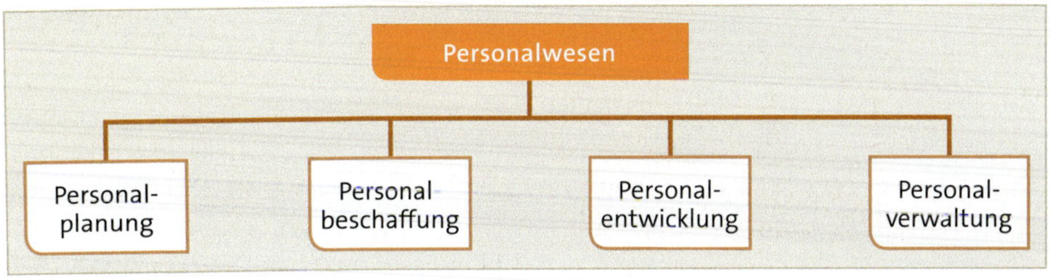

M3 Die Unterabteilungen im Personalwesen

Berufliche Fortbildung

Eine berufliche Fortbildung (Personalentwicklung) ist insbesondere in einer Zeit sich rasch ändernder Gegebenheiten unerlässlich. Viele Arbeitnehmerinnen und Arbeitnehmer erleben im Laufe ihres Arbeitslebens eine starke Veränderung ihrer Arbeitsplätze. Heute kann man sich kaum noch vorstellen, wie Unternehmen vor der Einführung von Computern, Internet und E-Mail gearbeitet haben. Der Computer erleichtert manche Arbeit, bedroht jedoch durch seine Rationalisierungseffekte* zugleich Arbeitsplätze.

Unternehmensleitung

Klangvolle Namen verbinden sich mit der deutschen Wirtschaftsgeschichte. Werner Siemens, Carl Miele, Adam Opel sind drei beliebige Beispiele für Familiennamen, die zu „Markenzeichen" wurden. In ihren Lebenszeiten prägten sie das Bild des Unternehmertums. Es handelte sich um „Wirtschaftsmächtige" die – mitunter recht eigenwillig – ihre Großunternehmen persönlich führten und weltweit bekannt machten.

Heute sind viele Akademiker* an leitenden Stellen in Unternehmen tätig. Sie stammen nicht unbedingt aus Unternehmerfamilien, sondern haben oftmals Wirtschaftswissenschaften und/oder Rechtswissenschaft studiert.

Nach wie vor lastet auf der Unternehmensleitung eine große Verantwortung. Idealerweise verfügen die Leiter/-innen eines Unternehmens über eine solide Ausbildung, über herausragende menschliche Qualitäten (emotionale Intelligenz) und ein feines Gespür für Markttrends.

* **Rationalisierung**
Verminderung des Einsatzes von menschlicher Arbeitskraft in einem Betrieb

* **Akademiker**
Personen, die ein Studium an einer Universität oder Hochschule abgeschlossen haben

1 Fasse kurz mündlich die Hauptaufgaben der sechs in **M1** dargestellten Unternehmensbereiche zusammen.

2 Berichte über das Personalwesen einer Firma. Wie wird es noch genannt (Text)?

3 Erläutere die Aufgabenvielfalt des Personalwesens (**M3**). Gib für alle Teilaufgaben jeweils ein Beispiel.

4 Beschreibe den Unterschied zwischen dem früheren „Unternehmertum" und der heutigen Situation der Geschäftsführung (Text).

5 Werte die Karikatur **M2** aus. Spiegelt sie eine eher alte oder eine moderne Auffassung von Personalplanung?

6 Stelle den Begriff „Human Resources Management" dem Begriff „Personalwesen" gegenüber. Welche Vorstellungen verbinden sich für dich mit diesen Begriffen?

7 Erläutere die wirtschaftliche Bedeutung eines Unternehmens für seinen Standort (Text).

8 Versetze dich gedanklich in die Lage einer Topmanagerin oder eines Topmanagers in einem Großunternehmen deiner Wahl. Was würdest du zum Geschäftserfolg beitragen wollen?

M4 Personalbeschaffung

Arbeitsrecht und Arbeitnehmerschutz

M1 Ein Beruf mit hohem Unfallrisiko

M2 Verbots- und Gebotszeichen

Arbeitsrecht

Das Arbeitsrecht umfasst alle Gesetze und Verordnungen (sowie sonstige Bestimmungen) zur unselbstständigen, abhängigen Erwerbstätigkeit. Es bezieht sich also auf eine Tätigkeit, die für einen anderen (z.B. ein Unternehmen) über einen längeren Zeitraum erbracht wird. Die/der Arbeitnehmer/-in erhält für ihre/seine Arbeitsleistung ein Entgelt. Sie/er ist von den Vorgaben und Weisungen des Arbeitgebers (Direktionsrecht) abhängig. Da der Arbeitgeber auch den zeitlichen und organisatorischen Rahmen regelt, spricht man hier in diesem Zusammenhang von einer unselbstständigen Tätigkeit.

Das Arbeitsrecht bezieht sich auf unselbstständige und abhängige Erwerbstätigkeit.

Anders arbeiten beispielsweise die sogenannten „Selbstständigen“ und „Freiberufler“. Zu ihnen gehören Ärzte, Zahnärzte und Rechtsanwälte mit einer eigenen Praxis. Aber auch diese Berufe können in einem Angestelltenverhältnis für ein Unternehmen durchgeführt werden – beispielsweise wenn eine Ärztin in einem Krankenhaus arbeitet.

Arbeitsvertrag

Üblicherweise ist ein Arbeitsverhältnis vertraglich geregelt. Im Arbeitsvertrag sind zumeist der Arbeitsort, die Arbeitszeit, das Entgelt und grundsätzliche Dinge wie Urlaubsansprüche genannt.
Arbeitnehmerinnen und Arbeitnehmer verpflichten sich per Arbeitsvertrag zur Erbringung einer vereinbarten Arbeitsleistung. Dieser Verpflichtung steht die Vergütungspflicht des Arbeitgebers gegenüber.

Probezeit

Bei neuen Arbeitsverhältnissen müssen zumeist erst mehrere Monate Probezeit überstanden werden. In dieser Phase können beide Parteien vergleichsweise einfach das Arbeitsverhältnis lösen. Danach wirkt der sogenannte „Kündigungsschutz“.

Arbeitsschutz

Der in deutschen Betrieben zugesicherte Arbeitsschutz wird auch als „Arbeitnehmerschutz“ bezeichnet. Er umfasst alle Maßnahmen, Mittel sowie Methoden zum Schutz der Beschäftigten vor arbeitsbedingten Sicherheits- und Gesundheitsgefährdungen. In erster Linie geht es in diesem Zusammenhang um die Ver-

M 3 Am besten schriftlich

meidung von Arbeitsunfällen. Insbesondere in Produktionsbetrieben mit schwebenden Lasten besteht ein hohes Unfallrisiko.
2014 gab es in Deutschland mehr als 850 000 meldepflichtige Arbeitsunfälle (Unfall mit Todesfolge oder mindestens dreitägiger Arbeitsunfähigkeit). In der heutigen Zeit treten neben Unfallgefahren zunehmend psychische* Belastungen am Arbeitsplatz. Auch die Zahl der Berufskrankheiten in Deutschland nahm in der jüngsten Vergangenheit zu.

Work-Life-Balance

Im Bereich der modernen Unternehmensführung haben sich zahlreiche Wörter aus der englischen Sprache ihren Platz erobert. Ein solcher Begriff ist die „Work-Life-Balance". Ausgedrückt wird damit, dass das Arbeits- und Privatleben möglichst ausgewogen sein sollte. Damit ist ebenfalls die Vereinbarkeit von Familie und Beruf gemeint.

M 4 Work-Life-Balance

Zum einen sind hier die Arbeitnehmer/-innen gefragt, indem sie selbst bei sich auf das Gleichgewicht zwischen Job und Freizeit achten. Zum anderen sind Arbeitgeber ihrerseits mehr und mehr an diesem Thema interessiert. Insbesondere in solchen Arbeitsbereichen (Branchen), für die Arbeitskräfte nicht leicht zu finden sind, wollen sich Arbeitgeber attraktiv und modern präsentieren.

* **psychisch**
den Geist (das Gehirn/die Gedanken) betreffend

1. Formuliere drei Aussagen zum Arbeitsrecht (Text).
2. Stelle dar, welche Hauptpflichten Arbeitnehmer und Arbeitgeber haben (Text).
3. Nimm persönlich Stellung zum Thema „Probezeit". Nenne Vor- und Nachteile und entscheide dich, ob du eine Probezeit eher für gut oder für schlecht hältst (Text). Begründe deine Entscheidung.
4. Denke darüber nach, bei welchen Berufen eher „Unfallschutz" und wo eher „psychische Belastungen" ein Thema sind. Nenne jeweils drei begründete Beispiele (**M 1**, Webcode).
5. Versetze dich in die Rolle einer/eines Unternehmerin/Unternehmers, die/der insbesondere mit dem Thema „Work-Life-Balance" Arbeitskräfte für sich gewinnen möchte. Wie könnte eine solche Werbung aussehen?
6. Diskutiert darüber, welche Berufsgruppen und/oder einzelne Personen insbesondere Schwierigkeiten mit der „Work-Life-Balance" haben könnten (**M 4**).

Mitbestimmung im Betrieb

M1 Eine Betriebsrätin im vertraulichen Gespräch

* **Montanmitbestimmungsgesetz**
ein Mitbestimmungsgesetz für Bergbaubetriebe und die Stahlindustrie

Bestimmen oder mitbestimmen?

Alle Menschen sind verschieden – mehr oder minder. Unterschiedliche Interessen, Neigungen, Haltungen und andere Verhaltenseigenschaften treffen immer wieder aufeinander – beruflich wie im Privatbereich.

Auch in einer Familie und/oder partnerschaftlichen Beziehung sind das Mitwirken und das Mitbestimmen wesentliche Voraussetzungen für ein harmonisches Zusammenleben.

Betriebsratsmitglieder	Wahlberechtigte/Arbeitnehmer im Betrieb
1	5 bis 20 Wahlberechtigte
3	21 bis 50 Wahlberechtigte
5	51 bis 100 Wahlberechtigte
7	101 bis 200 Wahlberechtigte
9	201 bis 400 Wahlberechtigte
11	401 bis 700 Wahlberechtigte
13	701 bis 1000 Wahlberechtigte
je 2 mehr	weiterführend in 500er-Schritten
29	4501 bis 5000 Wahlberechtigte
31	5001 bis 6000 Wahlberechtigte
33	6001 bis 7000 Wahlberechtigte
35	7001 bis 9000 Wahlberechtigte
je 2 mehr	weiterführend in 3000er-Schritten

M2 Die Größe der Betriebsräte

„Mitbestimmen" heißt, an der Gestaltung und inhaltlichen Festlegung des Willensbildungs- und Entscheidungsprozesses aktiv teilzunehmen.

Mitbestimmung am Arbeitsplatz

Unser Staat schafft für die Mitbestimmung am Arbeitsplatz die gesetzliche Grundlage. In Deutschland wird die Mitbestimmung in Unternehmen durch folgende Gesetze geregelt:

- das Montanmitbestimmungsgesetz*,
- das Betriebsverfassungsgesetz,
- das Mitbestimmungsgesetz,
- das Personalvertretungsgesetz.

Das Montanmitbestimmungsgesetz ist das älteste Gesetz und gilt seit 1951 für Betriebe mit über eintausend Beschäftigten in der Kohle- und Stahlindustrie.

Das Betriebsverfassungsgesetz (BetrVG) regelt die Zusammenarbeit zwischen Arbeitgeber, Arbeitnehmer, Betriebsrat und Gewerkschaften. Das Betriebsverfassungsgesetz von 1952 wird fortlaufend aktualisiert.

Der Betriebsrat

Ein Betriebsrat (BR) kann in allen Betrieben der privaten Wirtschaft gewählt werden, in denen mindestens fünf wahlberechtigte Arbeitnehmer ständig beschäftigt sind. Im öffentlichen Dienst können sogenannte „Personalräte" gewählt werden, die sich in einem ähnlichen rechtlichen Rahmen bewegen.

Die Wahlen für diese Mitarbeitervertretungen finden alle vier Jahre statt. Die Zahl der Mitglieder eines Betriebsrats richtet sich nach der Unternehmensgröße. Im Betriebsverfassungsgesetz kommt zum Ausdruck, dass eine vertrauensvolle Zusammenarbeit zwischen Betriebsrat und dem Arbeitgeber zum Wohle der Betriebsangehörigen und des Unternehmens erwünscht bzw. anzustreben ist. Eine der Hauptaufgaben des Betriebsrats ist die Überwachung der Einhaltung des Arbeitnehmerschutzrechts.

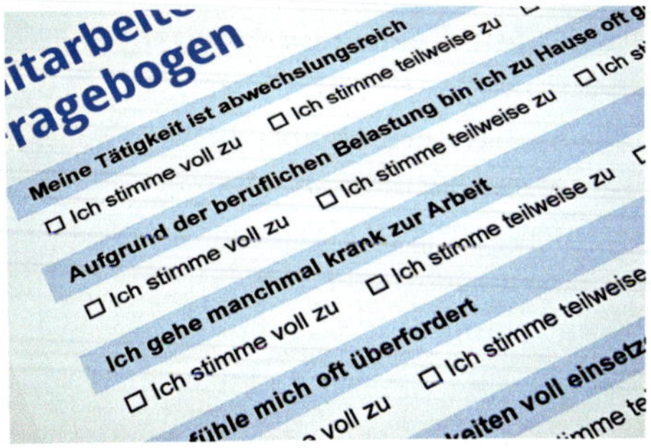

M3 Mitarbeiterbefragung

M4 Karikatur

Der Betriebsrat vertritt die Interessen der Arbeitnehmer/-innen. Betriebsratsmitglieder sind innerhalb ihrer Arbeitszeit für ihre Mitwirkung im Gremium* und bei der Bewältigung der Aufgaben des Betriebsrats freigestellt (Ehrenamt). Sie stehen unter einem höheren Kündigungsschutz als andere Arbeitnehmer/-innen.

Vertrauen ist gut ...

Immer wieder ergeben sich in der arbeitsrechtlichen Praxis Konflikte beim Thema „vertrauensvolle Zusammenarbeit“. Denn ungeachtet der Mitwirkungsmöglichkeiten der Betriebsräte bleibt dem Unternehmer ein relativ hohes Maß an Gestaltungsfreiheit (Direktionsprinzip). Unbestritten ist jedoch, dass sich die betriebliche Mitbestimmung in Deutschland bewährt hat.

Immer dann, wenn es zu Schwierigkeiten in der betrieblichen Organisation kommt, ist das Geschick der Betriebsräte gefragt. Beispielsweise wenn jemand eine Abmahnung erhält, weil seine Arbeitsleistung – vielleicht nur aus Sicht des Arbeitgebers – wiederholt fehlerhaft oder unzureichend gewesen sein soll. Dann gilt es, den Sachverhalt gründlich aufzuklären und dabei zu helfen, eine abgewogene Entscheidung herbeizuführen.

Neben den „harten“ Themen wie Überstunden rücken mehr und mehr „weiche“ Themen in den Blickpunkt des betriebsrätlichen Alltags – beispielsweise Mitarbeiterbefragungen, die vom Betriebsrat begleitet werden.

Gewerkschaften

Gewerkschaften sind ebenfalls eine Arbeitnehmervertretung. Anders als Betriebsräte wirken sie gleichsam an höherer Stelle – über ein einzelnes Unternehmen hinaus. Gewerkschaften verhandeln mit Arbeitgeberorganisationen Grundsätzliches wie Wochenarbeitsstunden und Entgelt (Tarifgehalt).

* **Gremium**
Gemeinschaft, Gruppe

1 Beschreibe den Unterschied zwischen „bestimmen“ und „mitbestimmen“ (Text).
2 Erläutere die Funktion eines Betriebsrats.
3 Nenne drei Beispiele für Interessensgegensätze zwischen Arbeitgebern und Arbeitnehmern.
4 Werte die Karikatur M4 aus.
5 „Betriebsräte genießen einen besonderen Kündigungsschutz.“ Hältst du diese Tatsache für notwendig und/oder sinnvoll? Stelle der Klasse deine Argumente vor.
6 Recherchiere im Internet zu den Aufgaben einer Gewerkschaft.
7 Erläutere, wie eine Abmahnung im Betrieb zustande gekommen sein könnte. Stelle heraus, wie dabei unterschiedliche Blickwinkel entstehen.

Die Jugend- und Auszubildendenvertretung

M 1 Betriebliche Ausbildung

Mindestzahl fünf

Sind mindestens fünf jugendliche Arbeitnehmer/-innen bzw. Auszubildende bis zu einem Alter von 25 Jahren in einem Betrieb, sieht das BetrVG vor, dass eine Jugend- und Auszubildendenvertretung (JAV) gewählt werden kann.

Allerdings kann eine JAV nur in solchen Unternehmen gewählt werden, in denen es einen Betriebs- bzw. Personalrat gibt.

Jede/-r Arbeitnehmer/-in bis zur Vollendung des 25. Lebensjahres (auch, wenn sie/er nicht mehr in einem Ausbildungsverhältnis steht) darf sich für eine JAV-Wahl aufstellen lassen und wählen. JAV-Mitglieder, die im Laufe ihrer Amtszeit das 25. Lebensjahr überschreiten, bleiben Mitglied der Jugend- und Auszubildendenvertretung.

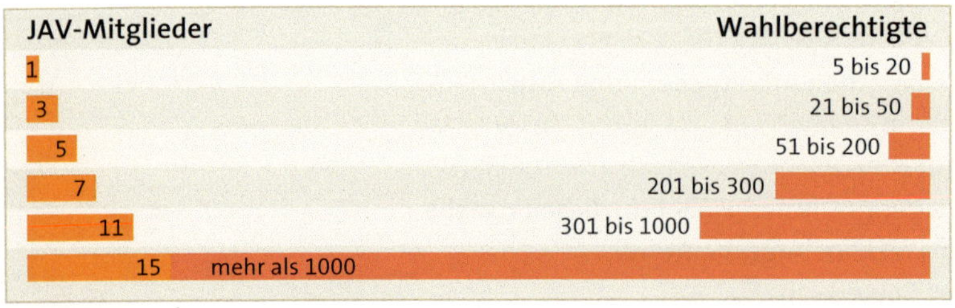

M 2 Anzahl der JAV-Mitglieder

Aufgaben, Rechte und Pflichten der JAV

Die JAV hat die Aufgabe, die besonderen Interessen der Jugendlichen bei der Berufsausbildung zu vertreten.

Außerdem achtet die JAV darauf, dass die Bestimmungen des Jugendarbeitsschutzgesetzes eingehalten und dass insbesondere die Interessen der Berufsbildung vertreten werden.

Die JAV kümmert sich um die besonderen Interessen bei der Berufsausbildung.

Die JAV – der „kleine" BR?

Aufgaben und Rechte der JAV ähneln in vielen Bereichen denen eines BR bzw. PR. So gehört die Freistellung für JAV-Arbeiten ebenso zu ihren Rechten wie ein besonderer Kündigungsschutz.

Die Größe der Jugend- und Auszubildendenvertretung richtet sich danach, wie viele Personen bei der JAV-Wahl im Betrieb wahlberechtigt sind. Auch das ist eine Parallele zu den Bestimmungen der BR-Wahl. Damit bei Abstimmungen möglichst oft eindeutige Ergebnisse erzielt werden, sind in beiden Gremien die Mitgliederzahlen ungerade. Während der BR für eine Amtszeit von vier Jahren gewählt wird, wird eine JAV alle zwei Jahre neu gewählt.

Eine JVA wird für eine zweijährige Amtszeit gewählt.

M 3 Wichtiges JAV-Anliegen: Einhaltung der Unfallverhütungsvorschriften

M 4 Interview mit einem JAV-Mitglied

Warum hast du dich zur JAV-Wahl als Kandidatin aufstellen lassen?
Schon in der Schule war ich einige Jahre Klassensprecherin. Ich glaube, dass ich einen starken Gerechtigkeitssinn habe. Immer wenn beispielsweise eine Ungleichbehandlung zu erkennen ist, könnte ich mich aufregen. Aber sinnvoller scheint es mir zu sein, solche Konflikte „zivilisiert" zu besprechen. Für derartige Fälle bietet die JAV in meinem Ausbildungsbetrieb eine gute Möglichkeit.

Wie viele JAV-Mitglieder gibt es bei euch?
Wir sind zu dritt.

Was strengt dich als JAV-Mitglied am meisten an?
Manchmal gibt es Probleme, bei denen die Meinungen unserer Azubis weit auseinander liegen. Dann fällt es schwer, einen Mittelweg zu finden und allen gerecht zu werden. Ich merke in solchen Situationen, dass schon allein Zuhören eine besondere Herausforderung sein kann. Wenn am Ende jedoch ein guter Kompromiss gefunden werden kann, hat man ein super Gefühl und wieder neue Motivation für die JAV-Arbeit.

Wo liegt dein Themenschwerpunkt in der JAV?
Dass die Ausbildung neue Entwicklungen in unseren Berufsfeldern berücksichtigt, liegt mir sehr am Herzen. Je besser die Ausbildung, desto besser die späteren Berufschancen. Auch die Übernahme der Auszubildenden in ein anschließendes Angestelltenverhältnis gehört zu meinen JAV-Hauptinteressen. Bei diesem Thema müssen wir leider immer wieder einhaken und nachfragen. Dann wird auch der BR eingeschaltet, der versucht, zu helfen, wo er kann. In jedem Fall benötigt man viel Ausdauer, um hier am Ball zu bleiben.

Sich über den Ärger anderer ärgern?

Das Engagement in einer betrieblichen Interessensvertretung ist eine zusätzliche Herausforderung für jedes gewählte Mitglied – über den beruflichen Alltag hinaus. Persönliche Interessen der Mitglieder müssen in den Hintergrund treten, Neutralität ist erwünscht, aber auch Mut und Kommunikationsvermögen sind gefragt. Ebenfalls ist es wichtig, Vertrauliches entsprechend zu behandeln und manches unterliegt sogar der Verschwiegenheitspflicht.

1 Nenne die Grundvoraussetzung, die erfüllt sein muss, damit eine JAV gewählt werden kann (Text).
2 In einem Unternehmen gibt es 18 Wahlberechtigte – wie viele Mitglieder hat die JAV (M 2)? Antworte mit Begründung.
3 Erläutere die Funktion einer Jugend- und Auszubildendenvertretung.
4 Werte das Interview M4 aus: Fasse das Interview in deinen Worten kurz mündlich zusammen.
5 Spielt ein JAV-Rollenspiel. Die/der JAV-Vertreter/-in soll eine/-n Personalchef/-in davon überzeugen, wie wichtig die Übernahme der Auszubildenden für ihr Unternehmen ist. Sie/er leistet argumentativen Widerstand. Wie entwickelt sich euer Gespräch?
6 Diskutiert darüber, ob ihr selbst für eine JAV-Wahl zur Verfügung stehen würdet. Was spräche dafür, was dagegen?
7 Recherchiere im Internet und finde heraus, ob eine 24-Jährige in einem Unternehmen bei der BR-Wahl und/oder bei der JAV-Wahl wahlberechtigt ist.

Arbeitszeit und Arbeitszeitmodelle

M1 Überwachung von Lenk- und Ruhezeiten

M2 Arbeitszeit

Arbeitszeit ist die Zeit, die ein/-e Arbeitnehmer/-in von Anfang bis zum Ende ihrer/seiner täglichen Arbeit aufwendet. Pausenzeiten zählen nicht zur Arbeitszeit.

* **flexibel**
veränderbar, beweglich

Voll- und Teilzeitarbeit

Wir unterscheiden Vollzeit- und Teilzeitarbeit. Die Teilzeitarbeit hat in den letzten Jahren zugenommen. Grundlage bildet hierzu das Recht jedes Arbeitnehmers auf Teilzeitarbeit. Häufig teilen sich zwei Arbeitnehmer einen Arbeitsplatz, dies wird „Jobsharing" genannt.

M3 Auszug aus dem Arbeiszeitgesetz

§ 1 Zweck des Gesetzes. Zweck des Gesetzes ist es,

1. die Sicherheit und den Gesundheitsschutz der Arbeitnehmer bei der Arbeitszeitgestaltung zu gewährleisten und die Rahmenbedingungen für flexiblere Arbeitszeiten zu verbessern sowie
2. den Sonntag und die staatlich anerkannten Feiertage als Tage der Arbeitsruhe und der seelischen Erhebung der Arbeitnehmer zu schützen.

§ 3 Arbeitszeit der Arbeitnehmer. Die Werktägliche Arbeitszeit der Arbeitnehmer darf acht Stunden nicht überschreiten. Sie kann bis auf zu zehn Stunden nur verlängert werden, wenn innerhalb von sechs Kalendermonaten oder innerhalb von 24 Wochen im Durchschnitt acht Stunden werktäglich nicht überschritten werden.

§ 4 Ruhepausen. Die Arbeit ist durch im voraus feststehende Ruhepausen von mindestens 30 Minuten bei einer Arbeitszeit von mehr als sechs bis zu neun Stunden und 45 Minuten bei einer Arbeitszeit von mehr als neun Stunden insgesamt zu unterbrechen. Die Ruhepausen nach Satz 1 können in Zeitabschnitten von jeweils mindestens 15 Minuten aufgeteilt werden. Länger als sechs Stunden hintereinander dürfen Arbeitnehmer nicht ohne Ruhepausen beschäftigt werden.

Die Arbeitszeit lässt sich in Vollzeit- und Teilzeitarbeit einteilen.

Für Geringqualifizierte ist es immer schwieriger, eine Daueranstellung an einem festen Arbeitsplatz zu finden. Eine Folge davon ist die Zunahme der sogenannten „Zeitarbeit". Hier besteht ein Arbeitsverhältnis mit einer Firma, die ihr Personal – meistens zeitlich begrenzt – bei ihren Kunden (anderen Arbeitgebern) einsetzt (Leiharbeit).
Zeitarbeit bedeutet, bei einem Unternehmen zu arbeiten, welches deine Arbeitskraft an andere Unternehmen weitergibt.

Flexible* Arbeitszeit

Bei gleitender Arbeitszeit werden der Beginn und das Ende der Arbeitszeit nicht vorgeschrieben. Innerhalb bestimmter Grenzen kann so die/der Arbeitnehmer/-in ihre/seine Arbeitszeit selbst festlegen. Das bezieht sich jedoch nur auf den Anfang und das Ende der Arbeitszeit. In einer Kernarbeitszeit (Präsenzzeit), die vom Arbeitgeber vorgeschrieben ist, besteht Anwesenheitspflicht.
Mithilfe von flexiblen Arbeitszeiten können die wirtschaftlichen Interessen der Arbeitgeber ebenso berücksichtigt werden wie die privaten Interessen der Arbeitnehmer.

Die Arbeitszeit muss künftig anders verteilt werden. Unterschiedliche Arbeitszeitmodelle können dabei behilflich sein.

Weitere Arbeitszeitmodelle

Die Arbeitszeit kann sich auch nach der Auftragslage der Unternehmen richten. Bei größeren Aufträgen oder wenn Termine eingehalten werden müssen, kann es vorkommen, dass über die normale Arbeitszeit hinaus gearbeitet wird. Gehen die Aufträge zurück, werden die mehr gearbeiteten Stunden in Freizeit umgewandelt. Hierzu werden für die Arbeitnehmer spezielle Arbeitszeitkonten geführt.

Ist die Arbeitszeit einer/eines Beschäftigten unregelmäßig verteilt, werden diese Arbeitszeiten auf Arbeitszeitkonten verwaltet. Die Arbeitszeitkonten lassen sich mit anderen Arbeitszeitmodellen kombinieren (z. B. Gleitzeit, Teilzeit).

Überstunden, die nach Wünschen der Arbeitnehmer abgebaut werden können, sind ein sinnvolles Instrument des Arbeitszeitmanagements.

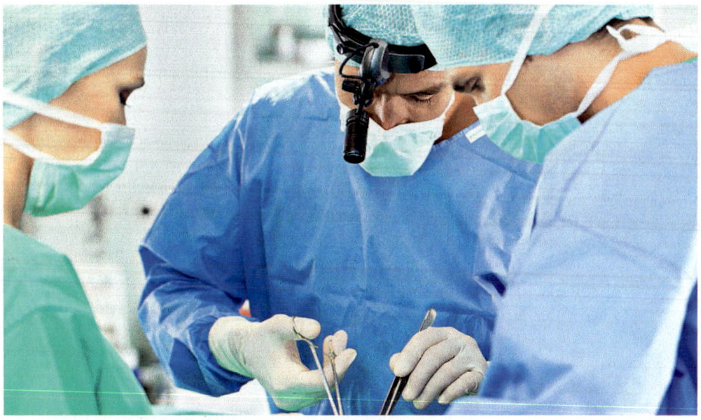

M 4 Operation in einem Krankenhaus

Arbeits- und Ruhezeiten

Auch wenn Pausen- und Ruhezeiten nicht direkt zur Arbeitszeit gehören, müssen sie eingehalten werden. Arbeitnehmer/-innen, die mehr als sechs Stunden arbeiten, müssen eine Pause von mindestens 30 Minuten einlegen. Auf die Einhaltung dieser Vorschrift muss der Arbeitgeber achten. Tut er es nicht, riskiert er ein Bußgeld von bis zu 15 000 Euro.

Es gibt in Bezug auf die Arbeitszeit in Deutschland (und der EU) eine Vielzahl von besonderen Regelungen und Ausnahmen. So sind die Lenk- und Ruhezeiten für Fahrer/-innen mit einem zulässigen Gesamtgewicht von mehr als 3,5 Tonnen im gewerblichen Güter- und Personenverkehr geregelt. Technische Einrichtungen in den Fahrzeugen (Fahrtenschreiber) zeichnen die Zeiten auf. Das Bundesamt für Güterverkehr (BAG) und die Polizei überwachen sie.

Bereitschaftsdienste stellen eine Besonderheit beim Thema „Arbeitszeit“ dar. In solchen Fällen stehen die Arbeitnehmer/-innen ihrem Arbeitgeber kurzfristig „auf Abruf“ zur Verfügung. Sie halten sich in der Regel nicht am Arbeitsplatz auf, können ihn gegebenenfalls jedoch schnell erreichen. Davon betroffen sind u. a. Berufsgruppen wie Feuerwehr, Polizei, Rettungsdienste und Bestattungsunternehmen. Bereitschaftsdienste zählen zur Arbeitszeit. Wer Bereitschaftsdienste ableistet, erhält jedoch zumeist deutlich weniger Entgelt als für seine reguläre Arbeit „vor Ort“ (Pauschalen).

In manchen Unternehmen, wo dauerhaft (bis zu 24 Stunden an einem Tag) Arbeitskräfte eingesetzt werden müssen, gibt es Schichtzeiten (Schichtbetrieb). Arbeitszeiten in der Nacht und/oder an Feiertagen werden mit Zuschlägen vergütet.

1 Was versteht man unter „Arbeitszeit“ und was unter „Pausenzeit“ (Text, **M 2**)?
2 Unterscheide Voll- und Teilzeitarbeit in einem kurzen mündlichen Vortrag (Text).
3 Stelle dir vor, du wärest bei einer Leiharbeitsfirma beschäftigt. Welche Vorteile und welche Nachteile würdest du dabei sehen?
4 Lies die Paragraphen aus dem Arbeitszeitgesetz (**M 3**). Erkläre sie mit deinen eigenen Worten.
5 Erläutere Vorzüge eines Gleitzeitmodells – aus Sicht des Arbeitgebers und aus Sicht der Arbeitnehmerschaft.
6 Schlage eine angemessene (prozentuale) Vergütung (bzw. Pauschale) für einen Bereitschaftsdienst deiner Wahl vor. Begründe deinen Vorschlag.
7 Erstelle ein Merkblatt für den Bereitschaftsdienst. Worauf ist besonders zu achten (z. B. Alkoholgenuss)?

Wozu überhaupt noch ein Büro?

M1 Büroarbeitsplätze

Arbeitsort

Der sogenannte „Arbeitsort" (bzw. Dienstort) stellt einen zentralen Begriff im deutschen Arbeitsrecht und in Arbeitsverträgen dar. Wurde im Arbeitsvertrag ein Arbeitsort vereinbart, kann ein Arbeitgeber seinen Arbeitnehmer nur durch eine sogenannte „Änderungskündigung" an einen anderen Arbeitsort versetzen.

Häufig findet sich trotz eines vereinbarten Einsatzortes eine Versetzungsklausel (bzw. ein Versetzungsvorbehalt) in Arbeitsverträgen. Damit behält sich der Arbeitgeber vor, den Arbeitsort seines Mitarbeiters zu ändern. Ob er den Arbeitsort verändern kann, ist oft eine Frage der Zumutbarkeit. Der Arbeitgeber muss vor einer räumlichen Versetzung auch die Belange des Arbeitnehmers angemessen berücksichtigen. In Konfliktfällen können Arbeitnehmer den Betriebsrat hinzuziehen.

Der Arbeitsort wird in einem Arbeitsvertrag benannt. Eine Änderung des Arbeitsorts ist eine Versetzung.

Beschäftigungsort

Das deutsche Sozialrecht unterscheidet einen Arbeits- von einem Beschäftigungsort. Seeleute haben ihren Beschäftigungsort beispielsweise in Hamburg, wenn dort das Schifffahrtsunternehmen (die Reederei) ansässig ist.

Arbeitsplatz

Der Arbeitsplatz ist die Stelle in einem Betrieb, wo ein/-e abhängig Beschäftigte/-r ihre/seine im Rahmen des Arbeitsverhältnisses geschuldete Tätigkeit erbringt. Zuständig für die Ausgestaltung eines Arbeitsplatzes ist üblicherweise der Arbeitgeber. Arbeitsplätze sind vielfältig und verschiedenartig. Unter „Arbeitsplätzen" werden umgangssprachlich das Unternehmen bzw. die Position verstanden, in denen ein/-e Arbeitnehmer/-in beschäftigt ist.

Der Arbeitszeit ist die Stelle, an der die Arbeitstätigkeit ausgeübt wird.

Bildschirmarbeitsplatz

Häufig gibt es infolge von längeren Arbeitszeiten an einem Computer sogenannte „Bildschirmarbeitsplätze". Ihre

M2 Bildschirmarbeit

M 3 Berufsverkehr

M 4 Nicht im Büro und nicht zu Hause ...

Einrichtung ist in Deutschland durch die Bildschirmarbeitsverordnung geregelt. Um körperliche Nachteile dieser oft mit langem Sitzen verbundenen Arbeitsplätze zu vermeiden bzw. gering zu halten, gibt es Empfehlungen für die richtige (ergonomische) Sitzhaltung. Ebenso gibt es Empfehlungen zur Softwaregestaltung und regelmäßigen Erholungspausen.

Heimarbeit

Bei der Heimarbeit befindet sich der Arbeitsplatz entweder in der eigenen Wohnung (egal ob gemietet oder Eigentum) oder in einer selbst gewählter Arbeitsstätte der/des Beschäftigten.
Heimarbeit wird in der eigenen Wohnung oder an einer selbst gewählten Arbeitsstätte durchgeführt.
Da viele Arbeiten nicht mehr an einen bestimmten Arbeitsort bzw. Arbeitsplatz gebunden sind, hat sich die Berufswelt in den letzten Jahren stark verändert.

Easy Economy

„Easy Economy" bedeutet: keine Kopplung der Arbeit an festgelegte Zeiten und Orte. Dass die Leistung einer Arbeitskraft sich nicht aus deren Anwesenheit ergibt, scheint sofort einzuleuchten.
Manche Befürworter einer freiheitlichen Form der Arbeit bringen sogar die positiven Umweltwirkungen ins Spiel. Eine Studie des Berliner Instituts für Zukunftsstudien und Technologiebewertung ergab, dass die Nutzung neuer Kommunikationstechnologien den Berufsverkehr um 30 Prozent vermindern könnte. Weniger Autos – das bedeutet: weniger Abgase und weniger Zeitverlust allein für einen Hin- und Rückweg zum bzw. vom Arbeitsplatz.

1 Nenne sechs Berufe, die nicht in Heimarbeit organisiert werden können.
2 Stelle Vor- und Nachteile der Heimarbeit aus Sicht des Arbeitgebers und aus Sicht des Arbeitnehmers gegenüber.
3 Erläutere die Wichtigkeit der Benennung eines Arbeitsortes im Arbeitsvertrag für den Arbeitnehmer (Text).
4 Erkläre, warum Easy Economy auch als „Vertrauensarbeitszeit" bezeichnet werden kann.
5 Recherchiere zum Begriff der „Zumutbarkeit" im Falle einer (vorgesehenen) Versetzung an einen anderen Arbeitsplatz (Webcode). Berichte darüber vor der Klasse.
6 Korrigiere die Haltung der Person in M 2 so, dass sie den Empfehlungen der Bildschirmarbeitsverordnung entspricht (Webcode).
7 Diskutiert darüber, ob bzw. wie ein Arbeitgeber die Einhaltung der Bildschirmarbeitsverordnung im Falle von Heimarbeit überprüfen kann.

Eine Schülerfirma betreiben

Produkt-
gestaltung
und Design

Symbolische
Darstellungs-
formen

Technik-
einsatz

Verbraucher-
verhalten

Historische
Entwicklung

Informations-
und
Kommuni-
kations-
techniken

PROJEKT

Zu den größten Herausforderungen, aber auch zu den nachhaltigsten Erlebnissen einer Schulzeit gehört die Mitarbeit in einer Schülerfirma. Zahlreiche Schülerfirmen gibt es schon seit vielen Jahren in Berlin und Brandenburg. Die Betätigungsfelder dieser Schülerfirmen sind vielfältig. Sie reichen von der Produktion von Eistee über Catering und Recycling bis hin zu Dienstleistungsangeboten.

Schritt 1: Geschäftsidee

Auch eine Schülerfirma muss – wie ein reales Unternehmen – eine wirtschaftliche Grundlage bilden, die ihre Existenz nachhaltig sichert. Dafür bedarf es einer guten Geschäftsidee. Einerseits sollen die Dienstleistungen/Produkte auf dem Markt tatsächlich nachgefragt werden. Andererseits muss das Geschäft dauerhaft, finanziell solide und personell zu bewältigen sein. Eine Geschäftsidee für eine Schülerfirma ergibt sich zumeist aus dem Schwerpunkt der Schule. Noch öfter werden in der Praxis bereits bestehende Schülerfirmen von Schülerinnen und Schülern nachfolgender Jahrgänge „weiterbetrieben“.

Schritt 2: Geschäftsbetrieb

Eine Schülerfirma ist ein „Miniunternehmen“, das innerhalb des Schulbetriebs mit festen Regeln gegründet bzw. betrieben wird. Der Alltag einer Schülerfirma soll den Bedingungen der Wirtschaft möglichst nahekommen. Es gibt Schülerfirmen, die als ein Projekt wie ein großes Planspiel durchgeführt werden. Daneben gibt es Schülerfirmen, die unter realitätsähnlichen Bedingungen arbeiten und tatsächlich Umsatz machen.

Schritt 3: Geschäftsbedingungen

Wie ein „echtes" Unternehmen sind Schülerfirmen zu einer ordentlichen Buchführung verpflichtet. Sie unterliegen ebenfalls der einschlägigen Gesetzgebung, können als schulische Veranstaltung jedoch von vielen Ausnahmen und Sonderregelungen profitieren. Geführt wird auch eine Schülerfirma arbeitsteilig – mit klar geregelten Aufgaben und Kompetenzen sowie selbstverantwortlichen Entscheidungen. Selbst verständlich arbeitet eine Schülerfirma wie ein „großes Vorbild" gewinnorientiert. Die Gewinnmaximierung steht jedoch nicht im Zentrum der Aufmerksamkeit. Vielmehr sollten die Chancen einer Schülerfirma genutzt werden, sich unter praxisnahen Bedingungen „auszuprobieren" und sich in einem realistischen Rahmen berufsorientierend verhalten zu können.

Schritt 4: Der Businessplan

Jede Firmengründung, insbesondere solche, die mit Krediten und/oder Subventionen geschieht, muss zuvor ihre Geldgeber mit guten Argumenten überzeugen. Dafür entwickelt sie einen sogenannten „Businessplan", der alle wesentlichen Punkte abdeckt. Von der Vorstellung der Geschäftsidee (Innovation) über eine schlüssige Planung bis hin zu den Beteiligten sollen die Geldgeber an das Projekt glauben können.

Schritt 5: Projektstart in der Walter-Leistikow-Oberschule

Die Schülerinnen und Schüler einer neunten Klasse der Walter-Leistikow-Oberschule wollen eine Schülerfirma gründen. Ihre Idee: Schlüsselanhänger selbst herstellen und verkaufen. Vorteilhaft dabei ist es, dass ihre Ware nicht verderblich ist und keine großen Lagerungsprobleme mit sich bringt. Außerdem können verschiedene Talente eingebunden werden: Schüler/-innen mit handwerklichem Geschick, organisatorisch Begabte und solche, deren Stärke in der Kommunikation und im Verkauf liegen. Aus Filz werden lustige kleine Gesichter angefertigt. Lediglich der Verschluss muss fertig gekauft werden, weil dessen Produktion für die Schülerinnen und Schüler zu kompliziert wäre. Nachdem die Idee „geboren" war, erarbeitete die Klasse mit großem Eifer einen Businessplan, den sie auf dem nächsten Schulfest vorstellen wollte.

Das kann ich ...

Wichtige Begriffe

- Unternehmen
- Dienstleistung
- Produktlebenszyklus
- Arten der Produktion
- Beschaffung
- Absatz
- Personalwesen
- Finanzierung
- Arbeitsschutz
- Arbeitszeitmodelle
- Mitbestimmung

A Ursachen für Arbeitslosigkeit

Betriebspleite	zu viel Bürokratie	hohe Lohnkosten
fehlende Mobilität	Alter des Arbeitnehmers	Sättigung des Marktes
zu geringer Konsum	fehlende Infrastruktur	flexiblere Arbeitszeiten
zu hohe Ausgaben	Automatisierung	fehlende Nachfrage
technische Entwicklung	keine Lust auf Arbeit	Rationalisierung
fehlende Investitionsbereitschaft	fehlende/ungenügende fachliche Ausbildung	internationaler Wettbewerb
langfristige Krankheit	zu wenig Lohn/Gehalt	...

B Gewinn und Verlust

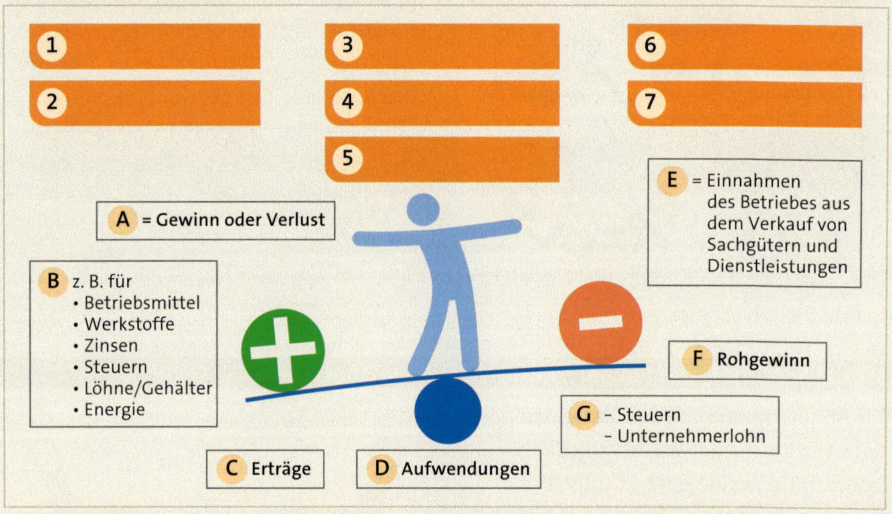

C Der Produktlebenszyklus

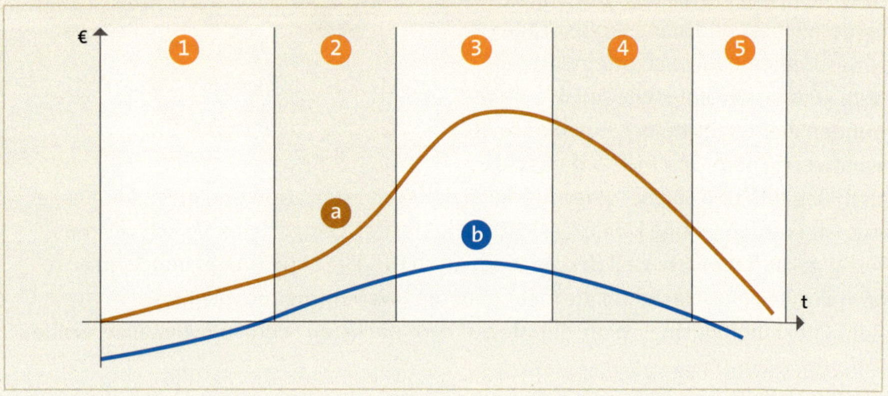

CHECK UP

D K(l)eine Brötchen backen

Bäckerin B. steht vor einer schwierigen Frage. Bislang stellte sie ihre Produkte selbst her. Das bedeutete: frühes Aufstehen (mehr oder weniger „mitten in der Nacht"), harte Arbeit und ständig wechselndes Personal, weil viele unter diesen Bedingungen nicht dauerhaft arbeiten wollen. Die Produktionskosten stiegen ständig. Das musste sie auf die Verkaufspreise umlegen – aber die Grenzen für die Kundschaft sind längst erreicht. Was soll/kann sie tun? Soll sie ihre Ware komplett einkaufen und nur noch den Back-Shop in guter Lage betreiben? Kann sie aus dem bestehenden Bäckerei-Betrieb noch „mehr herausholen"? Wenn ja – wie?

Wissen und erklären

1 Erklärt euch gegenseitig die wichtigen Begriffe.

2 Erläutere im Einzelnen die Ursachen für Arbeitslosigkeit, die in A zusammengestellt sind, anhand von Beispielen.

3 Ordne die mit Buchstaben markierten Begriffe/Kästchen in B den richtigen Zahlenfeldern zu.

4 Stelle die Phasen eines Produktlebenszyklus mündlich dar. Nutze dazu die Grafik C. Verwende dabei die Begriffe „Umsatz" und „Gewinn".

Informationen beschaffen und auswerten

5 Recherchiere, welche Arbeitgeber gegenwärtig welche Arbeitszeitmodelle praktizieren. Präsentiere deine Ergebnisse vor der Klasse.

Beurteilen, entscheiden und handeln

6 „Arbeitsschutz geht alle an" – nimm begründet Stellung zu dieser Aussage.

7 Diskutiert darüber, inwieweit ein Betriebs- bzw. Personalrat den Arbeitgeber beeinflussen kann. Wo endet eurer Meinung nach die Mitbestimmung?

8 Suche dir eine Werbung heraus und beurteile, ob bzw. wie die vier Grundsätze der Werbung (Wahrheit, Klarheit, Wirksamkeit, Wirtschaftlichkeit) eingehalten wurden. Stelle dein Resultat deinen Mitschülerinnen und Mitschülern vor.

9 Diskutiert miteinander darüber, welchen Weg ihr Bäckerin B. für ihr Unternehmen empfehlen könntet (D). Gebt ihr zwei unterschiedliche Empfehlungen (Plan A und Plan B).

Überzeugen durch einen Businessplan

Ein Businessplan legt leicht nachvollziehbar dar,

- welche Geschäftsidee im Mittelpunkt des Unternehmens steht,
- welche Besonderheit das Produkt/die Dienstleistung aufweist (Alleinstellungsmerkmal – unterscheidet sich von Mitbewerbern, weil/dadurch, dass ...),
- wie die Finanzierung geplant ist (Finanzkonzept),
- welchen Preis man am Markt erzielen möchte,
- wie die Idee praktisch umgesetzt werden soll (Organisationsform, Team, Marketing).

Eine festgelegte Form gibt es für einen Businessplan nicht, zumal sich Geschäftsideen stark voneinander unterscheiden.

Unbedingt empfohlen wird jedoch ein klare Gliederung sowie ein einfacher und verständlicher Schreibstil. Am Anfang sollte eine Zusammenfassung stehen (auch wenn sie erst zum Schluss geschrieben wird). Außerdem ist eine gut leserliche und optische Aufbereitung hilfreich.

Das Bundesministerium für Wirtschaft und Energie rät Unternehmensgründerinnen und -gründern, den Businessplan selbst zu schreiben. So kann man am besten Fragen im Gespräch mit der Bank oder Geschäftspartnern beantworten. Nur wer (s)eine Sache wirklich gut kennt, kann sie auch überzeugend vertreten.

Unbedingt sinnvoll ist eine Beratung durch die Industrie- und Handelskammer (IHK), die Handwerkskammer (HWK) sowie regionale Gründungsinitiativen (Gründungsportale). Sie unterstützen die Formulierung eines Businessplans mit Rat und Tat.

Technikentwicklung und technische Innovation

M1 Vom Hantieren zur GPS*-Steuerung der Feldarbeit

* **GPS**
Global Positioning System – ein globales (weltweites) satellitengestütztes Positionsbestimmungssystem, das bei der Verkehrslenkung und technischen raumbezogenen Anwendungen hilft

Von der Agrar- zur Wissensgesellschaft

Über viele Jahrhunderte war der Großteil der Menschen mit Arbeiten in der Land- und Forstwirtschaft sowie in der Fischerei beschäftigt. Wissenschaftler bezeichnen diesen Bereich als „Urproduktion“ oder „primären Wirtschaftssektor“.

Die Arbeit war körperlich anstrengend. Um sich die Arbeit zu erleichtern, schufen sich die kreativen Menschen technische Mittel. Es wurde zunächst vor allem mit der Hand und einfachen Werkzeugen gearbeitet. Die Muskelkraft des Menschen wurde nach und nach durch das Einbeziehen der Muskelkraft von Tieren in den Arbeitsprozess entlastet.

Mit zunehmender Spezialisierung konnten bestimmte Arbeiten an andere Menschen vergeben und eingetauscht werden. So entwickelten sich im Mittelalter erste Gewerbe und Berufe.

* **Manufaktur**
(lat.: *manus* = „Hand“ und *facere* = „erbauen, tun, machen, herstellen“) eine Produktionsstätte verschiedener Handwerker, deren Ziel es ist, ein gemeinsames Produkt zu fertigen

Mechanisierung

Neben der Spezialisierung der Arbeit war es die technische Entwicklung, die dazu führte, dass immer besser produziert werden konnte. Um 1770 gelang es dem schottischen Maschinenbauer, Ingenieur und Erfinder James Watt, mit seinen Verbesserungen der Dampfmaschine der Industriellen Revolution einen besonderen Impuls zu geben.

Die Erfindung der Dampfmaschine (1769) war neben der Erfindung des mechanischen Webstuhls und der Spinnmaschine die erste grundlegende Erneuerung, die den Übergang von der Agrar- zur Industriegesellschaft kennzeichnete. Hierdurch wurde es möglich, die Produktion von Textilien aus der Heimarbeit und der Arbeit in Manufakturen* in die wesentlich produktiveren Fabriken zu verlagern. Schneller, genauer und zuverlässiger – das waren die Merkmale, die den Übergang charakterisierten. Die Mechanisierung ergänzte und erleichterte die Handarbeit.

Diese Industrialisierung wiederum unterstützte eine fortschreitende Mechanisierung und Automatisierung.

> Hantieren, Mechanisieren und Automatisieren sind die typischen Technisierungsstufen. Sie haben die Geschichte von Arbeit und Technik bestimmt.

Der Siegeszug der Massenproduktion

Die Fließbandproduktion prägte in vielen Fabriken das Bild. Bereits 1790 erhielt der Amerikaner Oliver Ewans ein Patent auf einen Fließband-Prototypen, der Getreide in einer Mühle befördert.

Anfang des 20. Jahrhunderts leistete in Deutschland ein Keksproduzent Pionierarbeit mit der Einführung des Fließbandes im Werk Hannover. Erst später nutzt der Autoproduzent Ford die Fließband-

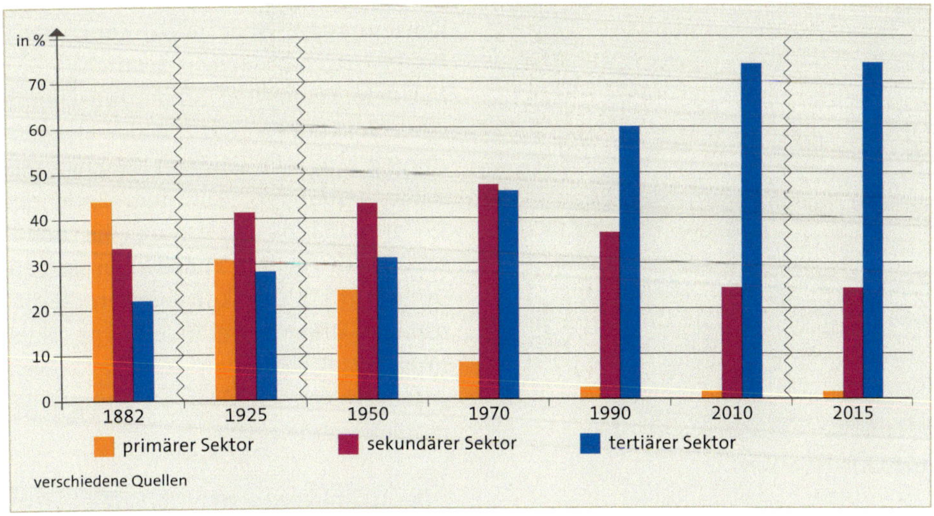

M2 Erwerbstätige nach Sektoren 1882 bis 2015 im heutigen Deutschland

M4 Fließbandproduktion

produktion für einzelne Bauteile des „Model T".

Der Siegeszug der Massenproduktion bestimmt den Charakter von Industrienationen bis heute. Doch an der Schwelle zum 21. Jahrhundert verändert die Arbeitswelt sich noch einmal tief greifend. Sie wird flexibel und vernetzt. Der Industriearbeiter wird durch den Wissensarbeiter ergänzt und zunehmend verdrängt.

> Der wirtschaftliche Schwerpunkt hat sich in den letzten 300 Jahren zunächst von der Rohstoffgewinnung auf die Rohstoffverarbeitung und anschließend auf Dienstleistung sowie Informationsverarbeitung verlagert.

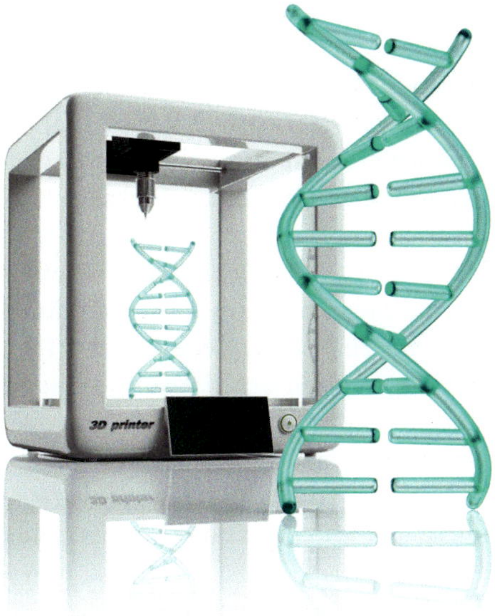

M3 Hightech-Produkt der Gegenwart

1. Fasse die technische Entwicklung am Beispiel der Landwirtschaft in einem kurzen mündlichen Vortrag zusammen (Text, **M1**).
2. Erstelle eine Kollage oder Präsentation zur technischen Entwicklung – vom Hantieren über das Mechanisieren zum Automatisieren.
3. Werte die Grafik **M2** aus.
4. Entwickle ein Szenario, wie die Anteile der drei Sektoren in **M2** im Jahr 2050 aussehen könnten. Begründe deine Vermutungen.
5. Nimm begründet Stellung zu der These: „Die Massenproduktion weist zahlreiche ökonomische Vorteile auf. Ökologisch hat sie überwiegend Nachteile."

Die Theorie der langen Wellen

M1 Telegraphenausbildung um 1912 in New York

Technischer Fortschritt

Technik und Technologien haben Leben und Arbeit der Menschen schon immer verändert. Hiesige Veränderungen vollziehen sich zunehmend schneller. So dauerte es etwa eine Million Jahre, bis sich Menschen selbst einfache Werkzeuge herstellten. Das erste Werkzeug war der Faustkeil.

Lediglich 50 000 bis 60 000 Jahre benötigten die Menschen, um Faustkeile durch einfache Fernwaffen wie Speere, Pfeil und Bogen zu ersetzen. Kaum ein Jahrtausend verging, bis unsere Vorgänger nicht nur Wind und Wasser nutzten, sondern mit der Dampfmaschine die Voraussetzungen für die Industrialisierung schufen.

Die Dampfmaschinen, später die Verbrennungs- und dann die Elektromotoren waren Voraussetzungen für die Mechanisierung der Produktion.

Die Mechanisierung erleichterte die körperliche Arbeit der Menschen. Fabriken beschleunigten die Entwicklung in der Textilindustrie. Kleidung konnte so einfacher und billiger produziert werden.

Die Stahlindustrie erfüllte die Voraussetzungen für das Transportwesen und die Eisenbahn. Güter und Personen wurden nun schneller, zuverlässiger sowie kostengünstiger transportiert. Große Produktionsstätten wurden möglich. Folge davon waren Massenproduktion und Konzentration, aber auch Konkurrenz. Marktwirtschaft setzte sich durch.

Mit dem bewussten Ausnutzen chemischer Reaktionen und mit der Elektrifizierung war ein weiterer Wachstumsschub verbunden. Seit dem Ende des 19. Jahrhunderts wurde durch die chemische Industrie mit künstlichen Farben, Düngemitteln und Kunststoffen die natürliche Umwelt verändert. Die Nahrungsmittelproduktion konnte soweit gesteigert werden, dass der Hunger gemindert wurde.

M2 Faustkeil

Der technische Fortschritt beruht auf der Weiterentwicklung der Technik. Neueinführung oder Verbesserung von Maschinen oder Verfahren haben Auswirkungen nicht nur auf die Produktion, sondern auch auf vielfältige Lebensbereiche.

Das elektrische Licht veränderte den Lebens- und Arbeitsrhythmus. Die Umwandlung von Erdöl in Benzin führte zu einem ersten Boom in der Automobilindustrie. Der Computer verändert seit den 1970er-Jahren die Arbeitswelt und unser Alltagsleben immer mehr.

Neue Technologien, vor allem im Bereich der Informationsverarbeitung, aber auch Bioelektronik, Biotechnik und Solarenergie ermöglichen eine völlig neue Funktionsteilung zwischen Mensch und Maschine.

Technikentwicklung als Prozess

Der Prozess der Technikentwicklung ist immer ähnlich: Zu Beginn steht eine Idee oder eine ganzes Ideenbündel, die in der Regel aus wissenschaftlichen Erkenntnissen aus der Forschung und Entwicklung gewonnen werden. Diese Ideen können zu Erfindungen verarbeitet werden. Eine Erfindung kann ein neues oder verbessertes Produkt oder Produktionsverfahren beinhalten. Eine Erfindung ist stets eine schöpferische Leistung, durch

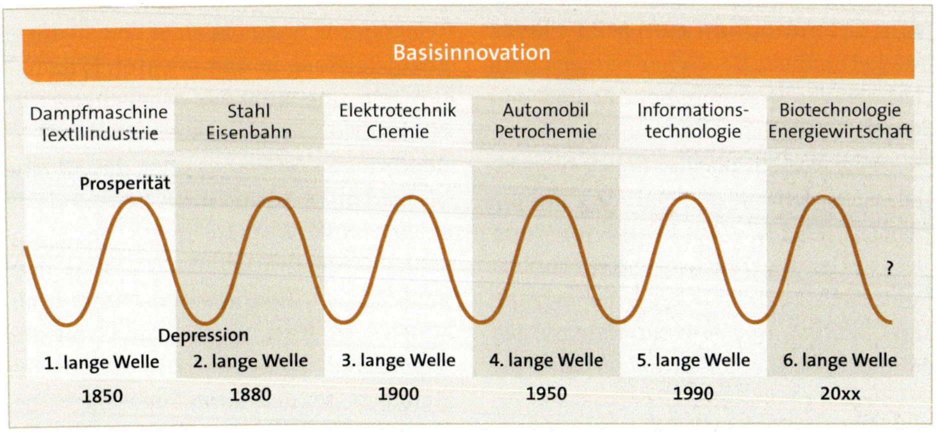

M 3 Stadien der wirtschaftlichen Entwicklung in langen Wellen (Kondratjew-Zyklen)

M 4 Global verbunden

die eine wirklich neue Problemlösung erfolgt. Von einer „Innovation“ wird gesprochen, wenn die Erfindung auch tatsächlich genutzt wird. Der Begriff „Innovation“ kommt aus dem Englischen und bedeutet so viel wie Einführung einer Neuerung. Dazu gehören die Schaffung neuer Produkte oder die Entwicklung neuer Herstellungsverfahren. Der letzte Schritt besteht aus der allgemeinen Verbreitung der Neuerung – oft wird auch von „Diffusion“ gesprochen. Im Zentrum steht hier auch die Erschließung neuer Märkte.

> Eine Innovation ist eine wichtige Phase im Prozess der Technikentwicklung. Sie beinhaltet das Erzeugen und Umsetzen von Neuerungen.

Wirtschaftliche Entwicklung in Zyklen

Der sowjetische Wirtschaftswissenschaftler Nikolai Kondratjew veröffentlichte 1926 einen Aufsatz mit dem Thema „Die langen Wellen der Konjunktur“. Er beschrieb darin das Auf und Ab der wirtschaftlichen Entwicklung als einen nahezu gleichmäßigen und an feste Regeln gebundenen Zyklus. Massenhafte Investitionen in neue Technologien bewirken einen Aufschwung, der dann endet und in einen neuen Aufschwung führt, wenn ein neuer starker wirtschaftlicher Impuls folgt. Man spricht heute in Anlehnung an ihn auch von „Kondratjew-Zyklen“.

1 Betrachte zunächst kurz **M 1** und **M 4**. Formuliere danach einen kurzen spontanen mündlichen Vortrag zum Thema „Wandel der Kommunikationstechnologie“

2 Beschreibe, wie das Smartphone das Leben der Menschen verändert hat. Welche Vorteile und welche Nachteile bringt (brachte) diese technische Entwicklung mit sich?

3 Die Begriffe „Erfindung“ und „Entdeckung“ werden vielfach verwechselt, obwohl sie sich auf ganz unterschiedliche Dinge beziehen (**M 2**). Charakterisiere beide Begriffe. Erläutere vor allem Unterschiede.

4 Erläutere die Theorie der langen Wellen der Konjunktur (Text, **M 3**).

5 Stelle begründete Vermutungen an, welche nächste lange konjunkturelle Welle uns bevorstehen könnte (**M 3**).

Technischer Fortschritt im Alltag

★ **Schellack**
eine aus Gummilack hergestellte Substanz; der Gummilack stammt von einer bestimmten Laus

★ **Vinyl**
ein synthetischer relativ preisgünstiger Kunststoff

M1 Von der Mechanik zur Elektronik

Vom Grammophon zum MP3-Player

1887 erfand ein Deutscher namens Emil Berliner das Grammophon. Er ließ den Begriff gesetzlich schützen. Das Grammophon war ein mechanisches Abspielgerät, auf dem die sogenannten „Schallplatten" (ebenfalls ein Begriff von Berliner) zu Gehör gebracht werden konnten. Seine leicht zerbrechlichen Schellackplatten★ wurden mit 78 Umdrehungen per Minute bis in die späten 1950er-Jahre abgespielt. Ihnen folgten Schallplatten aus Vinyl★, die mit 45 (kleinerer Durchmesser, kurze Spielzeit) und 33 Umdrehungen (größerer Durchmesser, längere Spielzeit) abgespielt wurden.

Magnetbänder lösten teilweise die Schallplatte ab. Zwar wurden erste Magnetbänder bereits 1930 in den USA eingeführt, sie waren zu jener Zeit jedoch nur für spezielle Anwendungen in der Technik verwendet worden. Als elektronischer Speicher kam in den 1950er-Jahren das Tonbandgerät in die privaten Haushalte.

Die Compact-Cassetten hielten als technische Weiterentwicklung der Magnetbänder ihren Siegeszug in den 1970er-Jahren. Doch schon in den 1990er-Jahren wurden die Compact-Cassetten wiederum verdrängt, und zwar von der Compact Disc – kurz: CD.

Mit Erfindung und Ausreifung der MP3-Technik geriet die CD in Bedrängnis. Die verlustbehaftete Kompression der akustischen Signale ist nicht hörbar. Da nur die für den Menschen hörbaren akustischen Signale verarbeitet werden, ist eine Reduktion der Datenspeicherung möglich. Die Tonträger wurden kleiner und praktischer.

Telekommunikation

Auch die Entwicklung der Telekommunikation verdeutlicht uns einige grundlegende Merkmale technischer Innovationen der Gegenwart, nämlich sogenannte „Entwicklungsprinzipen" und „Innovationsprinzipien" der Technik.

Telegramme waren in einer Zeit, in der es kaum Telefone in den privaten Haushalten gab, eine sinnvolle Möglichkeit, um Nachrichten vergleichsweise schnell zu überbringen. So war es Ende des 19. und bis weit in die Mitte des 20. Jahrhunderts. Telegramme wurden meist per Fernschreiber übermittelt. Dazu musste man zunächst den Text in einem Postamt abgeben. Der Text wurde dann mithilfe akustischer, optischer oder elektrischer Geräte zu der dem Empfänger nächstgelegenen Poststelle übermittelt und von hier mittels Boten wiederum in Papierform zum Adressaten gebracht. So wie heute beim Übermitteln von SMS eine Kurz- und Zeichensprache genutzt wird, entwickelte sich damals ein sogenannter „Telegrammstil". Das war wichtig, da sich das Entgelt für ein Telegramm vor allem nach der Anzahl der Wörter richtete. Man übermittelte statt „Ich komme am Sonntag um 13 Uhr an." „Ankomme Sonntag 13 Uhr".

Ein Festnetztelefon zu besitzen, war da schon ein gewaltiger Vorteil. Die Übermittlung der Nachrichten erfolgte beim Festnetz noch durch Kupferkabel. Das Festnetz war ursprünglich nur für die Sprachtelefonie ausgelegt. Durch die weitere technologische Entwicklung ist es inzwischen möglich, auch Musik und Videos zu übertragen.

> In Mobilfunknetzen erfolgt der Zugang der Nutzer drahtlos, d. h. nicht an eine Leitung gebunden. Damit wird das Senden und Empfangen von Nachrichten an unterschiedlichen Standorten ermöglicht.

Vom Handy zur Smartphone

Im deutschsprachigen Raum werden Mobiltelefone in der Regel „Handy" genannt. Das hört sich englisch an, ist es aber nicht. Der Engländer spricht vom „mobile (phone)". Nicht nur die Technologien der Informationsübertragung, sondern auch die technischen Geräte wurden mit der

M 2 Entwicklungsgeschichte des mobilen Telefons

Zeit immer weiter entwickelt. Die ersten Handys waren groß und unhandlich. Sie hatten lediglich eine geringe Reichweite und nur eine kurze Betriebsdauer. Inzwischen werden in immer kleineren Zeitabständen neue Geräte auf den Markt gebracht. Das Handy wurde weitgehend vom Smartphone verdrängt. Es war vor allem zum Telefonieren und zum Schreiben von SMS ausgelegt.

Ein Smartphone ist ein Mobiltelefon mit erweitertem Funktionsumfang. Es kann nicht nur als Telefon, sondern auch zum Internet-Surfen, als Mediaplayer, Terminplaner, Adressbuch, Navigationsgerät und vieles mehr genutzt zu werden.

1 Fasse mithilfe von **M 1** und anhand des Autorentextes die Entwicklung vom Grammophon zum MP3-Player mündlich zusammen.
2 Informiere dich über das Grammophon und stelle dieses technische Gerät in der Klasse vor (**M 1**).
3 Beschreibe zu den Etappen der Telekommunikation die wichtigsten Vor- und ggf. auch Nachteile für die Techniknutzer/-innen (Text, **M 3**).
4 Skizziere mithilfe kleiner Zeichnungen den Weg einer Nachricht, die per Telegramm weitergeben wird (Text, **M 3**).
5 Erläutere am Beispiel der Informations- und Kommunikationstechnologien die oben genannten Entwicklungs- und Innovationsprinzipien der Technik.
6 Recherchiere, wie die MP3-Technik funktioniert und präsentiere das Ergebnis deiner Klasse.
7 Finde heraus, in welcher Form die Signale bei den technischen Geräten in **M 1** gespeichert und übermittelt werden. Präsentiere deine Informationen deinen Mitschülerinnen und Mitschülern.
8 Halte anhand von **M 2** einen mündlichen Vortrag zur Produktentwicklung des mobilen Telefons. Gehe insbesondere auf die wechselnden Größen ein.

M 3 Anfertigen von Telegrammen

Wichtige Begriffe

- Mechanisierung
- Automatisierung
- Fließbandproduktion
- Kondratjew-Zyklen
- Wissensgesellschaft
- Dienstleistungs-sektor
- Innovation

A Von der Lochkarte in die Datenwolke

Zu Beginn der elektronischen Datenverarbeitung wurden Eingabedaten für Computersysteme nur über Lochkarten (bzw. Lochstreifen) zugeführt. Lochkartenähnliche Systeme wurden bereits ab Mitte des 18. Jahrhunderts im Bereich der Automatisierung verwendet. Man nutzte sie, um wiederkehrende Abläufe rationell zu wiederholen. Unter anderem wurden lochkartengesteuerte Webstühle gebaut. Ab Mitte der 1960er-Jahre erfolgte der Durchbruch von Magnetbändern zur Datenspeicherung und -verarbeitung. Aus den Magnetbändern entwickelten sich Disketten, daraus wiederum elektronische Systeme mit Datenspeicherung auf einer CD. Gegenwärtig sind Datenverarbeitungen im System des sogenannten „Cloud Computings" technischer Standard.

B Erwerbstätige im Spiegel der Zeit

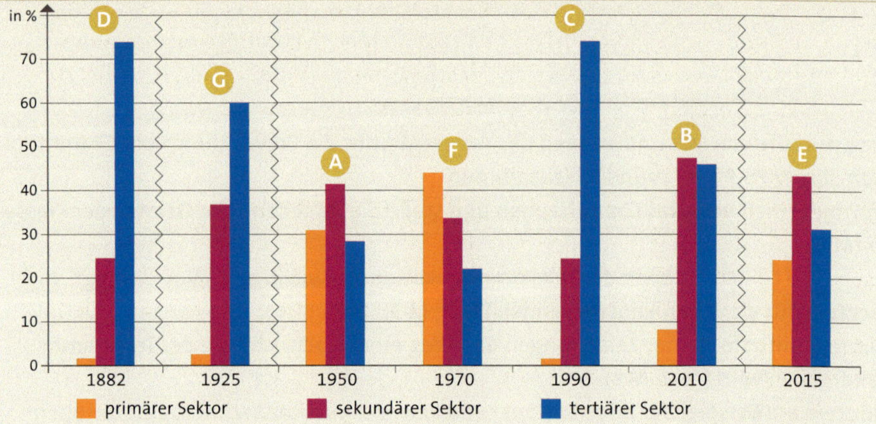

verschiedene Quellen

CHECK UP

C Der neue Traum vom Fliegen

Im Sommer 2016 gelang es einem deutschen Logistikunternehmen als weltweit erstem, Kunden direkt in die Belieferung von Paketen per Drohne einzubinden. Vom Tal bis zur Alm auf rund 1200 Metern Höhe legte die Paketdrohne jeweils acht Kilometer pro Strecke zurück. So konnten beispielsweise eilige Medikamente innerhalb von nur acht Minuten geliefert werden. In Zukunft möchte das Unternehmen mit Drohnen vor allem in dünn besiedelten Gebieten ausliefern. Versuchsflüge gab es schon in den Jahren 2013 (über dem Rhein) und 2014 (an der Nordsee).

D Technischer Fortschritt auf einen Blick

Wissen und erklären

1 Erklärt euch gegenseitig die wichtigen Begriffe.

2 Erläutere die rasante Entwicklung von der Lochkarte zur Datenwolke (A). Kennzeichne dazu den jeweiligen Entwicklungssprung von einem Medium zum anderen.

3 Bringe die Säulen in Abbildung B wieder in die richtige Reihenfolge und fasse die Veränderung der Erwerbstätigen nach Sektoren zwischen 1882 und 2015 mündlich zusammen. Gehe dabei auch auf die Ursachen und Hintergründe ein.

Informationen beschaffen und auswerten

4 Recherchiere Details zur Datenspeicherung und -verarbeitung im System des Cloud Computings und präsentiere deine Resultate der Klasse.

5 Überprüfe den gegenwärtigen Stand der Dinge (in Deutschland und in der Welt) beim Thema „Drohnen im Dienst der Logistik". Berichte darüber vor deinen Mitschülerinnen und Mitschülern (C).

6 Beschreibe die Drohne als technisches System. Bestimme dabei das Antriebsorgan und das Steuerorgan.

Beurteilen, entscheiden und handeln

7 Werte die Karikatur zum technischen Fortschritt aus (D).

8 Führt eine Pro-und-Kontra-Diskussion zum Thema „Fortschreitende Technisierung – eine Erleichterung für die Menschheit?"

9 Stelle auf einem Info-Poster dar, in welcher Weise Computertechnik unser Leben beherrscht. Verdeutliche dabei die Computer-Kompetenz, die jede/-r (im Alltag) haben sollte.

Technik bewerten

Bewertung von Technik – warum?

Eine zunehmende Zahl von Bürgerinnen und Bürgern scheint ein immer sensibler werdendes Bewusstsein für Sinn und Zweck beispielsweise von Konsumgütern zu entwickeln. Im Zentrum ihrer Reflexion steht auch hier der Begriff der „Nachhaltigkeit“. Nicht alles, was wir kaufen können, können wir offenbar auch ruhigen Gewissens kaufen. Moderater Konsum, Wiederverwendung, Langlebigkeit, aber auch umweltbewusste Auswahl von Materialien spielen hier eine große Rolle. Praktisch kann jede/-r Einzelne sich jederzeit vor einem Kauf mit diesen Fragen auseinandersetzen. Hier wird das Beispiel „Staubsauger“ in den Blick genommen.

Bewertungsverlauf

1. **Phase der Definition** ← Gerät auswählen und Zweck des Gerätes bestimmen
2. **Phase der Planung** ← Bewertungskriterien bestimmen
3. **Phase der Realisierung** ← Bewertungskriterien gewichten
4. **Abschlussphase** ← Geräte vergleichen und Testergebnisse zusammenfassen

Kriterien zur Bewertung von Technik		
Sicherheit	**Kosten**	**Pflege und Wartung**
Erfüllt das Gerät die allgemeinen Sicherheitsbestimmungen (z. B.: Hat es ein Prüfsiegel? Sind die verwendeten Materialien haltbar – z. B.: stoßfest)?	Sind die Anschaffungskosten gerechtfertigt? Welche Folgekosten ergeben sich? Müssen Zusatzgeräte angeschafft werden?	Lassen sich Gerät/Einzelteile gut reinigen und warten? Wie hoch ist der Zeitaufwand für die Reinigung im Vergleich zur Betriebszeit?
Raumbedarf	**Umweltverträglichkeit**	**Handhabbarkeit/Formschönheit**
Wo soll das Gerät später benutzt werden? Wird das Gerät bei Nichtbenutzung gesondert aufbewahrt? Steht dieser Platz zur Verfügung?	Wie wirkt sich der Einsatz des Gerätes auf die Umwelt aus? Welche Folgebelastungen können auftreten?	Ist das Gerät der Handform angepasst? Sind die Bedienelemente gut zu erreichen? Gefällt mir das Aussehen des Gerätes?

Bewertung technischer Innovationen

Computereinsatz in der Produktion

M1 Unterweisung an einer CNC-Maschine

Die Produktion bleibt Motor für den Wohlstand

Auch in der Informationsgesellschaft bleibt die Produktion die Grundlage für eine stabile Volkswirtschaft. Allerdings hat sich die Produktion deutlich verändert. Eine durch einen Menschen zu bedienende Werkzeugmaschine wird in der Produktion zu einer Seltenheit.

CNC-Werkzeugmaschinen

Seit mehreren Jahrzehnten werden zur Herstellung von Produkten aus Metall und Holz immer mehr programmgesteuerte Maschinen eingesetzt – sogenannte „CNC-Maschinen“.

„CNC“ ist die Kurzform für „Computerized Numerical Control“ und bedeutet bei einer Maschine, dass sie über ein Programm elektronisch gesteuert wird.

Mitte der 1970er-Jahre wurden CNC-Maschinen noch mit Lochstreifen programmiert. Dazu wird ein Papierstreifen Zeile für Zeile an den vorgesehenen Positionen gelocht oder nicht gelocht, entsprechend den Zuständen 1 und 0 (high/low). So enthält ein Lochstreifen in kodierter Form alle Befehle zur Steuerung der Maschine.

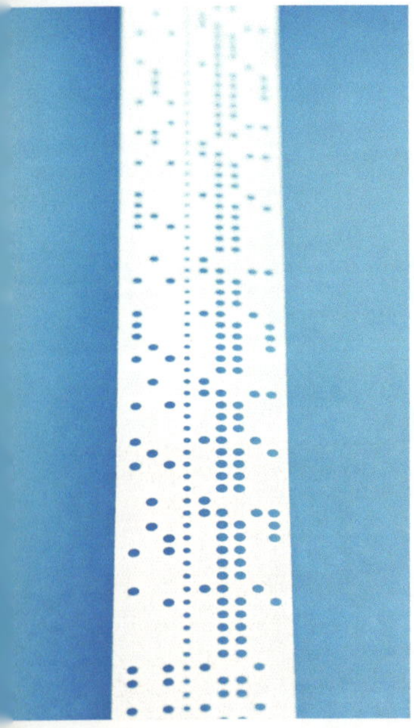

M2 Lochstreifen einer alten CNC-Maschine

CAD und CAM

Seit Anfang der 1980er-Jahre setzte sich die computergestützte Konstruktion durch. Konstruktionszeichnungen werden mithilfe von CAD-Programmen an Computerarbeitsplätzen erstellt. Weitere Vorteile ergeben sich durch die Möglichkeit, die Konstruktionsdaten in Steuerprogramme für die Maschinen umzuwandeln. Hierdurch werden Programmierzeiten und Kosten eingespart. Ziel ist es, den Menschen von Routineaufgaben zu entlasten.

Die Kopplung von computergestützter Konstruktion (CAD) mit computergestützter Produktion (CAM) wird auch als „CAD/CAM“ bezeichnet.

CAD und CAM verringern Programmierzeiten und Kosten. Außerdem tragen sie zu einer Entlastung der menschlichen Arbeitskraft bei.

CIM

Beim CIM (Computer Integrated Manufacturing) sind verschiedene Unternehmensbereiche über ein Netzwerk verbunden, sodass alle Daten für verschiedene Arbeiten zur Verfügung stehen. So werden Konstruktionsdaten auch für die Materialbeschaffung, Lagerhaltung, Herstellung und Preiskalkulation verwendet.

M2M

Inzwischen werden in immer kürzerer Zeit die Produkte verändert. Schneller, leichter, attraktiver und vor allem individueller sollen die Produkte werden. Notwendig wird somit eine kundenindividuelle Massenproduktion. Kennzeichnend für diese Produktion ist nach wie vor ein effizientes Mensch-Maschine-Kommunikation-System. Nicht nur der Mensch kommuniziert mit der Maschine, sondern Maschinen kommunizieren auch zunehmend untereinander.

Machine-to-Machine (M2M = „M“ to „M“) steht für den automatisierten Informationsaustausch über das Internet zwischen

M3 Die Fabrik der Industrie 4.0

Das Bundesministerium für Wirtschaft und Energie veröffentlichte auf seiner Website folgenden Text:

„[...] Die Fabrik der Industrie 4.0 sieht folgendermaßen aus: Intelligente Maschinen koordinieren selbstständig Fertigungsprozesse, Service-Roboter kooperieren in der Montage auf intelligente Weise mit Menschen, (fahrerlose) Transportfahrzeuge erledigen eigenständig Logistikaufträge. Industrie 4.0 bestimmt dabei die gesamte Lebensphase eines Produktes: Von der Idee über die Entwicklung, Fertigung, Nutzung und Wartung bis hin zum Recycling. Über die „intelligente Fabrik" hinaus werden Produktions- und Logistikprozesse künftig unternehmensübergreifend vernetzt, um den Materialfluss zu optimieren, um mögliche Fehler frühzeitig zu erkennen und um hochflexibel auf veränderte Kundenwünsche und Marktbedingungen reagieren zu können. [...]"

(Download: 1.12.2016)

Maschinen, Automaten, Fahrzeugen oder Containern untereinander.

Industrie 4.0

Die Grundlagen der Produktion verändern sich fortlaufend. Entwickelt werden intelligente Produkte (Smart Products), die zugleich den Produktionsprozess lenken. Physikalische und virtuelle Welten verschmelzen zusehends. Der technische Fortschritt ermöglicht es, das immer mehr Arbeitsfunktionen vom Menschen auf Automaten übertragen werden.

Der technische Fortschritt kann hilfreich sein. Er kann aber auch unser Wirtschaftssystem vor größte Herausforderungen stellen.

Die deutsche Hightech-Strategie, die über den CIM-Ansatz hinaus komplexere Systeme erforschen, erproben und letzten Endes praxistauglich machen möchte, wird auch mit dem Begriff „Industrie 4.0" („Digitalisierung der Wirtschaft") bezeichnet. Damit sollen die Zukunfts- und die internationale Wettbewerbsfähigkeit sichergestellt werden.

1 Gib die Bedeutung der Abkürzungen CNC, CAD, CIM sowie M2M mit deinen Worten wieder (Text).

2 Vergleiche die Tätigkeiten einer Arbeitsperson beim Bedienen einer Drechselbank mit denen beim Bedienen einer CNC-Maschine (**M 1**). Halte dazu einem kurzen mündlichen Vortrag.

3 Recherchiere aktuelle Informationen zum Thema „Industrie 4.0" und stelle sie deinen Mitschülerinnen sowie Mitschülern vor (**M 2**).

4 Erläutere volkswirtschaftliche Risiken, die von einer „flächendeckenden" Computerisierung der Produktion ausgehen könnten.

M4 Hightech-Produktion

Das Prinzip der Informationsübertragung

M1 Ein digitales Multitalent – das Smartphone

Informationen und Signale

Unsere Gesellschaft wird auch als eine „Informationsgesellschaft“ oder „Wissensgesellschaft“ bezeichnet. Die Informations- und Kommunikationstechnologien (IuK-Technologien) sind zu einem bestimmenden Faktor unserer wirtschaftlichen wie auch gesellschaftlichen Entwicklung geworden. Informationen müssen fortwährend gewonnen, übertragen, empfangen und verstanden werden – das Prinzip ist stets dasselbe.

Ein anschauliches Beispiel für eine Informationsübertragung ist eine Klingel an einer Wohnungstür: Der Sender (Eingabe) soll die Information „es ist jemand da, bitte die Tür öffnen!“ an den Empfänger (Ausgabe) übermitteln. Hierzu nutzt er ein technisches Gebilde in Form einer Klingelanlage. Diese erlaubt es ihm, die Information so umzuformen, dass sie mithilfe elektrischer Energie transportiert werden kann. Durch Betätigung des Klingeltasters werden der Stromkreis geschlossen und die Information zur Ausgabe übertragen. Hier formt die Klingel das elektrische Signal in einen Klingelton um. Somit erfolgt eine Rückwandlung der Information in verwertbare Signale, also die Töne der Klingel. Der Informationsempfänger kann sie hören.

In allen Informationssystemen (z. B. Fernschreiber, Telefon, Fernsehen) werden Nachrichten (z. B. Wörter, Messdaten) von einer Informationsquelle produziert und mithilfe eines Übermittlungskanals an einen Bestimmungsort geführt (= gesendet). Dabei werden die Informationen codiert und decodiert.

Für die elektrische Informationsübertragung werden Informationen in Signale gewandelt und rückgewandelt. Signale sind Träger von Informationen.

Analoge und digitale Signale – Digitalisierung

In technischen Systemen ist ein Trend zum Übergang von analogen zu digitalen Signalen zu verzeichnen. Ein digitales Signal kann beispielsweise eine Spannung sein, die nur die Werte 0 Volt oder 5 Volt annehmen kann. Wird den Spannungswerten eine vereinbarte Bedeutung (0 oder 1) zugeordnet, so wird codiert. Durch diese Codierung erhalten wir ein digita-

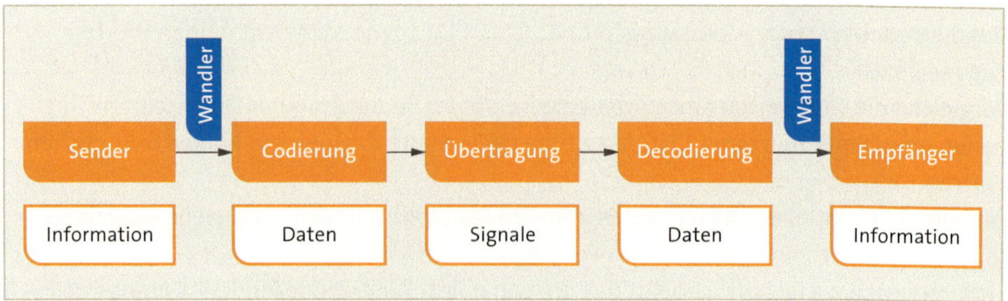

M2 Einfaches Kommunikationsmodell

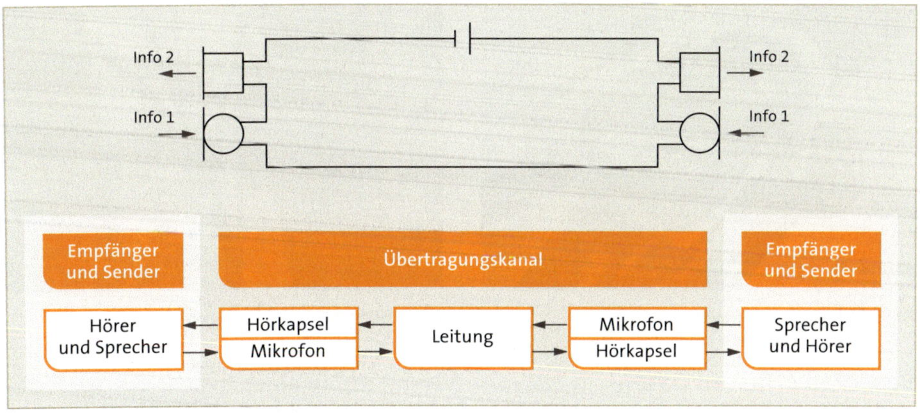

M3 Schalt- und Signalflussplan einer Gegensprechanlage

les Signal. Hingegen kann ein analoges Signal jeden beliebigen Wert annehmen.

„Digitalisierung" bedeutet einerseits eine Umwandlung von Werten als Binärcode*, meist um sie zu speichern oder elektronisch zu verarbeiten. Andererseits wird darunter eine Veränderung der Informationsgesellschaft verstanden.

Die digitale Verarbeitung und Darstellung von Informationen ermöglichte zahlreiche Phänomene, die die Gesellschaft tief greifend prägten. Multifunktionale Geräte, die sich über verschiedene Schnittstellen (z.B. Bluetooth* oder WLAN*) untereinander kabellos vernetzen lassen, können so miteinander kommunizieren und kooperieren.

* **Binärcode**
eine Verschlüsselung, die mit zwei (bi-) Zeichen auskommt

* **Bluetooth**
drahtlose Übermittlung (per Funk) von digitalen Daten

* **WLAN**
Wireless Local Area Network (lokales drahtloses Netzwerk)

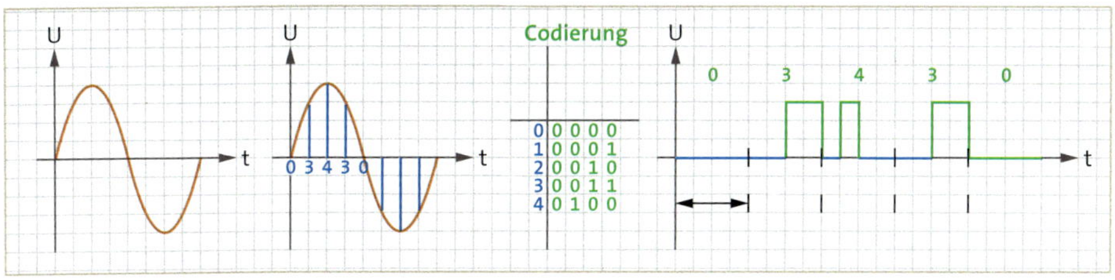

M4 Vom analogen zum digitalen Signal

1 Beschreibe **M2** mithilfe eines selbst gewählten Beispiels.
2 Beschreibe den Schalt- und Signalflussplan **M3**.
3 Erkläre an einem Beispiel den Unterschied zwischen „Signal" und „Information" (**M2**).
4 Erkläre an einem Beispiel den Unterschied zwischen einem „analogen Signal" und einem „digitalen Signal" (**M4**).
5 Nenne fünf Beispiele dafür, wie Informationen gespeichert werden können.
6 Erstelle eine Übersicht, welche Informationen mithilfe eines Smartphones verarbeitet werden (**M1**).
7 Erläutere die Veränderungen, die die Digitalisierung für unser Leben in Freizeit und Beruf mit sich brachte.

M1 Fahrradcomputer

M2 Magnet und Reedkontakt

Sensoren erfassen Daten

Soll beispielsweise die Temperatur der Sohle eines Bügeleisens geregelt werden, so muss zuvor die Temperatur elektrisch erfasst werden. Sollen Wohnungsnutzer vor einem Einbruchsversuch gewarnt werden, so kann an der Fensterscheibe einen Vibrationssensor angebracht werden, der immer dann die Alarmanlage auslöst, wenn jemand das Fenster bewegt und zu öffnen versucht.

Sensoren erfassen physische oder chemische Eigenschaften, die ein elektrisches Ausgangssignal liefern.

Magnetischer Schaltsensor

Magnetische Schaltsensoren sind relativ einfache Sensoren und werden auch als „Reedkontakte*" bezeichnet. Sie ermöglichen berührungslose Schaltvorgänge und werden beispielsweise bei einem Fahrradtachometer verwendet. Eine einfache Form besteht im Wesentlichen aus einem Stromkreis, in dem ein Reedkontakt als Schalter eingebaut ist. Der Reedkontakt wird jedes Mal geschlossen, wenn der an einer Speiche des Vorderrades angebrachte Magnet ihn passiert. Dieser Kurzschluss sorgt für einen Spannungsabfall, der gezählt werden kann. Aus der Anzahl der Umdrehungen kann beispielsweise die zurückgelegte Wegstrecke ermittelt werden. Ein solcher Sensor arbeitet wartungs- und verschleißfrei, da er außer den Kontaktzungen keine beweglichen Teile besitzt.

Nähert sich der Reedkontakt dem Magnet, bildet sich am Luftspalt der Kontaktzungen ein Nord- und Südpol. Ist das Magnetfeld genügend groß, wird die Federkraft der Kontaktzungen überwunden und der Kontakt wird somit geschlossen und öffnet sich danach selbsttätig.

Magnetische Schaltsensoren können Stromkreise schließen und öffnen, wenn sie einen magnetischen Impuls erhalten.

* **Reedkontakt**
„Reed" ist das englische Wort für „Röhrchen" (bzw. „Schilfhalm"; ähnlich wie das norddeutsche Wort „Reet"); der Reedkontakt bezieht sich auf das dünnwandige Glasröhrchen, in welchem die Kontaktdrähte eingeschmolzen sind

Lichtsensor (LDR)

Während magnetische Schaltsensoren einen magnetischen Impuls nutzen, reagieren Lichtsensoren (LDR = Light De-

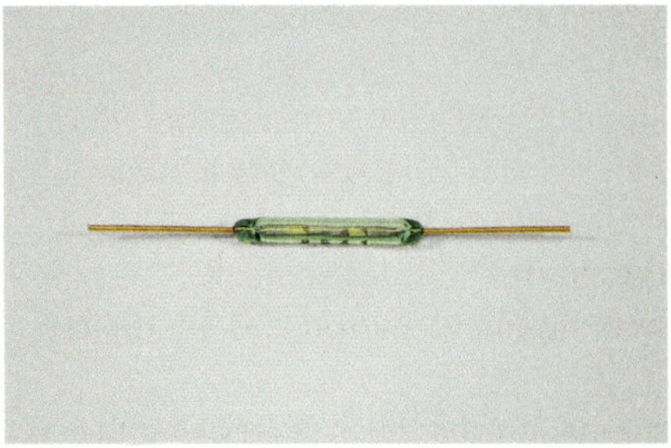

M3 Reedkontakt

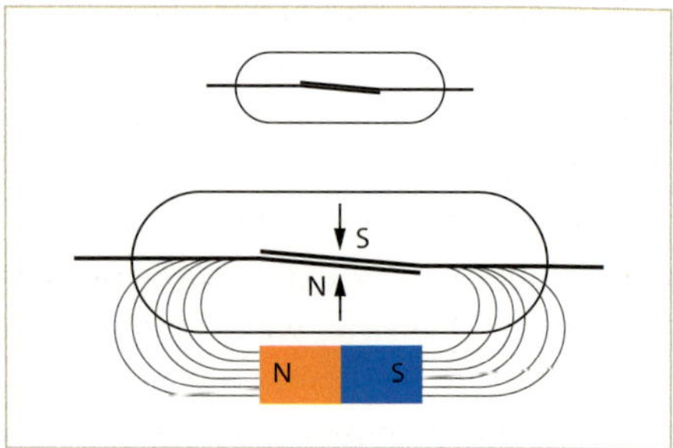

M4 Prinzip des Schaltvorgangs

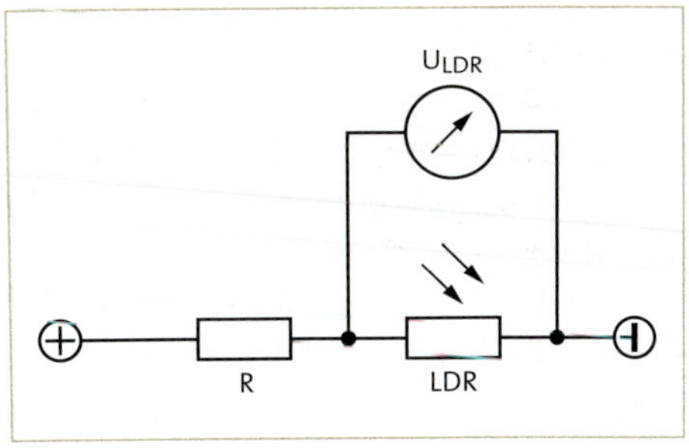

M5 Messschaltung 1

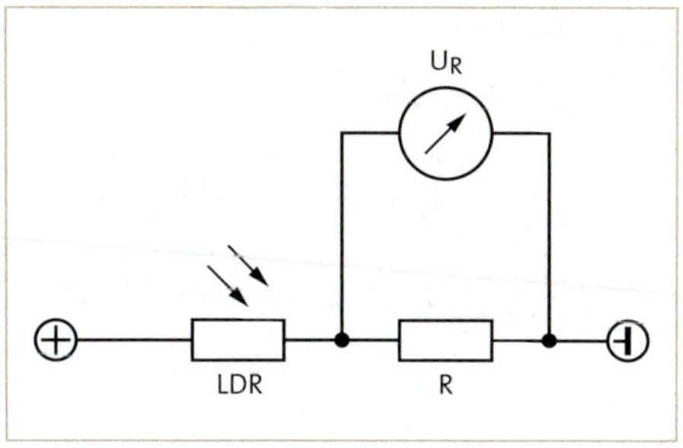

M7 Messschaltung 2

pendent Resistor, d.h.: lichtempfindlicher Widerstand) auf eine bestimmte Lichtstärke. So wird es möglich, dass die Lampen der Straßenbeleuchtung selbstständig ein- und ausgeschaltet werden. Die Lichtstärke beeinflusst hier den elektrischen Widerstandswert. Je stärker der LDR beleuchtet wird, desto geringer wird sein Widerstand.

Soll der LDR als Lichtsensor verwendet werden, ist die Widerstandsänderung in eine Spannungsänderung umzuwandeln. Das kann durch einen Spannungsteiler mit einem Festwiderstand R realisiert werden. Dieser sollte etwa die Größe haben, die der LDR bei Normalbeleuchtung hat. Bei den meisten LDR ist das 1 kΩ. Der Festwiderstand R kann auf verschiedene Weisen in den Spannungsteiler eingebaut werden. Wenn wir ihn, wie in M1 in den Spannungsteiler einbauen, nimmt die Spannung U_{LDR} mit zunehmender Beleuchtung ab. Nimmt in M7 der Widerstand des LDR mit zunehmender Beleuchtung ab, nimmt die Spannung U_R mit zunehmender Beleuchtung zu. Bei einer Versorgungsspannung von 5V verändert sich die Messspannung U_{LDR} zwischen 4,9V bei völliger Dunkelheit und etwa 0,5V bei großer Helligkeit.

M6 LDR in Beleuchtungssituationen

Anwendung	R in Ω
beleuchtete Straßen	6 000
Treppenhaus	1 200
Schulzimmer	360
bedeckter Himmel im Sommer	25

Ein Lichtsensor ist ein lichtabhängiger elektrischer Widerstand. Je höher der Lichteinfall, desto kleiner wird der Widerstandswert.

M8 LDR im Original und als Schaltzeichen

1 Beschreibe, wie ein Fahrradcomputer eine gefahrene Wegstrecke ermittelt (Text, **M1** bis **M4**).

2 Vergleiche die im Text vorgestellten Sensoren miteinander und nenne Gemeinsamkeiten sowie Unterschiede.

3 Erläutere Beispiele für die Anwendung von Sensoren aus deinem Lebensumfeld. Bestimme, um welche Sensoren es sich handeln könnte.

4 Recherchiere den Aufbau und die Funktionsweise eines Vibrationssensors und bereite darüber eine Präsentation vor.

5 Berechne die Messspannung U_{LDR} für die Versorgungsspannung von 5V und einem Festwiderstand von 1 kΩ für die Straßenbeleuchtung und das Schulzimmer (**M6**).

Dioden

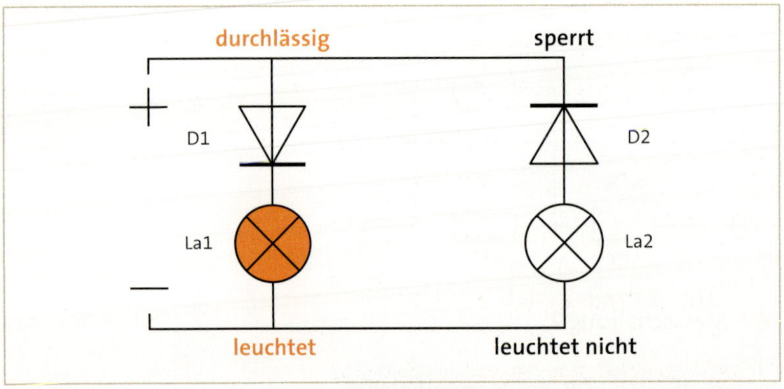

M1 Durchlass- und Sperrrichtung einer Diode

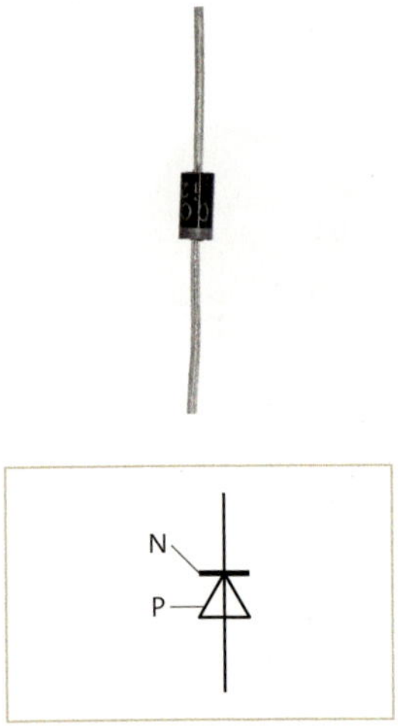

M2 Diode: Bauteil und Schaltzeichen

Dioden mit vielfältigen Funktionen

Nicht immer ist in elektronischen Schaltungen Wechselspannung gefragt. Dann muss Wechselspannung in Gleichspannung umgewandelt werden. Das Bauelement dafür nennt der Fachmann „Gleichrichter". Als solche Gleichrichter werden auch Dioden verwendet. Sie lassen den Strom nur in eine Richtung fließen. Wird auf der einen Seite der Diode Wechselspannung anlegt, kommt an der anderen pulsierende Gleichspannung heraus. Die Diode richtet also die Wechselspannung gleich.

Eine Diode besteht vor allem aus einem winzig kleinen Siliziumwürfel. Wenn du die Möglichkeit hättest, mit einem Mikroskop in dieses winzige Würfelchen hineinzusehen, dann könntest du erkennen, dass das Würfelchen aus zwei Schichten besteht, einer P-Schicht und einer N-Schicht. In der N-Schicht befinden sich mehr Elektronen als in der P-Schicht. In der Grenzschicht zwischen diesen beiden Schichten gleichen sich diese unterschiedlichen Elektronendichten aus. Hierdurch entsteht in der Grenzschicht eine Spannung von etwa 0,5 V. Wenn du an die Diode eine Spannung anlegst, sodass der Minuspol an der N-Schicht der Diode anliegt, dann fließt erst ein Strom, wenn du die Spannung über 0,5 V hinaus erhöhst. Wenn du allerdings die Spannung der Spannungsversorgung genau umgekehrt anschließt, werden noch mehr Elektronen aus der Grenzschicht abgezogen, als im spannungslosen Zustand. Wenn aber keine Elektronen vorhanden sind, kann auch kein Strom fließen: Die Diode sperrt den Strom. In der Durchlassrichtung fließt der Strom nur, wenn mit der angelegten Spannung die 0,5 V überwunden werden. In Sperrrichtung fließt der elektrische Strom überhaupt nicht.

Eine Diode ist ein elektrisches Bauelement, das Strom nur in einer Richtung passieren lässt und in der anderen Richtung als Isolator wirkt.

Leuchtdiode

Bei einer Leuchtdiode (LED = Light Emitting Diode, d.h. Licht aussendende Diode) handelt es sich um eine spezielle Diodenart. Die LED enthält im Siliziumkristall weitere Stoffe, wodurch unterschiedliche Leuchtfarben entstehen. Beispielweise ergibt sich bei Gallium-Arsen-Phosphor im Durchlassbetrieb rotes Licht. Das Licht einer Leuchtdiode ist einfarbig und kommt im Kristall der Diode durch Abgabe überschüssiger Elektronenenergie zustande. Nach Anlegen einer Spannung in Vorwärtsrichtung dringen Elektronen in die P-Schicht und Löcher in die N-Schicht. Dort wird Energie frei, die zum Teil in Licht umgewandelt wird. Diese Strahlung entsteht vorwiegend am Übergang zwischen Sperrschicht und P-Schicht und dringt durch die extrem dünne P-Schicht an die Oberfläche.

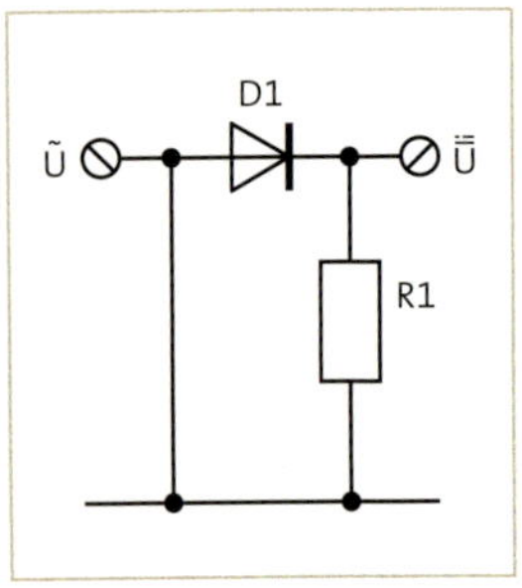

M3 Gleichrichter

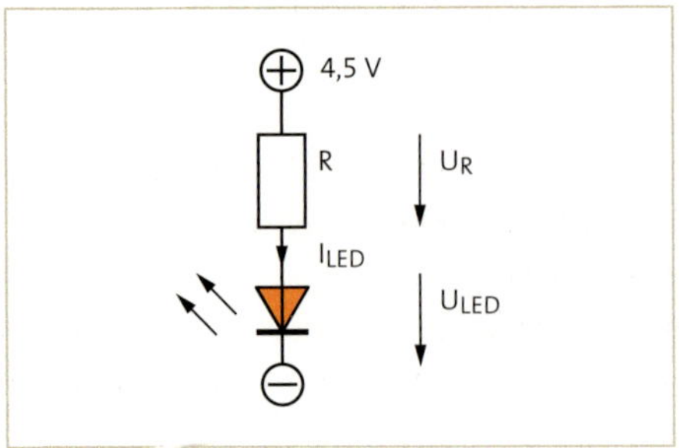

M4 Widerstand im Stromkreis

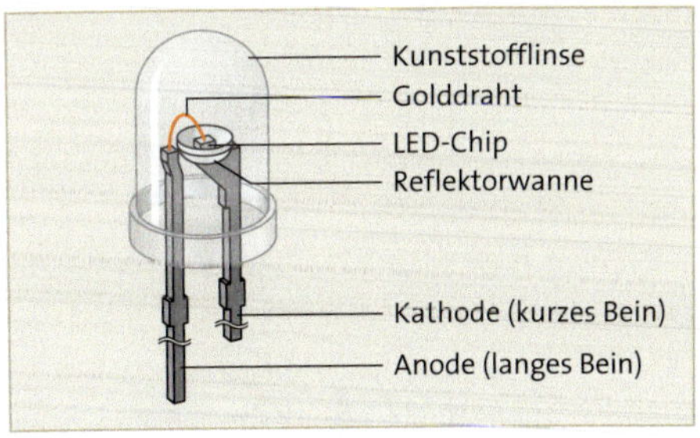

M5 Aufbau einer LED

> Fließt durch eine Leuchtdiode elektrischer Strom in Durchlassrichtung, so strahlt sie Licht ab.

Elektrische Widerstände begrenzen den Stromfluss

Stell dir vor, du wolltest mit einer 4,5-V-Batterie eine Leuchtdiode betreiben. Wenn du die Leuchtdiode direkt an die Batterie hältst, zerplatzt sie in einer Qualmwolke. Wir müssen deswegen den Strom begrenzen. Dazu werden als elektrische Bauteile Widerstände verwendet. Einen elektrischen Widerstand (R) können wir mit einem Wasserrohr vergleichen. Ist die Wasserleitung dünn, ist der Widerstand für das Wasser groß. Haben wir ein Rohr mit großem Querschnitt, ist der Widerstand sehr klein. Im elektrischen Stromkreis entsprechen der Wasserdruck der elektrischen Spannung (U) und der Wasserstrom dem elektrischen Strom (I). Das Verhältnis von Wasserdruck zu Wasserstrom ist wie im elektrischen Stromkreis ein Maß für den Widerstand R.

M6 Betriebsspannungen von LEDs

LED-Farbe	Betriebsspannung U_{LED} in V
rot	1,6
grün	2,2
gelb	2,1
blau	3,0
weiß	3,0

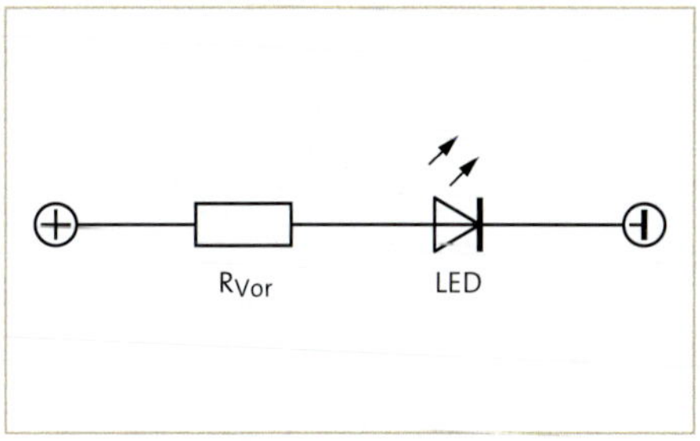

M7 LED im Stromkreis

Der Vorwiderstand zur Strombegrenzung einer Leuchtdiode kann wie folgt berechnet werden:

Die Betriebsspannung einer Leuchtdiode liegt je nach verwendetem Diodentyp etwa zwischen 1,5 V und 3,0 V und der Leuchtdiodenstrom bei ungefähr I_{LED} = 20 mA. Für eine Versorgungsspannung von $U_{Vers.}$ = 5 V berechnet man den Vorwiderstand für eine rote Leuchtdiode wie folgt:

$$R_{Vor} = \frac{U_{Vers} - U_{LED}}{I_{LED}} = \frac{5V - 1{,}6V}{0{,}02A}$$

$$= \frac{3{,}6V}{0{,}02A} = 170\Omega \approx 180\Omega$$

$$R = \frac{U}{I}$$

M8 Berechnung des Widerstands

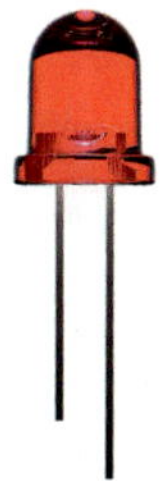

M9 LED

1 Nenne Beispiele für die Anwendung von Dioden aus deinem Lebensumfeld.

2 Beschreibe den Aufbau und die Funktionsweise einer LED (**M5**).

3 Berechne den Widerstand einer Glühlampe, die mit 12 V versorgt wird und einen Betriebsstrom von 0,1 A hat. Nutze dazu auch den Webcode.

4 Recherchiere im Internet nach der Verwendung von Dioden in elektronischen Schaltkreisen. Bereite einen Kurzvortrag vor.

5 Vergleiche eine LED mit einer Glühlampe. Nenne Vor- und Nachteile.

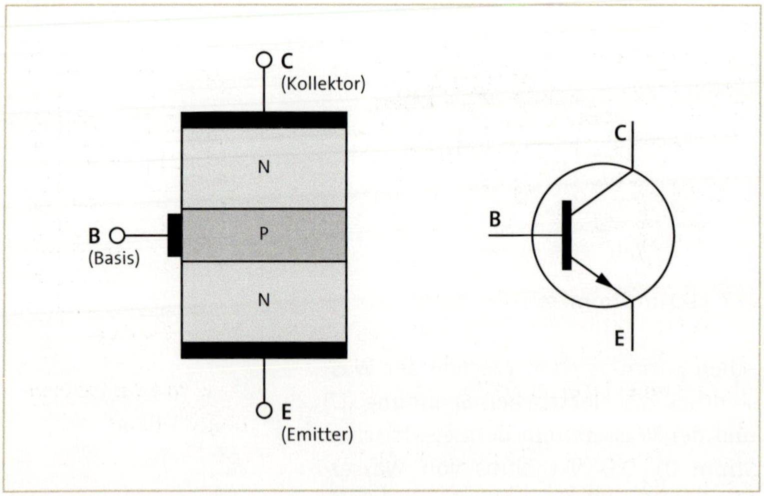

M1 Transistor: Aufbau und Schaltzeichen

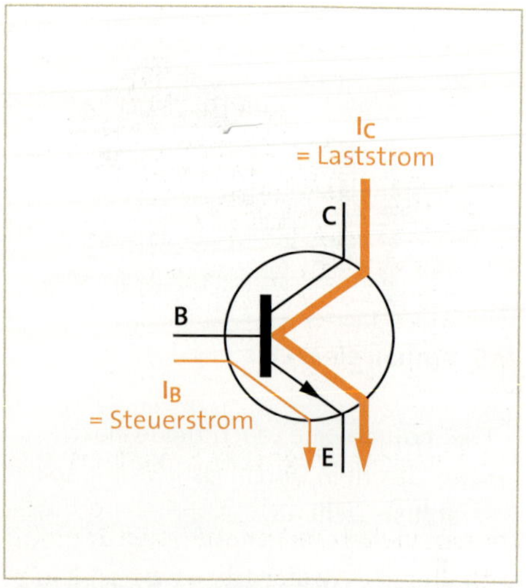

M3 Transistorschaltung

Transistoren verarbeiten Signale

Sollen elektrische Signale zuverlässig und ohne mechanische Kräfte gesteuert werden, können Transistoren zum Einsatz kommen. Ein Transistor besteht aus einem winzigen Stückchen Silizium, in das mit Bor (p = positiv) und Phosphor (n = negativ) drei unterschiedliche Schichten (npn) legiert wurden.

Die beiden Grenzflächen dieser Schichten verhalten sich in einem elektrischen Stromkreis sehr unterschiedlich. Die Grenzschichten reagieren im Stromkreis wie eine Diode in Durchlassrichtung oder in Sperrrichtung.

Wenn durch die Basis zum Emitter Strom fließt, wird die Basis mit Ladungsträgern überschwemmt. Dadurch wird die Sperrwirkung der oberen n/p-Grenzschicht abgebaut und der Übergang wird leitend. Der Steuerstrom durch Basis/Emitter ist also ein Maß für den Laststrom durch Kollektor/Basis/Emitter.

Der aktive Teil eines Signaltransistors ist ein Siliziumwürfel mit einer Kantenlänge von etwa 0,6 Millimetern. Damit der Mensch mit seinen Fingern einen derartig kleinen Siliziumwürfel handhaben kann, wurde er in einem im Verhältnis dazu äußerst großen, schwarzen Plastikgehäuse mit langen Anschlussbeinen eingegossen.

M2 Verschiedene Transistoren

Möchte man mit einem Transistor eine Schaltstufe aufbauen, die ein elektrisches Betriebsmittel (Lampe, Motor, Hupe) ein- bzw. ausschalten soll, so kann es wichtig sein, den Basisvorwiderstand groß genug zu wählen, damit die empfindliche Basis-Emitter-Strecke nicht zerstört wird. Für das Schalten des Verbrauchers ist es notwendig, dass der Transistor den dabei fließenden Laststrom verträgt. Diese Daten sind in speziellen Datenblättern für die gängigen Transistoren ausgewiesen.

Der Transistor ist ein elektrischer Schalter, der zum Schalten von kleinen Strömen geeignet ist. Mit dem Basis-Emitter-Stromkreis kann der Kollektor-Emitter-Stromkreis gesteuert werden.

Integrierte Schaltkreise (IC)

Bis in die 1950er-Jahre wurden auch in der industriellen Fertigung elektronische Bauteile einzeln auf Leiterplatten aufgelötet und mit Leiterbahnen verbunden. Sie wurden als „diskrete“ Schaltungen bezeichnet. „Integrierte“ Schaltungen hingegen vereinen verschiedene elektronische Bauelemente auf sehr kleinem Raum. Moderne integrierte Schaltkreise

M4 Einzelner Integrierter Schaltkreis

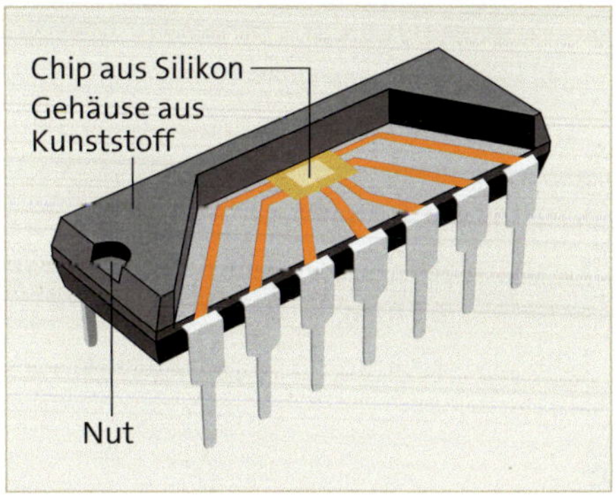

M5 Das Innenleben eines IC

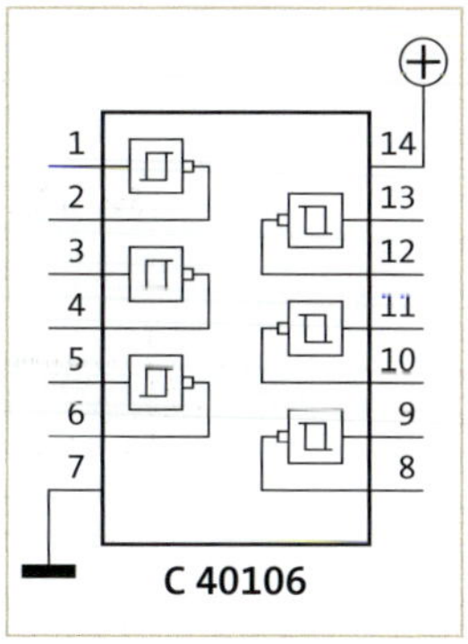

M6 IC mit der Bezeichnung „C 40106“

können viele Hundert Millionen Bauteile enthalten. Ein Speicherbaustein ist kaum größer als ein menschliches Haar. Jede Speicherzelle hat etwa eine Größe von 2 µm x 4 µm.

Ein integrierter Schaltkreis ist eine elektronische Schaltung aus Transistoren, Kondensatoren und Widerständen, die vollständig auf einem einzigen Stück Halbleitersubstrat integriert ist.

Ein IC mit der Bezeichnung „C 40106“ ist ein Bauelement mit 14 Anschlussbeinchen (Pins).

Wie bei fast allen IC wird der Anschluss mit der Nummer 7 mit GND (Masse) verbunden und der Anschluss mit der Nummer 14 mit +Versorgungsspannung. Die Ein- und Ausgänge der Inverter liegen an der bezeichneten Stelle. Inverter sind elektronische Schaltungen, die am Ausgang genau den Spannungswert ausgeben, der zum Eingangsspannungswert entgegengesetzt ist. Die Inverter im C 40106 sind darüber hinaus Schwellwertschalter, die beim Überschreiten einer bestimmten Eingangsspannung (1,6 V) ein- und beim unterschreiten einer bestimmten Eingangsspannung (0,8 V) wieder ausschalten.

Trend zur Miniaturisierung

Im Laufe ihrer Entwicklung wurden die integrierten Schaltkreise immer kleiner. Leistungseffiziente Bauteile mit immer mehr Funktionen liegen im Trend. Sie ermöglichen die Produktion bedienerfreundliche Geräte (z. B. MP-3-Player, Mobiltelefone, aber auch Hörgeräte), die sich leicht verstauen lassen.

M7 Leistungsfähige integrierte Schaltungen

1 Stelle die Entwicklung vom Transistor zum IC anschaulich in einer Präsentation dar.
2 Erkläre die besondere Empfindlichkeit der Basis eines Transistors hinsichtlich des maximalen Stroms, der durch diesen Anschluss fließen darf.
3 Stelle Vor-und Nachteile von diskreten und integrierten Schaltungen gegenüber.
4 Erläutere den Trend zur Miniaturisierung der integrierten Schaltkreise.

Veränderung der Computerwelt

Phase 1: Ziele klären

Eine zehnte Klasse wollte ein Projekt zum Thema „Veränderung der Computerwelt“ durchführen. Anlass war eine Haushaltsauflösung, da die Großeltern einer Schülerin aus ihrem Haus auf dem Land in eine kleinere Wohnung in die Stadt zogen. Neben allerlei Möbeln wurden einige technische Geräte vor dem Umzug ausgesondert. „Ein Jurassic Park der Computerwelt“, kommentierte ein Umzugshelfer gut gelaunt. So entstand die Idee, in der Schule eine Ausstellung mit Originalgeräten und technischen Informationen zu präsentieren.

Phase 2: Arbeitsaufgabe bestimmen

Die Klasse bildete Arbeitsgruppen nach Interessenschwerpunkten. Einige Schüler/-innen wollten gern die Ausstellung in der Schule vorbereiten und gestalten, andere sahen ihre Aufgabe eher in der Beschaffung von Hintergrundinformationen zu den alten Computern. Wieder andere kamen auf die Idee, dass es bestimmt sehr reizvoll wäre, wenn man kleine Filme mit Personen drehen würde, die mit diesen Computern gearbeitet hatten. Was konnte man mit den Computern machen, was nicht? Wie lange dauerten Arbeitsprozesse? Welche besonderen Erinnerungen haben die Menschen an ihre „Maschinen“ ...?

Phase 3: Projektumsetzung

Der WAT-Lehrer klärte mit der Schulleitung, dass eine Ausstellung in der Eingangshalle der Schule möglich wäre. Mit der Hausmeisterin wurde besprochen, welche Tische die Klasse für ihre Präsentation benötigte und welche technischen Anschlüsse wünschenswert wären. Das Highlight der Präsentation wäre gewiss das alte „Fundstück“ aus der Haushaltsauflösung. Doch auch das eine oder andere Foto von geradezu steinzeitlich wirkenden Computern war ein echter „Hingucker“. Damit nicht alles nur aussieht wie zufällig platziert, diskutierte die Klasse intensiv ihr „Ausstellungskonzept“.

Phase 4: Abschluss Ergebnispräsentation

Nach wochenlanger Vorbereitung war es endlich soweit: Mit einer kleinen Eröffnungsfeier wurden die Sammel- und Suchergebnisse an einem frühen Abend vorgestellt. Alle Schülerinnen und Schüler der gesamten Schule waren ebenso eingeladen wie Eltern, Verwandte und Freunde. Als Ehrengäste wurden die Personen begrüßt, die sich für die Filminterviews zur Verfügung stellten. Die Idee der Schülerinnen und Schüler wurde zu einem großen Erfolg. Selbst eine Zeitungsreporterin war bei der Eröffnung anwesend und veröffentlichte einen Tag später einen Beitrag darüber. Viele der Gäste redeten im Laufe des Abends angeregt miteinander und tauschten ihre Erinnerungen aus.

Das kann ich ...

CHECK UP

Wichtige Begriffe

- Digitalisierung
- Diode
- Miniaturisierung
- Information
- Kommunikation
- IC
- Transistor
- Sensor
- Signal
- Widerstand

A Analog und digital

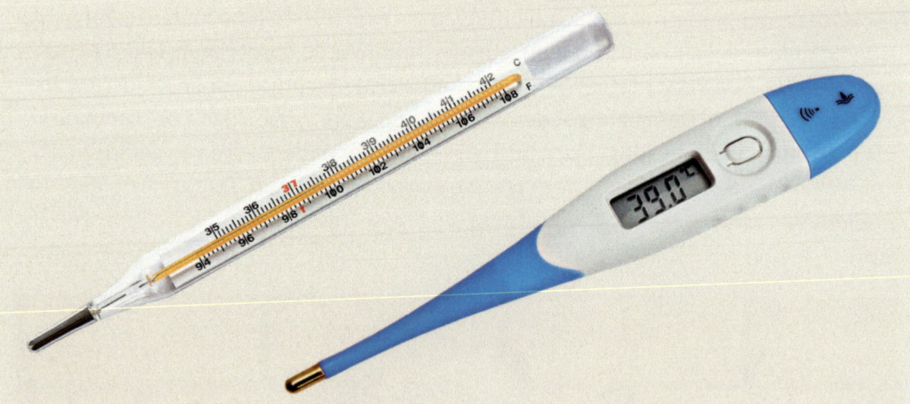

B Das EVA-Prinzip

Verarbeitungseinheiten
Hauptprozessor, CPU, Chipsatz, Controller

Eingabeeinheit → Verarbeitungseinheit → Ausgabeeinheit

Verarbeitungseinheit ↓ Speichereinheit

Eingabegeräte
Tastatur, Maus, Touchpad, Joystick, Scanner, Bar-Code-Leser

Speichermedien und -geräte
Festplatte, CD/DVD-Laufwerk, Magnetband, elektronischer Speicher (ROM, RAM, z. B. Arbeitsspeicher, SD-Karten, USB-Sticks)

Ausgabegeräte
Monitor, Display, Lautsprecher, Beamer, Drucker, Plotter

C Elektronische Bauelemente

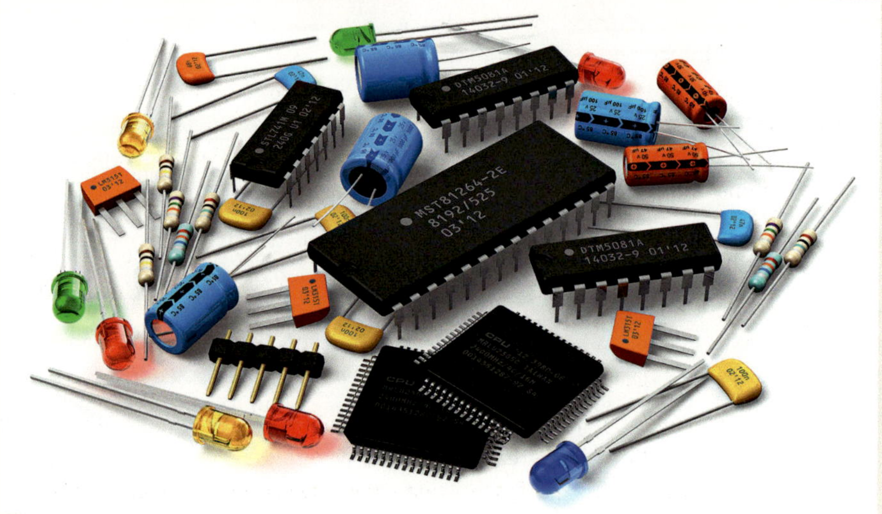

D Prinzip eines Kondensators

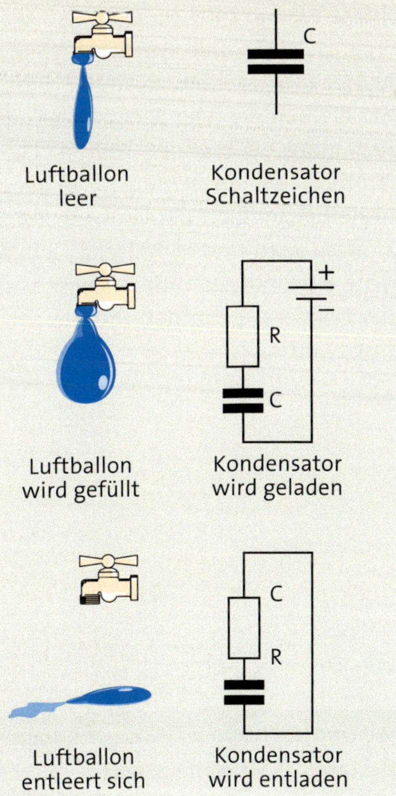

E Arbeitstechnik Löten

Wissen und erklären

1 Erklärt euch gegenseitig die wichtigen Begriffe.

2 Nenne Unterscheidungsmerkmale zwischen analogen und digitalen Signalen (A).

3 Erläutere das EVA-Prinzip als ein Grundprinzip der Datenverarbeitung am Beispiel eines Tablet-PC (B).

Informationen beschaffen und auswerten

4 Transistor, Integrierter Schaltkreis, Computerprozessor – nenne Gemeinsamkeiten und Unterschiede (C).

5 Transistoren können als Schalter und Verstärker genutzt werden. Skizziere eine Transistorschaltung und erkläre mit ihrer Hilfe die Funktion des Transistors als Schalter sowie als Verstärker.

6 Ein Kondensator wirkt im elektrischen Stromkreis wie ein Speicher für Ladungen. Nenne den Zweck von Kondensatoren und ihre Funktionsweise mit der Analogie des Wassereimers (D).

Beurteilen, entscheiden und handeln

7 Weichlöten ist eine typische Arbeitstechnik, um elektronische Schaltungen herzustellen. Bereite eine Demonstration zum Löten vor (E).

8 Erweitere deine Demonstration (Aufgabe 7) mit Hinweisen (Tipps) zur Arbeitssicherheit beim Löten.

Wir analysieren technische Systeme

M 1 Der Computer hierarchisch betrachtet:

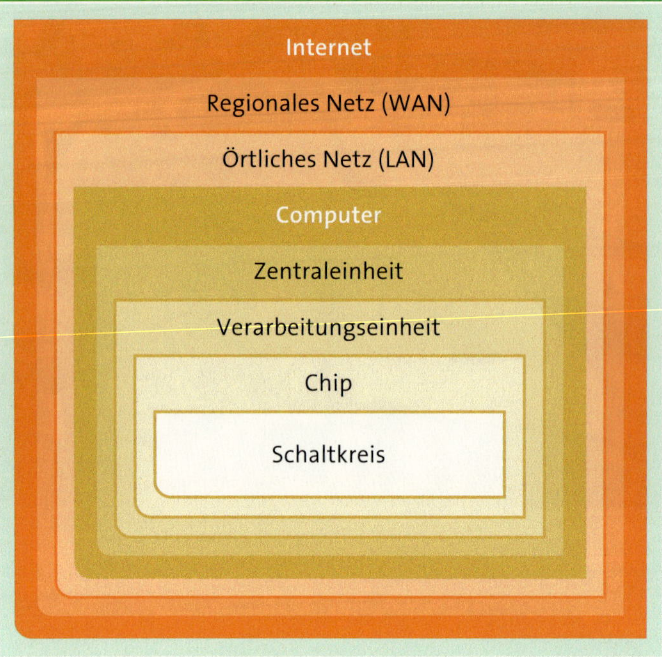

Beispiel: Computer im Netz der Netze als System

Technische Gebilde werden oft auch als Systeme betrachtet. Systeme bestehen aus Elementen oder Einzelteilen, die in Beziehung zueinander stehen. Die Gesamtheit der Beziehungen bildet eine Einheit gegenüber der Umwelt. Bei einer Analyse wird das technische Gebilde in seine Bestandteile zerlegt. Diese werden anschließend geordnet, untersucht und ausgewertet.

M 2 Grundfragen für eine Systemanalyse

1. Aus welchen Elementen oder Teilsystemen besteht das Gesamtsystem?
Zum Beispiel:

- Teilsysteme sind die Netze und der Computer
- System Computer mit den Elementen: Zentraleinheit, Verarbeitungseinheit, Chip, Schaltkreis, aber auch Eingabeeinheit (Tastatur) und Ausgabeeinheit (Bildschirm)

2. Welche Beziehungen bestehen zwischen den Systemen?
Zum Beispiel:

- Die Zentraleinheit besteht bei einem Computer im Wesentlichen aus den Komponenten der Hauptplatine (Mainboard oder Motherboard). Hierzu gehören:
  - Mikroprozessor (Central Processing Unit oder CPU)
  - Arbeitsspeicher (das Random Access Memory, kurz RAM)
  - ROM-Speicher (für Read-only Memory, also Nur-Lese-Speicher)
- Der Mikroprozessor ist das eigentliche Herzstück des Computers, das für die Ausführung der Programme sowie für die zentrale Steuerung und Verwaltung der Hardware zuständig ist.

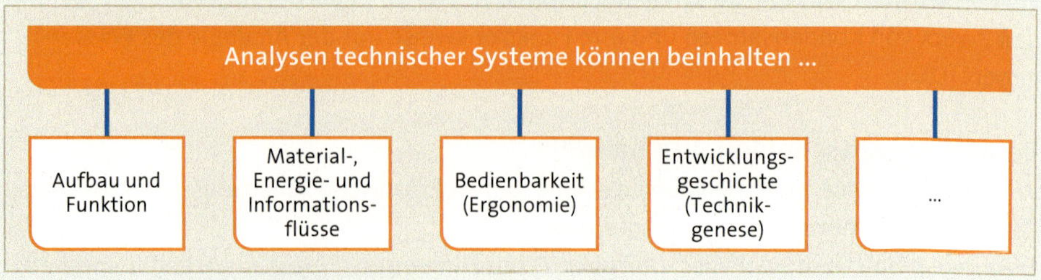

M 3 Analysen technischer Systeme

Arbeitsaufträge und Lösungsbeispiele

Um Arbeitsaufträge richtig zu lösen, ist es wichtig, sich durchzulesen, was genau getan werden soll. Diese „Botschaft" steckt in den Verben (Tätigkeitswörtern). Die Verben unterscheiden sich voneinander. „Berichten" bedeutet beispielsweise etwas anderes als „erzählen". Ein Bericht ist kurz und sachlich. Wenn eine Person erzählt, darf sie „ausschmücken" und aus ihrer Sicht sprechen.

S. 25, Aufgabe 1 — *Benennen*

Benenne die im Text genannten Messer und ihre Einsatzmöglichkeiten.

„Benennen" bedeutet, dass alle Messertypen (aus dem Autorentext) aufgezählt werden: Gemüsemesser und Kochmesser. Mit „Einsatzmöglichkeiten" ist gemeint, wofür diese Messer benutzt werden (können). Beispielsweise: „Das Gemüsemesser putzt und zerkleinert Obst, Gemüse und Pilze. Das Kochmesser kann überall eingesetzt werden, wo geschnitten wird."

S. 25, Aufgabe 2 — *Beschreiben*

Beschreibe mögliche Gefahren, die von Reiben und Allesschneidern ausgehen können.

„Beschreiben" bedeutet, dass du dir Situationen ausdenkst, in denen die Benutzung von Reiben und Allesschneidern gefährlich sein kann. Beispielsweise: „Wenn man Gemüse auf einer Reibe zerkleinert, muss man auf die Größe achten. Ist das Gemüse schon weit abgerieben, dann sind die Fingerkuppen und Fingernägel in Gefahr. Wer nicht aufpasst, kann sich schnell verletzen."

S. 33, Aufgabe 1 — *Berichten*

Berichte über deine Ernährungsgewohnheiten (**M 1**, **M 2**).

„Berichten" bedeutet, dass du ohne große Ausschweifungen knapp und sachlich etwas darstellst. Beispielsweise: „Morgens esse ich eine Scheibe Brot mit Käse, dazu trinke ich ein Glas Milch. Mittags esse ich in der Schule (warm). Tagsüber nehme ich auch etwas Obst zu mir. Am Abend gibt es bei uns zu Hause manchmal eine Suppe."

S. 39, Aufgabe 2 — *Erklären*

Erkläre, warum eine tägliche Eiweißzufuhr für eine vollwertige Ernährung bedeutsam ist (Text).

„Erklären" bedeutet, einen Sachverhalt so zu formulieren, dass eine andere Person den Sachverhalt leicht verstehen kann. Beispielsweise: „Eiweiß ist ein wichtiger Bestandteil der Ernährung. Eiweiß ist wichtig für die Muskeln, Knochen, Nägel, Haare und Haut. Eiweiß benötigt der Körper ununterbrochen, deswegen muss man täglich Eiweiß zu sich nehmen."

S. 41, Aufgabe 3 — *Erläutern*

Erläutere die Kennzeichnung von Eiern (Text, **M 2**).

„Erläutern" bedeutet, dass du mithilfe von Beispielen erklärst. Beispielsweise: „Auf Eiern sind Ziffern und Buchstaben in einer bestimmten Reihenfolge abgedruckt. Die erste Zahl gibt die Haltungsform an. Beispielsweise steht die „0" für „Bio-Haltung und die „1" für Bodenhaltung. Danach steht eine Buchstabenfolge – „DE" bedeutet „Deutschland". Hinter den Buchstaben steht eine zweistellige Zahl – von 01 bis 16. Hieran lässt sich das Bundesland erkennen, in dem die Eier erzeugt wurden. Beispielsweise steht die „11" für Berlin und die „12" für Brandenburg. Danach folgen Zahlen, die den Legebetrieb und den Stall kennzeichnen."

S. 25, Aufgabe 2 — *etwas mit eigenen Worten wiedergeben*

Gib mit deinen Worten wieder, was unter einer „Wirtschaftsordnung" verstanden wird (Text).

„Gib mit deinen Worten wieder" bedeutet, dass du den Text aus dem Schulbuch nicht abschreiben oder vorlesen sollst. Hier bist du selbst gefragt. Am besten liest du den Text aufmerksam, denkst kurz darüber nach und formulierst (bei geschlossenem Buch) so, wie du (normalweise) etwas ausdrückst.

S. 75, Aufgabe 4 — *etwas mit Begründung machen*

Halte einen gut *begründeten* mündlichen *Vortrag*.

„Begründet" bedeutet, dass du in deinem Vortrag die Wörter „weil" und/oder „denn" verwendest. Beispielsweise: „Ich würde Lebensmittel lieber in einem Geschäft als online kaufen, denn so kann ich sofort feststellen, ob etwas gut aussieht und gut riecht."

S. 161, Aufgabe 5 — *Kommentieren*

Kommentiere den Merksatz aus deiner Sicht.

„Kommentieren" bedeutet, dass du deine Meinung einfließen lässt. Deswegen muss das Wort „ich" (bzw. „mich" oder „mir") verwendet werden. Beispielsweise: „Ich finde (auch), dass Lebensmittelsicherheit eine der dringlichsten Aufgaben des Verbraucherschutzes ist. Schließlich muss jeder Mensch sich jeden Tag ernähren. Daher scheint es mir sehr wichtig zu sein, dass nur gesunde und ungefährliche Lebensmittel angeboten werden."

S. 171, Aufgabe 8 — *etwas in einer Rolle machen*

Denke dir *in der Rolle* eines regionalen Lebensmittelerzeugers eine Strategie *aus*, wie du beliebte Convenience-Produkte vermarkten könntest.

„Ausdenken ... in der Rolle eines regionalen Lebensmittelerzeugers" bedeutet, dass du dich in die Situation einer anderen Person versetzen sollst. Wie würde diese Person wohl handeln? Warum? Du sollst hier kein langes Theaterschauspiel ausdenken, sondern nur stichwortartig einige wichtige Gedanken sammeln und später vortragen.

S. 173, Aufgabe 4 — *Präsentieren*

Präsentiere deine Ergebnisse.

„Präsentieren" ist eine Darstellungsform, die nicht festgelegt ist. Du kannst etwas mündlich vortragen oder etwas mithilfe von Anschauungsmaterial (z. B. Fotos, Gegenständen) zeigen. Wenn dein/-e Lehrer/-in dir nicht sagt, welche Art der Präsentation erwartet wird, kannst du selbst wählen. Wie du etwas präsentierst (oder vorträgst oder deiner Klasse vorstellst), hängt vom Sachverhalt und den technischen Möglichkeiten ab, die dir zur Verfügung stehen.

Bildquellen

Cover: Shurrerstock/P. Chinnapong & Fotolia/© Robert Kneschke #83765037; **S. 9:** Fotolia/Lucky Business; **10 M1:** Fotolia/haitaucher39; **10 M2:** Fotolia/www.ingo-bartussek.de; **10 li.un.:** Shutterstock/Gregory Gerber; **11 M4:** Shutterstock/Volker Rauch; **11 M3:** Shutterstock/BrunoRosa; **12 M2:** Shutterstock/Andrey_Popov; **13 M3:** Fotolia/Monkey Business; **13 M4:** Shutterstock/Iakov Filimonov; **15 M4:** Fotolia/www.foto-und-mehr.de; **15 re.ob.** : Fotolia/fotomek; **15 M3:** Fotolia/www.foto-und-mehr.de; **16 M1 re.ob.:** Fotolia/chrisberic; **16 M1 li.ob.:** Shutterstock/Syda Productions; **16 M1 re.un.:** Shutterstock/Denizo71; **16 M1 li.un.:** Shutterstock/Photographee.eu; **17 M3:** Fotolia/Yantra; **18 M2:** Fotolia/Katarzyna Bialasiewicz photographee.eu; **19 M3:** Cornelsen/Dieter Stade; **19 M4:** Cornelsen/Dieter Stade; **20 M1:** Shutterstock/aSuruwataRi; **20 M2:** Shutterstock/Volt Collection; **22 M3:** Fotolia/photosampler; **22 M1:** Shutterstock/Africa Studio; **22 M2:** Shutterstock/Image Point Fr; **23 M4:** Cornelsen/Dieter Stade; **23 M5:** Shutterstock/Leigh Prather; **24 M2:** Shutterstock/gosphotodesign; **24 M1:** Shutterstock/lumendigital; **25 M3:** Fotolia/tania mattiello; **26 M1:** Fotolia/photophonie; **26 M2:** Fotolia/Richard Griffin; **26 M3:** Shutterstock/kzww; **27 M6:** Fotolia/blende40; **27 M4:** Shutterstock/Olaf Speier; **27 M5:** Shutterstock/Moving Moment; **28 M1:** Shutterstock/Artisticco; **28 M2:** Shutterstock/Oksana Mizina; **29 M5:** Fotolia/BillionPhotos.com; **29 M3:** Shutterstock/Therd Kallaya; **29 M4:** Shutterstock/VectorLifestylepic; **30 re.ob.:** Fotolia/ExQuisine; **30 li.un.:** Fotolia/julien tromeur; **31 M3:** Fotolia/miya227; **32 M1:** Shutterstock/antoniodiaz; **32 M3:** Shutterstock/Vladislav Nosik; **32 M2:** Shutterstock/Juice Team; **33 M4:** Shutterstock/MSSA; **33 M4:** Shutterstock/MSSA; **33 M4:** Shutterstock/MSSA; **33 M4:** Shutterstock/MSSA; **33 M4:** Shutterstock/MSSA; **33 M4:** Shutterstock/MSSA; **33 M4:** Shutterstock/MSSA; **33 M4:** Shutterstock/mything; **33 M4:** Shutterstock/mything; **33 M4:** Shutterstock/mything; **34 M2:** Deutsche Gesellschaft für Ernährung e.V., Bonn; **35 M3:** Shuttertock/frenkel vic; **36 li.mi.:** Shutterstock/Catalin Petolea; **36 li.un.:** Shutterstock/Catalin Petolea; **36 M1:** Shutterstock/Elena Schweitzer; **37 re.ob.:** Shutterstock/kubais; **38 M1:** Fotolia/anaumenko; **39 M2:** Shutterstock/Deymos.HR; **40 M1:** Fotolia/teamfoto; **40 re.mi.:** Shutterstock/Dashikka; **40 re.un.:** Shutterstock/Dashikka; **41 M2:** Cornelsen/Dieter Stade; **41 li:** Shutterstock/Dashikka; **41 li.mi.:** Shutterstock/Dashikka; **41 M3:** Shutterstock/Ioan Florin Cnejevici; **42 un.:** Fotolia/fotoknips; **44 li.mi.:** Fotolia/Christos Georghiou www.christosgeorghiou.com; **44 li.un.:** Shutterstock/eatcute; **45 re.:** Fotolia/Ezume Images; **45 mi.:** Shutterstock/GoneWithTheWind; **47:** Shutterstock/Tyler Olson; **48 M3:** Cornelsen/Hans Wunderlich; **50 M1:** Cornelsen/Dieter Stade; **50 M2:** Cornelsen/Dieter Stade; **51 M3:** Cornelsen/Dieter Stade; **52 M1:** Shutterstock/milanzeremski; **53 M4:** Shutterstock/Mika Heittola; **54 M2:** Fotolia/countrypixel; **55 M3 li.ob.:** Shutterstock/Capifrutta; **55 M3 mi.ob.:** Shutterstock/Ikonoklast Fotografie; **55 M3 re.un.:** Shutterstock/Jeanette Dietl; **55 M3 li.un.:** Shutterstock/Kzenon; **55 M3 mi.un.:** Shutterstock/RossHelen; **55 M3 re.ob.:** Shutterstock/Dmitry Kalinovsky; **56 M2:** Cornelsen/Dieter Stade; **56 M1:** Fotolia/animaflora; **57 M5:** Cornelsen/Dieter Stade; **57 M6:** Cornelsen/Dieter Stade; **58 M1:** Shutterstock/Syda Productions; **59 M2 mi.:** Cornelsen/Dieter Stade; **59 M2 re.li.:** Shutterstock/etraveler; **60 M1:** Shutterstock/buruhtan; **60 M2:** Shutterstock/Jacek Chabraszewski; **60 M1:** Shutterstock/rangizzz; **60 M3:** Shutterstock/sanneberg; **62 mi.:** Shutterstock/pathdoc; **63 mi.:** Shutterstock/hanohiki; **64 ob.:** Shutterstock/Golden Sikorka; **64 un.:** Shutterstock/rzarek; **65 ob.:** Shutterstock/Peteri; **66 re.ob.:** Shutterstock/Christos Georghiou; **67:** Shutterstock/gpointstudio; **68 M1:** Shutterstock/Pavel Vakhrushev; **69 M2:** Fotolia/arahan; **69 M2:** Fotolia/www.pelzinger.de; **70 M1 li.:** Shutterstock/pikselstock; **70 M1 re.:** Shutterstock/stockyimages; **71 M2:** Shutterstock/Jelena Aloskina; **71 M4:** Shutterstock/Kurt Kleemann; **72 re. ob.:** Fotolia/fotomek; **72 M3:** Shutterstock/ullrich; **73 M6:** Fotolia/Matt Cuda; **74 M1:** Shutterstock/LDprod; **74 M2:** Shutterstock/3dmask; **75 M3:** Shutterstock/Bloomicon; **75 M4:** Shutterstock/Shpak Anton; **76 M1:** Shutterstock/Georgejmclittle; **76 li.mi.:** Shutterstock/Visual Generation; **77 M3:** Shutterstock/Iakov Kalinin; **77 M2:** Shutterstock/Oleksii Sidorov; **77 M4:** Shutterstock/William Perugini; **78 un.:** Shutterstock/VadelmaVadelma; **79 ob.:** Shutterstock/Masterchief_Productions; **80 li.un.:** Fotolia/www.snyggg.de; **80 re.ob.:** Shutterstock/pikselstock; **80 li.ob.:** Shutterstock/stockyimages; **81 ob.:** Shutterstock/Chutima Chaochaiya; **81 un.:** Shutterstock/oneinchpunch; **82 mi.:** Cornelsen/Dieter Stade; **83:** Shutterstock/Phovoir; **84 M2:** Fotolia/graphistecs; **84 M1:** Shutterstock/Jacob Lund; **85 M5:** Fotolia/18042011; **85 M4:** Shutterstock/esolla; **86 M1:** Shutterstock/Syda Productions; **87 M2:** Cornelsen/Dieter Stade; **87 M3:** Cornelsen/Dieter Stade; **88 M1 re.:** Fotolia/Harald Biebel; **88 M1 mi.:** Fotolia/Andrey Kuzmin; **88 M1 li.:** Fotolia/trodler1; **89 M4 mi.:** Fotolia/kange_one; **89 M4 li.:** Fotolia/phanasitti; **89 M4 re.:** Shutterstock/Mikhail Rulkov; **90 M1:** Shutterstock/oriontrail; **91 M4 ob.:** Fotolia/bilderzwerg; **91 M4 un.:** Fotolia/bilderzwerg; **91 M2:** Shutterstock/Bildagentur Zoonar GmbH; **91 M3:** Shutterstock/Tyler Olson; **92 M1:** Fotolia/weber.stricker@gmail.com; **92 M2:** Shutterstock/Uber Images; **93 M3:** Cornelsen/Dieter Stade; **94 M2:** Cornelsen/Dieter Stade; **94 M1:** Fotolia/PRODUCTION PERIG – Perig MORISSE; **95 M3 li.:** Cornelsen/Dieter Stade; **95 M4:** Cornelsen/Dieter Stade; **95 M3 re.:** Fotolia/Alfred Hofer; **96 M1:** Shutterstock/Kimtaro; **97 M3:** Fotolia/HandmadePictures; **97 M4:** Fotolia/tcsaba; **98 M2:** Cornelsen/Dieter Stade; **98 M3:** Cornelsen/Dieter Stade; **98 M1:** Shutterstock/donatas1205; **99 M4:** Fotolia/TELCOM-PHOTOGRAPHY; **99 M5:** Shutterstock/Kzenon; **100 M1** :Fotolia/industrieblick; **101 M3:** Cornelsen/Dieter Stade; **101 M4:** Cornelsen/Dieter Stade; **101 M2:** Shutterstock/donatas1205; **101 M2:** Shutterstock/donatas1205; **101 M2:** Shutterstock/donatas1205; **101 M2:** Shutterstock/donatas1205; **101 M2:** Shutterstock/donatas1205; **101 M2:** Shutterstock/donatas1205; **102 M3:** Fotolia/Igor Tarasov; **102 M2:** Shutterstock/garmoncheg; **102 M1:** Shutterstock/Thomas Andreas; **103 M4:** Fotolia/Wolfgang Mücke; **103 M5:** Shutterstock/eyal granith; **104 M2:** Fotolia/kelly marken; **104 M1:** Fotolia/Lee Serenethos; **104 M4:** Fotolia/Maksim Kostenko; **104 M3:** Fotolia/Marco2811; **105 M5:** Fotolia/sunnychicka; **105 M5:** Fotolia/sunnychicka; **105 M5:** Fotolia/sunnychicka; **105 M5:** Fotolia/sunnychicka; **105 M5:** Fotolia/sunnychicka; **105 M5:** Fotolia/sunnychicka; **105 M5:** Fotolia/sunnychicka; **105 M5:** Fotolia/sunnychicka; **106 M1:** Fotolia/ehrenberg-bilder; **107 M4:** ClipDealer/Alfred Hofer; **107 M3:** ClipDealer/Alfred Hofer; **107 M5:** Fotolia/blende40; **108 M1:** Shutterstock/Phovoir; **108 M2:** Shutterstock/Tom Tom; **109 M3:** Shutterstock/katix; **109 M4:** Shutterstock/mironov; **110 un.:** Shutterstock/kavring; **110 ob.:** Shutterstock/Phovoir; **111 mi.:** Cornelsen/Dieter Stade; **112 mi.re.:** Fotolia/Harald Biebel; **112 mi.mi:** Fotolia/Andrey Kuzmin; **112 mi.li.:** Fotolia/trodler1; **113 ob.:** Shutterstock/donatas1205; **113 mi.:** Shutterstock/Phil McDonald; **114 ob.:** Fotolia/Robert Kneschke; **115:** Fotolia/Artem Shadrin; **116 M1:** Shutterstock/MyImages – Micha; **117 M2:** Cornelsen/Dieter Stade; **117 M3:** Cornelsen/Dieter Stade; **117 M4:** Cornelsen/Dieter Stade; **117 M5:** Fotolia/irinastrel123; **118 M1:** Fotolia/Gstudio Group; **118 M3 ob.:**Cornelsen/Dieter Stade; **118 M3 mi.:**Cornelsen/Dieter Stade; **118 M3 un.:**Cornelsen/Dieter Stade; **119 M7:** Fotolia/Gstudio Group; **119 M4:** Cornelsen/Dieter Stade; **119 M5:** Cornelsen/Dieter Stade; **119 M6:** Cornelsen/Dieter Stade; **120 M1:** Cornelsen/Dieter Stade; **120 M2:** Cornelsen/Dieter Stade; **120 M3:** Fotolia/Michael Burrell; **121 M4:** Cornelsen/Dieter Stade; **121 M4:** Cornelsen/Dieter Stade; **121 M4:** Cornelsen/Dieter Stade; **122 M1:** Cornelsen/Dieter Stade; **122 M2:** Cornelsen/Dieter Stade; **122 M3:** Cornelsen/Dieter Stade; **122 M4:** Cornelsen/Dieter Stade; **123 M5 ob.li.:** Cornelsen/Dieter Stade; **123 M5 un.:** Cornelsen/Dieter Stade; **123 M5 ob.re.:** Cornelsen/Dieter Stade; **124 M1:** Cornelsen/Dieter Stade; **124 M2:** Cornelsen/Dieter Stade; **124 M3:** Cornelsen/Dieter Stade; **124 M5:** Cornelsen/Dieter Stade; **124 M4:** Cornelsen/Dieter Stade; **125 ob.re.:** Shutterstock/Shaun-Wilkinson; **125 li.ob.:** Cornelsen/Dieter Stade; **126 un.:** Cornelsen/Dieter Stade; **127:** Shutterstock/goodluz; **128 li.un.:** Fotolia/Jan Engel; **128 M1:** Shutterstock; **129 re.ob.:** Cornelsen/Dieter Stade; **130 M1 ob.re.:** Shutterstock/SpeedKingz; **130 M1 ob.li.:** Shutterstock/wavebreakmedia; **130 M1 un.re.:** Shutterstock/Poznyakov; **130 M1 un.li.:** Shutterstock/Spotmatik Ltd; **131 M2:** Cornelsen/Dieter Stade; **131 M3:** Shutterstock/Visual Generation; **132 M1:** Shutterstock/runzelkorn; **133 M 2:** Cornelsen/Dieter Stade; **133 M 3:** Shutterstock/Dmitry Kalinovsky; **134 M 1 li.:** Shutterstock/holbox; **134 M 1 re.:** Shutterstock/Maridav; **135 M 3:** Shutterstock/haru_natsu_kobo; **136 ob.:** Fotolia/K.C.; **137:** Shutterstock/wavebreakmedia; **138 M 1 li.mi.:** Shutterstock/Alexander Raths; **138 M 1 re.ob.:** Shutterstock/goodluz; **138 M 1 li.un.:** Shutterstock/JP WALLET; **138 M 1 li.ob.:** Shutterstock/Thanapun; **138 M 1 re.mi.:** Shutterstock/Vlad Teodor; **138 M 1 re.un.:** Shutterstock/Diego Cervo; **139 M 3:** Shutterstock/pikselstock; **140 M 1:** Cornelsen/Dieter Stade; **140 M 2:** Shutterstock/Monkey Business Images; **140 li.mi.:** Shutterstock/Denis Cristo; **141 M 3:** Fotolia/fotomek; **142 M 2:** Shutterstock/Pressmaster; **144 M 1:** Shutterstock/Didecs; **145 M 2 li.:** Shutterstock/Photographee.eu; **145 M 2 re.:** Shutterstock/Photographee.eu; **145 M 3:** Shutterstock/Cartoonresource; **146 M 1:** Shutterstock/vivat; **147 M 5 un.:** Shutterstock/g-stockstudio; **147 M 5 ob.:** Shutterstock/Kzenon; **148 ob.re.:** Fotolia/Jürgen Fälchle; **148 ob.li.:** Fotolia/Karin & Uwe Annas; **149 M 1:** Cornelsen/Dieter Stade; **150 ob.re.:** Fotolia/Robert Kneschke; **150 ob.li.:** Fotolia/Karin + Uwe Annas; **151 M 1:** Cornelsen/Dieter Stade; **152 M 1:** Shutterstock/Everett Historical; **153 M 2:** Shutterstock/Zurijeta; **153 M 3:** Shutterstock/Ribah; **154 ob.:** Fotolia/ra2studio; **155 ob.re.:** dieKLEINERT.de/Gernot Gunga; **155 ob.mi.:** Fotolia/fotomek; **155 ob.li.:** Fotolia/fotomek; **157:** Fotolia/denio109; **158 M 1 ob.li.:** Fotolia/Olivier Tuffé; **158 M 1 un.li.:** Fotolia/Wolfgang Jargstorff; **158 M 1 un.re.:** Fotolia/Xaver Klaussner; **158 M 1 ob.re.:** Shutterstock/RGtimeline; **159 M 2:** Cornelsen/Dieter Stade; **160 M 1:** Fotolia/elenabsl; **160 M 3:** Shutterstock/moonkin; **160 M 2:** Shutterstock/Shpak Anton; **161 M 4:** Shutterstock/Alessia Pierdomenico; **161 M 4:** Shutterstock/Gts; **161 M 4:** Shutterstock/Iryna Melnyk; **161 M 4:** Shutterstock/Sergey Ryzhov; **162 M 1 li.:** Shutterstock/ArtMari; **162 M 1 re.:** Shutterstock/Christos Georghiou; **163 M 3:** Shutterstock/c; **163 M 4:** Shutterstock/J.Schelkle; **163 M 2:** Shutterstock/paul prescott; **164 un.li.:** Fotolia/www.miriamdoerr.com; **164 M 1:** Shutterstock/Ella Sarkisyan; **165 mi.li.:** Fotolia/stockWERK; **166 M 2:** Fotolia/Erich Muecke; **166 M 1:** Fotolia/luchschen@web.de; **167 M 4:** Shutterstock/AlenKadr; **167 M 3:** Shutterstock/Kheng Guan Toh; **168 M 1:** Fotolia/Franck Boston; **168 M 2:** Fotolia/Oliver Boehmer – bluedesign®; **169 M 4:** Bundesminsterium für Ernährung und Landwirtschaft; **169 M 3:** Shutterstock/Monkey Business Images; **170 M 1 C:** Fotolia/alexkich; **170 M 1 B:** Fotolia/Joshua Resnick; **170 M 1 D:** Fotolia/Julia Tarasova ju-tar@ya.ru; **170 M 1 E:**F otolia/viperagp; **170 M 1 A:** Shutterstock/Martin Bech; **171 M 2:** Shutterstock/racorn; **172 M 1:** Fotolia/Baiba Opule; **173 M 3:** Fotolia/Quade; **173 M 4:** Shutterstock/g-stockstudio; **173 M 2:** Shutterstock/nulinukas; **174 M 1:** Cornelsen/Dieter Stade; **174 mi.li.:** Fotolia/jurij_kachkovskij; **174 ob.:** Shutterstock/Per Bengtsson; **175 ob.:** Shutterstock/Jesus Keller; **176 M 1:** © nabil zorkot; **176 M 3:** Fairtrade Deutschland/Didier Gentilhomme; **176 M 2:** Fairtrade Deutschland/Gerhard Wasserbauer; **177 M 5 mi.:** Bioland; **177 M 5 ob.:** demeter e. V.; **177 M 4:** Fairtrade Deutschland/Santiago Engelhardt; **177 M 5 un.:** Naturland Zeichen GmbH, Gräfelfing; **178 M 1 ob.re.:** Fotolia/Amadeus Persicke; **178 M 1 ob.li.:** Fotolia/ExQuisine; **178 M 1 un.li.:** Fotolia/Kybele; **178 M 1 un.re.:** Fotolia/mirkograul; **179 M 2:** Fotolia/BMF – Burkhardt – Mayer – Fotografie GbR; **180 M 1:** Cornelsen/Dieter Stade; **180 M 2:** Fotolia/nito; **181 M 4:** Cornelsen/Dieter Stade; **181 M 3:** Fotolia/ollimitmrolli; **184 ob.:** Cornelsen/Dieter Stade; **184 mi.:** ddp images/Daniel Hambury; **184 un.:** Shutterstock/CHOATphotographer; **185 ob.li.:** Fotolia/Olivier Tuffé; **185 ob.r e.:** Shutterstock/Orientaly; **187:** Fotolia/(copyright) .shock #111272021**188 M 2:** Shutterstock/Oleg Erin; **188 M 1:** Cornelsen/Dieter Stade; **189 M 3:** Shutterstock/EvrenKalinbacak; **190 M 2:** Shutterstock/Monkey Business Images; **191 un.re.:** Shutterstock/cigdem; **191 M 3:** Cornelsen/Dieter Stade; **192 un.li.:** Shutterstock/Lisa F. Young; **193 un.re.:** Fotolia/tanawatpontchour; **194 M 1:** Cornelsen/Dieter Stade; **194 M 2:** Cornelsen/Dieter Stade; **195 M 5:** Shutterstock/Oleksiy Mark; **195 M 4:** Shutterstock/Ollyy; **195 M 3:** Shutterstock/Petinov Sergey Mihilovich; **196 M 2:** Shutterstock/Mikhail Bakunovich; **196 M 1:** Shutterstock/GalaStudio; **197 M 3:** Shutterstock/Dmitry Kalinovsky; **197 M 5:** Cornelsen/Dieter Stade; **197 M 4:** Cornelsen/Dieter Stade; **198 M 2:** Shutterstock/michaeljung; **198 M 1:** Shutterstock/Zurijeta; **199 M 4:** Shutterstock/hxdbzxy; **199 M 3:** Shutterstock/Dmitry Kalinovsky; **199 M 5:** Shutterstock/antoniodiaz; **200 M 1:** Shutterstock/Nejron Photo; **200 M 2:** Fotolia/.shock #111256775; **201 un.re.:** Shutterstock/jara3000; **201 M 3:** Shutterstock/Suzanne Tucker; **202 M 1:** Shutterstock/Golden Sikorka; **203 M 4:** Shutterstock/Rafal Olechowski; **203 M 5:** Shutterstock/Cidonia; **203 M 3:** Shutterstock/Golden Sikorka; **204 M 2:** Shutterstock/Lightspring; **204 M 1:** Shutterstock/Giuseppe_R; **205 M 5:** Shutterstock/feelplus; **205 M 3:** Shutterstock; **205 M 4:** Shutterstock/Jozsef Bagota; **206 M 3:** Shutterstock/c; **206 M 1:** Cornelsen/Dieter Stade; **207 M 4:** Fotolia/Daniel Ernst; **208 M 2:** Shutterstock/gabor2100; **208 M 1:** Shutterstock/Yevhenii Chulovskyi; **209 M 3:** Fotolia/Ralf Kleemann; **209 M 4:** Shutterstock/eMacrovector; **210 M 1:** ClipDealer/Erwin Wodicka; **210 M 2:** Cornelsen/Dieter Stade; **211 M 4:** Shutterstock/Cartoonresource; **211 M 3:** Fotolia/VRD; **212 M 3:** Shutterstock/Photographee.eu; **212 M 1:** Shutterstock/Goodluz; **212 M 2:** Cornelsen/Dieter Stade; **213 M 4:** Shutterstock/Goodluz; **214 M 1:** Fotolia/benjaminnolte; **215 M 4:** Fotolia/Kzenon; **216 M 1:** Shutterstock/Monkey Business Images; **216 M 2:** Shutterstock/machupacabra; **217 M 3:** Fotolia/Kara; **217 M 4:** Shutterstock/Antonio Guillem; **218 mi.:** Fotolia/contrastwerkstatt 88683274; **219 mi.:** Fotolia/Trueffelpix 47494572; **219 un.:** Shutterstock/alicjane; **220 mi.:** Cornelsen/Dieter Stade, Hemmingen; **220 un.:** Cornelsen/Dieter Stade, Hemmingen; **221 ob.:** Shutterstock/racorn; **222 ob.:** Fotolia/S.Kobold 54292138; **223:** Fotolia/Franck Boston, La Fabrika Pixel s.l.; **224 M 1 li.:** Fotolia/Morphart; **224 M 1 re.:** Fotolia/svitapk.in.ua; **225 M 2:** Cornelsen/Dieter Stade; **225 M 4:** Shutterstock/Hamik; **225 M 3:** Shutterstock/Iaremenko Sergii; **226 M 2:** Fotolia/JuliSonne; **226 M 1:** Shutterstock/Everett Historical; **227 M 3:** Cornelsen/Dieter Stade; **227 M 4:** Shutterstock/Scanrail1; **228 M 1 ob.:** Fotolia/Pavel Timofeev; **228 M 1 mi.ob.:** Fotolia/Axel Bueckert; **228 M 1 mi.un.:** Fotolia/graham tomlin; **228 M 1 un.:** Fotolia/Thomas Söllner; **229 M 3:** Shutterstock/Oleg Golovnev; **229 M 2:** Shutterstock/olya_zhe; **230 un.:** Cornelsen/Dieter Stade; **230 ob.li.:** Shutterstock/Albert H. Teich; **230 ob.re.:** Shutterstock/Jiri Perina; **231 ob.li.:** Fotolia/Franck Boston, La Fabrika Pixel s.l.; **231 ob.re.:** Fotolia/Dmitry Guzhanin; **232 ob.:** Fotolia/Nikolai Sorokin; **233:** Fotolia/Pedro Salaverria; **234 M 2:** Shutterstock/BravissimoS; **234 M 1:** Shutterstock/Monkey Business Images; **235 M 3:** Fotolia/Peter Gottschalk; **235 M 4:** Shutterstock/asharkyu; **236 M 2:** Cornelsen/Dieter Stade; **236 M 1:** Shutterstock/theromb; **237 M 3:** Cornelsen/Dieter Stade; **237 M 4:** Cornelsen/Dieter Stade; **238 M 4:** Cornelsen/Dieter Stade; **238 M 1:** Fotolia/Westend61 Dieter Heinemann; **238 M 2:** Jürgen Kulus, Potsdam; **238 M 3:** Jürgen Kulus, Potsdam; **239 M 8:** Cornelsen/Dieter Stade; **239 M 7:** Cornelsen/Dieter Stade; **239 M 5:** Cornelsen/Dieter Stade; **239 mi.re.:** Jürgen Kulus, Potsdam; **240 M 1:** Cornelsen/Dieter Stade; **240 M 2:** Cornelsen/Dieter Stade; **240 M 4:** Cornelsen/Dieter Stade; **240 M 3:** Cornelsen/Dieter Stade; **240 mi.li.:** Shutterstock/mosufoto; **241 M 7:** Cornelsen/Dieter Stade, Hemmingen; **241 mi.:** Cornelsen/Dieter Stade, Hemmingen; **241 M 5:** Cornelsen/Dieter Stade; **241 M 8:** Cornelsen/Dieter Stade; **241 M 9:** Shutterstock/radiorio; **242 M 1:** Cornelsen/Dieter Stade; **242 M 3:** Cornelsen/Dieter Stade; **242 M 2:** Shutterstock/3drenderings; **243 M 5:** Cornelsen/Dieter Stade; **243 M 6:** Cornelsen/Dieter Stade; **243 M 4:** Fotolia/paketesama; **243 M 7:** Fotolia/Sashkin; **244 mi.:** Shutterstock/Fer Gregory; **245 mi.kl.:** Shutterstock/Everett Collection; **245 mi.gr.:** Shutterstock/VGstockstudio; **246 mi.:** Cornelsen/Dieter Stade; **246 ob.re.:** Shutterstock/Lipskiy; **246 ob.li.:** Shutterstock/Suppakij1017; **246 un.:** Shutterstock/Scanrail1; **247 ob.li.:** Cornelsen/Dieter Stade; **247 ob.re.:** Shutterstock/Robert Wydro Studio; **248 M 1:** Cornelsen/Dieter Stade; **248 M 3:** Cornelsen/Dieter Stade.

Startklar!

Wirtschaft · Arbeit · Technik

Redaktion: Dr. Frank Erzner
Umschlaggestaltung: Corinna Babylon
Layout und technische Umsetzung: Stephan Hilleckenbach
Web-Codes: Patrick Sebastian Stemmler

www.oldenbourg.de

1. Auflage, 1. Druck 2017

Alle Drucke dieser Auflage sind inhaltlich unverändert und können im Unterricht nebeneinander verwendet werden.

Druck: Mohn Media Mohndruck, Gütersloh

ISBN 978-3-637-01960-7 (Schülerbuch)
ISBN 978-3-637-01961-4 (E-Book)

PEFC zertifiziert
Dieses Produkt stammt aus nachhaltig bewirtschafteten Wäldern und kontrollierten Quellen.
www.pefc.de
PEFC/04-31-1033